盈科首届
百名大律师

盈科律师事务所/编　梅向荣/主编　胡忠义/执行主编

知识产权出版社

全国百佳图书出版单位

—北京—

图书在版编目（CIP）数据

盈科首届百名大律师/梅向荣主编. —北京：知识产权出版社，2021.7

ISBN 978 - 7 - 5130 - 7597 - 8

Ⅰ.①盈… Ⅱ.①梅… Ⅲ.①律师—生平事迹—中国—现代 Ⅳ.①K825.19

中国版本图书馆 CIP 数据核字（2021）第 130047 号

责任编辑：龚　卫　　　　　　　　　　责任印制：刘译文
封面设计：博华创意·张　冀

盈科首届百名大律师

YINGKE SHOUJIE BAIMING DALÜSHI

盈科律师事务所/编　梅向荣/主编　胡忠义/执行主编

出版发行	知识产权出版社 有限责任公司	网　　址	http：//www.ipph.cn
电　　话	010 - 82004826		http：//www.laichushu.com
社　　址	北京市海淀区气象路 50 号院	邮　　编	100081
责编电话	010 - 82000860 转 8120	责编邮箱	laichushu@ cnipr.com
发行电话	010 - 82000860 转 8101	发行传真	010 - 82000893
印　　刷	三河市国英印务有限公司	经　　销	各大网上书店、新华书店及相关专业书店
开　　本	720mm×1000mm　1/16	印　　张	31.5
版　　次	2021 年 7 月第 1 版	印　　次	2021 年 7 月第 1 次印刷
字　　数	592 千字	定　　价	160.00 元

ISBN 978 - 7 - 5130 - 7597 - 8

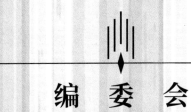

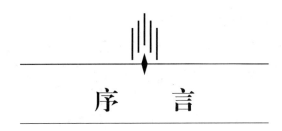

序　言

他们"律途道漫，求索至善"；他们"坚守初心，笃行致远"；他们"勤笃精进，静水流深"。

不负时代，不负韶华！2020 年 11 月 16 日至 17 日召开的中央全面依法治国工作会议，明确了习近平总书记法治思想在全面依法治国中的指导地位，这是我国社会主义法治建设进程中具有重大现实意义和深远历史意义的大事。

习近平总书记在庆祝中国共产党成立 100 周年大会上的讲话中提到，"初心易得，始终难守"。以史为鉴，可以知兴替。我们要用历史映照现实、远观未来，从中国共产党的百年奋斗中看清楚过去我们为什么能够成功，弄明白未来我们怎样才能继续成功，从而在新的征程上更加坚定、更加自觉地牢记初心使命，开创美好未来。

匠心铸造辉煌，专业赢得尊重。无数日夜交付于案头的笔耕不辍，无数时光记载法庭之上的唇枪舌剑。岁月里的坚持和不断学习让他们坚持信念、精通法律、维护正义、恪守诚信。书中每一位律师的故事都满含深情，娓娓道来与盈科之缘。

盈科律师事务所于 2020 年 6 月启动"盈科首届百名大律师"评选活动，此次评选是盈科坚定推行以律师为本的人才战略、加强专业化建设的重大举措，通过大律师评选进一步提高了盈科律师的专业素养，展现了律师的良好形象，发挥了律师的专业价值，更好地为法治中国建设贡献力量。本次评选活动共收到来自盈科全国各分所数百份申请表，根据评选活动规则，在参评律师线上演讲、网上投票得分的基础上，从思想品德、专业水平、社会责任、公益事业、入职条件五个方面对参评律师进行综合评分，总部管委会对评分结果进行审议，最终确定"盈科首届百名大律师"名单。

本书中，我看到盈科百名大律师用专注、专业，为客户提供高质量的法律服务。有位律师说：拥有超过万名律师的盈科像是一艘在大海中航行的巨轮，每个盈科人都是水手，我们用专业和力量奋力划桨，让这艘巨轮奋勇向前。的确，盈科现代化的办公环境、规范化的管理模式、独特的职业经理人制度、多领域的专业细分让人耳目一新，相信在盈科平台的有力支撑下，律师们能够更好地用专业践行盈科文化。

盈心筑梦，共创未来。盈科坚持党建引领，积极履行社会责任，作为全球首家单体突破 10 000 名律师的律师事务所，聚众人之力，集各方之智。"盈科首届百名大律师"是一种荣誉，更是一种责任。一名优秀的律师不仅能独善其身，还要兼济天下；除了专业精湛，还应当有所担当。律师们每年都会通过法律援助、普法讲座、扶贫济困等形式，助力公益事业发展。2020 年，面对突如其来的新冠肺炎，他们众志成城地践行"抗疫精神"。

盈科人，越专业，越精彩。盈科律师在中国共产党的坚强领导下，用专业浇灌理想，用拼搏打造未来，为实现全面建成社会主义现代化强国的目标和中华民族伟大复兴的中国梦贡献盈科智慧和力量！

牢记初心使命，坚定理想信念，践行党的宗旨，为推进法治文明建设倾情奉献。在盈科这个大平台上，我们亲如家人，携手共赴征程，共同唱响依法治国的盛歌。

谨以此为序，献给所有关心和支持盈科的朋友，献给所有的盈科家人们。

梅向荣

盈科律师事务所创始合伙人、主任、全球董事会主任

2021 年 7 月 17 日

目 录

目　录

Contents

目　录

目 录

以确定性应对不确定性，律政人生愉悦有希望

包祖春

包祖春律师，北京市盈科律师事务所全球总部合伙人，北京市盈科昆明律师事务所管委会主任、股权高级合伙人。

人生有很多不确定性。小时候不知道长大了会当律师，当律师的时候也不清楚能否做好；人生也有很多确定性，保持善良、充满智慧、积极勇敢一定会过得不错，在某一专业领域强化基础、不断学习、多沟通交流一定可以成功。律政人生本身就充满了各种未知和挑战，我们只能坚持自己确定的品格、能力、团队、平台，来应对各种不确定性的情况。

我，包祖春，梅主任戏称"包二爷"，律所同事称"包主任"，团队人称"包老师"，有公司总称"包老板"，其实，我就是一名律师。

很多律师总结起成功的经验时都会提到专业、团队、平台、努力、交际等关键词，这些确实很重要。但我想从另外一个视角展现：人生如何用确定性应对不确定性，不断创造辉煌。

一、学习法律的选择是偶然的，也是必然的

初二的时候，一天，我正在上晚自习，一个熟悉的身影（我三表哥）出现在教室的窗户外，一种不祥的预感萦绕在我脑海中，家里人一般不会在这个时候出现在这个地点。果不其然，父亲出了车祸，正在学校对面的重庆市第二人民医院抢救。万幸，虽然父亲多处骨折、颅内受损，但挺了过来。那段时光虽然十分艰难，但教我学会了照顾家人：去买他喜欢吃的卤猪蹄。和平时严肃凶巴巴的父亲亲密接触，也是难忘的经历。

接下来，一个重担落在我这个全家学历最高的初中生身上：如何和肇事车辆方谈赔偿。就是从那时起，我和法律结下了不解之缘。查阅法律法规，和医院医生沟通伤残鉴定事宜，整理和计算相应的医药票据。肇事方是内江百货公司的大货车，他们承担70%的交通事故责任，父亲的伤残等级确定为肢残4级，据此，计算出了他们应当赔偿的金额，和家里长辈请来的公交公司的熟人进行核对，受到高度表扬。再后来，高中选择了文科，高考报志愿时报考的专业都是法学，本科在山西大学法学院就读，研究生在重庆大学法学院攻读经济法学硕士学位。

一场意外，让我坚定选择了法律。从另一个角度来讲，也是因为社会需要法治发展与完善，法学专业的蓬勃发展使学习法律成为我的必然选择。

二、初出茅庐，各种锻炼和意外收获

大四时，为了补贴家用，我在一家财务税务代理公司兼职当客服。每天骑行50公里去客户办公室拿财税凭证资料，每个月工资有400元，工作十分艰辛，但对企业财税知识有了实际操作经验。为了多挣钱，我又转到公司业务部门，办理工商登记和税务沟通事宜，收获了对社会复杂性的深刻认识。为了更好地锻炼自己，不要底薪只拿提成，去了公司的营销部门，每天打电话，约客户面谈，大讲财务税务代理的好处，但是应者寥寥，很多都是直接挂断电话（因此现在的我对于电话营销人员都比较客气）。

怎么办？一个月快到了一单没成，没有一分钱收入，研究生还有一个月就开学了，只能灰溜溜地回家了。一个周末的上午，我准备收拾东西回宿舍时，突然想再努力一下，把之前没有明确拒绝的客户再联系一遍。奇迹发生了，居然有五单客人愿意来公司商谈，最后有三单成功签约，拿到了3600元的业务提成奖励，那时对我而言

是笔巨款。但是"好戏"还在后面，那个月我拿下了九单，成为公司的销售冠军，提成上万元，人生第一次定了卧铺票的下铺回了重庆，并在列车上认识了研究生时的女朋友。

我的经验是，"电话营销"要选在上午十一点到十二点，下午四点到五点，以及周末的上午十点后，这些时间段老板们都相对愿意听你说点什么，特别是可以帮他解决问题、节省财税费用。

在研究生阶段，我也进行了工作实践。在重庆某通信公司工作了一年，应聘法务结果被安排到了人力资源岗位上，但熟悉了公司人员从招聘、面试、入职培训、签订岗位职责书、绩效考核、辞职辞退等全流程，了解了一个公司的法人治理结构，了解了公司股东会、董事会、监事会和高管层以及公司所属各部门的运行规则，经历了一个大型国有军工企业改制成民营企业后伴随而来的企业文化等各方面的重建和磨合。这些经历和锻炼非常重要，为之后的企业法律服务业务奠定了基础。此后，在重庆某建工集团二建司工作了四个月，学习了建设工程领域大量的三角债务处理方式。在重庆某律所（全国优秀律师事务所）实习了四个月，快离开的时候彭主任找我谈话，说"我是唯一离开时有很多主办律师请她来挽留的"。因我和很多主办律师都保持了良好的关系，短短时间我跑遍了服务的重庆市国土局、重庆报业集团、重庆啤酒集团、重庆江北城开发公司等，和对接人员也建立了协调关系。

三、公司法务用制度去管理和应对各种不确定

云南某大型企业集团是重庆大学的校董单位，来招聘法务的时候要求有两年的工作经验，凭着对人力资源套路的熟悉和软磨硬泡，我被成功选聘上了。这是人生的一次重大选择，当时，我可以留在重庆律所，也可以去广东某著名律所，当时我是非西南政法大学毕业的唯一通过面试的，这家律所还给新入职人员提供 20 万元的无息贷款用于买房，其业务主攻房地产和金融板块，但我没去。为什么去云南？因为这个地方是法律人才洼地，有利于年轻法律人的发展，同时风土人情、语言饮食很适合我的父母，一毕业，他们就跟我来了这里。善良孝顺是第一位的，这是人之所以为人之根本。为什么选择省属国企？因为平台大，法务工作施展空间高，可以锻炼自己、积累广泛人脉资源。事实证明，我无悔自己的选择。

当时集团刚好重组五家大型磷复肥企业，组建了集团国际公司，并赴香港上市，我应聘到董事会办公室，负责公司法务管理和项目投融资的合规性工作。

国企如何管理？用制度将各种突发性情况都可以规范进来。集团国际公司刚刚组

建，没有章法不成方圆。我全程参与拟定了公司合同管理制度和流程、法律事务管理办法、董事会授权管理制度、印鉴使用管理办法、项目投资管理办法、突发应急事故管理办法等，在任职期间基本没有发生重大合同纠纷及诉讼事件，这和合同签署的流程规范、合同主体背景查证、业务和法务部门相互配合监督合同履行全过程及合同问题产生后积极调解争取对公司有利的处理方案等规范性操作密切相关。所以不管千变万化，用确定性的制度去应对，当然，也要不断修正和完善。值得一提的是，离开公司好几年后这些制度还在适用。

国企项目投资须谨慎，很多投资基于做大做强的考虑，但是最终效果可能不如人意。一是跨主业投资，看起来很美好，但是对行业不熟悉容易导致投资项目管理失控，所以要聚焦主业；二是和民营企业合作要加强公司法人治理结构的完善程度，加强审计业务监督，加强外派人员管理，因为民营企业的"坑"很多，国企很容易陷入其中；三是国企资金成本低，但不能开展贸易性投资，通过并表虽然收入做大了，但资金很可能打了水漂；四是国企投资对环保、安全、资源把控要求很严，不能盲目扩大主业，否则项目投资预算根本不能控制，遇到周期性调整的时候负债大幅提升，融资成本过高，陷入常年为银行打工的尴尬境地。

国企法务有局限性，还远没有达到欧美发达国家对企业法务的重视程度，属于企业的配角，但近几年有所改善。国企法务"天花板"不高，最多到总法律顾问，在上升无望的时候选择离开，但很感激在国企工作过程中对于为人处世能力和公司法专业知识的提升。

四、加入盈科，打造一个确定性团队

盈科律所这些年发展很快，2001年设立便成为一个精品律所，梅主任作为创始合伙人加入后，律所向规模大所发展，用了十余年的时间成为亚太地区规模最大律所，2020年成为创收第一律所。盈科昆明分所是盈科在西部成立的第一家分所，现在人员规模、收入水准在云南省律所方面排在最前列。在昆明市司法局局长考察指导律所时，提到2019年昆明律师收入12亿元，盈科昆明所的律师收入占15%。

正是有了盈科律所这么好的一个平台，我的律师生涯起步堪称完美。我用了3年时间成为盈科首批全球合伙人，带领的盈科昆明分所和盈科北京团队创收达到千万级别；担任盈科新三板全国专业委员会主任期间，盈科成功挂牌新三板企业600余家，成为盈科在资本市场上"弯道超车"的经典示例；在全国进行巡回讲座60余场，在大连和泉州进行的讲座，现场参加人员超千人，在业内具备了一定的知名度和美誉度。

律师业务是持续性的，要随时面临不确定性内容的挑战，只有组建一个确定性的团队，才能从容应对。有个我最自豪的事情，自 2013 年来到盈科昆明分所执业后，带了 3 位助理，刘旭、崔仕强、岳腾，现在我们仍然在一起并肩作战，并且在各自领域成为骨干精英律师；2014 年和付成武律师、郭建恒律师组建了盈科"包富国"团队，现在仍保持紧密合作；当年的实习生刘旭律师也成了北京团队的主要合伙人。团队成功的第一秘诀是"舍得"，让大家的收入和贡献成正比，吃亏永远是福；第二是"培养"，大家都会了，我就轻松了；第三是"包容"，每个人都有自己的长处，就看你如何去发挥，每个人都会犯错，只要不是原则性错误，都可以宽容，所以我的团队从来没有主动"开过"一个人；第四是"团结"，团队任何情况下都不能相互指责，有问题可以私下沟通；第五是"分工"，团队有常法、诉讼、专项等业务，根据各自擅长和业务需要进行分工，搭配协作；第六是"专注"，这个是我没做好的部分，可能是我的性格原因，很多事情来者不拒，但最终效果不一定好，所以应该要聚焦才能突破；第七是"宣传"，酒香也怕巷子深，有什么成绩一定要让大家知道；第八是"专业"，有了专业别人才会信服、敬佩；第九是"合作"，现在团队业务有一半是律师和朋友推荐，可见合作多么重要；第十是"整合"，团队做到一定程度，一定要发挥资源整合的作用。

五、未来不确定性增多，以不变应万变

当今世界，纷纷扰扰，不确定性因素太多。突发的新冠病毒还没有消失，中国以外的世界人民还处于水深火热当中；以美国为代表的西方国家并不乐见中国崛起复兴，千方百计打压我国高科技企业，大打"贸易战"，军事方面也无理挑衅兴风作浪。这种情况下，我也走了很多弯路，也感受到很多的责任和压力，该如何应对？

律师行业也受疫情、经济和世界环境的巨大影响，不能开庭、不能见面谈判，涉外业务基本停滞，民营企业和个人付费能力变弱，发展举步维艰，如何应对呢？

当灵魂两问发出后，其实答案很清晰，用确定性的品格、能力、交际、团队、平台去面对，一定可以成功。世界从未太平过，唯有强大才能平安；经济永远都在发展过程中，民营中小企业都如雨后春笋般冒出来，就看谁能抓住机遇。在国有企业工作我有经验，且多年积累，迎难而上，才能强者恒强。

聚焦到自己的法律服务行业，聚焦到团队擅长的公司法法律服务，重点突破国有企业的法律服务屏障，既要拓展，又要有深度。

"5G"时代已经来临，人工智能、大数据、区块链等新兴技术是否可以和法律业务结合，是我当前思考的前沿问题。每个时代、每个时间段都有自己的机会，有了淘宝可能没人想到会出一个拼多多；有了微博、微信没人想到抖音、快手能如此火；有了银行后没想到哪一天我们是用微信和支付宝在付款。

法律服务也是这样，我们现在可以查询到哪个法院、哪个法官对同样的案子是如何判决的，我们也可以用大数据检索主动去联系客户，提供定制化的法律服务，我们可以给客户提供全程可视化以及线上线下结合的法律服务模式。

法律服务不是一成不变的，我们要拥抱变化，适应变化，甚至去引导变化。以确定性对待不确定性，愿你我的人生都充满希望。

蔡正华 | 一心志于法，勇于做法治丛林的独木

蔡正华律师，北京市盈科律师事务所全球合伙人、中国区董事、全国刑民交叉专业委员会主任，北京市盈科上海律师事务所管委会副主任、刑民交叉法律事务部主任。

一、转变：让每一段岁月都有价值

很多人都说，"当兵后悔两年，不当兵后悔一辈子"。从橄榄绿的军装到坚毅黑的律师袍，蔡正华一直在努力追寻着他的理想和信仰；从军官到律师，身份在变，初心却不曾改变，于他来说只是换了一种方式在"战斗"。

作为华东政法大学第一届法学专业国防生，蔡正华大学本科毕业后，被分配到部队成为一名军官。部队的成才、成长经历造就了他良好的政治素养、强健的体魄以及勇于战胜困难的意志力，更让他实现了为民族复兴而奋斗的梦想。军旅期间，酷爱文字的他成了小有名气的"记者"，先后担任党委组织、宣传干事，累计有数百篇文章被发表在军地杂志、报纸上，获得优秀学员、优秀个人、优秀党员等各类奖励。实现了自己的军旅梦之后，法学专业背景的他心中又燃起了重新回归法律职业的梦想：当初参军是为了圆报效祖国和民族复兴之梦，但是和平年代，法学专业的军人价值发挥并不充分。脱下军装换上律师袍，为国家的法治建设而"振臂高呼"，何尝不是为民族、为正义而"战斗"呢！

他时常自嘲道："我有一个英雄梦。无论是塞万提斯笔下的堂吉诃德，还是《月亮与六便士》里的斯特里克兰德，都是为了实现真实的自己勇敢放弃之前安稳的生活，疾恶如仇、维护正义，做为人民排忧解难、见义勇为的骑士，做永不向丑恶势力妥协的斗士，以自己对法律的热情和理想唤醒更多的人心底的良知。"

笃定的事，就要做好。经过军人生涯的洗礼，蔡正华更加坚定从事法律职业、加入律师行业的决心。于是，他选择回母校继续深造读研，并正式进入律师界，师从薛进展教授和林东品律师，迈出了向法律实务界进军的坚实步伐。

选择了辩护律师这个职业，就意味着接受不被人理解、遭受非议的事实。当问及为什么放着那么光荣的武警军官不做，却非要从事为"坏人"说话的职业时，他说："我选择律师这个行业，是被召唤而来，我愿意为'坏人'说话，是因为'好人也会碰上坏事'，为弱者说话，让他们有自我辩解的机会，进而促进法律的公正实施——这就是辩护律师实现正义的方式。"

2019 年上半年，"套路贷"犯罪成为打击新型涉黑恶案件的重要典型，多地公布的扫黑除恶"成绩单"中，"套路贷"涉罪案件占据了较大比例。其中，蔡正华率领团队就处理了其中一件典型的涉"套路贷"案件。西部某地区警方到上海抓捕了从事网络小额消费借款业务的某网贷平台的主要负责人之一林某，认定林某在实际负责公司运营过程中设计收取了"砍头费"，存在实际增加借款人债务负担的情况，由此对该平台以"涉嫌套路贷犯罪"为由予以立案侦查。

案件发生后，林某的家属和其他几个股东一起找到蔡正华律师，希望委托他负责该起案件的辩护工作。他在对该网贷平台具体情况进行详细了解，并与相关人员进行谈话后，凭着扎实的法学功底和丰富的实践经验，初步判断该网络平台虽然存在诸多法律瑕疵，但是并不能构成犯罪。于是，在召集团队对案件进行深度研讨，对类案判例和相关的司法解释进行法律研究以后，他凭着专业的自信主动与承办警方沟通，希望警方能够尽快认识到案件中的问题，最好能够及时撤案。但是侦查机关对他的观点不置可否，并告知他已将在逃人员进行网上追逃。于是，他又做好当事人的思想工作，联系警方来上海接人，以便当事人尽快到案，便于警方查清案情。在当事人到案后，他立即带领辩护律师团队再次千里奔赴该西部地区，紧急与警方再次交换意见，并提交关于林某等人不构成犯罪的律师意见和取保候审申请书。但是，侦查机关拒绝了他的取保候审申请。

蔡正华律师并没有放弃。案件很快到了审查批捕阶段，他约见了承办检察官，向其提交了不应批准逮捕的律师意见，并根据该地区司法机关首次处理该类案件的实际情况，花了半个多小时的时间当面向其说明了案件中存在的问题以及律师意见的核心内容。沟通中，他坚定地表达了三个观点：第一，即便是经过检委会讨论的案件，只有承办检察官发表了不同意见的情况下才可以免责，建议承办检察官把律师的不同意见带到检委会；第二，在"捕诉合一"的检察体制改革的背景下，现在的错捕未来有可能还需要错诉来消化，作出逮捕决定必须慎重；第三，该案的辩护律师和当事人坚持无罪辩护的态度坚决：司法机关不要通过犯罪嫌疑人、被害人妥协来消化案件。

在他合情、合理、合法同时又坚定的沟通下，该案件获得了全案不予批准逮捕的结果，并且不予批准逮捕的理由是可能不存在犯罪，为案件的无罪处理打下了较好的基础。

是的，从军官到律师，并不是简单地职业转换和身份转变，更多的是要理性地思考：在完成相同使命的前提下，如何在新的行业中找到自己的定位，以及是否能清醒地认识到在法治并不完善的社会背景下，在诸多假象面前，怎样实现自己的价值。在这点上，蔡正华律师骨子里不妥协、不放弃的意志力和对自身职业的高度自信都让他坚守这样一个信念：律师是一个需要不断努力尝试让别人理解自己观点的职业，这也是诉讼结构模式赋予律师职业的价值所在。至于个人能否被理解，并不重要。他常常与助理谈心时说的话：事在人为，积极生活，努力工作，你怎么样，世界就怎么样！

二、交叉：让每一个案件都有温度

2010年以来是律师行业得到巨大发展的时间。在这几年，国内巨大的法律服务市场亟待转型，"国际化、专业化、规模化、公司化"成为业界发展的趋向。盈科所倡导的"专业化、规模化、品牌化"的发展战略迎合了法律服务行业的发展趋势，在品牌的创建、知识管理以及人才培养等方面的合力优势愈加明显，这也与蔡正华律师对行业发展趋势的判断不谋而合。2017年年初，蔡正华加盟盈科上海分所，担任高级合伙人。

此时，有过上海多家知名律所执业经验的蔡正华，已经在国内较早地涉足互联网和金融领域的刑事法律服务，并持续关注企业刑事法律风险防控。他认为，随着网络技术的发展、信息社会的初步建成，传统刑事业务面临萎缩和降维的现实，与此同时，在合同纠纷、存单纠纷、票据纠纷、商业秘密纠纷等各类案件中，刑民交叉形式的案件和纠纷以不同程度呈现。刑民交叉将是未来律师业务中很重要的一块，更是年轻律师弯道超车的重要战域。

在此背景下，2018 年，蔡正华律师领衔组建盈科上海分所刑民交叉法律事务部，并逐步在金融证券、网络安全与数据合规、刑事辩护与刑事法律风险防控等领域建立良好声誉，相关工作业绩获得了律所上下的认可：当年，部门创收超过了目标值的97%，在盈科上海分所名列前茅，他也晋升为盈科全球合伙人，并被选任为盈科上海分所管委会副主任。彼时，他 33 岁。2019 年，刑民交叉部门被评为盈科上海分所先进部门，部门人员规模及部门创收规模较 2018 年相比均翻了一番，实现了超过150%的增长，作为盈科上海分所刑民交叉法律事务部主任的蔡正华律师连续三年荣获盈科上海分所年度最佳创收个人奖，年度创收始终稳定在千万元量级。2020 年，在盈科全国专业委员会改选中，蔡正华律师更是以最高票当选盈科全国刑民交叉法律专业委员会主任。

在当前法定犯占比越来越高的背景下，以刑事业务为主的律师如何迎合新趋势，在未来的法律服务领域抢占高地？蔡正华律师认为，从事刑事法律服务的律师既要以刑事法为基础，又不能受窠臼所限，给自己简单贴上"刑事律师"或"民事律师"的标签，而是要回应上海金融中心的环境背景和市场发展的需求，回应智慧城市建设的背景和网络化、数据化的需求，深耕行业，在成为行业专家的基础上，持续地在金融领域、网络领域打通刑民交叉，甚至是刑行民交叉，将民事领域的交易、行政领域的监管、刑事领域的风控与辩护立体化地贯通起来，提升交叉法律分析的专业化能力，成为行业专家和法律专家的结合体，提供真正符合行业需求的法律服务。他是这么想的，也是这么做的，在这一战略判断之下，他毅然奔赴上海财经大学攻读金融学博士学位，为把自己打造成复合交叉人才不断努力。

交叉知识的积累，为蔡正华律师及其团队综合运用法律手段维护当事人合法权益奠定了基础。2018 年，某上市公司的负责人李某因为资金紧张的问题，与某资产管理公司签订了金额 2 亿元的借款合同，约定了年化 30% 的高额利息和借款金额 20%的高额违约金。该资产管理公司放贷资金实际来源于关联的 P2P 网贷平台归集资金。后该网贷平台无法兑付到期债权，遭投资人挤兑案发，被公安机关以涉嫌非法吸收公众存款犯罪立案侦查。在处理李某与此资产管理公司之间的债务问题上，如果按照传统的解决方案"先息后本"地进行偿还借款的话，由于利息高达 30%，按照李某案发前的履行情况，已经支付的款项中有几千万元将被认定为支付的高额利息，也会得出还需支付大几千万元债务的结论；同时，作为青年企业家，一旦牵涉刑事诉讼程序，无论对个人创业的热情还是企业本身的发展都会有极大的影响。

在此情境下，如何圆满地解决问题，最大限度地为客户获取利益？蔡正华律师团队接受李某委托后敏锐地捕捉到：这起案件看起来是公安机关侦办的刑事案件，实际上是刑民交叉案件。案件的焦点在于：该案中李某的上市公司与涉案的资产管理公司之间 2 亿元的借款合同是否有效？如何正确认定各方之间的权利义务？在对《商业银行法》《银行业监督管理法》《最高人民法院关于如何确认公民与企业之间借贷行为效力问题的批复》等法律法规和司法解释进行研究之后，蔡正华向公安机关表达了自己的观点：非法集资的资金用于职业放贷的情形违反了法律的强制性规定，借款合同无效。在合同无效的前提下，一般的司法裁判只会要求实际用款人偿付本金以及银行同期贷款利率的资金占用费。按照这个规则，李某之前支付的所有资金都应当认定为本金，并且应当按照银行同期贷款利率计算占用费，而不是 30% 的约定利息。蔡正华同时表示，为了考虑法律效果与社会效果的统一，有效保护平台投资人、合同借款人在内的各方合法权利，建议按照"先本后息"的还款方案，一方面李某之前支付的所有资金都应当认定为本金；另一方面考虑到投资人的损失和多方的利益，协商的结果既否定约定利息，也可以不按照银行同期利息来计算，而是按照投资人出借时 9% 的预期利息计算资金占用费。这一建议最终获得了当地政府联席会议的通过，既帮助自己的当事人止损数千万元，又避免了双方进入民事诉讼程序所带来的不利局面，真正实现了"双赢"。

近些年，随着巨额融资贸易纠纷、P2P 网贷爆雷、套路贷以及证券金融等领域内的横跨刑事、行政和民事等部门法的案件频现，单一采用刑法视角、民法视角或者行政法视角进行分析处理，都难以高质量地解决问题。兼具行业专家和法律专家为一体的交叉型律师的出现，打破了部门法之间的封闭壁垒，不再拘泥于某一部门法的局限，而是根据问题在全法域内找思路，使得法律服务更接地气，也更加的务实、开放、多元，让案件的圆满解决充满"温度"。

三、专业：让每一份坚持都有力量

"专业为王"是律师职业恒久不变的竞争规则，无论是英美律政剧中的"金牌律师"，还是现实中的"刑辩大咖"，似乎我们看到的是他们个人在庭上舌战群儒的风采。但行内人都知道，在短暂、闪耀的庭审光环背后，是专业律师团队艰辛的努力、阵容庞大的专家"智囊团"等力量的支持。

1. 专业的团队为庭审提供辅庭支撑力量

律师行业单打独斗的时代已经过去，对于目前这样一个客户需求日益细分、行业竞争日益白热化的法律服务市场，只有强强联合、优势互补的团队服务模式才能将人力、物力、财力进行有效的资源整合，为客户提供更加多样化、专业化的法律服务，为团队创造更多的收益。蔡正华律师带领的团队能够在盈科体系内迅速脱颖而出、独树一帜，在一个又一个重大、疑难、新型的案件处理中取得骄人的业绩，除了他自身扎实过硬的专业基础和杰出的个人才能之外，与他优秀的专业团队分不开：团队目前的八位律师助理各有所长，专业背景各异，能在需要的时候互相配合，共同为案件处理，尤其在证据收集、法律检索、文书撰写、客户接待和法律咨询等庭前辅助方面提供坚实的支持。

2. 强大的专家"智囊团"为重大疑难案件的解决提供知识力量

在蔡正华律师复盘过的诸多案件中，有不少新型案件涉及网络电子证据、司法会计鉴定等领域的知识，对于上述已经超过传统法学范围、同时对案件的走向又有重大影响的专业知识，团队一直坚持通过与高校、知识界和技术界的顶级"大咖"合作，邀请国内行业顶尖的鉴定专家担任团队顾问，建立了一个强大的专家后援团，作为团队在案件处理中"出奇制胜"的重要砝码。除此以外，对于一些重大的疑难案件，尤其遇到一些在法律上涉及新罪名而又无相应的司法实践经验可供参考时，各地办案司法机关的法律知识水平参差不齐，往往对相关法律适用问题各执一词，难以达成共识。为应对司法实践中法律适用方面的不统一，团队与北京大学、清华大学、中国政法大学、北京师范大学以及华东政法大学、上海财经大学、南京大学等国内诸多高校的法学专家建立合作，并就重大疑难复杂案件组织相关专家进行研讨，为案件的正确处理和辩护思路、代理思路的优化提供战略支持。

3. 刑事风险防控中心和刑辩研修班为专业的提升提供平台力量

蔡正华律师常常说："专业化不是专门化，必须革除行业内普遍将专业化与专门化之间划等号的"扯大旗"现象。"所谓的专业，是要让更多其他领域具有法律服务经验的律师同行加入刑事法律服务者的队伍，以解决刑事法律服务基本功为前提，融合目前实务中需求越来越大的刑事风险防控业务，将刑事律师的业务从后端走向前端，从罪名识别到风险防控，以满足客户的需要——这才是专业的走向。在最高人民检察院反贪污贿赂总局和北京师范大学中国企业家刑事风险防控中心的支持下，蔡正华律师创建了中国企业家刑事风险防控上海中心并担任执行主任，曾先后处理了某世界500强企业高管涉嫌职务舞弊案，某世界500强企业在华涉重大责任事故案以及中国木材行业巨头企业负责人涉合同诈骗案等重要主体的刑事风险防控，都取得了令客户满意的结果，多数案件未被司法机关追诉。

华东政法大学刑事辩护高级研修班是目前国内单体规模最大的刑辩班之一，蔡正华律师作为刑辩班的负责人，将最高院的资深法官、全国检察业务专家等实务界"大咖"，以及高校专家学者和司法鉴定研究院等著名学者全部聚集在这一高端平台，以授课、讨论等方式与业内同行切磋交流，不但提升了自己的刑辩素能，更为日后的刑事法律服务的专业化发展积蓄了人力资源和平台力量。2019 年，他又率领团队和上海社会科学院法学所签署合作协议，自助开设"盈科上社法学讲堂"，每周一次的前沿法学讲座已经成为上海法学界的一道亮丽风景线。

古人云："行路难！行路难！多歧路，今安在？长风破浪会有时，直挂云帆济沧海。""盈科首届百名大律师"这项荣誉对于蔡正华律师来说，既是对以往成绩的一份肯定和赞许，更是对自己未来发展的一种鞭策和鼓励。在蔡正华的心中，他对自我有着更高的职业定位。正如在他独著的法律评论集《为"坏人"说话》的后记《谁说独木不成林？》中所提到的，"在法治理念尚不深入，国人和法治始终缘悭一面的当下，唯有胸怀理想的法律人个体以独木成林的勇气，才足以撬开数千年的人治枷锁"。在中国法治建设的洪流中，蔡正华愿做独木，但更有喜见法治成林的信心！

撰稿人：姜甜甜

常建瑜 致力于做一名大律师

　　常建瑜律师，北京市盈科晋城律师事务所管理委员会主任、行政法律事务部主任。

　　人都有一个梦想，正如拿破仑说的"不想当将军的士兵不是好士兵"一样，常建瑜律师执业28年来，一直怀揣一个梦想：致力于做一名大律师。今天，盈科成就了他，他被评为"盈科首届百名大律师"之一。当他获悉这个喜讯时，激动得彻夜未眠，多年来的奋斗经历，浮现在眼前：

　　大律师不是特立独行的个体执业者，而是置身于那些规模宏大、管理先进、财力雄厚、声名显赫的国际性大牌律师事务所。

　　常建瑜律师常常想起那些西装笔挺、举止优雅、目光犀利的"造雨者"律师。他们不仅业务精通，技能精湛，在业界声誉卓著，而且在学术界、政界以及社会各界都担任重要的职务。他们是律师，也是学者、政治家、社会活动家。几十年来的执业经历使他深深知悉，作为一个律师，头脑再好，技能再精湛，如果一生栖身于两三人的小型事务所终究成不了一名大律师。事务所就像一家工厂，规模小、档次低的小工厂很难制造出名牌产品。只有工厂达到了相当大的规模，才有可能问鼎"名牌"二字。可以说，大律师不是特立独行的个体执业者，而是置身于那些规模宏大、管理先进、财力雄厚、声名显赫的国际性大牌律师事务所。

所幸的是，常建瑜律师参加了盈科 15 年大型庆典活动，深刻地领略到了盈科全球化的发展战略、"全球视野、本土智慧"的经营理念，目睹和体验到了"规模宏大、管理先进、财力雄厚、声名显赫的国际性大牌律师事务所"。从心底里认准了这家能够打造大律师的"工厂"和"设备"，加入，一定要加入！

大律师不是特立独行的个体执业者，而是要整合律师，进行团队化建设，打造专业化软实力。

团队化是专业化发展的基石，如果仅仅是松散式的团队合作，虽然改变了单兵作战的状态，仍然没有办法保证服务质量的标准和结果的统一。几十年来的执业经历，常建瑜律师深知无论是一个有想法的师傅与几个忠诚的徒弟走上团队化道路，还是几个年轻律师相互碰撞、抱团取暖走上团队化道路，都是短期的。因此，形成紧密且有组织的团队，有共同的目标、执行同样的服务质量标准，才是团队化建设的难点和重点。为此，首先是"建新军"，源头最重要，他亲自招聘新人；抓新人是人才培训的生命线，他亲自讲新人培训的第一课，讲律所的价值观，讲为人处事的底线；有培训必有考核，他创新考核办法，把价值观引进了考核体系中；他提出"我的级别我做主"，打通了律师的晋升通道，充分调动了律师的能动性。其次是"铸文化"，律所的价值观是律所文化的核心，对外是做事的底线，对内是团队相处的游戏规则。通过"自评加讲故事"的方式进行考核，硬生生地把文化考核出来了、训练出来了。最后是"定战略"，他每年亲自主持战略工作会议，牢牢把握战略方向，认真分析市场需求趋势，充分利用内部有限资源，专注寻找高获利、高成长空间，挖掘新客户、拓展新市场、开展新业务。战略的第一大来源，是挖掘新客户，自下而上充分发挥律师的主观能动性，用创新的方法、不同的方法去满足客户需求；第二大来源是拓展新市场、开展新业务，自上而下充分发挥合伙人的能力，明确划分业务类型、目标客户、发展区域的主次，并传达至所有律师，提高战略清晰度。

在短短的 3 年内，团队律师由成立之初的 13 人，发展到了执业律师 46 人，实习律师及律师助理 18 人。他将律师整合成各个不同的专业团队，根据不同的专业方向进行专业研发和团队协作，发展律师和团队的专业特长。同时，开展各种各样的培训会、研讨会等来提升律师的服务水平和技能。为进一步保证服务的及时、精准和高效，将项目合伙人负责制和主协办律师制相结合，由合伙人全面负责组织项目工作，同时有主协办律师共同处理业务，确保出具的每一份法律文书均由两名律师联合审查。2018 年团队营收为 600 余万元，2019 年为 1200 万元，2020 年有望超越 2600 万元，三年连翻两番。

常建瑜律师时常讲，盈科是一艘航母，他是这艘航母上的一名士兵，为成为一名将军，他会不断地创新、再创新。

撰稿人：薛剑超

借参评心路　展职业情怀

车行义

车行义律师，北京市盈科律师事务所党委（纪律）委员、中国区董事会董事兼"风控委"负责人、北京"刑民行交叉"法律事务部主任。

我是车行义律师。我先给自己"画个像"：1965 年生人，可谓"老车"；1985 年入党，可谓"老党员"；1988 年执业，可谓"老律师"；2009 年入职盈科，可谓"盈科发展亲历者"。

我参加"盈科首届百名大律师"（简称"盈科百大"）评选活动的演讲题目是：借参评心路，展职业情怀。

我的"参评心路"及"职业情怀"共由以下五个关键词组成。

第一，"纠结"。

看到"盈科百大"评选活动的通知，是否参评？甚是纠结。一方面是我深知："老律师"可决不等于"大律师"！另一方面是担心被"吐槽"：你"老车"咋还跟年轻人争（荣誉）呢？参评？还是不参评？的确是个问题。

第二，释然。

待我认真看完"盈科百大"的评选主旨、原则及标准，我释然了。

"盈科百大"的评选主旨是"不断推进专业化建设进程，树立盈科律师专业形象，进一步发扬律师规范执业、维护公平正义、奉献社会的良好执业理念"，评选原则是"公平、公正、公开"和"择优"以确保"先进性、典型性"，而评选条件涉及"思想评价""专业水平""公益事业""所内贡献""社会责任"等七大项并具体细化为共计 20 条具体要求……

这不就是总结过去、发现不足，进一步提高的绝好机会吗？参评"盈科百大"，利己（个人）、利所（盈科）、利行业（律师），何乐而不为？释然的我，决定参评。

第三，感恩。

感恩时代。迄今我律师执业 32 年，亲历了国家法治的进步、律师行业的发展。无疑，"这是一个最好的时代"。

更要感恩盈科。我的律师职业生涯"前半场"的 1/3 是在盈科度过的。在这人生难忘且重要的 11 年律师职业生涯当中，要感恩盈科，感恩盈科对我的信任和厚爱，给了我充分实现个人价值的机会。

一方面，担任了一些重要的"非律师"专业职务。如盈科北京党委委员兼第一党支部书记，盈科北京连续三届（六年）监事会主任，盈科中国区董事会"风控委"副主任等。除此之外，借助盈科平台，还兼职担任了中国政法大学法学院、西南政法大学行政法学院、清华大学法学院等法学名校硕士研究生的导师，西藏大学政法学院客座教授，上海市单用途预付卡协会"专家委员会"委员等；曾兼任第一届和第二届（八年）北京朝阳律协"惩戒委"疑难案件组负责人；曾担任中央电视台《我是大律师》首期"带队嘉宾律师"，山西卫视《顶级咨询》多期"首席咨询律师"……还与盈科同人一道，参演了国内首部"由律师真人出演的"网剧《律师大爆炸》，客串了由张国立、江珊、郑恺等主演、北京卫视、东方卫视热播的电视连续剧《好久不见》……

另一方面，担任了一些重要的"律师专业"职务。如盈科全国刑民交叉专委会主任、再审申诉专委会主任及盈科北京再审申诉业务部主任和刑民行交叉业务部主任等。除此之外，借助盈科平台，我还兼任了北京市律师协会（首届）刑民交叉专委会副主任。

这是"忙，且快乐着"的盈科 11 年：对于"非律师"专业职务，尽职尽责，无私奉献。盈科党建（工作 10 年），乐于担当；盈科监事会（工作 6 年），乐于奉献；盈科公益事业（11 年），不甘落后。

主讲律师执业纪律、职业道德培训数十场；与风控部同事共同接待当事人、处理投诉达数十人次，调解、处理、化解数十件"委托代理争议"；为盈科出版审（改）稿数十篇；亲赴西藏大学、清华大学、中国政法大学等为同学们授业解惑十数场，接收实习同学 30 余名，手把手地传、帮、带；在律协"惩戒委"近 8 年的兼职中，在司法局、律协现场值班 20 余次，审查、处理投诉案件数十件；为盈科青工委、盈科传承计划等举办专业讲座达十余场……

对于律师专业职务，勇于开拓，不负所望。作为一名执业多年的"老律师"，如何在盈科平台上，将盈科的"开放、包容"发展理念、"四化（规模化、品牌化、专业化、国际化）"发展规划与个人的专业结合起来，创新发展，实现"人无我有""弯道超车"，这是我律师专业职务工作的重中之重（没有之一）。

早在 2015 年，在我的倡议下，盈科设立了国内第一个建制在律所的"刑民交叉专委会"。在此后连续两届的专委会主任任职期间，我带领盈科同人，不畏艰难、开拓创新，做了不少实质性的工作：召开全国工作会议，确定了专业发展的战略和规划，夯实了基础、明确了方向；举办论坛、讲座，宣传刑民交叉的专业法律服务产品及其特色；组建刑民交叉专业律师团队，在数十家分所成立刑民交叉业务部或以刑民交叉为核心业务的部门，专业律师队伍呈现持续扩大之势；刑民交叉律师的专业力量蓬勃发展，已经为多家央企、国企、民企提供刑民交叉专项法律服务，代理了多起（国内）有影响的典型刑民交叉案件。

2018 年 3 月，还是在我的积极倡议下，盈科北京又创造性地设立了"刑民行交叉业务部"，并由我担任该部门主任。

几年来，我一直在探索律师法律服务的新思维、创新律师法律服务的新模式，呼吁、推进刑民行交叉律师服务的专业化，累计为全国各地律协、盈科各分所举办刑民交叉、刑民行交叉宣讲、普及讲座达数十场。

之所以如此"执着"，力量源自盈科要做刑民交叉、刑民行交叉业务领域"领军者"的目标，自信源自盈科的开放、包容。

这是"忙，且收获着"的盈科 11 年。

在"非律师"业务方面，我连续多年被评为优秀共产党员、优秀党务工作者，并连续获得"（律师）行业突出贡献奖""（律所）突出贡献奖""（律协惩戒委）优秀审查报告"等荣誉……

在律师业务方面，我收获了"北京市百名优秀刑辩律师"的殊荣，还连续多年被评为"优秀合伙人""优秀律师""争议解决领域优秀律师""刑事诉讼法律专业领域优秀律师""优秀专业部门（主任）"等。

在代理的多起（国内）有影响的典型"刑民行交叉"案件中，特别值得"炫耀"

的是收到"全国首例刑民交叉刑事判决":在"以房养老·套路贷"中担任被害人房主的代理律师。面对"维权失败"的一审刑事判决,凭借着刑民交叉的专业力量,争取到了十分难得的公诉机关为被害人的抗诉,尤其是在其他十几名代理人"悉数消失"的二审法庭上,我们"孤军奋战",剖析了"以房养老·套路贷"的事实,阐述了相应的刑民交叉法理,据理力争,北京高院最终在悉数"驳回上诉""驳回抗诉"之外,在其二审裁定书中加入了共计187字的"对于涉案房产的认定和处理意见",成为"以房养老·套路贷"涉案房主"成功保房"国内第一案。

在律师业务方面,我还以不同形式收获了许多重要的服务客户。在品牌建设方面,我更是"收获"了各类媒体以不同角度的报道和评价:中国网"时代先锋"以"以党员律师的名义,担当起正义的责任"为题进行了报道;中国律师年鉴网以"刑民交叉领军者"为题进行了报道。九州出版社《向公正致敬——八十位公平正义使者访谈录》(封面人物)以"行法律大道,为天下公义"为题进行了报道。现代出版社《时代影响力2》"品牌律师"栏目当中以"刑民交叉的领军者"为题进行了报道。人民日报出版社《中国大律师经典案例》以"车行义:维护当事人合法权益是律师的大义所在"为题,收录了两个成功案例。人民网、新华网、光明网、新浪、网易等以"做律界专业创新的领跑者"为题,对我在"刑民交叉""刑民行交叉"律师服务方面所做的积极探索进行了报道。中国商务出版社为庆祝新中国成立70周年于2019年9月出版的《大国律师》当中,对此还以"特辑形式"予以刊载等。

特别值得一提的是,法律出版社于2015年12月出版了《走近盈科大律师》(第1辑)。其中,通过"远望、近探、微观车行义律师",对我作出了"谨而信,泛爱众"的评价。充分展现了我"做人,做好人;做律师,做好律师"的人生和职业信条。

在盈科的11年,成就了我律师职业生涯"前半场"的"辉煌"。再次感恩盈科,成就了我。

第四,壮心。

俱往矣,32年职业生涯,有经验、有教训;有成绩、有缺失。

看今朝,老当益壮:砥砺前行,提升自我,匠心传承,"刑民行交叉"律师服务,乃"风流人物"。

第五,致远。

老骥伏枥,志在千里:32年职业生涯,只是我律师职业生涯"后半场"的开端,我要再做律师28年!并且是再做盈科律师28年!做盈科"刑民行交叉"专业律师28年!

与盈科同行,为法治中国建设贡献一名跨世纪"老党员""老律师"的光和热!我不是"老爷车",我是永远的"lawyer车"!

陈浩 | 工匠精神铸就专业智慧

陈浩律师，北京市盈科沈阳律师事务所专职律师、股权高级合伙人、公司法律事务部主任、合伙人管理委员会副主任，盈科全国业务指导委员会副主任。同时担任辽宁省律师协会公司与投资并购专业委员会委员、辽宁省律师协会民事法律事务专业委员会委员等。

流水之为物也，不盈科不行；君子之志于道也，不成章不达。旅途最快的捷径是脚踏实地，做事最高的境界是匠人匠心。坚守与专注，能够成就一名律师的职业理想，使他的执笔之手，练就毫厘千钧之力；阅卷之眼，透射秋毫不放之工。

一、融入血脉的工匠精神

"我是地地道道的沈阳人，我是从工厂里走出来的"，陈浩律师经常跟当事人这样介绍自己，眼睛里闪着执着而坚定的光。20 世纪 70 年代，中国的工业基地沈阳，被誉为"东方鲁尔"，是一座劳模荟萃、工匠辈出的光荣城市。1975 年，首批数控机床在沈阳下线走向全国，中华人民共和国的工业脊梁进入鼎盛时代。浓烈的产业情怀与现代工业技术交融碰撞，在沈阳这片东北热土上形成了独特的工匠精神底蕴，陈浩律师就是在这一年出生的。伴随着工厂机器的轰鸣和熔炉的火光，跟许多成长于沈阳大工厂时代的孩子一样，他将理工和机械作为求学的专业，这在当时沈阳人的眼里，是顺理成章又理所当然的选择。这段严谨又枯燥的求学经历，平添了他"能吃苦、够专注、一丝不苟、精益求精"的浓厚人生底色，并让他受用终生。

1998 年，陈浩律师从东北大学机械专业毕业，进入国企成为一名机械工程师。刚毕业时，他的想法很简单，通过努力学到立身之本，成为对社会有益的人，同时有个稳定的收入能养家糊口。但极具危机意识的陈浩在工作了几年后，自己的想法愈发清晰，体制内的工作对自己来说挑战不足、安逸有余，他更希望获得一技之长，靠自己的努力照亮未来的人生之路。2004 年，他如愿考入辽宁大学法学院法律硕士专业并很快通过司法考试，2007 年 6 月 1 日，陈浩成为一名执业律师。从此，充分发挥工科、文科两大学科优势，将理工专业特有的严谨、缜密的思维方式与法学学科的逻辑思维方法结合起来，逐渐变成他的工作风格。秉承专注和精益求精的专业精神，为当事人提供优质、高效的法律服务，成为他的职业追求。

二、大工不巧，铸剑万千终成器

案卷等身、躬身实践，陈浩律师是同行眼中的"老黄牛"，出了名的较真和能干，经手了大量颇受公众关注的法律事务。

2008 年，第 29 届夏季奥林匹克运动会在首都北京举办。素有"中国足球福地"之称的沈阳作为五个协办城市之一，成为足球比赛分赛场，一时间，万众瞩目。而作为刚刚执业一年的年轻律师，他有幸担当了奥运会沈阳分赛区唯一的法律顾问、单位核心律师、具体承办律师，独自起草、修改了奥运会沈阳分赛区涉及的近 100 个合同、协议等，还作为奥委会的诉讼代理人出庭广告纠纷诉讼，并最终取得胜诉，受到奥委会和社会各界的一致好评。2013 年，陈浩律师再次受聘担任第十二届全运会组委会法律顾问，为全运会提供全面专业的法律支持。

陈浩律师专注、执着的工匠精神，还体现在善于处理体量大、战线长的复杂问题上。2010 年，中央下发了关于有线电视网络实现"一省一网"的通知要求，辽宁省需要统一整合全省各行政区域及企业有线电视网络资源，成立专门的公司，将各市、地区的有线网络资源以入股形式投入公司。时间紧、任务重，陈浩律师全程负责了公司的成立、有线网络资产的兼并重组、增资扩股等方面的全部法律工作，起草股东协议、公司章程、增资扩股协议、参与谈判，并就整合中遇到的法律问题出具法律意见书。整合的有线电视网络资产总额达 70 亿元，范围涉及全省 14 个市，保证全省有线网络资源整合工作的顺利进行。

这些年来，不断积累的好口碑让不少公司主动找到陈浩律师，他也不负众望，成功代理了大量公司合同纠纷案件，为当事人挽回了巨额损失。代表性的案件包括沈阳荣建实业有限公司诉沈阳龙地天时酒店管理有限公司"天时洗浴中心"房屋租赁合同纠纷案、东北建筑安装工程总公司诉沈阳欧亚实业有限公司因"荷兰村"项目工程款纠纷案、某航空公司飞行员离职诉讼案、长春欧亚集团股份有限公司诉沈阳广富集团股份有限公司租赁合同纠纷案、沈阳著名商标"毛家湾"商标权纠纷案等。他还多次荣获沈阳市、辽宁省优秀律师，沈阳市工商联十佳法律顾问，全国盈科律师体系"十佳律师"等荣誉称号。

三、练就一双"鹰眼"

"分析问题尖锐，一针见血"，初见陈浩律师，当事人给出这么一个评价。再接触，理工男的色彩更加浓烈——当事人总结陈浩的特点是"严谨缜密重逻辑、抽丝剥茧说重点"。

陈浩律师对这些评价未置可否，但他觉得，律师的本质是握着维护当事人权利的"武器"；言之有据，言之有法，是律师的站地住脚的基本素养；把"法律武器"运用地出神入化是律师的理想境界；这不只要求律师有深厚的内功，更要求律师练就一双善于找到案件"破绽"的"鹰眼"。

鹰击长空，万米之外即可锁定猎物。代理纷繁复杂的案件，就需要练就一双'鹰眼'，在最短的时间内找到案件最具有价值的突破口。

陈浩律师先后担任数十家公司的常年法律顾问，服务客户总资产超过千亿元，亲身经办了数量浩繁的案件，积累了极为丰富的公司客户诉讼和非诉法律服务经验。他专注于在案例样本中掌握普遍规律，感知毫末变化，练就办案直觉。

在代理一起某投资公司诉辽宁某市财政局股权转让纠纷案时，当事公司主张预期收益损失1.1亿元，一审时大部分诉求遭驳回。他抽丝剥茧，紧紧扭住"过错方应承担缔约过失责任和造成当事公司失去交易机会责任"这个关键点，坚持上诉，最终该案经最高人民法院第二巡回法庭审理，二审成功改判。由于该案的经典结果和较强的代表性，被收录进2017年第12期《最高人民法院公报》。

陈浩律师在业务实践的同时，不忘钻研法学理论，著有《企业破产法律实务操作指引》（中国法制出版社）、《跟着律师写诉状》（中国法制出版社）两部著作，并在多家法学专业期刊发表过多篇论文。

四、依法实现当事人利益最大化

2011 年春节，沈阳市首个集五星级酒店、5A 级写字间及高档公寓的综合体发生火灾，震惊全国，各类复杂法律问题瞬时涌现，全部需要紧急处理，仅单个业户的索赔额就高达上千万元，可以想见，拥有上百业户的公司面临何等压力。

作为该公司唯一的常年法律顾问，陈浩律师义不容辞，迅速进入紧急状态，24 小时待命，对大火后续涉及的财产损失、保险理赔、商品房买卖、房屋租赁等大量法律问题逐一分析、依法出具法律意见，用专业素质为顾问单位提供决策依据，并参与全部协商谈判、出庭应诉过程。

处理这些法律事务，陈浩律师在酒店住了整整一个月，用深厚的法学功底和实践经验分析法律责任、厘清责任划分，使大火后续问题得以妥善解决，依法实现顾问单位利益最大化。

好中医治未病，好律师管长远。凭借在企业多年的工作经验和律师执业经历，陈浩律师深谙公司、企业的经营运作方式，针对经营过程中遇到的实际问题，化解了诸多法律风险和隐患。他常说，做法律顾问，不能只考虑法律问题，可见的法律利益，未必是真正的利益，眼下的利益最大化，也未必是长期的最大化。把握利益最大化的客观标准，要求律师不仅要具备法律思维，还要具备哲学思维。要真正地做好客户的法律工作，哲学思维是必不可缺的。他经常为客户提供法律意见外延的风险预防方案，主张律师应为顾问单位提供预防性的法律服务，将法律风险消灭于风险发生之前，为公司、企业提供专业、优质、高效、有温度的法律延伸服务。

五、"外来"实力的本土价值

在陈浩律师看来，2012 年加入盈科，也迎来了事业发展的迅猛期，实现了"外来"实力参与和推动东北营商环境改善的本土价值。

作为"土生土长"的本土律师，陈浩律师对沈阳有着深厚的感情，也一直在努力成为改善东北营商环境的参与者和推动者。在代理"知名企业与地方政府土地投资合同纠纷"案件时，他注意到双方就"逾期返还 3000 万元诚意金需支付 2 倍率利息"的约定可以有另外的法律解读，遂积极应诉，提出明确抗辩观点，以双方签订协议时间节点为线索，深挖法律依据，推敲合同条款，最终以双方签订补充协议作为突破点，大幅降低利息金额，使案件取得了较好的结果，为当事政府减少超过千万元损失，促成双方继续合作。

有人评价说，陈浩律师"擅长政府法律事务并具有丰富的诉讼经验"，他本人认为这个评价算中肯。对于针对政府部门的土地投资、行政征税、法规制定、争议解决等问题，他有着诸多经验，也时常参与政府会议、出具法律意见、出庭应诉。

专业和敬业，让陈浩律师不断收获着来自各方的信任。他先后担任华晨宝马汽车有限公司、中航沈飞民用飞机有限责任公司、沈阳市苏家屯区人民政府、辽宁省外商投资企业投诉中心、沈阳市营商环境建设局、沈阳市体育局、远洋地产公司、中国邮电器材东北有限公司、中公教育集团、葫芦岛宏运集团、大连金玛集团、沈阳庞迪航空装备制造有限公司、沈阳市工商联、积水好施裕沁地产（沈阳）有限公司、沈阳中一实业有限公司、沈阳皇朝万鑫酒店、沈阳皇朝万豪酒店、中一太客商务航空有限公司等数十家单位的常年法律顾问。

而他的理想远不止于此。他说，一个区域经济的健康发展，法制是必不可少的灵魂，作为"软"产业，高水平的法律服务，能够为地区经济建设提供内涵式支撑，能够真正让地区发展，让企业受益，这也是本土律师义不容辞的责任与使命。他一直致力于助力沈阳营造法治良好、竞争力强的营商环境，以充分涵养地区的发展生态。希望能以法律服务软实力，助力呈现辽宁全面振兴的宏大场景。

六、感悟：专业和责任心是我的两大坚持

在陈浩律师看来，专业，是一名优秀律师的第一要务，而责任心是第二个最重要的因素。用专业素养打动当事人，用责任心守护当事人合法权益，是他作为律师的两大坚持，这坚持，大律师陈浩说，没有完成时，永远在路上。

撰稿人：经淼

陈少军 | 找到自我　在盈科成长

陈少军律师，中共杭州市下城区律师行业委员会委员，北京市盈科杭州律师事务所党总支书记、股权高级合伙人、企业合规法律事务部主任，盈科全国法律风险与合规管理专业委员会副主任，浙江省连锁经营协会理事，杭州市安徽商会副会长兼法务部部长。

赫尔曼·黑塞在《德米安》中有这样一句话："对每个人而言，真正的职责只有一个，找到自我。"而自我，看不见，摸不着，在遇到困难、迷茫与挫折时，才会认识自己、了解自己。

一、心有远方，虽阻且往

有人说，性格内向的人，不太适合学法。而陈少军律师，本质上并不是一个性格外向的人，但他选择了法律。

高考填报志愿时，也许是数学学怕了，也许是受西安电影制片厂的战争影片影响，陈少军律师选择去西安，选择了法律专业。当时有同学问他："你性格偏腼腆，适合在法庭上打官司吗？"那时的他也不确定自己是否合适，但不试试又怎么会知道呢！当年西安理工大学在安徽省招录的法学专业人数为 3 人，他以优异的成绩成功地跨入了法学的大门。

"三更灯火五更鸡，正是男儿读书时"。大学四年，陈少军律师最快乐的是独自在图书馆翻阅法学书籍，在看似枯燥的学习中，发现书中的另一个世界，更在读书时描绘着未来的自己。

2004 年暑假，陈少军律师去高中母校附近的县法院实习一个月。结束时，县法院领导问他："今年有位老法官要退休，是个很好的机会，你愿意大学毕业后回这里工作吗？"这是一个很好的工作机会，他反复问自己："我要回去吗？"

他热爱家乡，可是他心中更向往远方。远方，除了遥远，还有那不可预测的未来。但怕什么呢？心有远方，虽阻且往。

二、内心迷茫，渐定方向

当美好的理想遇到冰冷的现实，迷茫的陈少军律师是该顺从还是改变呢？

2005—2008 年，在杭州这座陌生的城市，陈少军律师始终是迷茫的。他毕业后考入杭州某公证处，但因未了的考研梦而离开，随之很快又因生存压力而放弃考研梦。之后，在移民机构和保险公司就职，但一直未找到内心的安宁。迷茫辗转中，他逐渐清楚了自己想要什么、应该怎么做。

2007 年，两次征战"法考"的陈少军律师终于拿到"法律职业资格证书"。2008 年，他从保险公司辞职正式进入律师行业；2009 年 12 月，正式成为一名执业律师。正是经历了那些迷茫的过往，他才找到了自己的方向！

三、结缘盈科，见证成长

2013—2014 年，陈少军律师遇到了职业瓶颈，他发现自己擅长的业务，其他同事们也有涉及；而自己不擅长的业务，其他同事们甚少涉及。

同时，曾经的执业经历让他觉得不能再随遇而安了，他决定自己有必要寻找一个更大的平台。2014 年年初，偶然在媒体报道中看到盈科杭州盈科开业信息，他决定去盈科杭州盈科了解一下。当时办公场地还在苏泊尔发展大厦，经过与主任和行政主管的两次沟通，他没有任何犹豫就选择加入盈科，2014 年 10 月正式成为"盈科人"。

盈科当时也是初到杭州，目标是快速招兵买马，实现本地规模化，工作重点尚未涉及团队化和专业化的发展。初到盈科杭州分所，陈少军律师对未来的专业方向是充满期望的。

陈少军律师最先尝试"私人律师业务",但未达预期。之后,他加入了"盈科全国法律风险管理专业委员会",通过这个平台,他有机会向盈科系统内顶级律师们学习并和他们交流,无意中发现自己打开了另外一扇门,原来企业法律服务还可以这样做!

具体业务板块内容有差异,但方法论相同。陈少军律师不断尝试并结合浙江民营企业和小微企业的特色,打造符合本地企业实际需求的法律风险管理产品,一路摸索并适时调整。现如今,企业法律服务板块,既有杭州新天地集团这样的大型"城市复合产业运营商",也有"多麦股份"这样的"数字时尚传媒集团"。

在推广法律产品的过程中,陈少军律师发现细分行业和企业面临的痛点是常规法律服务触及不到的,为细分行业企业提供有针对性的法律服务尤其重要。2018 年的夏天,几个品牌商和加盟商委托陈少军律师团队代理特许经营纠纷案件,通过这个案件,他发现这一细分行业中不同品牌商企业遇到很多共性问题,而品牌商尚未能意识到这些行业法律风险,这个细分行业领域的专业律师团队似乎也无处寻觅。

因此,陈少军律师和团队将大量精力投入商业特许经营(加盟)行业的法律服务研究中去,三个月内,他们研究了 2000 多份判决书,梳理出了商业特许经营行业面临的几大法律风险,分析了常见法律风险发生的原因,并尝试给这个行业的品牌商企业定制个性化风险解决方案。经过近三年的探索,他们完成了"特许人连锁加盟经营安心宝""商业特许经营纠纷案件处理应诉/应裁标准化模块"等细分行业非诉标准化法律服务产品,近三年法律实践,让他们在本地区的这个细分行业领域积累了良好的口碑。

陈少军律师团队发布的《2017 年度全国商业特许经营纠纷司法大数据报告》被威科法律信息库和法律出版社出版的《盈科律师的法律观察与研究》收录;之后,又发布了《2008—2018 全国商业特许经营行业十年法律风险白皮书》《2019 年度全国商业特许经营行业法律风险白皮书》。2020 年 1 月,陈律师参与编写的《商业特许经营法律指南——核心问题解答与文件编制》由法律出版社出版发行。

截至目前,陈少军律师团队先后为三四十个特许经营品牌提供了专业的法律服务。不久前,他们团队代表盈科杭州分所与浙江省连锁经营协会达成合作并被吸纳为理事单位。

对于细分行业领域,陈少军律师内心有清晰的计划。依托协会的平台,在继续关注加盟领域行业企业合规专项法律服务的同时,也关注连锁企业即将或已经面临的"智慧零售""社区超市""单用途预付卡"等板块的法律问题实务和研究。

近年，盈科在国内及全球快速、稳健地开疆拓土，展示着中国律师的形象，同时汇集全球顶级律师资源，紧跟世界潮流，朝着"高质量发展，建设全球领先律所"的目标大步前进！

站在"盈科"这位巨人的肩膀上，陈少军律师带领团队在专业化探索和实践中找到了自己的方向。

四、方向不变，初心未改

2014 年，盈科杭州分所成立党支部，陈少军律师被选为党支部书记；2019 年 1 月，盈科杭州分所成立党总支，他又被选为党总支书记。如何做好律师事务所的党建工作，对于没有相关工作经验的陈律师和盈科杭州分所年轻的党支部而言，是一项挑战。"摸着石头过河"、接受上级党组织的指导和建议、在盈科总部党委召开的一年一度的盈科全国分所党支部书记会议中交流学习、与同行业其他律师事务所党组织以及商协会党组织进行互动交流等。至 2016 年，陈少军律师慢慢摸索出符合盈科杭州分所实际情况特色的党建工作思路及方式、方法。数年来，借助"互联网＋"的线上自媒体和线下平台，探索开展形式多样、内容活泼的党建活动和社会公益活动，有效地凝聚了所内党员律师队伍，充分发挥了党员律师的先锋模范作用，提高了行业及社会对盈科及盈科党建的认知度，促进了律师事务所的发展并取得了一点成绩，获得了政府部门和上级党组织的肯定。

2016 年以来，党员律师在各个层面积极发挥先锋模范带头作用，分所及多位党员律师先后荣获多项市区级荣誉称号。2017 年，陈律师被评为 2016 年度"优秀党务工作者""普法使者"；2018 年，多名党员律师被评为 2017 年度"杭州市民最喜爱的公益律师""杭州市工会优秀法律服务志愿者"，盈科杭州分所被评为"杭州市优秀法律援助工作站点"；2019 年，盈科杭州分所党支部荣获 2018 年度杭州市司法行政系统"优秀基层党组织"和"基层党建示范点"荣誉称号，同时被杭州市下城区委直属机关工作委员会评为 2018 年度"五星党组织"，党员律师荣获市级"优秀调解员"称号；2020 年 6 月，盈科杭州分所党总支被杭州市下城区委直属机关工作委员会评为 2019 年度"五星党组织"；2020 年 7 月，盈科杭州分所党总支经复核通过获得杭州市司法行政系统"基层党建示范点"荣誉称号。

"律师事务所的党组织是律师行业党建的根基，是律师行业党建工作的最后一公里。党组织书记是律师行业党建工作的关键性的人物，是决定律师行业党建工作最后一公里能不能够打通的关键性的人物。"2020 年 7 月 31 日，全国律师行业党委委员、中华全国律师协会秘书长韩秀桃在全国律师行业党组织书记年度线上轮训开班动员中这样讲。这句话充分阐明了律师事务所党组织在律师行业党建工作中发挥的重要作用，律师事务所党组织书记在律师行业党建工作中扮演的重要角色。

今后，陈少军律师将不辱使命继续带领全体委员守牢根基，一同将律师行业党建工作关键性的"最后一公里"走扎实。

对分所的党建工作，党总支将始终贯彻执行总部为适应新时代发展而确立的"党建引领、管委会领导下的执行主任负责制、监事会监察"的基本制度，在日常开展的各项工作中积极发挥党组织的"党建引领"作用，强化并落实全体律师正确的政治观教育，引领并保障盈科杭州分所律师队伍在不断前进的道路上始终坚持正确的政治方向不动摇！

五、结语

陈少军律师作为加盟盈科杭州分所的第一批年轻律师，也是在盈科杭州分所成长起来的第一批股权高级合伙人。在盈科，他们脚踏实地、互相包容、互相学习与扶持！

陈少军律师说："回首过往的六个年头，没有盈科，就不会有现在的我。我见证着盈科从"大"到"强"，盈科见证着我一路成长。"

一切过往，皆为序章。未来已然到来，让我们在盈科一起携手见证过去的辉煌，展望更加美好的未来！

撰稿人：徐宇晴

陈树芬

企者不立 跨者不行

陈树芬律师，曾任多家企业的混合所有制改革、法人治理结构项目、债券发行、信托、中期票据、短期融资券、上市公司收购、公司股份制改制、管理层或职工持股、大型设备及贵重工具融资租赁法律事务的专项法律顾问，具有丰富的资本市场、国有企业及国有资产法律服务经验，是世界500强企业及多家知名企业的常年法律顾问。陈树芬律师曾为多家银行提供法律服务，曾担任国家开发银行《商业银行国际结算与国际贸易融资法律风险研究及对策》项目专项服务律师。

企者不立，跨者不行；自见者不明；自是者不彰；自伐者无功；自矜者不长。

陈树芬律师从事律师工作十几年，她认为想要将律师工作做得足够好，要先对自己有清醒的认知，而后有正确的定位。律师的职业道路需要一步步坚实地走出来，这样未来所获得的阅历、口碑、朋友、财富都会经得住时间和行业的检验。

一、律师团队——大律师仅是好团队的代表

"团队"这个词随着网络销售形势的发展好像被赋予了一些其他意义，然而一群优秀的律师组合在一起还是应该叫"律师团队"更恰当。陈树芬律师一直认为律师团队成员之间不应是雇佣关系，或者是老板与员工的关系，而是一种紧密的合作与协作关系。就像七巧板，虽然各自颜色、形状、大小都不相同，但它们可以完美地结合

成一个整体，并且"厚度"均匀，不存在本质上的孰轻孰重或厚此薄彼，这是建设一个团队非常重要的意识前提。只有秉承这样的团队理念，才会使每个成员有归属感和责任心，在稳定的平台上为客户提供优质的服务，获得客户和行业的认可与尊重，如此这样的团队里每一名律师都是大律师。

陈树芬律师也是从一名普通的律师助理做起，有着五年"起五更睡半夜"的经历，积累了大量的商事诉讼和非诉讼类工作经验，也获得了诸多国企、金融类客户的认可。正因为有了扎实的专业基础和独当一面的信心，陈树芬律师渴望成为一名独立的执业律师去践行更多的工作原则和职业想法。这期间最大的挑战也是最实际的问题是案源和收入。婚姻家庭继承等民事案件总量大、成案率高，但在专业分型上和陈树芬律师一直以来选择和坚持的国有资产和资本市场法律服务相去甚远，如果所有业务都接受或者地毯式开发案源可能会弱化专业方向，成为"万金油"律师。陈树芬律师选择了坚持专业化。在最初的独立执业三年期间，几乎没有与其专业相匹配的业务，然而这三年陈树芬律师坚持既定的专业化业务研究和推广，坚定地立足律师业务专业化，最终收获了一个又一个客户的认可和信赖，并依托此建立了自己的专业化部门，将多名有专业素质、有情怀、有责任心的优秀律师凝聚在一起，成就了一个大律师团队。

二、用尽最后的努力——不给客户和自己留遗憾

做事情无论结果如何，只怕不够努力或者找借口。陈树芬律师无论承办的项目是诉讼或者非诉、标的大或小、新客户或老客户，均对自己和团队有明确的要求：用尽自己最后的努力和能力；将所有细节和可能都穷尽；在自己能力范围内做到最好；在未来回头看自己所做过的业务，不会产生"如果当初这样或者那样做会得到更好的结果"的情况；不给客户更加不能给自己留遗憾。例如，在一起返还原物纠纷的案件中，原告方持有一份强有力的证据证明陈树芬律师代理的被告一方应当将某仓库的焦炭交付给原告，然而经过对合同、发票、款项流转和货权转移的比对发现，原告据以要求交付货物的买卖合同法律关系系虚假的"走单走票不走货"的"名为买卖实为借贷"，根本不存在交付货物的法律前提。起初承办法官并不认可陈树芬律师的说法，认为原告目前提供的证据具有高度盖然性，其主张的理论超出了审理范畴。然而陈树芬律师并不放弃，深挖了涉案货物的真实流转关系和真实权利人，梳理了案外四个主体的大量基础事实证据和法律关系，走访了港口仓库和其他权利人，并通过外卖小哥寻找到了"走单走票不走货"循环贸易中尚未浮出水面的交易主体和其住所地，

法官亲往调查，将案件的真实情况得以呈现和还原，最终该审级案件取得胜利，案涉当事人和权利主体的合法权益得到保护。

不被眼前的困难打败，不给自己找借口，但凡能做而有益的都要去做，时间和历史均会给我们真实的回馈。

三、 钱伯斯——专业的见证

律师是提供服务的职业，那么我们的专业便是第一生产力。律师职业走向专业化是大势所趋，基于律师职业的特点，在律师执业初期坚持专业化、不做"万金油"律师和创收又存在一定矛盾，需要艰难的取舍。如前所言，陈树芬律师从独立执业开始就不放弃对专业化的坚持，期间一定会有艰辛、有收获、有迷惘，甚至绝望频频来袭，但最终守得云开见月明。不仅律师个人要坚持专业化道路，律师在创立、管理自己的法律服务团队过程中仍应坚持专业化路线，并在现今经济的新常态下寻求更加具有适应性的专业化、规模化道路。也正是陈树芬律师对专业化的坚持，使她获得了律师界的国际荣誉。陈树芬律师曾获得钱伯斯《2020 亚太法律指南》公司/商事、东部沿海（天津）"领域"潜质律师，钱伯斯《2019 亚太法律指南》中国地区中资所"受认可律师"等荣誉称号。

陈树芬律师自 2006 年从事律师行业以来一直致力于研究和实践资本市场、国有资产管理等法律业务，实践经验丰富。

心善渊，与善仁，言善信。陈树芬律师愿意发挥律师这一社会角色的积极性和创造性，更好地践行历史赋予的光荣使命。以其所能为建设社会主义、推进中国法制文明建设倾情贡献。

撰稿人：方雨薇

丁少云 | 坚守初心　笃行致远

丁少云律师，北京市盈科律师事务所全球总部合伙人、北京市盈科沈阳律师事务所管理委员会主任、辽宁省优秀律师、辽宁省基金业协会特别顾问、清华大学联合硕士讲师、沈阳师范大学法学院客座教授、辽宁北方频道特约新闻评论员。

一、自我选择，直面挑战

1994 年 7 月，丁少云律师大学毕业后进入宁夏回族自治区吴忠市人民法院从事商事审判工作。1996 年 6 月，丁少云律师调转至辽宁省抚顺市仲裁委员会，开始从事商事仲裁工作。

通过在法院和仲裁委的工作经历，丁少云律师更深入了解了法律行业，获得了坚实的理论和实践基础，他发现自己不太喜欢按部就班的生活，相比较而言更向往律师行业的新奇与挑战，想要用自己的专业知识为需要法律服务的人提供帮助，帮他们解决现实中的纷争。

因此，1997 年 7 月，丁少云律师从抚顺市仲裁委员会离职，放弃体制内安逸的生活，选择成为一名律师。虽然经历诸多困难与挑战，但丁少云律师通过自己的努力

——予以克服，慢慢地，他在新的工作岗位发现了自己的价值，也取得了诸多成就。

从 1997 年丁少云律师成为一名执业律师至今已有 24 年，这 24 年，丁少云律师专注于商务法律事务研究，业务范围集中于"公司治理、并购、重组、股权融资、金融保险、商务风险管理、房地产"等领域的诉讼、非诉服务及实务培训，他对自己离职这一选择从未犹豫过，也毫不后悔。

二、携手盈科，深耕专业

2010 年是中国执业律师人数飞速增长的一年，与之对应的是律所规模的爆发式增长，中国律师行业进入激烈的竞争时代。也是在这一年，盈科进驻沈阳，彼时，如何在新的市场环境下打入沈阳法律市场，再创北京盈科总部辉煌，是盈科沈阳人在不断思考的问题。

2011 年，盈科沈阳分所正处于发展的关键时机，因此盈科沈阳分所需要不断吸收新鲜血液，招募法律人才。丁少云律师也看中盈科沈阳分所的发展，选择加入盈科。

2020 年是丁少云律师在盈科沈阳分所工作的第九年。正如水滴石穿、聚小流而成江河，这九年，丁少云律师始终用正能量凝聚周围及身边的人，做到了诚实守信、勤勉尽责，尽职尽责地维护委托人的合法利益并自觉服从司法行政机关、律师协会及律所的监督、指导和管理。同时，丁少云律师在业务上也层层突破。

三、传承奉献，敬畏法律

目前，丁少云律师在盈科沈阳分所担任管委会主任的职务，积极配合执行主任工作，为律所和所内律师更高层次的发展筹谋，从运营模式到律师管理，从专业化建设到人才引进，布局律所发展关键的每一步，助推律所朝着符合时代要求的现代化法律服务机构不断完善。

丁少云律师作为领导与前辈亦能够以身作则，要求所内律师恪守执业道德，严守执业纪律。同时，丁少云律师也鼓励所内各委员会及各中心积极带动、帮助所内律师牢固树立规范执业、诚信服务的大局意识，端正执业理念，提升职业素养，共同努力用好盈科的平台、资源和人才，共同推动盈科沈阳分所向着更高质量发展。

撰稿人：栾天天

丁一元 | **跨越山丘**

　　丁一元律师，现担任北京市盈科律师事务所中国区董事，盈科全国文体委员会副主任，盈科广州律师所刑事部主任，华南虎刑事辩护联盟理事长等。发表文章《从律师视觉看涉案财物处置及财产刑适用辩护策略》《司法改革背景下中国刑辩律师的机遇与挑战》等。

　　我自 1988 年 4 月开始第一起辩护工作，迄今办理了近千件刑事案件，既有轰动全国，央视庭审直播的大要案，也有各种奇葩的"疑难杂症"，甚至绝密级间谍案件。

一、桃李不言，下自成蹊

　　我 1985 年大学毕业，于中学执教，1987 年改行到江西某司法部门工作，开始接触刑事辩护，1995 年辞去主任科员公职南下广州执业。2010 年加盟盈科广州分所，组建刑事部走专业化道路。曾为多起在全国有重大影响的大案、要案进行辩护，如央视庭审直播的"广西警察醉酒枪杀孕妇案"等，在律师行业及在华南地区产生了较大的影响力。尤其擅长疑难复杂，民刑交叉，以及具有挑战性的新型经济犯罪、互联网金融犯罪、走私类、职务类等犯罪的辩护，先后为逾千宗刑事案件提供辩护帮助，成功办理了15起无罪（含不起诉）案件、8起死刑立即执行改判保命、多起免予刑事处罚、缓刑、上诉改判的案件。

承办的部分案件得到央视、省市电视台及《澎湃新闻》《广州日报》《信息时报》《南方都市报》《新京报》及人民网、凤凰网、搜狐网等多家网络媒体的争相报道，并接受广东省电视台、南方电视台专题报道及多家报纸邀请对社会热点问题提供法律点评。

光阴荏苒，往事历历在目。

二、通往律途

中文专业本科毕业后任教两年，我不安于现状，调到司法局工作。除日常工作外，我开始利用工作之余努力自学法律，通过两年的学习与实务，1990年以高分通过了两年一次的第二届全国律师执业资格统一考试。翌年，我成为全县第六名律师。

拿到律师证后不久，我被调到修水县法律顾问处（官办律师事务所）。此时辩护工作开始大量增多，一个刑案辩护的费用是50~150元，那时虽领着每个月200元的固定工资，倒也不亦乐乎。1991年，修水县法律顾问处改为修水县第一律师事务所。严格来说，这一年我才能真正称得上是"律师"。

三、辞职南下

彼时刚好律师体制开始松动，清一色的国办所开始出现合作制律师所。就这样，不顾家人、朋友的反对，我放弃了众人眼中的香馍馍、铁饭碗，辞去了主任科员的公职（正科级待遇），只身一人南下广州闯世界。刚到广州的前两年，靠一辆破单车穿街过巷去调查取证、立案开庭。当时没有地铁，公交车太挤又太堵，为省钱不打出租车，出行基本上是骑自行车。南方天气多变，春季梅雨湿漉，夏天多雷阵雨，虽然戴上雨披，用胶袋套住鞋子，遇暴雨也经常湿鞋湿身，回到办公室只好用体温烘干衣裤。

曾记得1997年的那天，有对香港老夫妇找到我们，其儿子来广州后失联一个多月，怀疑涉案被捕，之前委托的律师没有任何信息，想重新委托我们办理查询并会见一次，律师费只有1000港元。我稍加考虑便接受委托。第二天一大早起来，我骑车跑遍广州市属三个看守所都查无此人，中午就在路边买块面包，喝矿泉水对付，身上湿了一半，分不清是雨水还是汗水。腰挂 BP 机，没有导航的年代，功夫不负有心人，不知问了多少遍路人，最后去到偏僻的省看守所，以家属身份才查询到人关在此处。傍晚，回到出租屋中早已饥肠辘辘，类似情形不胜枚举。

那些激情燃烧的岁月，非三言两语可道尽也。

四、走向专业化

在广州打拼 15 年，有房有车，户口也早已迁入，算是站稳脚跟。业务小有成就，年创收近百万。什么案都接触和承办，虽然刑事案件办得较多，但没有专业方向，事业遇到了天花板。2010 年，机缘巧合下我加盟了盈科，彼时的盈科广州分所刚刚成立，尚未成立专门的刑事部门，而我也只是寥寥刑辩律师中的一员。虽然一个完善的部门尚未形成，但盈科宣讲会及发给我的邮件中明确了要建设亚洲第一大所（已经实现），走规模化、专业化、国际化和品牌化道路。神奇的化学反应发生了，这封邮件一下子点燃了我多年的梦想与斗志，我渴望走专业化，渴望凝聚一支领跑全国的刑事精英团队，我的心默默地将这里视为应许之地。

果断加盟后，我开始蓄力打造尚在雏形的盈科刑事部，同时参加厦门大学 EMBA 知行合一学习以及进入中国人民大学律师学院多期刑辩高级研修班进修。几年来，以海纳百川的姿态，不断引入新锐、精兵。至 2019 年年底，盈科广州分所刑事部门专业律师已逾 50 位。

五、投身公益

2014 年 9 月，我与深圳林昌炽、黄云，广州宋立，厦门邱祖芳、许兴文，惠州周涌，南宁钟强以及江西廖伍英，湖南唐小虎等律师同行发起成立了"华南虎刑事辩护联盟"，我担任理事长，共同打造为青年律师授业解惑交流的平台。几年来，多次聘请梁玉霞、陈少文教授以及广东省公安厅李处长、省检公诉何处长、省法院赖法官等为同行提供了数十场免费公益培训讲座。同时我也多次应邀到公安机关、律师协会和律所举办的论坛、讲座和沙龙做主题演讲，如《从刑辩律师视觉看公安机关执法之问题》《走私犯罪辩护的技巧与难点》《死刑犯罪辩护经验分享》《刑民交叉案件办理路径探索》等。2016 年，中国人民大学律师学院将教学实践基地牌匾授予"华南虎刑事辩护联盟"，如今"华南虎"成为刑辩界的一块众所周知的名号。

2018—2019 年和"庭立方"机构合作，多次组织培训青年律师的出庭质证、发问等进阶技巧。

寒来暑往，在盈科平台上和伙伴们一起砥砺前行十载，一起成长，成就他人也成就自己。从部门成长起来的两位副主任现都担任了新的部门主任，带的律师助理如刑法硕士郑泳斌执业两年后，2019 年收入过 150 万元，王敏律师执业头一年便收入过百万元，并且办理了不少成功案件，甚至在律师协会评比中获奖。我在第三届盈科全国刑委会担任副主任，和其他各分所刑事部主任及同事一道协助赵春雨主任，把刑辩业务活动做得风生水起，擦亮了盈科刑辩名片。

六、运动人生

盈科的梅向荣主任经常倡导盈科人要爱工作、爱生活、爱运动。我便是在工作之余，积极锻炼的运动达人。

刑辩之路就像马拉松！2015 年至今，我已顺利完成了 18 个马拉松赛事，其中全马 6 个，最好成绩已破四。刘桂明老师主编的《法律人马拉松》一书，收录了我的文章《五十岁开始，也能跑好马拉松》。刘老师在给我的《跨越山丘》一书的推荐语中写道："根据我 20 多年来对律师界和马拉松的了解，我认为一个能够坚持跑步并完成马拉松比赛的律师，一定可以成为一名坚定而优秀的律师。丁一元律师便是这样优秀的律师。不仅如此，他还是一名走刑辩专业化道路的佼佼者。执业 30 年来，他一直主张只有走专业化道路，才能不断超越自我，跑到胜利的目的地。"

2016 年"戈十一"全球华语商学院戈壁挑战赛中，我经历了"玄奘之路"四天奔跑，116 公里漫漫黄沙洗礼，赢得了摄影男神奖，也锤炼了自己的意志。除跑步外，我的运动多样化。绿茵场上满场飞奔，篮球场上也可一显身手。市律师协会游泳比赛中与青年组同池仰泳尚能夺银摘铜，长距离更是强项。2017 年加入中国 EMBA 联队，于武汉成功横渡长江。2018 年和省律师协会游泳队何丽国、刘培新、陈理三位律师接力，10 小时成功横渡 25 千米琼州海峡。2019 年参加阳朔铁人三项比赛，获得完赛奖牌。

律师工作既是讲良心的技术活，同时也是体力活。刑辩律师不是在去看守所的路上，就是通往出庭的途中。律师不堪劳累英年早逝的事件时有发生，可见没有一个强健的体魄，是无法胜任繁重的工作的。

杜芹 勤笃精进 静水流深

　　杜芹律师，北京市盈科律师事务所全球总部合伙人、盈科全国婚姻家事法律专业委员会主任、盈科全国家族财富讲师团团长、北京市盈科深圳律师事务所家族法律事务中心主任、"幸福＋"遗嘱库创始人、广东省法学会婚姻法学研究会理事、深圳市律师协会民事法律专业委员会主任。

　　杜芹律师的寻梦之旅，可谓家事律师的精神冶炼志，囊括律师进阶的各个方面，从择业、执业、授业到案源、接案、办案，从职业规范、律师价值、专业精进到业务转型、客户服务、媒体情缘……飞速晋升全球总部合伙人的这几年，看似瓜熟蒂落，水到渠成，一路上却历尽万苦千辛，所幸不曾言弃，凭着脚踏实地和勤笃精进的那股劲儿，最终成了梦想中的那个自己。

　　她说，所有的家事律师都绕不开磁场强大的当事人，或多或少都会在感受莫大的心理压迫时动摇初心。而这恰恰是家事律师完成蜕变所必须跨过的一个坎，既要共情接纳，又要自信独立，历练出强大的内心。

　　在她眼里，办案不应该是生硬无趣的流水线，偶尔也要立足专业出奇制胜。于是，她提议当事人做千人问卷调查、子女成长手册，甚至拍摄情感历程纪录片，带着巧思与匠心把案子办出新鲜感、新高度。

她在创设"幸福＋"遗嘱库后，每天都能感受到，因为"幸福＋"，人们有了探寻人生、探索家的意义的捷径，有越来越多的家庭财富得以统筹，家风得以传承，家族文化得以延续。这让她自豪，而这也恰恰是她的初心。

身为家族大律师的她，为"以律从业，以师为道"作出了精彩诠释。

她身上有种奇妙的平衡，勇气和闯劲，禅意和诗意，刚柔并济。在她优雅的气质里，还蕴藏着一股宁静致远的定力——那是脚踏实地，逐字逐句都奉行完美主义的精进根；那是自我约束，潜心研学、日夜沉淀、坚持不懈的韧劲。

一、心在　梦在　春暖花开

北国素雪，白落松花，那片土地生养的女孩儿们，凌厉而果敢。南国丹枫，红染鹏城，这是每天都有新鲜血液涌入的造梦雌都。虽说深圳以外都是北方，但当年的杜芹律师，着实是从黑龙江那片最北的高地，来到了南边的深圳海。

在杜芹律师的童年记忆里，北国的冬天，白雪皑皑，漫长而又寒冷。她和小伙伴们最喜欢的游戏，就是从家里翻出夏天的裙子和凉鞋，光速换上，跑到室外"嘚瑟"一下，接着就在"冻死了！冻死了！"的叫喊声中，冲回室内。

在那盼不到头的寒冬，杜芹律师和小伙伴们就以这样的方式渴望着春暖花开。那时候的她，从心底萌发了人生的第一个小梦想：拥有一个鲜花盛开的冬天。

1999 年 12 月 1 日，杜芹律师一路南行，从天寒地冻的黑龙江，来到充满活力的深圳。4 个小时前，眼中还是白雪、枯枝、衣着笨重的行人；4 个小时后，是深南大道两侧的绿树成荫、鲜花烂漫。她瞬间爱上了这座冬天依然焕发着无限生机的城市。

对当时的杜芹律师而言，除了"温暖冬天"这个梦想是明确的，其余想法都非常模糊。大学毕业后，没进行职业规划，做过制图、待过办公室、搞过销售、管过渠道，最后鬼使神差偷偷参加司法考试，居然一举通过。

如今回想起来，正是丰富的社会阅历和其他的工作经验，才让她在之后的律师实务中能够快速建立起对客户的同理心，更加懂得法律专业的价值在于落地实操。也正得益于此，她才能在过去将近 15 年的律师生涯里，迅速发展成长。

二、跌跌撞撞　懵懵入行

"律师界何尝不是一个纷纷扰扰的江湖呢？这复杂本身，也是律师入行者必须正视的。"通过了司法考试的杜芹律师，对律师行业的认知仍然是一片空白。

初入律所，杜芹律师成了一位江湖律师的学徒。和所有混迹于江湖的律师一样，这位师傅也很少自己办案，主要通过各种社会资源获得案源，然后拿回来让所里其他律师操作。杜芹律师很快意识到：如此一来，自己几乎没有机会办案，本就法律功底薄弱的她，何以提升专业技能呢？于是，果断答谢，另投师门。

离开了江湖律师，杜芹律师开始跟随一位颇有声望的老师傅实习。这段实习时光对她而言弥足珍贵，使她正确认识律师行业和法律人，进而明确自己该如何做律师上意义重大。

也正是有过那般经历，才能够感同身受：在有效信息和相关经验不足时，办案做事简直是如履薄冰。如今在给实习律师讲课时，角色调换的杜芹律师总会格外用心，悉心总结前辈们在律师执业上走过的弯路、踩过的雷区，向年轻的律师朋友们耐心地传道、授业、解惑，希望他们能比当初的自己更幸运、走得更长远。

三、执业　风险　暗流涌动

和大多数刚开始独立执业的律师一样，杜芹律师面对的第一个挑战是没有案源。没有办案经验，就没有成功案例，没法让人放心，就不会有人找上门，没机会出庭应诉，就会继续没有经验……为了打破这个死循环，她只好硬着头皮，向身边的朋友求助，到立案庭寻找，在网上开博客宣传……直到有一天，一个对案件结果毫无期待只求走完程序的当事人，给了杜芹第一次独立出庭的机会。

人生第一次独立办案，过程和结果都给了杜芹律师大大的惊喜。当事人的认可，也让她对自己充满了期待。但当她还沉浸在对未来案源的美好憧憬中时，紧接着的一个劳动争议案，让她顿悟，律师真正面临的挑战是什么。

那是一个群体劳动争议案，当时有三名员工代表找到她，请她帮助追讨加班费，总共涉及 23 人。谈及律师费支付方式时，当事人建议先交一部分首期，后期按胜诉金额比例支付，满脑子都是案情的杜芹，没多想便同意了。

当晚睡前，一个不安的念头涌上她的心头：这么多人的诉讼，风险收费会不会有问题？她立马打开电脑，搜索相关规定，果不其然：超过 10 人属于群体案件，要向律协报备，劳动争议案不能风险代理。陡然吓出一身冷汗的杜芹律师，立即联系那三名员工，让他们召集另外 20 人重新到所里签补充协议，变更付费方式。

次日，所里乌泱泱来了 22 人，还有一人处于失联状态。杜芹律师见此情形当机立断，让大家拿上补充协议赶紧去找他，务必让他签好字，一旦出事谁都拿不到加班费。于是，大家快马加鞭赶往那人住处，焦灼等待，轮流蹲守，直到晚上 10 点，终于拉着他签了补充协议。

第三天一早，律所主任找到杜芹律师，递过来一份投诉信。信中矛头直指杜芹，说她挑词架讼，煽动员工集体劳动诉讼，并且风险收费。其后赫然附上一份委托代理合同，签名正是前一天没来律所签字的那个人。她见状，一阵后怕，幸亏提前一步亡羊补牢。

这个案子让她洞悉，律师面对重大利益冲突时，只有在保护好自己的前提下，才能真正维护好当事人的利益。而这，必然建立在对执业规则和专业知识的深入领会、对律师规范执业的细致坚守、对律师价值和金钱观的理性判断上。假如这些都还不具备，那就保持一颗谨慎、敬畏的心。

四、有德　有才　媒体情缘

不知从什么时候开始，杜芹律师的身影在电视荧屏上活跃起来，她成了《法观天下》《第一调解》《第一现场》等栏目的常客。如今的她，是深圳电视台多个频道都偏爱的一位嘉宾律师，活脱脱一个"媒体红人"。

回溯当初做嘉宾律师的日子，相当辛苦。记者们接到观众爆料后，从中筛选出典型案例，随后联系当事人前往采访，律师随行。诚然，律师最习惯的工作方式是做当事人的幕后军师，让当事人自己打头阵。然而，这种直面矛盾的现场采访，律师却必须自己上。

令杜芹律师记忆犹新的一次采访，受访对象是某间出租屋的二房东，他的租客被房门上掉落的玻璃砸伤，于是向他索要赔偿。他先是千方百计狡辩，后又玩失踪，到了晚上，总算同意聊一下。聊到最后，他理屈词穷，突然跑进厨房，拎了一把菜刀出来，挥舞着喊"你们要把我逼死，是吗？"记者和摄像们吓得大叫一声，不知所措。杜芹律师却没说话，只是招手，示意大家不要吱声，往里面靠。

等二房东喊了一阵后，杜芹律师异常平静地对他说："你把刀放下，不需要这样。不赔偿没关系，你什么时候想明白了什么时候再说。今天的事情也不会播出，放心吧。"看见他举刀的手缓缓放下，她赶紧示意大家慢慢往门边挪，然后开门快速跑出房门。

在那段峥嵘岁月里，类似这种动刀，甚至见血、自杀、出殡的场景，杜芹律师没少体验。这些采访活动和采访经历，让她深深体会到现实的复杂性和赤裸裸的人性，也近距离地体验到法律之于现实的重要性和价值。原本参与电视节目的随意性，逐渐演变为一种使命感和一种由衷的公益心，这也潜移默化地影响着她对于律师执业心态和专业方向的认知。

此后的杜芹律师，更是凭着这份使命感和公益心，以高精尖的专业、智慧和实操经验，投身法律援助、慈善活动和社会公益事业，让更多人受益。"践行公益，我会一直在路上"，她说这句话的时候，眼神里透着坚定的光芒。

五、于情　于理　专业选择

律师的价值，往往在办理案件时才能得以充分显现。而案源的多寡，也就成了律师价值的间接体现。当案源的获取渠道被更多地概括为资源时，她发现自己手里的资源实在是太有限了，偶尔想起那些为拓展资源而付出的努力，那些迫不得已进行的交际应酬，颇为苦恼。

也就是在那时，她下定决心要成为一个让当事人来找我的律师，而不是一个自己费尽心思去找当事人的律师。如何能这样？唯有专业。"通过专业，让客户识别你；通过专业水平，让客户认可你；通过专业品牌，让客户选择你。"

细细回顾曾经办理过的案件和处理过的法律事务，覆盖劳动、合同、投资、借贷、行政诉讼、刑事、公司法律顾问等诸多领域。她渐渐把心底最真实的感受理了出来："最能满足价值感的是刑事案件，状态最稳定的是法律顾问，最能赚钱的是经济纠纷诉讼，但，我最受当事人喜爱和称道的是什么呢？——家事案件。"

杜芹律师在专业上的钻研和在办案时的耐心，总能得到当事人的赞许。这个耐心，不是无止尽的耐心，而是有智慧的、有坚韧毅力的耐心。她那条理清晰的逻辑思维也为人称道，"总能从多维度思考事情，在千头万绪中快速剥茧抽丝，能够一针见血把人点醒，将法律与人性之间的平衡拿捏得恰到好处"。来自当事人的这些肯定，让她真切地感受到自我价值，同时也备感自信。

从那一刻起，她决心，做一位家事律师。

六、甘苦　自知　艰难转型

家事律师，任何人都可以做的，但不是任何人都可以坚持下来。

一般困扰家事律师的有这么三点：其一，如何才能有足够的耐心，去应对客户的"啰啰嗦嗦"。其二，如何在每天接触到负面信息的情况下，保持积极乐观的心态，不让自己的情绪和生活受影响。其三，如何让自己的案件从琐碎中提升起专业高度。

杜芹律师也不是没有被困扰过，但她在困扰中磨练出了自己的一套技能。她一直坚信，"家事专业化之后一定有水到渠成的解决方案"。于是，她开始实施彻底的专业化：除了家事类法律业务，其余全部放弃。

起步时期的案源数量和质量，无法支撑对美好生活的想象，怎么办呢？

为了解决案源问题，杜芹律师一方面坚持推行自我宣传，充分发挥电视媒体的资源优势，不断撰写专业文章，强化家事的专业化标签。另外，强化内功，没有案件办理，就学习专业知识以及同行经验。坚持了半年，初见成效。

说起办案，个中艰辛，做律师的都懂，但在具体的家事案件办理过程中，杜芹的那些困惑也在不断被挑战，就连她"也曾在某个案件的处理中，面对强大精神磁场的当事人，感受到一种莫大的心理压迫"。

当时当事人的丈夫猝死，还沉浸在悲痛中不能自拔，突然有一个年轻女性抱着一个两岁的孩子，准备争夺遗产。这位当事人的内心受到了极大的冲击，她的"情绪阴霾"也贯穿了案件诉讼的始末，她时而悲伤软弱，时而对杜芹律师倍加感谢，时而焦躁不安，时而对律师助理恶语相向。

年轻的助理们接到这位当事人的电话就害怕，被骂哭过好几回，而杜芹律师也时常在入睡前接到她的电话。杜芹律师深知这一切，都根源于当事人所承受的心理压力，当这种压力达到爆发的临界点时，当事人和律师势必都会被折磨得非常难受。

该案最终圆满结束时，当事人也彻底走出了人生中最黯淡无光的日子。"她紧紧地拥抱了我，说我给了她新的生命！"那一刻，杜芹律师很想哭，但忍住了。

那天夜里，杜芹律师开始拷问自己的内心：到底要不要坚持做家事案件？如果再多碰到几个这样的当事人，自己是否还能坚持得住？

"我该从这种艰难的家事案件办理中解脱吗？"即使无数次这样自我审问，杜芹的内心仍然只有一个答案：不能，绝对不能！家事案件与其他案件相比，当事人对律师的依赖，或者说依附程度更高，因为，大部分婚姻案件的当事人通常都伤痕累累，捎带着心态消极和低迷。此时，他们需要力量，需要依靠。由此，必然要求家事律师具备高度的独立性。

自信独立，就是无论外在客观情况如何风云变幻，无论别人的思想、观点、态度、立场如何众口铄金，我坚持自己的做法，并且相信自己是对的。所有的家事律师，应该都经历这个过程。因为，每个专业方向都有自己需要去跨越的一道坎、一座山。家事律师必须学会接纳，历练出强大的内心。

在这个案件过后，杜芹律师发现自己似乎也脱胎换骨地强大了。在接下来的案子里，各种人性的复杂，各种利益的交错，各种关系的纠缠，竟然都可以泰然处之、化于无形了。正是在这一个又一个案件中历练、成长，十年后，杜芹律师终于成为一位刀枪不入、游刃有余的专业型家事律师。

这期间，杜芹律师组建了自己的团队——杜芹家族律师团队，作为深圳第一支办理家事业务的律师团队，在过去的十年里，杜芹家族律师团队承办千逾家事案件和项目，办理大量疑难复杂案件，多宗案例为业界首例，极具影响力。比如，不惧家庭暴力，协助女委托人成功在诉讼前申请到深圳市罗湖区人民法院发出的第一例"人身安全保护令"；当年孩子被男方藏匿于境外时，通过跨多国追踪，多方式、多维度取证、举证，争取到了广东省首例离婚纠纷诉中行为保全裁定，让女当事人在诉讼中也能每周探望孩子。

七、结缘盈科　八年蝶变

2012 年 8 月，杜芹律师走进盈科深圳分所的筹建处，一栋居民楼的顶层复式。在那里，她和李景武主任聊了一个小时。也就是那一个小时，彻底改变了杜芹律师的执业生涯。她决定加入盈科。

在盈科的九年，也是杜芹律师高速成长的八年。从执业律师到合伙人，再到高级合伙人、权益高级合伙人，如今的她，是盈科深圳分所仅有的六名全球总部合伙人之一。回忆起在盈科奋斗的那些日子，杜芹满是感激。

2012 年 10 月 8 日，盈科深圳分所在荣超商务中心 B 座的 3000 平方米办公场所正式启用。所里定期组织、精心筹备各种培训论坛研讨，激励大家改变从前的自由、懈怠和毫无章法的工作状态，鼓励律师积极投身团队化和专业化建设中。那时，每一名加入盈科的律师，都在这种激励中寻找新思路，并重新定位自我，律所上下充满了热血沸腾的创业氛围。

针对不同律师，专业化是否必要、如何进行专业化、专业化后如何平衡与案源的矛盾，诸多问题，均无标准答案。杜芹律师唯一做的，就是坚定目标、坚持到底。别人在质疑，她在努力；别人在收获，她在努力；别人在休息，她还在努力。她曾说过："坚持，就是我努力最重要的方式。"

杜芹律师在家事和财富管理业务领域潜心专研，以多年实战经验为依托，自主研发出"'十全十美'家事家族法律服务产品""家族财富管理与传承八大法律服务产品"两大系列产品，用"法律＋商业"的创新思维，为客户提供最专业、私密、个性化的贴切服务。

一路走来，杜芹律师打心眼里感谢盈科。因为它没有任何设限，它鼓励一切梦想和热情。当她想挑起盈科婚姻家事法律专业委员会的大旗时，内心尚有怯懦。但是，盈科选择了无条件的信任和支持。当她接过专委会主任头衔的那一刻，心中已经默默立下目标：盈科将是深圳第一大所，而"盈科婚姻家事"也必将成为深圳家事法律服务领域的第一品牌。

提及自己的专业团队，杜芹说了一个词：幸运。曹梦珊、朱楚欣、崔丹萍，三位勤奋务实的优秀律师，与她共同组成了"杜芹家族律师团队"。杜芹律师一直将自己的专业团队视作家事领域的工匠，希望能够打造出一支家族财富管理方向上的尖兵团队。七年前，团队的宣传口号还是"要离婚，找杜芹"，而如今，作为盈科律所建立的第一个家族办公室团队，她们的业务范围从离婚诉讼、继承诉讼、涉外婚姻、财产协议、遗嘱争议等家事诉讼，延伸到私人财富管理、家族财富管理与规划等高端家事非诉服务。

八、勤笃　精进　家族律师

一个平常的周六午后，杜芹律师接到一个外地的陌生来电，电话那头的女士，请她帮忙代理一桩离婚诉讼。这位当事人的先生是当地首富，一家香港上市公司的老板。这桩资产近十亿的离婚大案，财产错综复杂，牵涉的法律点和法外因素重叠交叉，涉案的香港上市公司——BVI公司该如何查明价值进而分割，在实际处理中困难重重。好在最终得以顺利解决，其间的辛苦不必赘述，至于制胜关键，杜芹律师总结为如下三点：一是对情理法的平衡及家族人物关系的拿捏，二是对家事案件实质公平的透彻理解，三是对诉讼筹划和策略的精准把控。

也是这桩大案，让杜芹律师彻悟高净值和超高净值客户最为关心的就是家族财富传承。而这种传承绝不仅仅是财产的传承，更加包括精神、人力、智力、社会等资本。杜芹律师顿悟：这与曾经处理家事案件所应用的基本功和价值取向，何其相似！家事和家族财富管理律师，两者之间的界限并不清晰，它取决于每个人的修炼程度和悟性。

在杜芹律师的眼里，传承本身可能是一种法律安排、税务安排、身份安排，但传承的灵魂既不是法律，也不是税务安排和管理，而是精神和文化。文化才是传承的精髓，这也是家族事务和商业事务最本质的差别所在。在她的信条里，一个具备传承思维的律师，应当深谙文化传承的价值，同时能够洞见个人、家庭、家族和企业的社会影响力。唯有如此，才能服务好客户。

杜芹律师一直把"将一件事情做好，就是一种成功"作为自己的座右铭，杜芹家族律师团队也自我定位是"一支只做家事家族法律服务的团队"，一心致力于提供专业权威的一站式家事家族法律服务。各种成功案例，也成功诠释了她们"因为专注，所以更懂客户；因为更懂客户，所以也更适合"。

其实，在从事家族财富管理业务的这些年里，杜芹也从客户身上学到了很多思路。当初创立"幸福＋"遗嘱库，便是受到客户的启发。小小的遗嘱，它所折射出的遗嘱思维，本质正是一种传承思维。对于一个普通家庭而言，遗嘱规划是其传承规划的一个缩影，透过订立遗嘱这个具体的行为，个人精神、家族文化得以延续。"而这些，恰恰是以我的绵薄之力能够推行下去的。"于是"幸福＋遗嘱"项目，成了杜芹律师作为一个从事家族财富传承的律师，释放个人价值和社会使命感的一个出口。

杜芹律师一直在专业领域潜心前行，大胆创新，著书立言。多年来，杜芹律师著有专著《婚姻律师，这么做才专业》《非凡家事·盈科婚姻家事经典案例》《并购重组的法律智慧》《律师密码》等，发表如《大额保单所不具备的功能》《遗嘱，不能回避的责任与能力》《股权分割的商事思维和家是思维》《企业家应当如何设立遗嘱》《淡夫妻约定财产制下的离婚补偿》《文化，是必须传承的财富》等专业文章。

她也曾撰文批判过婚姻律师刚入行就忙着给自己戴高帽、自诩为财富管理律师的不良风气。在杜芹律师看来，真正的财富管理律师，要从研究家、家族、家族企业中慢慢成长，其中的每一步，都需要脚踏实地慢慢走过。

家族财富管理与传承这片蓝海，需要航空母舰的征服。"放眼未来，我愿意做一个真正的家族律师。"

撰稿人：崔丹萍　张颖

段守勤 | 资本市场业务的坚守和推进者

段守勤律师，北京市盈科上海律师事务所股权高级合伙人、管委会副主任、金融证券法律事务部主任，上海融资租赁协会风控委员会副主任、上海交通大学硕士生导师，执业领域涵盖诉讼及非诉业务。

一、不忘初心，坚守如一

段守勤律师于 2013 年加入盈科，从事当时正热的"新三板"业务，为企业挂牌、定增及每年定期信息披露出具法律意见。同时还办理投资基金（含私募基金）业务，主要涉及为各种基金的设立、登记及资金的募集、投资等出具专项法律文件；从事并购重组业务，包括协助并购双方进行谈判、签署相关文件如保密协议、出具专项法律意见等，积累了大量的资本市场业务经验。

2019 年 3 月，盈科基金备案业务被叫停，部分从事资本市场业务的律师选择离开盈科。而段守勤律师认为盈科平台具有强大的生命力资源优势，不应该逃避，应该扬长避短、积极应对，化被动为主动。此后，他并未放弃，仍努力开发并承办境内外上市业务。境内上市业务主要涵盖协助境内公司改制、尽职调查、出具 IPO 法律意见书及与上市公司相关的其他法律文件；境外上市业务包括为国内企业赴美国、澳洲上市提供相关法律咨询、协助搭建 SPV 并出具法律意见等。在此后两年多的时间，段守勤律师一直从事与资本市场相关的业务，同时也在思索如何改变外界对盈科律所的看法。

二、迎难而上，积极推进

2020 年 10 月，盈科全国执业律师人数突破万人，大力发展资本市场业务也是律所的当务之急。虽然盈科还不是"红圈所"，但要充分发挥盈科的巨大优势，奋起直追，迎难而上，段守勤律师相信后来者也可居上。他与团队成员选择首先站出来，首先提出举办上市高峰论坛，发挥盈科规模优势，联合长三角 30 多家分所进行筹备。为此，他专门到南京和杭州分所拜访交流，为分所律师介绍科创板和创业板注册制下的机遇，分享如何找到拟上市企业并提供全面服务，也为大家加油打气。通过前期多次拜访和沟通洽谈，最终邀请到 30 家拟上市企业、30 家知名投资机构、10 家头部券商、10 家提供上市贷产品的银行。论坛大会还邀请上海证券交易所的老师分享上市路径选择，申万宏源证券承销保荐公司副总经理分享如何让股权估值更高，东方汇富总裁分享投资的方法论。段守勤律师也对盈科资本市场的优势及资源进行了介绍。该论坛可以称得上是盈科体系内第一场高规格金融业务论坛，梅向荣主任参与了此次论坛，对此次论坛的举办评价颇高。

在论坛结束后，段律又组织举办了各类交流沙龙和路演活动。大论坛造势，提升人气；小沙龙务实，对接业务。为了提高企业黏性，又与中国机械工业企业管理协会、上海市创业投资行业协会、东方汇富联合举办了"大国重器·科创之星"训练营活动，与地方政府开展特色的创新产业大赛活动，每个月还开展一次法律培训专题讲座。开展沙龙、培训等活动的目的就是增强与企业互动、着力打造投融资和上市业务合作平台，为投资机构对接优质项目标的，为拟上市企业融资赋能、嫁接资源，为企业提供切实有效的全流程金融法律服务。

三、培养人才，夯实专业

在组织开展各类活动的同时，段守勤律师还积极参与律所专业部门建设并加强团队人才培养。为适应客户需求和上海金融中心建设需要，盈科上海分所整合所内律师资源，专门成立了金融证券法律事务部，由段守勤律师担任主任。通过外部引源与内部培养的方式，组建了一支专业高效的团队。部分成员有 CPA 证书，部分成员有券商投行的经历，还有成员是从资本市场业务强所请过来的 IPO 人才、技术能手。段守勤律师始终坚持法律专业本色，要求团队成员积极研究法律问题，特别是就企业上市前改制问题、出资不实问题、知识产权保护问题、股权代持问题进行了深入研究。他提到很多客户来自高科技行业，文化程度都很高并且工作强度很大，所以股权激励也是这些公司都想做的事情，因此针对不同产业的行权条件、除权条件进行了详细研判。

有了人才后，如何使每位人才发挥各自的优势还要有制度保证。风控制度建设也是发展资本市场业务的重要一环。因有前车之鉴，段守勤律师作为律所风险执业纪律委员会主任，更觉责任重大。经过段律与律所风控部、内核委员会多次开会研究探讨，盈科上海分所已经建立了相对完善的风控制度。内核工作由律所风控和内核委员共同完成，律所风控负责核查意见书和工作报告的形式，内核委员负责核查意见书和工作报告的实质内容。段守勤律师强调要严抓底稿核查，建立黑名单惩罚机制；要求只有通过严格考核、职业水准高的律师才能进入资本市场业务团队；不定期盲抽检查人员及项目，进行双盲核查。

目前盈科上海分所金融证券法律事务部有 50 多位律师，段守勤律师根据市场业务需求和人员特长，成立了 IPO、股权激励、债权与境外上市、私募股权投资、信披合规、投后管理、证券纠纷、金融犯罪 8 个专业小组，便于大家进行业务探讨和研发产品。在段守勤律师的带领下，部门律师主办或参与了资本证券、投资银行、融资租赁、商业保理、资产证券化、国际融资和供应链金融等项目，对国内及国际金融业务领域适用的法律、规定、交易规则、惯例有着深刻的理解和把握，凭借丰富的本土经验和深谙国际规则的视野帮助商业银行、投资银行、融资租赁公司、信托公司、基金及政府部门等各类客户完成了复杂的金融交易。在段守勤律师的组织下，金融证券法律事务部已与业内知名的券商、大型银行、金融投资机构、会计事务所、上海创投协会等建立并保持良好顺畅的合作关系，为客户全方位地提供金融法律服务，使盈科成为在金融证券法律服务领域居领先地位的供应商之一。

四、未来展望

段守勤律师人如其名，坚守如一、勤勉尽责。他希望未来能够继续带领盈科资本市场人才走出上海、走到长三角、走到中西部，与兄弟分所开展法律培训和业务交流，共同努力把盈科的资本市场业务做起来、做强大。这也正是他对自己的定位——

做盈科上海分所资本市场业务的坚守者和推进者。我们相信有他这样一批有经验有情怀的律师的坚守，盈科很快将从规模大所发展成为专业强所、成为全球领先的律师事务所！

撰稿人：梁艳娜

范红枫　精诚守正是我坚守的信仰

范红枫律师，北京市盈科慈溪律师事务所高级合伙人、管理委员会主任、党支部书记。

剑眉锋俊，目光如炬，这是范红枫给大多数人留下的第一印象。而当他开口讲话，亲和十足的声线又展现了另一番模样：专注与豁达，认真与妥帖。他身上既有一名优秀律师素有的严谨，又有长期服务基层群众的随和。或许正是这截然不同的两种特质，如同冰与火的碰撞，融汇出如此一个立体的律师形象，也从侧面印证了他在律师道路上的坚守及选择。

一、名师高徒，天赋初显

作为一名律师，范红枫身上的标签及荣誉不胜枚举：盈科全球合伙人、全国优秀法律顾问、浙江省律师业优秀党员、慈溪市政协委员等。但要提及他的律师之路，那还要先从他的恩师，也是他的叔叔范无求说起。

范无求是浙江省知名的国家一级律师，国务院特殊津贴享受者。20 世纪 50 年代国家还在采用苏联模式将律师作为国家公务员时，范无求就已经是一名律师。经历打压与律师行业的萧条，范无求的律师生涯与国家的律师制度一样被中断。后来，范无求带着"前度刘郎今又来"的豪迈与车观成为中国恢复律师制度之后的第一代律师。在中国民主与法制及律师制度的恢复期，他培养了诸多人才，范红枫就是其中之一。

20 世纪 80 年代中期，刚从学校毕业的范红枫进入慈溪市司法局办公室工作，成为一名机关干部，他写简报、处理文件、做会务记录。做着文员工作的范红枫打定主意，他迟早要跟叔叔一样成为一名律师。

1985 年 12 月，范红枫向司法局提出了去慈溪市律师事务所工作的申请。彼时律师事务所仍归国有，范红枫的调度隶属内部调配，很快便得到了批准。慈溪市律师事务所正是范无求供职的律所。当范红枫能够真正意义上在范无求身边工作时，他对律师工作的渴求无疑得到了极大的满足。范红枫眼中的范无求是长辈亦是老师、是律师亦是学者。他为老师撰写的辩护词编入了《华东政法学院案例选编》专辑里，办理的案件得到过中央部署机关以及全国人大的肯定而激动自豪。范无求极其热爱中国传统文化，能把《二十四史》《资治通鉴》等古典文献内的典故信手拈来、运用自如。范无求口中的"世事洞明皆学问，人情练达即文章"，使范红枫懂得了律师综合素养的重要；"一沐三握发，一饭三吐哺"的故事，让范红枫参悟到律师对当事人应该具有的责任及态度；范无求讲解"程门立雪"，又令范红枫记住了作为律师入门者应该保持的坚守及对专业、对老师的尊重与尊敬；而那段"锥处囊中，脱颖而出"的典故，更让范红枫坚定了成为律师的决心及明白了成为律师以后应该具备的责任和担当。

有了良师的鞭策，范红枫渐渐铆足了进取的劲头。1988 年，范红枫以优异的成绩顺利通过全国律师资格统考，并于次年取得律师资格证。此后几年范红枫跟着恩师认识了很多省内有名的大律师，也更加坚定了他脚踏实地打好基本功，争取成为名律师的决心。

彼时的范无求是全国律协刑辩委委员，在刑辩业务上造诣颇深。入行初期，范红枫以办理刑事辩护业务为主，20 世纪 90 年代初期年轻的范红枫已经成功办理过不少重大刑案的辩护。1992 年，他因为办理一起典型案件而被宁波日报刊登报道。因为案件着实办得漂亮，这则报道的标题特意用上了"法官敬佩小字辈"的字样，这无疑是一份极高的褒奖。此时他已经成为当地律师业的后起之秀。

二、开疆拓土，任重道远

1995 年的一天，慈溪市司法局局长突然把范红枫叫到办公室，问他有没有对未来的规划和打算。见范红枫一头雾水，局长方才笑说司法局准备要新成立一家国办律师事务所，问他能否胜任主任。范红枫没想到局长会把如此重任交付自己，他正是血气方刚的青年，有着对未来十足的憧憬跟向往。他清楚摆在自己眼前的是什么，那是一份艰巨的挑战，更是一次绝佳的机会。或许是经年累月的办案给了他底气，他没有思考太久就应允了下来。浙江上林律师事务所很快便在众望所归中成立了，而范红枫作为上林所的创始人在这里一干就是二十余年。

律所取名"上林"，是因为位于慈溪城区东南 10 公里处有一处风景秀丽的上林湖景区，也是我国古代著名的青瓷产地——上林湖越窑遗址的所在地。上林湖越窑在 1988 年被评为第三批全国重点文物保护单位，上林越窑青瓷曾经使慈溪成为古代"海上陶瓷之路"的重要发祥地与生产地，"上林"二字也由此在一定意义上代表着"工匠精神"与"蓬勃向上"的态势，上林青瓷文化也成为慈溪的文化名片。这二十多年来，范红枫没有辜负这个饱含寓意的名字，在这里，他将律所打造成宁波首批著名律所，浙江党建模范律所。在成就律所的同时，他也成就了自己。他先后成为慈溪市的人大代表、政协委员，宁波市十佳律师、优秀律师，浙江省优秀党员律师，宁波律师协会的副会长及宁波律师协会慈溪分会的会长，实现了他的理想抱负和行业情怀。

他办理了一件件优秀的案件，代理过的案件有的列入上海法院知识产权司法保护十大案件，有的入选《人民法院案例选》《中国审判案例要览》。在这二十余年里，范红枫在一个个案件代理中不断成长、进步。

作为一名党员，他以党员的标准要求自己，长期为慈溪的基层政府、基层组织及基层群众提供法律服务，他提出的律师参与基层法治治理法律服务的方案，得到当地党委政府的高度肯定。他统筹 2 个镇（街道）共 16 个村（社区）的法律顾问工作，创新村（社区）法律顾问的工作方式，先在慈溪市坎墩街道 12 个村（社区）试点，后整合全市律师资源推进全市村（社区）法律顾问升级创新，工作业绩得到党委政府的肯定及媒体的报道。作为顾问团队负责人及首席法律顾问，他还带领团队律师参与了多起重大疑难复杂纠纷案件的审理，切切实实帮助基层政府、基层群众解决了很多问题。

在这二十余年里，他接过不少大标的的商务案件，也为浙江企业走出去提供服务而去过荒芜的非洲，可令他印象最深的还是十几年前那起因计划生育节育引发后遗症而索赔的法律援助案件。

范红枫至今清楚地记得援助当事人的朋友找上门来时的情景：为了履行计划生育的义务，当事人在当地镇政府的计划生育服务站做了节育手术，该手术给当事人造成严重的后遗症，为了缓解后遗症带来的生理疼痛，当事人辗转各地四处求医却未曾好转。眼看油尽灯枯，亲戚朋友们经过多方打听，抱着最后一丝希望找到了范红枫。

范红枫同样记得当事人的样貌，因为身体痛苦，她的脸上几乎从未有过笑容。再加上公道难寻，心理跟生理的双重折磨几乎把她摧垮。范红枫怜悯却也清醒，他明白这是个棘手的案件：如果正常去医院就医，医院给病人造成了不当伤害，医院理应给予赔偿。可当年的计划生育节育手术是在执行国策，是否属于医疗纠纷，这种状况能否获赔其实在当时存在不少争议。

范红枫接下了这个案子，不是出于对胜算的权衡，而是清楚自己的态度将会成为当事人精神上最后的一丝希望。这个案子前后一共花了四年多的时间，四年里他未曾气馁，通过多次努力，最终法院在第二次发回重审开庭后以调解方式支持了当事人的全部请求。这件事让范红枫深切感知到了一个平凡的个体在最无助的时候那种对法律援助的恳切。法律正义的意义有很多种，但当它真正为社会弱势群体提供了有价值的帮助时，范红枫又一次从另一个侧面感受到法律正义的伟大和法律援助的价值。

这二十多年里，范红枫通过努力一步步向前迈进，荣誉越来越多，名气越来越大。很多朋友劝他去上海、杭州发展，他都未曾动摇。看着律所的牌匾，范红枫想起当年为律所取名"上林"时的愿景，他的心中始终回荡着年少轻狂时的勇猛与坦诚，也对坚守基层有了更为强烈的信念。

三、舍我逆行，精诚守正

作为一位"名律师"，范红枫经常会被外行问及一位名律师的工作日常。除去相对空闲，能够自由安排工作的时间，更多时候范红枫是在一种迫在眉睫的急迫中度过的，甚至连如厕、刷牙都会暂搁。有时外地办案时常当天往返，即便遇上极端恶劣天气，也会因为受人之托而从不耽误。

范红枫曾在办理华润的项目时遇上极端天气，彼时台风让机场几近瘫痪，身在宁波机场的范红枫不顾危险毅然决然地为了项目逆风前行。职业精神让他在危险面前选择了义无反顾。范红枫说："受人之托忠人之事，或许在外人看来，律师无非是提供法律服务，用知识和技能换取报酬。但律师有时候还需要具备'舍我'的精神。"

如果说"舍我"是一名律师基本的职业素养，那在范红枫看来一名律师要想真正变得优秀还得有一种标准，这种标准在他看来便是：业务精、待人诚、为人正。也许是恩师精深的业务能力和一身的凛然正气投射到他的成长之路，自上林所开始，范红枫便将"精诚守正"成为他执业的座右铭。

精通业务是一名律师的看家本领，也是为他人提供服务最基本的要素。一个律师的业务能力会直接影响服务后果，不然会有直接带给委托方伤害的可能。范红枫认为律师必须要非常认真地钻研业务，肯花苦功夫，既不能做公关律师，也不能做勾兑律师，更不能做逍遥律师。"精"字同时也蕴含着一种境界，自愿背负长期修行的精进磨炼，犹如苦行僧一般的生活；而待人"诚"则是指对待客户及旁人都要真诚，真诚是沟通的基本要求，"诚"也代表诚信，这也是一名律师理应具备的素质；最后一条也是最重要的一条，那便是做事要公正，法律本就是守住公正的最后底线，它追求的正是社会公平和正义，作为律师为人处世更需要有正气，切勿为了达到委托人的目的或是为了更多的利益行不正之事。

"舍我逆行，精诚守正。"范红枫用行动展现了他作为一位名律师应有的品格，也为其培养的青年律师作出了表率。

四、加入盈科，帮扶后辈

风风雨雨近三十载，范红枫经手的案件越来越多，名气也越来越大。直到2017年，他又迎来了另一个新的契机，这个契机日后再次改变他的律师之路。

2017年，范红枫以宁波律师协会副会长的身份赴国家行政学院参加全国律师协会会长培训，他在培训班里认识了当时的天津律师协会副会长，并经其引见与盈科律师事务所的创始人梅向荣有了一次交流。

那是在一个聚会上，梅向荣向集聚一起的部分省市协会领导们介绍盈科。大家对盈科虽有耳闻，但了解程度却仅限于其名声，并不清楚其运营机制与规模。在听完梅主任的介绍后，在场的律师们的眼神里不自觉地流露出了一份向往，盈科在范红枫心中同样埋下了一颗种子。

2018年，慈溪当地的党委领导远赴新疆考察，参观了盈科乌鲁木齐分所，让领导认识到了这是一个品牌大、实力强且蒸蒸日上的大所。很快，范红枫接到了一位领导关于在慈溪引进盈科品牌的电话，范红枫二话不说便跟司法局的领导汇报要和梅向荣商谈。两人本是旧识，范红枫肩负重任而来，梅向荣也清楚范红枫在宁波的名声及其团队的实力，再加上慈溪作为全国百强县前十的地位，梅向荣很快便同意让品牌入驻并成立了慈溪分所，盈科也由此确立了在全国百强县前十位的城市设立分所的部署战略。

2019年的3月，范红枫与他的团队正式加入盈科。这并不是一个容易的抉择，二十余载的积淀使得上林所的工作变得安逸，案源不愁，知名度也高。到了盈科的范红枫多少会因为大律所的复杂制度担负更多的运营成本，制度跟管理的精细化也意味着需要付出更多的管理精力。不过范红枫坚定的信念并未动摇，他敢于挑战自己，勇于在巨人的肩膀上登高望远，突破创新，他要像苦行僧一样磨炼自己，这是他职业历程所践行的基本信念。

诚然，加入盈科还有一个更重要的原因。

二十余年的律所主任，十多年的律师行业协会管理经历，范红枫心中一直把年轻律师的培养当成重中之重。没有合格的年轻律师，行业就没有未来和希望。而年轻律师的成长除了努力更需要眼界，眼界决定了他们内心自我驱动的供给，眼界越高，成为一个好律师的驱动性会愈加强烈。如果待在上林，范红枫便是年轻律师的最终榜样，而如果给大家找到一个更大的平台，年轻的律师看到的就会不一样。因此，范红枫加入盈科的态度十分坚定果决。因为他清楚地知道，在盈科，年轻的律师们可以看着近万名律师在做什么，年轻的律师能看到比身边的老师更优秀的老师，能看到自己没有接触过的业务，能够参与更新的业务领域。就如同当初的他站在自己的恩师范无求身边时的心情一样，他为自己三十年后的选择依然内心激荡！

范红枫在宁波中小律师事务所发展论坛上做了一场主旨发言。发言里他说："加入盈科，实际上就是一个渡人渡己的善行，我像一个摆渡人一样把手下这帮年轻律师摆渡到一个更高的平台里，摆渡到一艘律所航母上，让他们飞得更高、更远。与其说在渡人，其实也在渡我自己的内心。因为我真切希望跟随我的年轻的律师们能够通过盈科这个国际化的万人大所见天地，见众生，见自己，实现自己的职业梦想，为社会，为人民，为国家的法治建设发光发热。"

撰稿人：范红枫　苏陌年

冯贵强　身在兵位　胸为帅谋

　　冯贵强律师，北京市盈科律师事物所全球总部合伙人、中国区董事会董事，北京市盈科西安律师事务所管委会主任。

　　作为一名律师，冯贵强律师已经取得了骄人的成绩。但是，他并未沾沾自喜所获得的成绩和荣誉，并未满足现状，从而故步自封，停滞不前。长期的法律实践反而激发了他的思考，激起了他心中作为一个法律人的责任，他在思考如何更好地为各级人民政府、国企、民企等各类企业和人民群众提供专业、周到的法律服务。在提供法律服务过程中，在与当事人、服务单位、司法机关等的交流和沟通中，冯贵强律师越发意识到，当事人和服务单位越来越重视通过法律武器保护自己的合法权益；然而，传统的审判体制和机制面对日益沉重的诉讼负荷，已经显得力不从心、疲惫不堪。同时，诉讼的高成本和审判的长周期也是寻求法律服务的当事人所深为诟病的。因此，冯贵强律师尝试通过事前风险提示、提供法律顾问服务，向社会公众和机关团体开办讲座、诉前调解、谈判等形式，帮助当事人有效避免纠纷和妥善化解纠纷。这一思路和举措与当前国家司法体制改革所提倡和推行的"多元化纠纷解决机制"不谋而合。当然，冯贵强律师的思考和行动也不止于此，他还在谋划着将法律服务同其他种类的服务结合起来形成综合服务体系，不断提升服务的质量和效率，以此来满足客户更为多元以及细致的要求，将纠纷解决在产生前，进而为中国的司法体制改革、国家法治进程的进步贡献出属于律师的力量。

同时，冯贵强律师作为一名律所高级管理人员，也一直致力于为中国法治的发展培养新生力量。因为他清楚地知道，中国法治进程的前进靠自己一个人的力量是微不足道的，法治理想只有通过一代代人的努力才能实现，而广大年轻人正是接力者和未来的希望。

冯贵强律师率先在自己的团队中进行实验，改革机制，鼓励合作与竞争，强调能力本位，以期培养出具备扎实理论功底、丰富实践经验、能够应对各种挑战、具有创新精神的杰出青年律师。冯贵强律师希望通过自己的探索，有一日能够更多地惠及广大青年律师，能够真正地为中国法治建设培养更多的新生力量和中坚骨干，让中国的法治事业薪火相传，努力立于世界法治巅峰。

冯贵强律师经常形容自己是"身在兵位，胸为帅谋"，这既是一种谦逊的态度，更是一种对自己的鞭策和激励。我国古语有云："宰相必起于州郡，将帅必起于卒伍。"我们相信，冯贵强律师作为我国律师行业和法治战线的一名"老兵"，将继续用无私奉献的精神，在这条并不平坦的道路上，不断地用自己的力量和方式去推动法治的进程，用自己的实际行动诠释一名法律人的使命和担当。

撰稿人：胡忠义

冯慧媛

志恒者行至远　业精者达其成　律者情系家国

　　冯慧媛律师，北京市盈科律师事务所股权高级合伙人、国际商事与基础设施法律事务部副主任。

一、成长之路

（一）起点：志起微毫贯岁月

　　我出生在一个城镇知识分子家庭，小时候懵懵懂懂的我在父亲高高的书柜上，读到了许多先贤诸子的法理名言，"法者，治之端也""至道之大形，隆礼重法则国常有"。虽然晦涩难懂，但所有的阅读或深或浅地在年少的我脑海中种下了种子。

　　33年前，我成为县城文科状元，毅然地选择了西南政法大学（简称"西政"）经济法系经济法专业，那些句子终于在我心中再次回响，产生共鸣。

　　在西政的四年，我进行了系统的法学专业训练，领会法学系统构建之精妙，体悟法理严正又得兼人性温情。一千多个日夜浸润在"博学笃行，厚德重法"的西政校园里，赋予了我西政特有的志气、勇气和心气，矢志践行于法律之路。

如果说父亲的书柜里那一本本文册，是我与法结缘的开始，在我人生启蒙之初留下了闪亮的星星点点，那么西政的学习生涯就是我法律人生的起点，它点亮了一盏灯，射出一束光，指引着我学于法，知于法，行于法。三十年过去，我依然不忘初心。

（二）行程：直挂云帆济沧海

苏轼《稼说送张琥》有云："博观而约取，厚积而薄发。"在司法系统踏踏实实积淀了十年之后，我选择成为一名执业律师。良好的本科教育，扎实的司法经验，使我在当地开展律师业务如鱼得水。

在 2001 年黑龙江省首届律师辩论大赛上，我获得了最佳风采奖，并荣获中央电视台、全国律师协会、司法部首届全国律师电视辩论大赛黑龙江赛区最佳辩手奖。

人只有跳出自己的舒适圈才能不断进步，正如古人云："志小则易足，易足则无由进也。"于是，我毅然踏上北上的列车，来到北京追寻更广阔的法律生涯。

来到北京这个大舞台，一切从零开始，回首初来的那些日子，是充满辛酸的，但也是幸福的。正如习近平总书记所说，奋斗是艰辛的，艰难困苦，玉汝于成，只有奋斗的人生才是幸福的人生。

北京，无数青年才俊在这里挥斥方遒，一展才华，而我也不曾熄灭心中的火焰，先后就读于北京大学汇丰商学院和中央财经大学，不断充实自己，提高自己。经过积淀与不懈努力，我在北京终于成长为一名经验丰富的综合型律师。

（三）相遇：相逢意气为君饮

时代的列车飞速前进，地域间的差异、教育水平的差异、信息获取的差异也越来越小，接受过系统教育和专业训练的人，在知识和技能上很难拉开很大差距。仅仅成为一名综合型的律师，越发感觉到职业发展的瓶颈，我开始思考职业的 T 型发展。

T 型职业，横轴代表知识的广度，代表接纳与开放；纵轴代表专业的深度，代表专注和参与。机缘巧合下，我与盈科结缘，并在其中找到了自己专业化发展、深耕细作的建设工程专项法律服务领域。

盈科汇集了来自国内外知名大学和研究机构的各类专业律师精英和法律专家，执业律师人数位于首都律师事务所前列；盈科还拥有在国内外法学理论及实务领域享有盛誉和崇高威望的专家顾问团。而大律所带来的品牌效应也是小所无法比拟的，尤其是在大型企业的招投标方面，大所的资质更是一种无形的财富。这样的平台为我的律师职业发展、业务专业化发展提供了强大助力。在发展中，我同盈科的各位业界同人交流学习，获益良多；在学习中，我与盈科的各位律政才俊共同进步，协助发展。盈科为我，我为盈科，感恩盈科！

二、业精于专

"规模化是必然导向、专业化是必然趋势、品牌化是必然选择、规范化是必由之路……"这是优秀企业不可或缺的标签，这一切的基础在于明确专业定位，打造专业品牌，律师行业也不例外，专业化是业务发展的要求，是律师业务发展的趋势。

进入盈科之后，我致力于解决重大疑难民商案件、最高院再审案件，尤其是建设工程相关纠纷案件的研究和代理。经过近十年的探索，对于律师专业化之路有了自己的思考和体会，也构建了属于自己的专业化知识体系和团队。

专业化意味着更专业、更高效、更有利于控制风险。但同时也意味着有所为有所不为，必然会放弃一些与专业领域不相关的业务，会有诱惑和取舍，经历转型阵痛。选好专业化方向和道路，就是在有限的律师生涯里，更多地、更好地践行法律服务。

（一）专业化方向选择

结合自身经历，专业化的选择主要考虑以下因素。

1. 自身优势

自身的优势源于特定的知识背景、个人性格特点、资源积累、前期的相关工作经验等。这需要结合自身的认知，找到某个专业领域的突破口，并在长期反复的实践中确定适合自己的专业领域。

对我来说，决定主要执业领域的关键因素，主要在于多年前代理的第一个建设工程纠纷案件，那个案件较为复杂，我花费了大量时间，查阅了海量的法律文献和专著，甚至还专门学习了建设施工的专业知识，使我较早地对建设工程有了直观印象，同时也对这一领域产生了浓厚兴趣。后来在执业过程中，接触到越来越多建设工程的建设、施工单位，特别是近年为大型国企提供法律服务较多，在这一领域积累了较为丰富的经验。

2. 律所平台的合作

盈科不仅是规模名列前茅的律所，更是法律服务行业专业化细分的高水平平台。同时，盈科对于内部的合作制定了相关的内部规范或指引，为业务合作方式创造了良好的制度环境和机制，合作模式既有利于防控律师和律所的执业风险，保障良好的法律服务水平，同时也有利于合作律师学习新业务，开拓新的业务领域，提高业务专项能力。加入盈科之后，在盈科领导和各部门的支持下，以及从事建设工程法律服务同人的帮助下，我的建设工程领域专业化的法律服务能力有了很大提高。

（二）专业化团队建设

随着业务量增加和业务规模的扩大，从个人专业化向团队专业化的转变势在必行，因此我着手组建了一支建设工程领域专项法律服务团队。如今，团队成员已发展至八人，成员之间有着明确的分工合作。近年来我对专业化团队建设的心得主要有以下三个方面。

1. 团队架构

我的团队中既有执业二十余年的资深律师，也有具有法官工作经历的成熟律师，同时还有国内外知名法学院毕业的新鲜血液。团队形成了"合伙人＋资深律师＋年轻律师/实习律师"的结构，从能力及管理层面上按由高至低划分成金字塔队伍。位于塔尖的合伙人是团队核心，把控团队发展方向，解决重大疑难问题；资深律师负责维系客户关系，分配任务；而律师助理，则做好基础工作。这样开展工作最有成效，让人才利用更到位、更精准，利于团队稳固发展。

2. 团队辅助

工欲善其事，必先利其器。随着各行各业信息化浪潮的推进，传统的律师查找文献资料、案例判决、搜集翻译等冗繁工作变得快捷而简单起来。团队购买了专项的信息化平台及专业数据库，积极建设高效、准确、快捷的团队服务，提高团队服务质量。

物理学原理告诉我们，变化才是永恒的，行业也在飞速发展和变化中。相关法律法规也在与时更新，变化之大，更新速度之快，令所有律师应接不暇！只有不断学习才能跟上法治发展的脚步。如今线上教育、在线学习也成为律师们提高自己的途径，团队购买了建设工程专业化线上课程、民商事诉讼线上课程，团队成员共享学习，提高团队整体专业水平。

3. 团队文化

文化是一个团队的灵魂，是团队在反复法律实践中所形成的特有的价值观念。

有人说："客户委托我们的不仅是案件，有时甚至是他的人生。"当一个案件交到我们团队，就是一份责任托付到我们手上，团队律师以专业知识为当事人进行分析，律师助理和主办律师彼此细致分工，精诚合作，各司其职。在案件进行过程中，团队成员会多次展开团队研讨会，针对案件案情、适用法律诸多细节反复推敲。在案件出现曲折时，团队律师坚持不懈，曾多次在浩如烟海的证据材料、文件资料中找到蛛丝马迹，为客户挽回损失，争取利益。

因此，在多年的反复实践和不断打磨中，我们在相互配合协作的过程中逐渐形成"专业，合作，坚持，责任"的团队文化。

专业：团队成员在工作之余，进行专业化学习，提高专业化法律服务的能力。所有成员均以建设工程为服务内容，深耕于建设工程法律服务领域，用专业赢得客户的信赖。

合作：团队所有成员，团结合作，分工明确，在经验与效率上践行团队优势，以精准服务、快速服务为准则，赢得客户。

坚持：专业不仅体现在那些看得见的较量上，更体现在看不见的坚持上，任何服务项目或者建设工程施工合同纠纷案件，可能都会遇到困境和挫折，只有坚强和坚持，以专业获取自信，赢得最终的胜诉，最终赢得客户。

责任：客户至上。客户是法律服务市场的上帝，在法律法规的范围内，为其提供有效服务是律师的职责，对每一个法律服务项目或案件，都要有高度的责任心和使命感。责任与担当是法律服务的宗旨和主题，是赢得客户的关键所在。

（三）专业化成果业绩

我曾担任北京市律师协会房地产法律专业委员会委员，建设工程法律专业委员会委员。目前担任北京市律师协会军民融合法律专业委员会委员，北京市盈科律师事务所国际商事与基础设施法律事务部副主任。将从业以来在专业领域积累的多年知识和经验总结进行归纳，出版《建设工程相关法律法规及案例》《建设工程施工合同管理》法律书籍，并发表了有关"优先受偿权""建设工程违约金""工程总承包"等多篇文章。

近十年的专业化法律服务过程中，我进入十几家大型央企、国企及知名建筑业上市公司的法律专家库，并成功代理了近百起建设工程相关的纠纷案件。其中令我印象至深的是代理刑民交叉的某知名央企的系列建设工程施工合同纠纷案件，历经近五年时间，从一审、二审到最高院的再审，一路如履薄冰，用专业的法律依据，准确的法律判断，可行的诉讼策略，以社会公平裁判为指引，最终赢得了案件的全部胜诉，为委托方挽回损失近亿元。

三、情系家国

父亲曾谆谆教导我："志怀高远者，常存家国之心。"在我事业取得一些成绩时，我不敢忘却父亲的教导，心怀浓厚的家国情怀。

（一）家：赤子之心报乡晖

北方家乡不比北京和南方发达繁荣，但那黑色的沃土、蜿蜒的江水、金黄的玉米、无尽的稻田依然时时刻刻牵动着我的心，时时刻刻期盼着她能更加美丽和谐。我积极投身于家乡建设，加入北京黑龙江企业商会，担任北京黑龙江企业商会女企业家商会副会长，担任北京哈尔滨企业商会监事；加入北京穆棱企业商会，担任常务副会长，团结更多的家乡亲人回报故土。我多次为家乡企业提供免费法律顾问服务、咨询策划、股权设计，为重大决策提供法律论证；为家乡农民工讨薪提供免费法律帮助、咨询，协助编写协议文件，切实保障农民工合法权益。我也积极响应商会组织的活动，为家乡受灾乡镇捐款捐物，资助家乡女大学生。

我始终愿意为我的家乡：有一分热，便燃烧一分热；有一点光，便照射一点光。

（二）国：一寸丹心图报国

2017年起，我担任黑龙江省穆棱市政协委员，履行政协委员的职责和义务，就政治、经济、文化和社会生活中的重要问题以及人民群众普遍关心的问题，开展调查研究，向政府反映社情民意，通过调研报告、提案等形式，向党和国家机关提出意见和建议。我忠实履行国家赋予我的政治权力，为国家、为地方发展，为家乡百姓，积极建言献策。

在尚未远去的新冠疫情中，我积极参与"盈科北京抗击新型冠状病毒肺炎疫情募捐活动"和"北京市工商联抗击新型肺炎疫情盈科律师志愿服务活动"。

心系家国，力有所微，丹心寸报。

望回首，看今时，展明朝。此次获得"盈科首届百名大律师"的荣誉不仅是对我以往成绩的肯定，更是对我未来带领团队继续做好、做强的鞭策和鼓励。作为从业二十载，与盈科共历春秋近十载的中年女律师，我愿不忘初心，志恒于法，带领我的团队亲爱的伙伴们和盈科律政同人一起，坚持开拓建设工程法律服务专业化的道路，精益求精。为行业，为社会，为家国，担当应有之义，砥砺前行。

志合者，不以山海为远！

心向之，必将春色满园！

付金彪 | **用品质和专业赢得人气律师称号**

付金彪律师，天津市律师协会刑事专业委员会副主任，北京市盈科律师事务所全国刑委会副秘书长，天津市政法委扫黑除恶专家组成员，北京市盈科天津律师事务所刑事部主任、监事会监事、青工委副主任，北京市盈科律师事务所党支部第五支部书记。

一、为你，千千万万遍——律师职业资格证

"遥想当年，笔耕不辍，衣带渐宽终不悔"，对于当年穷得只剩志气的他，律师行业是一个成本较低，起点较高的职业。每天自习室来得最早，走得最晚的是他；吃饭，睡觉，去厕所都在想法考的试题。当年 30 岁的他深知，这是他唯一的机会，让他成为一个被注目而非仅仅被看到，被聆听而非仅仅被听到的人。他相信他会赢，会干掉生命中的蓝风筝。梦想，我愿为你，千千万万遍！

二、每一个轻松笑容背后，都曾经是一个咬紧牙关的灵魂

2010 年年初他开始实习，实习工资 2000 元每月，的确不多，但在那个时代，有

实习的机会就不错了。老师带你到执业，有几个不是雄鹰展翅恨天高呢！他感恩带他的老师姚律师。

2011年独立执业，没有案源保障，没有经济来源，只有一个律师执业证和一个无处安放的灵魂。跑案源，做讲座，老师偶尔给个案子。开始，开庭提心吊胆，生怕出错。一路走来，风霜雨雪后，渐渐可以养活自己，无处安放的灵魂，慢慢变成了咬紧牙关可以在别人面前从容绽放轻松笑容的执业律师！

三、流水之为物也，不盈科不行；君子之志于道也，不成章不达

2014年年底加入盈科律师事务所，感受到平台的力量，破茧而出，化茧成蝶。业务上逐渐组建刑事辩护团队和政府行政、公司商事纠纷解决团队；专业上参加北京大学法学院《刑事合规》高端培训，北京师范大学《刑事合规》高端培训，盈科律师学院培训，庭立方培训。在多年民商和政府服务基础上，最终选择了主攻刑事犯罪，先后代理华融赖某某系列专案相关案件；最高检察院督办、列为最高检十大药品犯罪案例案件；公安部督办央视报道的计算机犯罪案件；天津滨海新区某局领导家属洗钱案；天津市宁河区副区长、公安局长职务犯罪案；天津市容园林委副主任行受贿窝案；某处长向天津市原广电局局长行受贿案；武清分局刑警队长玩忽职守案；某老板向津南区某镇党委书记行贿案；天津市第一起因打"小三"引起强制侮辱案以及其他重大非法吸收公众存款案件、集资诈骗、金融犯罪案件上百起。进入盈科后，他多次获得总部及本所优秀公益律师、优秀刑事律师、优秀部门、优秀党员、优秀辩护词、优秀代理词等诸多荣誉。盈科让他从专业上崛起，从收入上增加，他的发展，不盈科不行！

四、专业的人更应该做利他的事

他秉承忠厚传家的家风，牢记父母教诲，深知今天的成绩和财富都来自社会大众，他不断告诫自己，无论你是多么大的律师，多么成功的人，如果没有一颗公益之心，一颗慈悲之心，一颗敬畏之心，最多是个自大的律师。种树者必培其根，种德者必养其心。作为有着20多年党龄的律师，坚决响应党的号召，坚持把矛盾化解在基层。2014年年底他开始在天津电视台《二哥说事》节目做常年公益调解律师，6年间深入基层，成功调解几百起百姓纠纷案件。他坚持法为绳墨，助为初心，2018年参加央视社会与法频道《律师来了》公益法律服务节目，获得全国优秀公益代理奖，

获得三座公益代理奖杯，获得该节目全国首批十位人气律师之一；期间他自费远赴甘肃陇南、辽宁抚顺、江苏南京等地区为伤残人士、聋哑妇女免费代理案件；同时积极定期参加央视网络线上普法，天津广播电台公益普法；定期到津南区培智学校、天津市物资贸易学校、湘江道小学、梧桐中学、陵水道小学等为师生开展公益普法活动；到越秀里社区为社区居民公益普法，为津南区工会公益普法，办理司法局法律援助案件等。他认为用自己的专业知识回报社会，回报国家是一个专业人的基本素养。他坚信，利他者无敌。

他认为法条也许是僵硬的，但是律师的心应该是柔软的，除了公益代理和专业普法外，他还参加中国扶贫基金会公益活动，每月为 5 名贫困孩子提供生活学习费用，资助两名藏区儿童学习生活；他还是润泽爱心公益组织的核心人员，定期参与组织公益活动；他心系孤寡老人，连续三年，一直自费为津南颐养院的 400 多名老人及伤残人士，每年送去几千斤西瓜、葡萄；他自费万元为几十个无保户送去慰问金和水果；他从 2013 年开始不定期为津南培智学校 80 多名智力障碍孩子自费组织社会活动，参观奥林匹克公园；参加培智学校六一义卖，为孩子和老师捐助几百袋大米；他自费数万元参与救助动物活动。他坚强的外表下，包裹着一颗慈悲的心。

面对新冠疫情，他第一时间加入志愿者队伍，积极深入社区值守与防控，对出入人员测量体温，登记外地返津人员，配合社区工作人员做好联防联控工作，获得疫情防控表彰。同时在疫情防控战役中，他积极参与天津市律师协会成立的政策支持工作组，参与编写汇总疫情期间关于减费降税的法律汇编，服务天津企业。疫情期间他参与了盈科天津分所武汉捐赠活动，盈科全国刑委会线上捐助活动，红十字会捐助活动，发动周围亲属积极捐助，共计捐款超万元。此外，他还为天津某幼儿园就复工复产工作进行义务咨询解答，及时帮扶幼儿园渡过疫情难关。在疫情期间，代理的一起案件的嫌疑人家属为医务工作者，疫情期间家属积极参与抗击疫情，他得知此情况后，主动要求团队办案律师为家属减免律师费近 6 万元，每个阶段只收取 3000 元基本费用，案件服务近一年，所有交通、复印、税费等均由他一力承担。作为盈科天津党委第五支部书记的他认为，每位党员律师，在国家面临困难的时候，一定要把自己变成一面飘扬的红旗，第一时间插入一线，插入人民百姓心中。

五、努力做人品靠得住、专业信得过的业务精英律师

他积极开展法学理论和诉讼实务研究，参与《工程建设质量与安全》丛书刑事部分的编写，还参与《"盈"的秘密》编写，其中自己承办的刑事案件被收录其中，

参与《电子商务法律法规》《法律基础教育史研究》编写。他承办的涉及侵犯政府国家非物质文化遗产案件被天津高院收录成指导案例，就该案例发表的文章被国家市场监督管理总局主管、中国市场监督管理学会主办的《中国市场监督研究》知识产权专题收录。他申请的计算机软件著作权，法律案件查询管理系统也被国家版权局顺利通过。

六、结伴而行，共同发展，专业路上不孤单

他不仅强大自己，还深知在未来律师职业这条道路上，一个通力协作的精英团队才能走得更高、更远。他于2018年年初创建了团队，自组建起，团队的各项业务指标均名列前茅。团队汇集了一群名校毕业，有公安、检察院、法院、仲裁委、银行、审计、财会等工作经历的专业律师，是一支司法实践经验丰富、法学理论功底深厚的专业团队，参与了多起当地案值重大的民事、刑事案件，同时也为企业、银行、政府机关、事业单位、个体工商户、合伙企业、集体企业等多种经济主体提供诉讼服务、法律咨询、顾问服务、法律培训，为客户提供优质、高端的专项法律服务。他善于发挥团队整体智慧优势，集思广益，为当事人提供优质的法律服务。

他儒雅睿智、雷厉风行，视诚信为生命，他努力让人民群众在每一起司法案件中感受到公平正义。他坚守律师初心，用专业的汗水和公益的心滋养着法治之花，努力让自己深入群众、深入案件、深入百姓心中。

撰稿人：张畅

盖春香 律师职业带来了自信、快乐、有价值的人生

盖春香律师，北京市盈科律师事务所全球总部合伙人、全国建工委副主任、建筑房地产北方运管中心主任，北京市盈科沈阳律师事务所建筑工程法律事务部主任。辽宁省人民政府法律顾问，辽宁省建筑业协会法律维权中心主任，辽宁省建筑行业入库专家，辽宁省房地产行业协会常年法律顾问、专家工作委员会专家。

一、聚盈科，共创梦，实现梦想

遇见盈科是缘分！2010年金秋10月，正当我对律师专业化一筹莫展，甚至丧失信心之际，获知盈科落地沈阳举办第一次大型培训，邀请了盈科上海分所宋安成大律师讲课。

初识盈科被它的名字所吸引："流水之为物也，不盈科不行；君子之志于道也，不成章不达。"（出自《孟子·尽心上》）

走进盈科，被它的气势震惊：6000多平方米的办公区域，中空硕大的方厅足有2000多平方米，在沈阳哪里见过如此场面大气的律师所啊。

了解盈科被它的理念所征服："规模化、专业化、品牌化、国际化""本土智慧、全球视野""盈科上下一盘棋"……被李明律师的三寸不烂之舌再一"忽悠"，当场

决定加入了盈科大家庭。

看到了盈科的大平台、大趋势，"应势而谋、因势而动、顺势而为"！我在2011年建立了盈科沈阳分所的第一个专业大部门——建筑工程法律事务部。

与盈科携手共进、共创未来、实现了专业律师的伟大梦想。感谢盈科！

二、择一事，终一生，永无止境

盈科具有极大的包容性与前瞻性，用独行其道的管理模式、不拘一格的用人制度、谋定而动的布局策略，书写了难以复制的篇章。

盈科，意为做人做事应脚踏实地，循序渐进，只有学识积累到一定程度，方能从量变到质变，飞跃发展。这一点与我的为人处世之道不谋而合。我给自己及团队定下十六字方针："厚德载物、厚积薄发、循序渐进、渐入佳境"，以十年磨一剑的工匠精神，专注于建筑工程法律事务。

"人生是一场马拉松，没有终点，律师发展亦是，永远要有危机感。"新的运营模式、新的内部制度、新的发展战略，也意味着迎接了新的挑战。2020年是盈科第二个十年计划的开端之年，回望来时路，亦是奋斗阳光道，我愿与盈科并肩前行。

三、专注、专业、专心——30年只做这一件事

我很幸运，选择了建筑工程专业，在开发公司15年，从技术员做到工程副总，又历任建筑总承包公司副总、建筑劳务分包公司副总，华丽转身成为建筑房地产专业律师。我是盈科建筑房地产"五证律师"，曾被多家建筑公司老总称赞："盖律师是法律中最懂建筑、建筑中最懂法律的人！"

在建筑、房地产开发企业执业的16年，练就了我的豪爽单纯、大嗓门、直肠子，但气场强大。多年的职业生涯让我显得专业诚信、精干敬业。

从事律师职业16年，我一直是那个最不像律师的律师，我组建团队不愿意单打独斗，我愿意付出不求回报，仅有的那点专业技能、客户资源从来都是毫无防范地交给年轻人，而且一大把年纪了也不知道律师的架子在哪里。但是，我心系建筑施工企业，努力挖掘施工企业的难点、痛点和需求，竭力为建筑施工企业提供最专业、最贴心、最精准及时的法律服务。

我选择了建筑、选择了法律，选择了建筑专业法律服务，为建筑施工企业排忧解

难、提供专业的法律服务是我的责任，也是我的使命，也是我一生永远不变的选择！

四、感恩，付出，奉献，不忘初心，回馈社会

我始终抱着一颗感恩的心，感恩伟大的祖国、伟大的党，感恩盈科，感恩合作同事伙伴，感恩客户，感恩曾经及一直以来支持帮助过我的人。同时，我也将自己的爱心、服务回馈社会，十多年来我把律师职业当成自己的事业去经营，而不是当成赚钱的工具。我提倡与施工企业客户互惠互利、合作共赢，成为事业上的合作伙伴，生活中的知己！

2012 年始，我先后与辽宁省扶贫协会、辽宁省房地产协会、辽宁省装饰业协会、辽宁省川渝商会、辽宁省建筑业协会、辽宁省市政园林景观协会、辽宁省钢构门业协会、江苏省建设厅东北办事处等协会、商会合作，公益免费培训达百场，受益人群过万人次。为这些会员单位、会员企业提供免费咨询服务，取得了非常好的社会效益及专业美誉度，也让我自己成为东北最有影响力、最具说服力、最专业的建筑房地产律师之一，取得了很好的经济效益。

我每年都会参加一些慈善活动，为养老院、儿童福利院、大学生捐款捐物。2013 年，我的家乡抚顺清原遭受千年不遇的洪灾，我组织三次募捐拍卖活动，第一次购买大量救灾物资送往重灾区斗虎屯镇，第二次感召辽宁省川渝商会共同募集救灾资金及建筑材料为南口前镇暖泉子村建医疗所及文化广场，第三次与天爱磐石培训机构一起组织企业家、同学募集善款为北三家捐建校舍。2019 年辽宁开原龙卷风，辽宁省建筑业协会组织捐助活动、盈科律师事务所组织捐助活动，我都积极主动参与。2020 年我多次向湖北疫情严重地区捐款助力！

知恩感恩，梦想成真！知福惜福，一生幸福！因为我知道自己所拥有的一切都是别人给予的，知恩图报，不忘初心，我们的路才会越走越远，越走越踏实。

五、顺势而为，黄金十年，强强融合，不负韶华

一个人干不过一个团队，一个团队干不过一个系统，一个系统干不过一个趋势。团队＋系统＋趋势＝成功。一个人可以走得很快，一群人会走得更远！你能整合别人，说明你有能力；你被别人整合，说明你有价值。在这个年代，你既整合不了别人，也没人整合你，那说明你离成功还有很远！做律师已经不是个人打天下的时代，在这个瞬息万变的世界里，单打独斗者，路就越走越窄；而是要选择志同道合的伙伴

抱团打天下，抱团取暖。一个人是谁并不重要，重要的是他站在那里的时候，他的身后是一群什么样的人。

（1）2011 年我组建了盈科沈阳分所第一个专业大部门——建筑工程法律事务部，开始将传统单打独斗模式尝试向"专业化、团队化"发展，如今盈科全国专业化已经开展得轰轰烈烈，其他律所事务所也已经意识到律师"专业化、团队化"的重要性，而我在这条路上已经走了 10 年！2011 年律所与辽宁省扶贫协会合作，免费为协会会员企业进行法律咨询、法律培训。

（2）2012 年律所成为辽宁省建筑业协会、辽宁省装饰协会的法律服务合作单位。

（3）2013 年律所与辽宁省川渝商会、川渝建筑商会合作。

（4）2014 年律所与辽宁省建筑业协会合作成立法律维权中心。

几年来，律所受邀为辽宁省乃至全国多省市建协、律协、大型施工企业培训，每年免费培训十余场，近 1000 名会员受益匪浅，足迹遍及大江南北！在创造经济效益的同时，创造了很好的社会效益，获得了建筑行业专业律师的美誉。

（5）2015 年始，我们团队是盈科沈阳分所第一个 icourt "大数据、可视化、流程化"用到分析案情事实、收集相关证据资料、法律法规及判例收集上，提升专业化服务。

（6）2016 年律所与江苏省建设厅东北办事处合作，对东北三省的江苏企业进行免费咨询、免费培训，增强建筑、房地产企业的法律意识、证据意识。

（7）2018 年 4 月，我成为盈科全球总部合伙人律师。

（8）2019 年 3 月，我邀请盈科全国建筑房地产运营中心林镥海主任成功举办了540 人参加的"建筑工程司法解释（二）"培训大会。同时，盈科建筑房地产东北运管中心成立，任中心主任。

（9）2019 年 9 月，团队与盈科乌鲁木齐分所"一带一路"涉外律师刘雪莲主任强强联合，在斯里兰卡建立涉外法律服务团队，将建筑工程全过程法律服务（工程陪跑）从东北服务到全国，从全国逐渐走向海外。

（10）2019 年 11 月，我非常荣幸被美国《工程新闻记录》和中国《建筑时报》评选为最值得推荐的 60 位中国建筑专业律师。

（11）2020 年 1 月，我将盈科沈阳分所建筑工程法律事务部主任的位置传承给年轻律师，"放手：年轻人有新理念、新想法，放开手让他们去实现、去创新！放开：尊重科学、尊重潮流、尊重趋势，让年轻人放开手脚去闯！放下：放下一些虚幻的东西，踏实、务实，让年轻人去担当，去承担！放飞：放飞理想、发挥智慧，让年轻精英带领团队持续地走下去，创造辉煌！"

（12）2020年3月，我重新组建一个盈科"常法中心"，招募8名有建筑工程、房地产开发公司执业经历和经验（甚至有的具有全国注册造价师、一级建造师等职称）并取得司法考试证的助理及律师，利用人工智能、大数据、alpha系统、元典系统等，结合传统建筑工程法律服务、诉讼服务，将与建筑工程相关施工企业的法律顾问服务、房地产开发（及建筑工程）全过程尽职调查报告、法律意见书等非诉法律服务做到专业化、流程化、可视化、标准化、品牌化。

因为对于建筑施工企业来说，不仅发生纠纷时需要专业律师争取最大利益，在施工全过程及公司日常管理中都离不开建筑专业律师的指导和保驾护航。这样通过高端诉讼、常年法律顾问服务、项目全过程陪跑和建筑工程非诉专项法律服务，完成对施工企业全过程、全方位的专业法律服务。

（13）2020年6月，我被评选为"盈科首届百名大律师"。

过去十年，感恩盈科平台，感恩盈科的陪伴，十年磨砺，十年奋斗；未来十年，携手盈科，共创辉煌！

六、回首过去，业精于勤而荒于嬉；展望未来，律师之路，任重而道远

2020年7月3日，在盈科沈阳分所十年庆典上，我作为老律师在台前分享。"我不敢保证每个人都能成为大律师，但是我能保证每个人一定能够成为老律师！"律师之路漫长，必须踏踏实实，不能急于求成、急功近利！不能把律师职业作为挣钱的工具，而要把律师职业当成事业去经营。

扎实的专业知识是律师执业的根基，办案经验和专业技能是羽翼，其他必备技能如沟通技巧、表达能力、逻辑思维能力、判断能力、应变能力等是尾翼。只有根基扎实、羽翼丰满、尾翼完整才能飞得更高、更远。

成长是一个漫长的过程，从初出茅庐的律师成长为能独当一面的执业律师，再到行业精英，最后成为律界大咖可能需要几十年的时间去打磨和沉淀，古人云："路漫漫其修远兮，吾将上下而求索。"日复一日的钻研，终有一天能修得正果。"厚德载物、厚积薄发、循序渐进、渐入佳境"，心中时刻抱有正能量和感恩也是律师职业生涯的必备技能。

在我国的法治建设进程中，律师作为权利的守护者，起着避免和减少社会关系失衡、捍卫公民合法权利等重要作用，尤其是建筑工程、房地产专业律师，更是在专业法律服务的精进过程中实现着自己的人生价值和使命。为培养年轻律师、为盈

科律师事务所的"专业化、品牌化、国际化"添砖加瓦、锦上添花！律师之路，任重而道远，我将秉持自己的目标和原则，努力求索，为维护社会公平和正义贡献出自己的一份力量，助力盈科未来的黄金十年！

回首过去，对于我和盈科沈阳分所来说都是一个里程碑，也是一次跨越的新起点。这一路，我们感恩每一份支持与厚爱，感动每一份坚持和努力。面向新十年的征途，我们满怀信心和期待，也定将凝心聚力、昂首阔步，在时代的洪流中书写更加璀璨的未来！

高立明 **铸就匠心专业　奉献爱心不悔**

　　高立明律师，北京市盈科深圳律师事务所股权高级合伙人、党委书记，深圳市律师行业党委委员，深圳市律师协会第十届理事会理事，武汉大学深圳校友会副会长兼法学分会会长。

一、珞珈求学

　　高立明律师出生在湖北省江汉平原的一个小村庄，小时候虽然家里很穷，但他聪明好学，刻苦认真，表现优异。1980 年 9 月，他参加高考后被武汉大学（简称"武大"）法律系录取，在美丽的武昌东湖之滨的珞珈山，他度过了 4 年的大学生活。当年，武大法律系刚刚恢复招生，著名国际私法专家韩德培先生担任法律系主任，享有"北高南马"之称的刑法学泰斗马克昌先生担任法律系副主任。大学时，他并没有想到今后会做一名律师，只是梦想当一名法官，能够手持正义之剑，决断是非曲直。

二、从警官到律师

大学毕业后，高立明律师被分配到湖北省公安厅，先后在政治部干部处、法制处等岗位工作。期间，他曾被派遣到某县城派出所挂职锻炼了两年。1992年，全国人大常委会授予深圳经济特区立法权后，深圳市面向全国公开招聘法律专业人才。他通过招聘考试顺利调到了深圳特区工作。因表现突出，他通过竞争上岗担任某公安分局的法制科长。在法制工作岗位，他代理了多宗行政复议和行政诉讼案件，参与了重大疑难案件的研究和接访工作，也接触到更多的基层群众，了解到有更多的人需要法律帮助。

1998年，他作为公安机关的委托诉讼代理人，在一起行政诉讼案件的应诉中，与"民工律师"周立太对簿公堂。这次经历，让他开始关注律师，开始有了做律师的念头。周立太原是四川省开县（现重庆市开州区）陈家镇司法所的法律服务工作者，现在是重庆周立太律师事务所主任。在20世纪90年代，深圳工厂遍地，由于劳动保护措施不力，打工者工伤事故不断。周立太发现深圳打工者工伤事故赔偿案件特别多，但是愿意代理这类案件的律师却非常少，他便在深圳专门代理打工者工伤事故赔偿案件，成为当时深圳"唯一"代理这类官司的律师。后来，他因此获得了很高的声誉，被媒体称为"民工的保护神"，中央电视台等多个电视媒体连续多年对周立太进行新闻报道和人物专访。

办完这起案件，高立明律师便买来律考辅导书籍，利用闲暇之余自学备考。终于，功夫不负有心人，他考取了律师资格。提出辞职时，领导和朋友们非常惊讶和不理解，但他坚定地表示要出去闯一闯，改行做律师，同样能为国家法治建设作贡献。这是他的誓言，也是他的信仰。

三、从万金油到专业刑辩

刚做律师时，他没有固定的专业方向，而是带着一股热情和激情，什么案件都接，除刑事辩护案件外，也代理行政诉讼案和民商诉讼案，不管是合同纠纷，还是房地产、交通事故赔偿、医疗事故以及劳动争议等案件，只要客户有需要，来者不拒，用俗话说就是"万金油"律师。

在一起民间纠纷案中，他帮助当事人打赢了一场原本没有希望赢的官司。该案原告沈某萍向江苏省无锡市法院起诉被告赵某安民间借贷纠纷一案，原告持有两张金额为 100 万元的借条及银行的转账记录，而且借条也有被告的亲笔签名和手印。从表面证据看，这场官司被告似乎注定要败诉。但被告坚称自己没有向原告借款，只帮原告转过款。高立明律师凭借多年警察生涯练就的识人本领和判断能力，他相信当事人讲的都是真话。但是相信是一回事，仅凭被告自己的说辞而没有其他证据的话，难以打赢这场官司的。为此，他想方设法找到了该案的三位证人，其中两位还是原告当时的合伙人，为被告取得了有利的证据，还原了事实真相。案件真相是，原告与几名合伙人在被告的介绍下，租赁当地农户的土地用来开矿，因该农户没有银行账户，便委托被告代为收款。后来，原告将款项转到被告的银行账户时，并向被告索要收条。被告不识字，于是原告在场的一位朋友就说他来帮忙写，然后被告签名按手印就可以，但没想到原告的朋友却将"今收到"写成了"今借到"。后来，原告投资失败，于是便利用该"收条"打起了歪主意，以民间借贷纠纷为由向法院起诉要求被告还钱。该案，高立明律师作为被告的代理律师，通过自己调查取证、证人证言、申请证人出庭作证等方式形成证据链，获得法院一审、二审的采信和支持，法院判决驳回原告诉讼请求和维持原判。该案作为"对民间借贷法律关系形式证据的否定"的经典案例，被收录到《中国法院 2016 年度案例：民间借贷纠纷》一书。

一段时间后，高立明律师意识到未来律师应当向专业化方向发展，为此，他把业务逐步转到刑辩及刑事法律风险防控方面。他也因此办理了一些有影响的刑事案件，例如，在谢某民等 7 人涉嫌走私武器、弹药罪一案中，高立明律师担任谢某民的辩护人，该案经深圳中级人民法院一审及广东省高级人民法院二审，均判处谢某民等人无罪；在冯某明等 35 名被告人涉嫌贩卖、运输、制造毒品罪一案中，冯某明被惠州中级人民法院一审判处死刑立即执行。二审时，高立明律师担任冯某明的辩护人，该案在审理时法官采纳了辩护意见，对被告人冯某明改判为死刑缓期执行，成功挽救了一条生命；此外，高立明律师还办理了深圳市某单位巡视员王某受贿罪重审案、深圳最早的 P2P 平台融资城的实际控制人董某集资诈骗罪案、香港某比特币交易平台才某嫌集资诈骗罪案、东方大掌柜网络平台唐某非法吸收公众存款罪等辩护刑事案件，都获得了当事人的好评。

在盈科深圳分所执业期间，高立明律师还组建了盈科深圳分所刑事法律事务部，并在 2015—2019 年连续两届被聘任为刑事部主任，为盈科深圳分所刑事法律服务专业化打下了基础。2019 年，盈科深圳分所原有的 23 个专业部门重新整合，调整为 7 中心和 3 个部门，重新组建了刑事法律事务中心，通过公开竞选后刘晓安律师担任该中心主任，高立明律师被聘为名誉主任。

高立明律师专注刑事法律服务，表现突出。2016 年，被盈科总部聘为刑民交叉法律专业委员会副主任；2016 年，被评为盈科全国"刑事诉讼法律专业领域优秀律师"；2017—2019 年，连续三次被评为盈科"刑事法律事务领域年度优秀律师"；2018 年，高立明律师入选了《广东省律协刑事辩护律师专家库名录》，成为广东省第一批刑事辩护律师专家库律师。

四、到边疆做"1+1"志愿律师

新时代的中国律师应该有新担当，律师的价值不应仅仅用办案和赚钱的多少来衡量，律师的价值应该体现在社会贡献和践行社会责任方面。高立明律师在多年的执业生涯中，始终不忘初心，积极奉献做公益，他是深圳首批"1+1"志愿律师。

"1+1"中国法律援助志愿者行动是 2009 年由司法部、团中央共同发起成立的一项法律援助活动，通过每年招募一批律师志愿者和应届大学毕业生，到西部边疆缺少律师的贫困地区从事法律援助活动。2012 年，深圳律协召开"1+1"动员会，会上播放了一段郭二玲律师先进事迹的录像。郭二玲律师在幼年时，因为一场意外事故失去了双手，但她没有抱怨生活的不公，而是凭着坚忍的毅力，克服重重困难和磨难，完成了大学法学教育课程，并通过了司法考试成为一名执业律师。后来，郭二玲律师参加了"1+1"，做了一名志愿律师，她用自己不太健全的手臂，帮困难群众书写诉状，提供法律帮助。

这次动员会对高立明律师产生极大的震动。他没有想到在西部边疆地区有 100 多个县市没有一名律师，没有想到"1+1"活动三年来却没有深圳律师的身影。作为深圳律师，生活在特区，享受改革开放成果，更应该回报社会。于是，他决定做一名"1+1"志愿律师。他身边的朋友大多表示反对，说你都离开体制了，干吗跑去受苦？他说自己没想到图什么，只是觉得有一种感召在呼唤，有一种责任需要担当。

高立明律师"1+1"志愿行动的服务地在云南省金平县。金平县地处偏僻的中越边境，与越南的四个县接壤，县内的国境线长达 502 公里，山高林密，交通不便，山区面积占 99%，全县人口 30 多万，世居着苗、瑶、傣、哈尼、彝、汉、壮、拉祜、布朗等 9 个民族。金平县因为特殊的地理位置，40 多年前，边境线上硝烟密布，战火纷飞，这里是越南战争的战场之一。如今，在县城西北面的烈士陵园里，安葬着在自卫反击战中光荣牺牲的 800 多位烈士。由于各种原因，金平县经济不发达，整个县城没有一名执业律师。

高立明律师在金平县做了整整一年的"1+1"志愿律师，期间，他克服了工作和生活上的困难，热心为当地困难群众提供义务法律援助，得到了当地政府和群众的肯定及赞誉，金平县司法局专门给深圳市司法局和律协来信赞扬，多名受援群众自动向他赠送锦旗表示感谢。民主与法制网等媒体专门报道了高立明律师开展"1+1"法律援助活动的事迹。

2013年7月，高立明律师被司法部授予"中国法律援助志愿者行动2012年度优秀律师"称号；2014年11月，被广东省律师协会授予"'1+1'法律援助贡献奖"；2018年12月，被深圳律师协会授予"秀公益律师"称号。

五、从关心业务到关注行业发展

高立明律师半途出家改行做律师，起初也是律师小白。但他的目光没有仅仅盯着自己的业务，也关心关注律师行业，积极参加律师管理以及协会工作。2004年，他与几位律师一起合伙创办了广东金唐律师事务所（简称"金唐所"）。在金唐所，他从普通合伙人，做到管理合伙人，后来担任执行主任。当年，金唐所的业务、规模发展都很不错，还曾被评为首批"全国优秀律师事务所"，是当年获此荣誉的三家深圳律所之一。

为了改革律所模式僵化和专业化发展的问题，高立明律师一边思考，一边到处学习取经。2014年，当他来到盈科深圳分所参观时，被其端庄大气的办公环境、浓厚活跃的文化氛围、灵活新颖的管理机制深深吸引。就这样，他没能抵住盈科的诱惑，最终转到盈科执业。

在盈科平台，他一步一步，从分所普通合伙人、到分所高级合伙人、股权高级合伙人、盈科全国股权高级合伙人到盈科中国区董事会董事。他曾担任盈科深圳分所第二届管委会委员、第三届管委会副主任。

此外，他曾任第四届深圳律协监事会监事、第九届深圳律协理事会理事，现任第十届深圳律协理事会理事。在律协担任理事期间，他兼任深圳市律协法治促进委员会主任，发起、组织了"深圳法治事件"评选活动，为深圳法治建言献策；他还被深圳市级人民法院聘请为深圳前海合作区人民法院法官遴选委员会委员，参加了深圳前海法院法官遴选工作。

六、积极开展律所党建活动

高立明律师还担任深圳市律师行业党委委员。他不忘初心，发挥党员先进模范作用，积极开展律所党建活动，以"党建促所建，所建促发展"。他长期帮扶资助四名云南、湖南等地贫困家庭的学生，并发动和组织党员律师开展一对一帮扶贫困学生的活动。2020 年新冠肺炎疫情期间，他倡议并带头组织捐款捐物支援抗疫斗争，组织党员律师开展"战疫有法"街道义务法律服务活动，为企业复工复产提供义务法律帮助。他多次获得上级党组织的表彰并获得荣誉，其中，2010 年 6 月，被深圳市委新经济和新社会组织工作委员会授予"优秀共产党员"称号；2012 年 6 月，被深圳市委新经济和新社会组织工作委员会授予"优秀共产党员"称号；2015 年 12 月，被广东省律协党委评为"全省律师行业担任村（社区）法律顾问优秀党员"；2016 年 6 月，荣获"深圳律师行业党建工作'突出贡献奖'"；2018 年 6 月，被深圳市律师行业党委评为"优秀党务工作者"；2020 年 7 月，被广东省律师行业党委评为"优秀共产党员"。

时光荏苒，岁月匆匆。高立明律师不知不觉中执业已近 20 年了，回顾自己的律师之路，他表示不悔自己的选择，他将带着法律人的梦想，继续前行。

撰稿人：张洁

郭昌亮

坚定信仰、信念和信心，做一名有尊严、有价值的律师

　　郭昌亮律师，北京市盈科律师事务所全球总部合伙人，北京市盈科银川律师事务所管委会主任，宁夏律师行业党委委员，宁夏律师协会副监事长，银川市律师协会常务副会长等。

　　每个人都会有一位事业上的启蒙老师，郭昌亮律师也不例外，他从小爱好文学，他的作文在初、高中时每次都被老师当成范文给全班同学朗读。他心中有当作家、当老师、做律师的梦想。1986年中专毕业分配到政府部门工作，受表哥从高校辞职做律师的影响，他参加了首届中华全国律师函授的学习，通过广播和视频成为法学泰斗高铭暄和陈光中等名师的学生。1992年，在取得西北政法大学的法律大专毕业证书后，他在革命圣地延安参加了全国律师资格考试，并以优异的成绩取得了律师资格。此后他毅然辞掉了铁饭碗，于1995年开始在银川从事专职律师。在工作中又完成了法律本科的学习，不断充实自己，提升自己，从此走上了一条孜孜以求德法兼修、默默践行德才兼备、追求法治、服务社会的人生之路。

一、业精于勤　真诚待人

刚到银川，郭昌亮律师在银川郊区公证处落脚，他吃苦耐劳，能力出众，主动承担起草公证文书、制作笔录、订卷归档的全部业务。他的工作得到了公证处领导和当事人认可，形成了第一批客户群。

因仰慕著名宪法专家吴家麟教授，不久，他入职吴教授任兼职律师的宁夏通商律师事务所（现宁夏怀远律师事务所）。在银川郊区公证处的第一批客户群成了他最早的服务对象，无论是单位还是个人来找他咨询代理，他都热情接待，倾心服务。银川金达实业公司总经理谢金河识才爱才，不仅与他建立了深厚的个人友谊，还把金达玻璃厂的法律业务全部交给他，甚至为他免费在厂里提供了住宿。至今，郭昌亮对在他初创事业时期雪中送炭，帮助他、支持他的朋友们仍心存感恩！

二、不挑不捡　赢得客户

20 世末到 21 世纪初，银川郊区农村快速被城市兼并，由拆迁补偿等问题引发的各类民事诉讼案件增多。由于郭昌亮律师在郊区百姓中有良好的口碑，找他进行咨询和代理案件的人们络绎不绝，他不管标的大小，不计较代理费多少，只要百姓有相求，就一律接手帮到底。初做律师的二三年，他在律所代理案件每年是最多的，虽然收入不高，但接手大量的各类民商事案件、行政诉讼案件、刑事辩护案件及法律顾问业务，使他在实践中将法学理论、法律适用和具体案件融会贯通，逐步赢得了客户的信任，扩大了客户群，同时也得到了同行和司法行政机关的认可和肯定。1997 年，郭昌亮以合伙人的身份加入了宁夏正义达律师事务所，实现了他律师生涯的一次飞跃。

三、关注弱势　援助百姓

关注社会弱势群体，主动服务普通百姓，一直是郭昌亮律师执业以来所坚持的原则。

1998 年 2 月，同心县丁家塘乡村民妥某某的 10 岁儿子被学校老师恐吓、打骂致其精神障碍，郭昌亮律师与同事在宁夏妇联的支持下积极维权。在前期的沟通中，学校将责任全部推给老师，拒绝承担责任，多次协商未果，他和同事毅然决定提供法律援助，通过诉讼，向学校主张民事赔偿，最终为该少年讨回了公道。

同期，永宁县望远镇一位农村妇女在房屋修缮时不慎在房顶上触到广播线被电击身亡，触电原因是望远镇搭设的广播线和照明电线是同杆架线，广播线年久失修，绝缘层老化，两线搭缠连电。死者家属多次向望远镇政府要求赔偿，镇政府虽然对广播线与照明线架在同一线杆的事实是认可的，但是由于事发突然，正值盛夏，没有进行法医学鉴定，法院认为死因不明，因果关系无法确定，故一、二审法院对赔偿请求均没有支持。后来死者70多岁的公公慕名找到了郭昌亮律师，他看到老人悲戚无助的表情，他和同事毅然决然代理该案的再审，他多次走访现场，并找到了案件的突破口，即死者死亡时村里的赤脚医生第一时间赶到现场进行抢救。该医生具有赤脚医生行医证，能够证明事发现场情况及死者手掌有电击灼伤。再审法院判决广播线的产权人镇政府承担赔偿责任。老人得到判决书后放声大哭，他说没有律师的努力，就没有公正的判决。感激之余，便是每有空闲，骑自行车二十多公里到律师事务所看望郭昌亮，郭昌亮看他年纪大了，多次劝阻他，老人说看一眼就行，不说话不打扰。

2006年，宁夏中宁县某包工头拖欠农民工郭某等人的工资不付，郭某在讨要工资时，被包工头的司机开车拖拽身亡，包工头扬言判了不赔，赔了不判。郭昌亮律师为死者家属代理，要求法官给包工头讲解法律，让包工头晓以利害，最终使包工头答应赔偿，法院追究了开车司机和包工头弟弟的刑事责任，死者的家属也获得了应有的民事赔偿。

2014年年底，银川市一名卡车司机在内蒙古棋盘井镇工作时不幸发生交通事故身亡，其家属向运输公司索要工伤赔偿，但运输公司却以受害人不是公司员工，拒绝赔偿。其妻子找到了郭昌亮律师请求法律援助。郭昌亮律师在了解情况后，考虑到受害人家属的经济困难，申请律所减免了律师代理费。此后，他带领律师团队多次往返于内蒙古棋盘井镇与内蒙古鄂尔多斯高速交警大队、鄂尔多斯劳动争议仲裁委员会进行沟通，收集证据，最终促成了运输公司与受害人家属达成赔偿调解协议，维护了受害人家属的合法权益。

郭昌亮律师在宁夏正义达律师事务所担任合伙人和执行主任期间，全力配合主任卢志斌的工作，先后在该所设立"妇女儿童法律维权部""宁夏法律援助中心农民工工作站""残疾人法律救助站""未成年人法律救助站"等机构，为以上群体免费代理了多起诉讼案件，为该所荣获司法部和中国残联授予的"残疾人维权先进集体"、司法部和共青团中央授予的"优秀青少年维权岗"等称号作出了力所能及的奉献。

四、政治坚定　公益心强

郭昌亮律师于 1985 年 12 月加入中国共产党，有 35 年的党龄。他对党忠诚，始终能用共产党员的标准严格要求自己，坚持原则、关心集体，坚定政治方向，带头增强"四个意识"，坚定"四个自信"，做到"两个维护"，旗帜鲜明讲政治，大张旗鼓做宣传，在行业、律所中宣传党建与所建的融合，弘扬正能量、树立新风尚。在接待当事人及处理案件纠纷时，始终秉持代理案件实事求是，不让无理者得利，也不让蒙冤者流泪，坚持法律至上、正当权益至上的原则，参与处理过的多起重大案件和群体性案件均达到了很好的社会效果和法律效果。

2016 年 1 月 5 日，银川市贺兰县发生震惊全国的"1·05"公交车纵火案（亦称301 公交车纵火案件），引起了社会的广泛关注。为了妥善处理该纵火案的善后工作，银川市司法局为贺兰县政府指派多家律师事务所的业务骨干和司法鉴定机构及法院等部门研究伤员出院后的定损及赔偿事宜，郭昌亮律师接到通知后，连夜和团队律师起草了《"1·05"案件受伤人员损失审核流程指引》及《"1·05"案件诉偿依据》，第二天准时参加了贺兰县政府针对受伤人员损失进行计算的沟通协调会议。会议期间各方在讨论精神损害抚慰金数额如何确定时陷入了僵局，因精神损害抚慰金数额没有具体的确定标准，如何让确定的数额于法有据，彰显公平，又使伤者满意，与会各方认识不一，无法形成统一。对此，郭昌亮律师在会上提出，在能确定损失总额的基础上按照固定比例对精神损害抚慰金数额进行计算。从伤者的角度来讲，伤情越重，损失越大，精神上受到的伤害也越大，于情于理均无可厚非，且用该计算方式，也能达到赔偿标准的统一，给每位伤者在精神损害抚慰金的计算上同等对待，从而确定了《"银川301案件"伤者核实损失流程指引》及《"银川301案件"伤者诉偿依据及检索司法判例》。贺兰县政府委托盈科银川分所负责对伤者进行统一计算并出具《受伤人员补偿建议书》，制定了《"1·05"案件受伤人员材料收集指引》，通过贺兰县政府发放到每位受伤人员及家属手中，指导受伤人员及家属根据该指引收集相关材料，之后由律师根据鉴定意见书和受伤人员提供的材料对受伤人员损失进行计算。自2016 年 2 月 22 日至 2020 年 4 月，郭昌亮指派团队律师，根据伤者提供的资料及法律规定，为"1·05"公交纵火案中的 32 位伤者出具《受伤人员补偿建议书》，协助贺兰县司法局与受伤人员签订补偿协议，从程序上保障了伤者损失数额计算及支付。四年的服务过程中，他政治站位高，要求团队律师从大局出发，兢兢业业、无偿进行全程法律服务，该案的处理彰显了法理与情理并存，配合政府疏导化解了矛盾。

2020 年，猝不及防的新冠肺炎从武汉暴发波及全国后，郭昌亮律师和赵恩慧律师组织全所 26 名公益法律服务团成员参与，结合法律规定和宁夏回族自治区人民政府及相关部门颁布的抗击疫情的相关政策文件，将疫情以来提供法律咨询服务的十个方面总计 83 个法律问题，经过认真梳理汇编形成《宁夏抗击新冠疫情法律服务手册》，为各级党委和政府依法防控，为企业有序复工复产，为广大群众的生活提供了实际、实用、便捷、准确的法律服务。同时，响应中共中央组织部、宁夏律师行业党委的倡议，组织全所党员带头，全体律师与员工参加捐款捐物、视频讲座、以案说法，开展志愿者疫情防控法律服务。

五、专业精湛　恪尽职守

作为一名专业律师，郭昌亮律师在办理无论复杂、重大、疑难案件还是简单、一般小案，均恪尽职守，以维护当事人的权益最大化、损失最小化为出发点，注重诉讼主体的审查，注重穷尽法律关系、穷尽证据和穷尽法律适用，通过程序与实体并重，力求法律事实与客观事实的统一，依法维护当事人的合法权益。他先后为中国华融资产管理公司兰州办事处营业部、中国农业银行宁夏分行营业部、中国信达资产管理公司西安办事处银川营业部和宁夏黄河农村商业银行股份有限公司办理专项清收不良资产案件近百起，累计为金融机构和其他客户挽回经济损失数亿元。其中成功代理的中国华融资产管理公司兰州办事处营业部诉宁夏电子仪器厂的次债务人——宁夏某知名房地产公司的债务案件，系银川市中级人民法院受理的第一起代位权诉讼案件，阻止了债务人逃废银行债务的行为，为金融企业挽回了巨额损失。在王某某诉国网某某供电公司的一审、二审、再审、申请抗诉的侵权案件中，郭昌亮律师历经四载，最终维护了国网某某供电公司的合法权益。该案例被最高人民法院、司法部收录，被国网报纸报道。

在刑事辩护领域，他注重书证、物证等的收集，着重防御性辩护策略和技巧的运用。成功辩护的典型案件有中华人民共和国成立以来宁夏涉案金额最大的魏某职务侵占案，宁夏涉案标的最大的蔡某非法出售增值税专用发票案，银川铁路检察院作出不起诉决定的张某贪污案，兰州铁路运输检察分院作出不起诉决定的孙某贪污案，解放军兰州军事法院作出判决的某军人贪污案，兰州铁路运输中级法院审理的跨越大半个中国在火车上实施麻醉抢劫的吴某抢劫案，数名厅级领导干部涉嫌的受贿案件等。

六、不忘初心　关心青年

郭昌亮律师不忘初心，不计个人得失，关心所内的每一位成员，尤其关心青年律师。他经常与青年律师谈人生、谈理想、谈责任、谈担当，总是争取为他们提供更多的学习和实践机会。在与青年律师交流中他了解到，青年律师既要谋生又要发展，渴望成功又经不起挫折，有时急功近利又易走入极端。为此他数年前就提出，对刚通过司法考试新执业的年轻律师，要固定合伙人做指导老师"传、帮、带"，通过交办、合办的方式给年轻律师分配律师费，使年轻律师既提高了业务能力，又增加了收入。郭昌亮本人每年将自己的大量案源、业务收入分配给青年律师，使青年律师在成长的同时，懂得了讲大局、讲奉献，重情义、永奋进，懂合作，敢担当。此举依然在律所施行并成为合伙人的一项承诺，由此培养了一批青年律师，许多青年律师很快成长为业务骨干。

七、立足宁夏，放眼世界

2016 年 1 月，宁夏正义达律师事务所整体并入盈科银川分所，郭昌亮律师担任该所管委会主任。他和同事们结合银川当地实际情况，成立了中国—阿拉伯国家法律事务部等 13 个法律事务部，使律所在专业化的道路上又迈上了一个新台阶。同时，在办理法律事务的过程中，得到了来自盈科总部及全国兄弟分所的大力支持，特别是在出具私募股权登记法律意见书的非诉业务中，得到了来自盈科大家庭的大力帮助，使盈科银川分所在 PPP、政府产业基金、企业并购重组、公司上市等新兴非诉业务领域显示出强劲的实力。2020 年 1 月 16 日，盈科银川分所荣获司法部表彰的"全国公共法律服务工作先进集体"的称号；2020 年 6 月，事务所被银川市律师协会评为2016—2020 年度优秀律师事务所。郭昌亮律师的眼界和大局观，为律师的业务开拓和自身发展带来了新的契机和活力，也给大家带来了盈科这块全球品牌和更广阔的发展平台。

八、服务大局，走近中阿

宁夏被国家确定为中国—阿拉伯国家博览会（简称"中阿博览会"）的永久性举办地，中阿博览会是经国务院批准的国家级、国际性综合博览会，中阿博览会积极推动中国与阿拉伯国家的经贸合作，得到了包括阿拉伯国家在内的"一带一路"沿线国家的广泛认同，也是我国内陆地区向西对外开放的节点地区。

郭昌亮律师积极为总部建言献策，在总部梅向荣主任和其他领导的支持下，与管委会一起，以前瞻的眼光，积极推动盈科银川分所与中阿博览会的合作。2016 年 6 月 25 日，盈科银川分所与中阿商事调解中心秘书处签订了《战略合作协议》，协助中阿博览局及调解中心（秘书处）处理涉及中阿商事法律服务具体事宜。

2017 年 1 月 1 日，盈科银川分所成立了以郭昌亮律师为主任的中国—阿拉伯国家商事法律服务法律事务部，是盈科律师事务所成立的专注于为宁夏博览局（中国贸促会宁夏分会）及中阿商事调解中心秘书处提供专业化的涉外商事法律服务部门，同时也是在践行总部推行的大部制。在他的带领下，盈科银川分所富有成效地完成宁夏博览局及中阿商事调解中心委托的任务，其中陪同访问、定期值班制度、办理调解员的推荐和选聘工作、申报课题并撰写中阿调解的相关论文及分析报告等，均得到了宁夏博览局和中阿商事调解中心秘书处的肯定。

2017 年 5 月 11 日，宁夏回族自治区司法厅在向中阿博览会执委会上报《2017 中国—阿拉伯国家博览会执委会法律事务部工作方案》中，任命郭昌亮律师为律师业务组组长，盈科银川分所全体律师为组员，为 2017 中阿博览会提供全方位的法律服务。为此，郭昌亮律师精心组织，有序安排，严格把关，全员出动，顺利完成中阿博览会筹备及举办期间的 58 份重要合同的审查把关，安排了 28 名值班律师为中阿博览会提供现场法律服务，同时配合执委会组织国内外嘉宾参加中阿商事法律合作研讨会，增强了中阿各方的互信互通，互学互鉴。

2017 年 7 月 31 日，宁夏博览局研究决定聘请盈科银川分所为常年法律顾问。中阿商事调解中心秘书处也与盈科银川分所签约，将 2017 年中阿商事法律服务培训工作及宁夏对阿经贸摩擦预警平台建设暨中阿商事调解中心宣传工作委托盈科银川分所承担，他和他的同事们下基层、作培训、防风险、做预警，开展了一系列接地气、有成效的培训、宣传及交流工作，受到了基层涉外企业的欢迎和好评，受到中国贸易促进委员会宁夏分会的肯定。

2019 年 9 月，第四届中阿博览会如期在宁夏银川召开，受宁夏回族自治区司法厅的指派，盈科银川分所为第四届中阿博览会全程提供法律服务。盈科银川分所为2017 年的中阿博览会提供的法律服务受到中阿博览会执委会的肯定和表扬。因此，他们不仅将此作为法律业务，更视为政治任务，始终保持着高度的责任心和使命感，以饱满的精神又一次圆满完成了第四届中阿博览会的全程法律服务工作，执委会办公室为此专门发来感谢信。

同时，积极为党委政府中心工作提供法律服务，是郭昌亮律师的政治站位和执业情怀，他和管委会副主任赵恩慧律师作为首席法律顾问，组织有 30 多名律师的团队参与银川经济开发区的招商引资、腾笼换鸟、退二进三、企业债发行、中期票据发行、综配区项目建设等常规法律顾问和专项法律服务工作中；参与到自治区党委、自治区人民政府启动的中国—沙特阿拉伯产能合作项目的前期准备及实施工作中，该项目由广州高新区管委会和银川经济技术开发区管委会共同组织落实，郭昌亮律师组织涉外律师为该项目银川方提供了全程法律服务，并与律所涉外律师共同担任广银国际投资公司的法律顾问，该公司已在沙特阿拉伯与股东沙特阿美发展公司、朱拜勒和延布皇家委员会成立了沙特国际投资服务有限公司。

结 语

郭昌亮律师 20 多年的律师执业经历，他坚持信念、精通法律、维护正义、恪守诚信，以丰富的办案经验和精湛的业务技能，为当事人提供优质高效的法律服务。以自己的实际行动为百姓寻求公平正义，为企业防范风险，为政府依法行政，为社会法治进步在服务、在践行、在努力。

作为宁夏律师行业和银川市律师行业两级党委的党委委员、宁夏律师协会的副监事长、银川市律师协会的常务副会长，他积极投身律师行业党委和协会的工作，经常被行业党委和协会委派参加各种活动、会议和培训。他从不计报酬、不计较得失，宣传并追求律所党建与所建的融合，在行业中呼吁并要求律师坚定政治方向，提升综合素质，从自律做起，做一名有尊严、有价值的律师！

撰稿人：王国祥　侯镜湖

郭韧 | 平台、客户与奋斗，专注专业，贡献社会

郭韧律师，北京市盈科上海律师事务所全球合伙人、管委会副主任、房地产法律事务部主任，盈科全国青工委副主任、不良资产事务中心副主任，上海市律师协会金融工具业务研究委员会委员，上海交通大学凯原法学院兼职硕士生导师。

白驹过隙，时光荏苒，我自2012年加入盈科，已有9年。这9年，我与盈科一起成长，这次有幸获得"盈科首届百名大律师"的称号，回忆起我加入盈科，在盈科奋斗成长的过程甚感幸运。

一、结缘盈科

从业以来，我一直在房地产法律领域深耕，没想到自己这块显著的"长板"，在上海房地产政策收紧的情况下变成了"短板"，这场危机打破了我的舒适区，让我开始重新思考自己的职业发展。"成长没有捷径，我必须去到更高的平台，去结识更优秀的成长伙伴……"正当此时，我邂逅了盈科，盈科人"成功仍不断努力、商务开放、支持年轻人"的精神深深感染了我。

2012 年，我加入盈科，开启了我执业律师事业的新起点。盈科的律师层级非常清晰，从助理到律师，从普通合伙人到高级合伙人，再从权益高级合伙人到股权高级合伙人，从中国区合伙人到全球合伙人，每一阶段的要求都不同，但是晋升通道是完全公开透明的，只要够努力，就可以达到目标。这种崇尚奋斗的文化，让我颇受激励，让我全情投入，也更让我坚信勤奋和努力种下的种子，会得到甜美果实的回报。2016 年更是在梅向荣主任一番打破固有思维，勇于给自己树目标的醍醐灌顶下，业务有了突破性的发展。可以说没有盈科，目前的我只会成为一个普通的房产律师，时时为案源、为业务发愁，也许现在已经放弃律师执业，又回到公司去做法务工作。感谢盈科给我平台、给我机会，引导我一步一步树立目标，激励我发展，让我成为现在的自己。

二、想客户之想，为客户服务

律师行业本质上是带有专业度的服务行业，首先要有服务精神，提供对客户有用的服务。目前的法律服务市场，每年大量的新人加入这个行业，而市场业务就这么多，一名律师没有起码的服务精神，客户完全没必要找你，客户还有很多更好的选择。当然只有服务，没有专业也不行，如果你专业和阅历不够，那么有些客户、有些案件即使你做了，也没有好的结果，达不到客户要求，只会丧失客户对你的信任，丧失你未来为他服务的机会。厚积薄发，诚恳不欺骗，才能真正收拢客户的心。同时作为律师，我们时刻需要为客户的利益挺身而出，这个过程中，既要有专业储备能力，也要有策略决断等各方面综合能力，有诸多困难需要克服，但始终要秉记一个理念：想客户之想，为客户提供价值，拼尽全力。

我办理诉讼案件时更倾向于采取非诉讼途径快速解决一些通过诉讼要拖很久或者不方便通过诉讼的问题。记得我办理过一个高管侵吞公司资产，将公司办公楼登记到自己名下的案子，虽然法院判决该高管将办公楼返还，但是更名会产生一笔巨额税费，如果再通过诉讼要求对方支付税费，可能会拖上半年之久。为了快速帮当事人解决问题，我通过提供依据，反映情况，信访，一个月就解决了问题。为帮助客户讨回无良中介私吞的差价，我采取去工商局投诉的办法，一次不行，两次，两次不行，三次。仅仅去松江区工商局反映情况，就去了六次。碰了钉子也不恼也不吵，默默等待。有时候非讼手段能够更快地推进问题的解决，这考验的是律师的判断力和毅力。关键是找对人反映关键问题。在工商局的介入调解下，一个月内帮客户要回了全部被私吞的差价十几万元。

在代理案件过程中，我会对每个案件仔细、努力调查，如履薄冰，即便是自己熟悉的案件，也会最大限度穷尽自己的能力，执业期间，解决过很多疑难案件，和一些他人认为做不了或无法办理的案件。对于传统的房产诉讼案件，即便同一类型案件已经做过上百个，即便客户要求不高，我仍会秉持自己的本心，尽最大能力争取对客户最大的价值。很多被查封的案件用各种方式处理，让买方减少损失；资不抵债案件发现其他价值，在保护债权人利益的情况下多方合作，让所有人都不至于血本无归。且我习惯及时高效、争分夺秒为客户争取利益，不喜欢将案件放在手中长时间不处理。我们曾经做过诉讼案件，当天委托隔天立案，当天开庭，7天出调解书，14天执行。

这种工作风格对我们团队处理大量非诉案件带来很大的帮助，我们最早做非诉案件就有比较高的起点，客户质量非常高，有上市公司、国企央企、金融机构。记得第一次做房产融资法律意见书，我们从无到有，从不懂到出具材料，从六人七天每天工作到深夜三四点给报告，到后面三人三天正常工作时间出报告，在客户没有要求的情况下，我们不停提高效率，给客户及其他共同参与方留出更多的时间，客户及合作参与方从一开始怀疑到后面赞赏到最后给我们介绍客户，给了我们更多的工作机会。

三、勤奋为本

业精于勤而荒于嬉，行成于思而毁于随。我一直认为要成为一个合格的律师，必须有充满激情的工作态度和充足的工作时间。以客户为中心，为客户争取合理价值，两年前我基本保持，每天早8晚11点，工作14小时以上，每周7天，全年无休；现在也基本做到早9晚8，每天工作8—10小时。也许和很多大律师比起来，我还差得很远，但我一直在奋斗，一直在前进。前进路上有人为我鼓掌，有人为我打气，有人认可并将案件交付给我，这也是支撑我在执业律师道路上一直奋斗、努力前行的动力。

回忆更早前，在我刚开始从学校毕业，正式参加工作的时候，是从最简单的业务做起，一点点积累，打造自己的业务专长；战战兢兢，如履薄冰，时刻将服务和客户满意度放在心里。每天接各种咨询电话，来者不拒，高峰的时候一天接近300通电话，任劳任怨。一点点积累房地产业服务的专业能力和高效的工作习惯，保持认真的工作态度，积累更多在地产行业的专业经验和人脉。为了加强自己的专业，利用周末进修了硕士学位；每日坚持大量阅读专业相关文章（到现在还保持每天读书1小时的习惯，每晚不看书睡不着），每周写一篇案件问题总结，积极投稿。终于在地产行业有了一定的口碑和名气，也为自己的专业和团队化发展提供了坚实的基础。

苦心人，天不负。在数年如一日的勤奋下，在盈科执业期间，借助盈科广阔的平台，我和团队辛苦的同时，收获更多。在律所大力支持下，我开始尝试建立大团队和大部门，并担任新成立的盈科房产金融法律事务部主任，担任部门主任的当年部门业绩列前三，带领40多名团队成员，在房地产和金融领域开疆辟土，先后获得各项奖项，团队成员全面晋升。同时个人也获得各种奖项。此外，我也从律所普通合伙人一路成长为全球合伙人，同时担任管委会副主任、青工委副主任、上海市律师协会银行业务研究委员会委员、盈科全国不良资产中心副主任、上海不良资产中心主任等职务。这些不仅是对我日常工作的认可，也让我有机会参与了律所层面的各类管理活动，增强了管理经验，个人和团队能力进一步发展。

四、专业为王

想成为好律师，必须专业，所谓的资源、机会没有专业做依托都是无用的，而要想专业，要有所策略，要专业定位，团队支持，长期累积。

（一）业务定位

在意识到自己必须要打破舒适圈，开拓业务范围，重新专业定位后，我着手开发了与房产紧密关联的金融领域的业务，以房地产为基石，以金融为工具，拓宽业务领域。我和团队成为盈科上海分所第一个加入银行律师库的律师，自2013年起我们陆续进驻多家银行及金融机构，负责金融机构相关诉讼和非诉业务。经过不懈努力，金融与房产成为我和团队业务的两大支柱，形成了以房产为基石，金融为工具的法律业务服务策略，两种业务互补互通，形成了业务生态圈。

目前我和团队的业务主要覆盖房地产、金融资本市场非诉业务、企业法律顾问、资产管理、不良资产处置、银行等多个领域。在房产领域，诉讼业务中我和团队每年处理上百起房屋买卖纠纷案件、房产动迁安置、分家析产、房产继承、涉房家事等各类型涉房案件，同时非诉业务为中信泰富、宝武、长城资管、智富集团、陆道集团、佳程地产、长江钜派等多家知名房产集团和公司提供房产专项等法律服务。在金融领域，诉讼业务中我们团队每年处理上百起金融借款诉讼案件和批量信用卡诉讼案件；非诉领域中提供银团贷款法律意见书、不良资产处置尽调、投资并购、超短期融资券、中期票据、非公开发行公司债、资产支持专项计划、法律意见书等业务。

经过多年在房产金融领域的发展，我深感作为深耕房产金融领域的律师，除了坚实的法律基础外，还要能准确把控房产金融政策走向和国内经济形势走向，懂得房产金融市场的需求；对于非诉金融产品设计、交易架构、组织结构、产品发行规则，也要熟悉。我向团队一直灌输要秉持"以客户为中心，以奋斗者为本"的理念，立志成为出色的房产金融律师团队。

（二）团队支持

随着业务的发展，我逐渐感受到个人精力和时间有限，我开始意识到组建团队的重要性。面对纷繁复杂的法律服务市场和不同的客户群体，"单打独斗"的模式在如今的律师服务行业中是迟早要被淘汰的，而建立优秀团队是律师发展壮大的必由之路。

我的团队从一开始的实习生到助理，到授薪团队，到大部门，锻炼了将近100名实习生，培养和扶持了众多优秀的专业律师。我想和年轻律师说：律师这个行业需要投入和付出，也需要广阔、有潜力的平台与你互相成就，盈科就是这样一个供你自由发挥的舞台！我希望年轻人在攀登法律这座高山的时候，永远保持年少轻狂的本真，保留那一股热血和温情。只有这样，我们才能为理想而工作，才更有幸福感。

从一开始的加强专业执业到被迫学会去市场抓案源，到必须管理团队，到关注团队部门、律所方向、策略制定等，执业过程每年甚至每个月都会面临各种问题。其中管理团队以及确定发展方向更有挑战性，目前还在探索中，希望自己和团队都能有提升。这是我执业生涯中一次很大的突破，让我转变了执业模式和拥有了专业的团队意识。

向客户提供优质服务的目标要求我和团队成员不断地增强律师个人专业素质和团队合作能力，为使我们的律师能持续地拥有最高标准的法律专业知识和实践经验，我们会针对客户的需求专门成立相应的服务小组，及时针对客户的问题，分工协作，为客户提供及时迅速的专业解答。我们实行团队一体化工作模式。

1. 一体化培养模式

团队的成长依赖于合伙人与团队成员的齐心合作，为此，团队的人员培养必将是重中之重。我们重视人才，重视能力并共同进步学习，这是为客户提供更加完善服务的前提。我们团队有每周一次的小培训，每月一次的大型法律研讨，实行智能化共享。

2. 一体化执业视角

我们深知不同行业之间的壁垒，律师为客户提供专业法律服务不仅需要专业支持，更需要懂得客户的商业逻辑、商业模式。团队执业水准的一致性以及视野、经验、专业诀窍和资源的通畅共享为我们坚持一体化执业提供了有效保障。

（三）坚持专业建设，善于归纳总结

我在盈科是较早开始走专业化道路的，在专业化建设上也有一些成果。

在专业理论上，我们团队多次在《房地产时报》《解放日报》《租售情报》《新闻晚报》《新闻晨报》《投资有道》等相关报纸上发表专业文章，例如《购买办公房要点》《交房注意事项》《公有住房交易须知》《定金、订金及意向金的区别》等，目前我和团队运营着"房产金融法律服务"和"上海房产律师郭韧"两个公众号，持续发表原创文章和观点等。

在媒体宣传和采访上，我经常就房产和金融相关问题接受采访，近期我接受了《新京报》记者关于"民法典聚焦居住权，保障弱势群体住有所居，落实租购并举"《北京商报》记者关于"最多要房东三个月免租，仅给定向租客免一个月，多地房东称蛋壳借疫情收割房东权益"等多个热点问题的采访，日常也会接受《中国经营报》《中国房地产报》《华夏时报》等多家纸媒和财经、第一财经、蓝鲸财经、上观新闻、新闻周刊等网媒的采访，就社会热点问题阐述自己的观点。

在培训宣传上，我到过盈科近几十家分所，借助盈科的平台，做了各类专业培训讲座。例如，2019 年我代表房地产专委会在北京、武汉、南昌、太原、杭州等地进行了 7 场讲座，同盈科的律师们互相交流，共同提高。另外我还保持每月举办 1～3 次左右的客户讲座培训，向客户普法宣法，将专业化知识带给更多的人。

在图书出版上，执业以来我们陆续出版六本书籍：《房地产中介内部运营法律文书》《房地产中介必备常识 300 问答》《房地产中介日常业务用文书》《二手房交易法律指南》《房产纠纷处理图解锦囊》《物业纠纷实务案例解析》。今年下半年还要出版一本执行的书籍。

五、社会责任

（一）公益讲座

从业以来，我得到了很多人的帮助和支持，也收获了很多。为了让更多的人受益，我开始带领团队举办免费法律知识讲座，知识讲座内容涉及房地产、婚姻家庭到公司等多方面，培训的点从社区、大学、公司再到专业机构等多机构，听众也从居民、企业高管到行业专家等多群体。通过尽心撒播法律的种子，让更多的人了解法律。2013 年起，我带领团队每周五下午提供公益免费法律咨询，每周免费咨询 3

人次以上，每年免费咨询达 150 人次以上；每年办 10 起以上公益讲座，并立誓至少做 100 场公益讲座（已经做了 60 多场）。

（二）公众号运营，普及法律知识

我和团队运营的"房产金融法律服务"和"上海房产律师郭韧"两个公众号，持续发表原创文章和观点，就热点问题和普法事宜答疑解惑，为普法宣传工作作出贡献。这些都是我迈着展现自我社会价值的脚步，在承担社会责任和普法道路上作出的一点小付出，也希望更多的同行可以加入到公益法律和普法活动中来，为法治进程和普法进程的推进添砖加瓦。

（三）做更多的社会公益贡献活动

作为房地产金融律师，我与各项旧改拆迁纠纷项目接触多，拆迁中遇到不少疑难杂症。办理中我通过发挥在房产法律方面的专长，带领团队化解纠纷，引导老百姓通过和解或司法途径解决相关法律问题，获得了很好的社会效果。同时还每年组织律所同事、朋友做捐款、捐书、公益咨询等一系列公益活动。

提笔至此，感触良多，回顾自己目前的律师执业经历，盈科给了我平台，见证了我的成长和发展，我也见证了盈科的崛起和突破。放眼未来，此次获得"盈科首届百名大律师"的荣誉意味着我要带领团队更努力、更用心才能做到更好，才能担得起这个名头和这份鼓励。收获这一奖项也持续激励我在日后的工作中更加细致、谨慎，争取可以做好表率，在盈科这一广阔的平台上在业务和个人能力、团队领导等多方面取得突破性进展。也希望未来我能把自己所得回馈给更多的人，为法律界培植更多的优秀人才，站在时代浪潮之上，为时代发展作出自己的贡献。

郭树进 | 做"专家"更做"大家"，爱奉献有担当

　　郭树进律师，北京市盈科东营律师事务所股权高级合伙人、管理委员会主任、合同法律专业委员会主任，东营市人大代表，东营市律师协会副会长、法制委员会委员，东营市委、市人民政府法律顾问，东营仲裁委员会仲裁员等。

一、践行工匠精神做"专家"——做就要做到最好

　　子曰："居处恭，执事敬，与人忠。"中华民族历来有"敬业乐群""忠于职守"的传统，敬业是中国人的传统美德，也是当今社会主义核心价值观的基本要求之一。爱岗敬业是一种美德，尊敬自己的工作，做好自己的工作，慎重地培养好自己，以更好地尽职工作。

　　白衬衣、黑裤子、黑皮鞋，不管春夏秋冬，永远一身整洁干净的职业套装，这是郭树进律师给所有人的第一印象。着装是他职业要求的一个小细节，但足以看出他的职业品质。所谓工匠，本意指有工艺专长的匠人，他们往往专注于某一领域，并在这一领域中全身心投入，精益求精、一丝不苟地完成每一个环节。郭树进律师正是用这

种工匠精神在践行着一个律师该有的职业素养。

郭树进律师的职业路径养成有其自身的特色。他 1967 年出生于山东的一个偏僻农村，从小没有接触过任何与法律相关的知识，大学专业学的是英语，半路出家学了法律，1990 年硬逼着自己参加了法律职业资格考试。从当初的法盲到现在的专家，经过了很长时间的积累。

习近平总书记指出，社会主义是干出来的。就律师而言，要想成就一番事业，同样也是干出来的。只有将党的十九大精神内化于心，外化于行，时不我待，只争朝夕，撸起袖子加油干，才能做好本职工作。

"聚少成多，积小致巨。"郭树进律师的微信好友大多知道，他几乎每天凌晨三四点钟就在朋友圈向大家问好，实际上这个时间起床已是他坚持多年的习惯，因为白天的时间往往因好多临时安排而"身不由己"，所以他坚持每天凌晨三四点钟起床工作三个小时左右，学习法律法规，研究案件卷宗，写文字材料等，先做完白天的"规定动作"。他经手的案子大都属于疑难杂症，其中有一个案子让他记忆深刻。当时滨州的一家企业开发建设住宅小区，由于施工合同不规范，加上对来自江西的施工单位疏于管理，施工单位挪用工程款并将工程分包给多个包工头，而包工头将工程款用在建楼房抵押、进行民间借贷等多处，导致围绕这个工程的纠纷集中爆发。开发商找到他时就已经有 3 件建设工程施工合同纠纷、126 件商品房买卖合同纠纷、2 件电梯买卖合同纠纷、8 件民间借贷纠纷，另外还有大量农民工讨薪、劳动争议等，案情错综复杂，法律关系千头万绪，非常棘手。开发商慕名前来委托他为其处理这些案件，他立即从律师事务所选调另外 6 名专业律师组成了以他为首的团队，因为案件数量众多且案情复杂，工作任务繁重，如果每天往返于滨州东营，路途远而且费时间，所以他干脆带上铺盖和锅碗瓢盆直接住到了工地上，工地近乎废弃的售楼处的一间破乱不堪、透风漏气的房子成了他的宿舍兼办公室，白天这里是开发商、建筑商、材料供应商、农民工、业主乱哄哄争斗的"战场"。没有食堂，附近也没有饭店，他就吃方便面。由于时值冬季加上纠纷很多等原因，工程处于停工状态，白天这里倒是很"热闹"，晚上就只剩他一个人了。工地位于荒凉的市郊，晚上周围漆黑一片，作为一方当事人的律师还"得罪"了好多对方当事人，坦白地说，他真地非常害怕。为了不让窗外看见灯光，他用厚厚的床单把窗户盖得严严实实，再用报纸等把台灯遮挡起来。这倒也好，吓得睡不着，正好干工作，累了有时也打开带去的收音机，声音开得大大的壮胆，甚至偶尔拖上根棍子到屋外转一圈。还有一天下午他回律所与他的团队集体研究这些案子，以便第二天在委托单位有关领导参加的会议上汇报，一直研究到很晚。那天晚上下了大雾，为了不耽误第二天的会议，他吃完晚饭就赶往工地，结果发生交通事故，造成他的车左前轮胎破裂，左前门损坏，所幸没受伤。为了不耽误第二天的案件调度会议，他通知家人来处理事故，他则打出租车回了滨州。通过他们的不懈努力，最终使这些纠纷得到了圆满的解决，受到了当事人的好评。

有些亲朋不理解，做律师这么多年也小有名气了，又不缺当地案源，抛家舍业到外地去冒这么大险，遭这么大罪何苦呢？他认为这不是钱的问题，受人之托就得忠人之事，面对客户的信任，做好工作是他的职责所在，也是良心所在。

郭树进律师认为，做律师不但要有激情，而且还要认真。受市法律援助中心指派，他参与了在当地有较大影响的石某故意杀人、放火、抢劫、故意伤害案的辩护，该案社会影响十分恶劣，为这样的被告人辩护要顶着极大的压力和误解，甚至要冒很大的人身危险，连市中级人民法院对辩护律师都加强了安保措施。被告人主要犯罪地点在学校，被害人多是学生。做律师的他以前也当过高中老师，发生如此惨案，学校、老师、家长的悲愤心情他感同身受，完全理解；但作为律师，他的职责是根据事实和法律，维护被告人的合法权益，维护法律的正确实施，他必须认真履行辩护职责，不能草率了事。他对多达上千页的10多本卷宗逐字逐句地认真审阅，多次前往相距60多公里的案发地调查取证，还多次前往相距近百公里的看守所会见被告人，在大量艰苦、细致工作的基础上，依法出庭，发表辩护意见，并且部分得以采纳。很多人不解，对于几乎板上钉钉的事，费时费力那么较真干吗呀，而且法律援助案件也不挣钱。但是他认为，只有认真履行了职责才能心安。因在行业内良好的表现，他连续多年被评为全市"优秀律师"，他的律所多次被评为全市"优秀律师事务所"。

"大鹏之动，非一羽之轻也；骐骥之速，非一足之力也。""我从一个农村穷苦孩子一步步走到今天，得益于中国法治事业的发展进步，归根结底得益于党的正确领导，是党给了我出彩的机会。十九大报告对法治建设提出了更高、更新的要求，也为法律人提供了更广阔的舞台，我很幸运赶上这好时代。我虽年过半百，但热血不能降温，脚步不能放慢。"郭树进律师如是说。

"天下大事必作于细。"习近平总书记指出，律师队伍是依法治国的一支重要力量。要发挥力量，律师就必须做好自己的本职工作。郭树进律师重视办案过程的积累，每一个案例都要深挖背后的理论溯源，厚积薄发不断出新，努力提高自己的专业化程度。2017年主编的《以案普法》一书由法律出版社出版，另外撰写的《充分发挥律师在信访工作中的作用之我见》《"僵尸车"治理中各主体赋权研究》《关于公共法律服务建设的探讨》等论文在省市律师优秀论文评选中获奖。还因工作成绩优秀，荣获多项荣誉称号。

二、践行奉献精神做"大家"——让法律事业变温暖

计利当计天下利。郭树进律师认为，当前社会的主要矛盾在法律服务领域的表现是人民群众日益增长的法律服务需求和公共法律服务社会认知度不高、平台不完善、资源分布不均衡、资金保障不充足之间，解决这个矛盾的重要措施就是法治扶贫，让人民群众公平享受优质的法律服务。律师可以利用专业优势，发挥专业特长，参与解决法律服务领域的社会主要矛盾，这既是律师应承担的社会责任，也是律师建功立业的大好时机。郭树进律师和他的律师团队积极办理法律援助案件，竭尽全力维护受援人合法权益。近几年来，郭树进律师所在的律师事务所一直是东营市办理法律援助案件最多的律师事务所。

舍己亲，为人之亲，这不是残酷，是律者大仁。"在法律援助的过程中，对我个人来说有个很大的憾事，那是 2016 年 4 月，我 87 岁的老母亲病重，在博兴县人民医院住院，有个工伤索赔的法律援助案件即将开庭，当事人因工作期间遭遇交通事故受伤得不到赔偿，多次上访，我受指派为其提供法律援助。本来计划是我出庭的，为两者兼顾，在征得受援人同意后请两位同事把我调换下来。我要回东营办理交接时医生说老人病得很重了，随时可能走，老母亲虽然不能说话，但也摇头示意我不要离开，我哥哥姐姐们也不同意我走，让我电话里交代一下就行了。可是案情复杂，我还是坚持开车回了东营。在交接材料分析案情的时候，当事人无意中提到有一个本子，认为没有用就没有带，但根据他的描述，这个本子是认定双方存在劳动关系以及工资标准的重要依据，我让当事人立即回家去取，同时交代同事怎样分析和利用这份证据，然后就折返博兴，可走到丁庄的时候当事人打电话说本子找不到了，但有些别的材料，因为前期工作都是我亲手准备的，所以最信任我，让我回去看看能不能用，而这时也接到我哥打来电话哭着说母亲病危让我赶紧回去。当时我的心里真的很纠结，我 5 岁时父亲就去世了，是母亲一人把我们兄弟姐妹艰难养大，为了供我读书，她老人家历尽辛酸，我之所以有今天，最应该感谢的就是我的母亲。我也一直很孝敬母亲，多年前就把母亲接到家中照料，老家街坊邻居和知情亲朋也夸我是个孝子。可如今一边是因工致残的当事人需要援助，而另一边是恩重如山的病危母亲需要陪伴，该怎么办呢？经过思想斗争我还是调转车头返回了东营，这时哥哥姐姐轮流打电话催我回去，我干脆把手机调成静音放到视野之外，集中精力和同事以及当事人分析研究材料，直到确认案子万无一失我才飞奔博兴医院，可是到了医院却没有看到母亲和哥哥姐姐们，我赶紧打电话问，才得知母亲已经永远地闭上了眼睛……"

大事难事看担当。习近平总书记在十九大报告中号召我们坚决打赢脱贫攻坚战，坚持大扶贫格局，注重扶贫与扶志、扶智相结合。郭树进律师认为法律知识缺乏、法律意识淡薄也是一种贫困，普及法律知识，提升国人法律素养是建设法治国家重要的一环，但是因为经济条件、地域等因素的影响，普法工作还存在着资源分布不平衡的问题。以东营市律师分布为例，全市有600多名律师，不到70家律师事务所，其中近500名律师、50家律师事务所集中在东西城，剩余的基本都集中在县区政府驻地，而广大农村几乎没有律师，分布严重失衡。另外，经济贫困落后地区人们的法律意识也相对淡薄，权益遭受侵害不知维权，不知如何维权；产生纠纷不知依法解决，不知如何依法解决，从而导致矛盾激化，引发伤害、杀人等恶性事件的比例相对也高，这就需要有人积极去进行法治扶贫。在这个问题上，郭树进律师带领他的团队与电台、电视台、报纸、网络等媒体密切合作，积极开展普法宣传，勇于承担社会责任。

一是参与东营市司法局和东营市电视台联合举办的《民生说法》公益普法电视节目。在该栏目中，他根据群众日常生活工作中多发的案件，编写成情景短剧，由群众演员演出来，通过这种生动活泼的形式进行普法宣传。该电视节目自2014年7月开播以来，他参与了200多期节目的编写和录制，不仅投入了大量的时间、精力和费用，还面临着无剧本、无演员、无场地的"三无"困难。但他克服重重困难，自己创作剧本，自费招募演员，自己寻找和布置录制场地，自费为群众演员解决交通和就餐等问题。虽然日常工作繁忙，但仍坚持盯紧这个节目，深入研究案例，反复修改脚本，仔细斟酌法律适用，对选材、拍摄、播出等各个环节细致把关，将一个个平淡无奇的案例变成群众喜闻乐见的视听资料，起到了良好的普法效果。二是创作普法读物。为了增强普法效果，他精心选择贴近群众生活的139个案例，编著了30万字的《以案普法》一书，内容覆盖婚姻家庭、债权债务、邻里关系等9个领域。在书中把一个个案例编写成法律小故事，为每个故事绘制了插图，列出适用的法律条文，用通俗易懂的语言加以诠释和点评，每个案例最后还总结了一首打油诗，以案普法、以图普法、以诗普法，适合不同年龄阶段、不同文化层次、不同职业的读者阅读。该书经法律出版社出版后，非常受广大读者的欢迎，他免费为群众发放近2000余册，价值近10万元，起到了很好的普法效果。同时在他的影响带动下，同为律师的爱人也积极参与公益普法，在市广播电台《给您一个说法》公益普法广播节目中每天上线一个小时，宣传法律知识，解答听众咨询的法律问题。

"很多对律师而言是举手之劳的简单法律问题，对普通群众来说并不简单，及时将法律知识传递给他们能正确、高效解决问题，促进社会稳定和谐。作为法律人，我们应该有这种奉献精神和担当情怀。"他和他的团队常年在市委市政府信访服务大厅、市检察院涉法涉诉案件信访接待大厅、市公共法律服务大厅等地值班。此外，与市工会、残联、妇联、团市委等部门合作，积极开展法律援助与公益活动。所在律所被东营市总工会确定为困难职工维权基地，被团市委授予"东营市青年文明号"，他也被市妇联授予"优秀妇女维权志愿者"，被团市委等 9 部门聘为"青春与法同行"青少年模拟法庭志愿导师。由于表现突出，他在 2016 年被评为"全国法律援助工作先进个人"。

印度诗人泰戈尔说过一句话："花朵的事业是美丽的，果实的事业是尊贵的，但我愿做一片绿叶，绿叶的事业是默默地垂着绿荫的。""多年来我在公益服务方面付出了很多，算是尽力了，成绩也得到了党委、政府和社会公众的充分肯定。""行百里者半九十"，我要沿着投身公益事业之路坚定地走下去。"郭树进律师坚定地说着自己的未来打算。

三、践行担当精神做"大事"——做好老百姓的代言人

习近平总书记在十九大报告中指出，坚持党的领导、人民当家做主、依法治国有机统一是社会政治发展的必然要求。对于这一点，身为东营市人大代表的郭树进律师体会深刻。"人民选我当代表，我就要走进人民群众的心里，做好人民群众的代言人；政府让我提建议，我就要架起政府与百姓之间的桥梁，承担意见沟通的职责。"郭树进律师总是将这句话挂在嘴边。

郭树进律师身后有一长串的荣誉和称谓，但对于已经在法律行业从业 20 多年的他来说，人大代表才是对自己最好的肯定。执业年限长，法律知识功底深厚，具有丰富的从业经验，擅长公司、金融、土地房产法律业务，在法律业务上，他是一把好手。做律师这些年，他接手过的案子很多很多，在外人看来，他是成功的代表。在很多人眼中，身份的增加意味着荣誉的增多、机会的增多，但对于郭树进律师来说，这更是严肃而神圣的责任和使命。

责任在心，使命在肩。在他的理念里，他更愿意做一些"大事"。人生的价值不只体现在个人价值的最大化上，更多的在于社会价值的体现。"应该从一个律师的身份中跳出来，思考一些关系市民利益的问题。"作为人大代表，只要是涉及群众利益的立法咨询，不管多忙，他都积极参加，关心群众需求，积极提出建议。《东营市湿地保护条例》《东营市城市绿化管理办法》《关于尽快处理东城安泰南区小区内道路东北角路段积水以及地下雨污排水管网疏通的建议》等，他不错过每一次调研、咨询论证和座谈，察访民情，倾听和反映群众呼声。

机制创新，协同发展。在他的理念里，他更关心行业整体的发展。律师行业怎么发展，律师权益怎么才能获得更好保障，案件怎么办理更加高效……这些都是郭树进律师每天思考的问题，因为这些才是老百姓信赖的正义工具。为了起到引领示范作用，他开始琢磨着行业的改革和创新。结合更高、更大的平台，创新体制机制系统，加强专业能力建设，完善电子信息化建设，不断扩大业务领域。

着眼未来，挖潜激能。在他的理念里，他更看重地方经济社会的服务能力。在中国共产党东营市第六届委员会第四次全体会议上，东营市确立了"全力打造山东高质量发展的增长极，黄河入海文化旅游目的地，建设富有活力的现代化湿地城市"的目标定位。作为人大代表，更要提高自身政治站位，服务于新旧动能转换，服务于地方企业发展、经济民生发展，服务于法治政府、法治社会建设。

四、有缘千里来相会——开启法律工作新征程

随着律师事务所的数量不断增多和律师队伍的规模发展，律师行业内部竞争也日趋激烈。早在多年前，司法部就提出律师要向"规模化、专业化、品牌化、国际化"方向发展的重要战略，这"四化"是加快我国律师行业发展的一项重要措施，其发展程度决定着律师事务所的竞争实力。只有走"四化"发展之路，才能在激烈的法律服务市场中胜出，谁抢先一步，谁就占得先机。这是郭树进律师一直以来对律所和律师发展的看法和追求。

"自古游鱼栖于水，一丝缘线牵其中。"说起郭树进律师与盈科的缘分要追溯到两年前盈科初到东营时，那时郭树进律师正确立目标谋求新阶段的个人发展，像是命中注定般，盈科"诚信、开放、包容、共享"的服务理念和"规模化、专业化、品牌化、国际化"的发展方向深深打动了他，他几乎是毫不犹豫地向盈科递上了"投名状"，在盈科东营分所还没有选定办公地址时就成了盈科大家庭的一员。对于郭树进律师来说，这就像是征婚，三观一致，目标相同，便勇往直前。

"无公益，不盈科。"投身公益事业是郭树进律师从业以来一直的坚持，也是盈科在"规模化、专业化、品牌化、国际化"发展过程中的努力和坚持。郭树进律师除了坚持积极参加人大、政协以及工青妇残等单位组织的助学助残、扶贫救灾公益活动，同时为了更好地让法律进村、进社区，积极参与"一村一顾问"法律工作，真正做到利用自己的专业知识为百姓排忧解难，化解和消除社会矛盾，维护社会稳定，为经济发展作出贡献。他以身作则，踊跃参加，更是影响和带动了更多律师投身法律援助工作。

"流水之为物也，不盈科不行；君子之志于道也，不成章不达。"郭树进律师是盈科众多律师中的一名，也是盈科东营分所本土律师中的一名。自加入盈科以来，郭树进律师一如既往甚至更加严格地要求自己，恪守律师法及有关法律法规，恪守律师职业道德和执业纪律，严格遵守总部的各项规定，以身作则，率先垂范。"学习不止，进取不已"，在忙碌紧凑的日常工作中，他依然挤出时间加强专业知识的学习，紧跟时代的变化，进一步提高自身专业素养，真正成为行家里手。"盈科而后进，放乎四海"，郭树进律师深刻体会并一直努力做到坚持以客户为中心，为客户提供更为优质、高效、全面的法律服务；以市场为导向，在使自身专业能力飞跃提高的同时，为盈科成为一家具有全球视野的大型专业化法律服务机构作出贡献。

"不待扬鞭自奋蹄。"新时代，新征程；新目标，新方向。郭树进律师希望能够借助自己专业的力量让盈科蓬勃发展，让东营市的法治事业更加蒸蒸日上！

撰稿人：郭新

郭彦卫 **律途的"骆驼"**

　　郭彦卫律师，北京市盈科律师事务所全国刑事法律专业委员会副主任，北京市盈科石家庄律师事务所股权合伙人、刑事业务部主任，石家庄市律师协会刑事业务委员会委员，河北省律师协会职务犯罪辩护与代理委员会委员。

　　在河北石家庄，有位律师就像"律途的骆驼"，在法治道路上坚定地前行，他心正业精、低调务实、乐于奉献，他就是盈科石家庄分所的郭彦卫律师。

一、"三最"先生

（一）最爱学习　知识更新最快

　　在盈科石家庄分所提起郭彦卫律师，大家第一印象是他最爱学习，知识更新最快。在每一次法律修改、司法解释出台、最高人民法院会议纪要公布后，不管是哪举办的什么培训，他都是最先参加学习。他对自己的要求是要掌握最新的司法动态，知识更新最及时，这样才能更好地为当事人服务。无论是北京、上海、广州、深圳，还是重庆、成都、昆明、长春，都留下他培训的足迹，各大高校都留下他听课的身影。

从做综合业务的所谓"万金油"到最后"情定"刑事辩护，一路走来，他先后研究了知识产权、环境保护、房地产、征收拆迁、互联网金融。其中在征收拆迁方面，专门研究了旧城改造、城中村改造，编写了《城中村改造工作手册》。研究互联网金融期间，编写了《众筹与P2P业务实操》。

确定刑事辩护为专业方向后，参加刑事辩护的培训比其他专业更多，学习过程中也结识了很多的良师益友，结交了各地的刑辩大咖。在盈科石家庄分所，他参加盈科体系内的活动最多，在各分所的"知名度"也最高。郭彦卫律师在网上也很活跃，一些资料、课件，他总是无私地分享到所里的微信群。

郭彦卫律师还把学到的知识无私地传授给大家。他把参加培训的内容整理后，在所内开设讲堂，免费讲给青年律师听。讲堂引来外所的律师，甚至是郊县的律师。因此，他也成了年轻律师眼里的"名人"。有一次在某县法院开庭前，出庭的检察官带着的一个助理检察官说："郭律师我听过你讲的课哟"，原来他考入检察院前听过；还有一次去一个县检察院阅卷，正好也有一个年轻律师来阅卷，说："郭大律师，好巧啊，听过你讲课。"这些都让郭彦卫律师感觉到很欣慰。

（二）工作时间最长　生活最简单

郭彦卫律师走到哪里总是随身带着笔记本，随时可以开展工作。他的名言是，"律师如同军人，随时投入战斗，在工作中休息，在休息中工作，在工作中找到快乐"。他每天的活动就是工作一会，休息一下，然后再工作、再休息，循环往复。这也契合他对工作精益求精的要求。后来，为了方便工作和节省时间，他干脆在律所旁边买了套房子。他也很少参加应酬，除了吃饭和睡觉，偶尔在律所和家之间的体育场中健身运动一下，其余时间几乎都在工作和学习。

（三）最爱参加公益活动　体现当代律师的责任和担当

从2010年开始，郭彦卫律师在《燕赵晚报》法制版开设了《诠释法理 明辨是非》专栏，每周写一期普法文章，解答百姓提出的法律问题，直至《燕赵晚报》改版时法制版取消。此后，他与河北青年报报社合作，组织了全市百名律师，成立了"百人法律服务团"，每周两次在报社开设法律咨询热线，解答读者的法律问题及记者采访时遇到的法律问题。他还与石家庄市内五区基层法院联系，在法院立案大厅设立了"志愿律师服务岗"，由法律服务团志愿律师轮流到各法院立案庭值班，解答前来立案的当事人的法律咨询，收获了良好的社会影响力。

二、知难而上　屡创佳绩

郭彦卫律师从业以来，办理了各种类型的案件，形成了独有的特点。凭着对当事人高度负责的态度和精益求精的要求，各类型的业务都十分娴熟，下举两例。

（一）运筹帷幄，打赢没有任何文字证据的婚姻财产纠纷案

2009 年，张某（女）来咨询，并要求代理其离婚诉讼。张某与王某（男）结婚十几年了，育有一子，正上初中，有婚内房产一套。该房屋为婚后不久购买自王某哥哥，其哥哥是从单位花了三四万元购买的房改房，以市场价十万元卖给弟弟。由于是亲哥俩，当时没有签订书面购房合同，为了节省税费就没有办理过户手续；给付房款的方式是夫妻俩每月发了工资直接给哥嫂现金，也没有打过收条。对该套房屋的买卖来说，没有书面证据。当时张某向王某提出离婚，说到房屋分割时，王某说："哥哥让咱们住了这些年，还没有交过房租呢。"很显然，如果张某要离婚，将面临净身出户。在那个年代，房子是家里唯一值钱的"大件家产"。张某一时没了主意，来律所咨询。

郭彦卫律师听了后对张某说，"婚姻的存续是基于是否还有夫妻感情，至于财产都是身外之物，你先回去考虑一段时间，如果确实没有感情了，过不下去了，再谈离婚。"郭彦卫律师对于初次咨询离婚的都这样说，先让她们回去考虑一段时间，因为离婚跟其他的诉讼不一样，关系到人的家庭——社会的细胞，要让他们充分考虑清楚。

过了一段时间，张某又来了，说："我考虑好了，一定要起诉离婚，房子能分更好，分不了也可以，希望律师能尽最大努力，打成什么样算什么样。"郭彦卫律师建议："那好，我们不着急起诉，你先回去分别找你丈夫、婆婆、哥哥、嫂子谈话，谈话内容主要是结婚以来的生活，重点是这套房子，并录音。"

又过了一段时间，张某带着录音材料来了，经过整理可以作为证据使用，就向法院提起了离婚诉讼。一开庭，说到房子，法院了解到房屋的状态后，如郭彦卫律师预料，离婚诉讼中止，先去打房产诉讼。于是准备向法院起诉王某的哥嫂，要求房屋过户到张某和王某的名下。然而，作为房屋购买方，王某是不配合的，立不了案，郭彦卫律师方建议只能张某自己起诉，然后由法院依法追加王某参加诉讼。就这个问题多次与立案庭沟通协调后，立案庭才准予立案。立案后，法院依法追加王某参加诉讼。

开庭时很是特别，坐在原告席的王某实际上是和被告一伙的，实力明显不平衡。但是由于郭彦卫律师的加入，专业的举证、质证、辩论，被告方明显力不所支。过了一段时间，判决结果如前所料，顺利胜诉。而王某不服，提起上诉，又经过一番辩论，二审维持原判。房产的一审和二审诉讼就打了两年多。拿到二审维持的结果，郭彦卫律师判断，不必要等实际过完户，现在即可恢复离婚诉讼。果然，法官同意恢复诉讼并主持调解。调解时，郭彦卫律师方提出，房产诉讼是由于男方主张不是夫妻共同财产导致的，属于隐匿夫妻共同财产，根据《中华人民共和国婚姻法》的规定，男方应当不分或少分。最后，经法官调解的结果是："双方同意离婚；房屋产权归男女双方，各二分之一，但女方在有生之年单独使用，男方不得干涉。"

这样的结果，也是有些特别。在那个年代，一个字的证据也没有，仅凭录音打赢了房产诉讼，至今想起来仍然津津乐道。

（二）66 岁老人申诉 15 载，律师助力洗冤成功

2000 年左右，韩某凭借一身手艺，带着几个老乡在省会城市从事施工建设工作，承接一些零散的小工程，日子过得红红火火。后来与他人合伙注册成立了一个"宏通电力"施工队，有了正式的营业执照，准备大干一番。然而，好景不长，合伙人之间起了纠纷，于是二人分家单干。两人都可以使用营业执照揽活，各自独立核算。由于韩某带的队伍干活实在、质量有保证、价格低，给他小工程的人越来越多。

2004 年，某大型企业家属小区要进行电网改造，经过反复比较，其他的施工队报价 120 万元至 150 万元，因韩某过往的工程质量有保证，报价还比别家低，就决定由韩某来做，与韩某的"宏通电力"施工队签订了协议，约定价格 99.5 万元。就在工程完成交工时，由于原合作伙伴的原因，工程不能通过验收。无奈之下，韩某只得交给原伙伴十几万元。原合作伙伴提出分部分利润遭拒后，持营业执照向公安机关控告韩某私自对外签订合同，私自收款，涉嫌合同诈骗。当年该省会城市对于居民电路改造有一项所谓的优惠措施，居民只需要交纳 250 元，由电力局进行改造施工，电力局不再收取居民任何费用。办案单位认定韩某从电力局领取材料的价款，包含在该小区改造合同费用中，是属于不应当收取的，属于明知该项优惠而没有向甲方说明，隐瞒了甲方，收取了该部分的费用，该单位有损失，构成合同诈骗罪。但是，该单位负责人表示，自己单位没有损失，没有受骗。当时在电力改造时，他们找过电力局要求改造，电力局明确答复该小区是企业家属小区，是自备高压变电设备的，不适用市里的优惠政策，要不然他们也不会自己花百十万请施工队直接改造。然而，办案单位对该小区负责人说："不承认受骗，不承认有损失，就是国有资产流失，你们要承担责

任。"小区负责人迫于办案单位的压力，只得承认有损失，并写了报案材料。但该负责人后来多次证明单位没有损失，报案材料是在办案人员胁迫下写的。

就是这样一个没有受害人，没有人受到损失的案件，硬生生被立了案，2004 年 10 月 12 日韩某被拘留，2005 年 1 月 17 日移送法院起诉，2005 年 4 月 1 日一审法院判决韩某合同诈骗罪，判处有期徒刑 3 年。韩某不服提起上诉，二审法院认为案件确实存在问题，但不改判无罪，2005 年 6 月 1 日改判有期徒刑 3 年，缓刑 4 年。韩某还是不服，向省高院申请再审，2010 年 10 月 20 日高院发回中院再审。中院经审理后，2014 年 5 月 8 日中院发回基层院再审。这一圈下来就是 10 年，又回到了原点。然而，基层法院经重审于 2015 年 7 月 22 日又按原样作出判决：韩某犯合同诈骗罪，判处有期徒刑 3 年。韩某再上诉，中院于 2016 年 12 月 27 日又改判韩某犯合同诈骗罪，判处有期徒刑 3 年，缓刑 4 年。韩某不服，再次申诉，省高院于 2018 年 11 月 27 日裁定提审该案。经省高院开庭审理，2019 年 8 月 14 日改判韩某无罪。

至此，韩某自 2004 年 10 月 12 日被羁押，2019 年 8 月 14 日改判无罪，整整 15 年。该案的平反，在于当事人不懈地坚持申诉，在于律师的鼓励与坚守。像这样的案件，没有聂树斌、呼格等案件的新闻点，没有重大的社会影响，能够平反实属不易。郭彦卫律师当即写了："十五年申诉，十五年申冤，十五年三届政府任期，十五年三个五年规划，十五年时间，壮年变老翁；十五年时间，孩童已成年。十五年岁月沧桑，正义重回世间！"该案荣获盈科全国 2019 年度十大无罪案件。

三、理论实践复循环 知行合一结硕果

（一）精细办案显神威，无罪捷报频频传

郭彦卫律师自从组建盈科石家庄分所刑事部以来，把时间和精力都用在刑事案件的办理上，精细化、专业化取得了良好成效，多起案件取得无罪结果。适逢盈科遴选经典刑事案件结集出版，书名为《"盈"的秘密》，重点展示律师在办案过程中的思维运用。《"盈"的秘密》选取了盈科全国刑委员 47 名主任的经典案例，展示了盈科刑事律师的风采，郭彦卫律师的《比较思维：举重明轻无罪辩护成功》入选。

公安机关在工作中发现一些单位和个人为支取工程款从丁某兴经营的天某建筑劳务分包有限公司开具过发票，随立案进行侦查。经调查，赵某、苑永某、刘占某等十几人，分别以不同的名义从丁某兴经营的天某建筑劳务分包有限公司开具过发票。

郭彦卫律师接受苑永某的委托，担任他的辩护人。苑永某是从事建筑劳务的包工

头，带领一些农民工承包建设工程地基的劳务。他一般是找到建筑工程的总承包商，从总承包商那里分包地基的劳务。由于干完活从总承包商那里结账需要正式的发票，又由于总承包商要求签合同必须是有资质的劳务公司，因此，苑永某在承包某个劳务活时，就从天某建筑劳务分包有限公司开出授权委托书，用该公司的名义与总承包商签订劳务分包合同，结算时从该公司开出发票，总承包商将款打给天某劳务分包有限公司，公司扣下管理费（提点）后打给苑永某。至案发，苑永某以天某建筑劳务分包有限公司的名义与 5 家总承包商签订劳务分包合同，累计开了发票共计 29 000 多万元。公安机关侦查完毕后，以虚开发票罪向检察院移送审查起诉。

起诉意见书指控苑永某自 2014 年 1 月至 2015 年 12 月为支取工程款，找到天某建筑劳务分包有限公司的丁某兴（另案处理），在该公司没有提供劳务服务的情况下，以该公司名义给某岩土工程有限公司、某基础工程技术有限公司、某石化工程股份有限公司、某勘察设计研究院有限公司和某地基基础工程有限公司开具劳务发票，合计总金额 29 137 236 元，并按照票面金额的 0.8% 左右向其支付开票费用。被告人苑永某在与开票单位无真实业务往来的情况下，让他人为自己虚开发票，情节严重，其行为构成虚开发票罪。

当事人认为，自己带领一帮农民工，干的工程是真实的，因为没有相关资质，借用了天某建筑劳务分包有限公司名义签了合同，开了发票，如果认定犯罪很是冤枉。

查阅相关法律法规及司法解释，虚开发票罪是《中华人民共和国刑事法修正案（八）》新增加的罪名，规定在《中华人民共和国刑法》第二百零五条之一："虚开本法第二百零五条规定以外的其他发票，情节严重的，处二年以下有期徒刑、拘役或者管制，并处罚金；情节特别严重的，处二年以上七年以下有期徒刑，并处罚金。"除此之外，没有其他的法律法规和司法解释。根据最高人民检察院、公安部《关于公安机关管辖的刑事案件立案追诉标准的规定（二）的补充规定》（公通字〔2011〕47号）的规定，虚开发票 100 份以上或者虚开金额累计在 40 万元以上的就达到立案标准，该案涉及 2900 多万的发票，单从数额上远远超过了追诉标准，但是不是情节特别严重，还有待于再查询和论证；再查询相关案例，在裁判文书网上竟然没有查到一份无罪的判决书，都是有罪的判决书。看来情况不容乐观。

该案的情况是否属于"虚开"？什么情况下是情节严重，什么情况下又是特别严重，有没有认定标准？带这些疑问，郭彦卫律师陷入深思，并再次进行法律法规和案例的查询。经查询，为他人虚开、为自己虚开、让他人为自己虚开、介绍他人虚开都属于虚开。

跟虚开发票罪最近的、关联密切的是虚开增值税专用发票，用于骗取出口退税、抵扣税款发票罪。继续查询虚开增值税专用发票罪有没有收获呢？果然，有重大发现，关于虚开增值税专用发票无罪的情形的观点有最高人民法院答复意见和学者的论述。综合起来无罪的观点是，行为人主观上"不以偷逃、骗取税款为目的"的虚开增值税专用发票的，不构成犯罪。以上观点中只有 2015 年最高人民法院研究室答复公安部经济犯罪侦查局（法研〔2015〕58 号）有准司法解释的效力，其他的都不是正式的司法解释，都不是以最高人民法院的名义正式颁布的。施行情况又是怎样的呢？当时，2018 年 12 月，最高人民法院充分发挥审判职能作用，保护产权和企业家合法权益典型案例（第二批），张某强虚开增值税专用发票案尚未公布。查询裁判文书网，基本上也都是有罪的判决，就在失望之余，郭彦卫律师查到了山东省青岛市中级人民法院崔某祥虚开用于抵扣税款发票罪刑事判决书（2017）鲁 02 刑再 2 号的无罪判决书，该判决书中法院认为："从刑法的具体条文来看，具有骗取抵扣税款的故意应当是认定此类犯罪的构罪要件，最高人民法院也曾通过多种形式对此类犯罪应如何认定进行了指导。2015 年 6 月的法研（2015）58 号复函是最高人民法院对此类犯罪应当如何认定的进一步指导和明确，没有骗税目的的找他人代开发票行为与以骗税为目的的虚开犯罪行为的社会危害性不可相提并论，因此，在不能证明被告人有骗取抵扣税款或帮助他人骗取抵扣税款故意的情况下，仅凭找其他公司代开发票的行为就认定构成此类犯罪不符合立法本意，也不符合主客观相一致原则和罪责刑相适应原则。"这样，有了理论论据，又有了实务上的判例，可以确定"不以偷逃、骗取税款为目的"的虚开增值税专用发票的，不构成犯罪。但是，问题又来了，该案是涉嫌虚开普通发票罪，不构成犯罪的理论是否适用普通发票呢？法律依据又在哪里呢？

通过对比法条可以看出，虚开增值税专用发票罪相比虚开普通发票罪是重罪，"不以偷逃、骗取税款为目的"虚开增值税专用发票不构成犯罪，那么同样"不以偷逃、骗取税款为目的"的虚开普通发票也应当不构成犯罪。该案事实上无论苑永某、天某建筑劳务分包有限公司和发包方都没有偷逃、骗取税款，也应当是无罪的。这种常理、常识、常情有没有理论上的支持呢？突然想到一个词"举重以明轻，举轻以明重"，这是唐代的一个司法原则，流传到现在演变成常识了。

经过开庭审理，郭彦卫律师按照既定的无罪辩护的思路进行了辩论。某县人民法院于 2018 年 8 月 10 日作出（2018）冀 0531 刑初 27 号刑事判决书，判决苑永某犯罪虚开发票，免予刑事处罚。但郭彦卫律师坚定认为应当判决无罪，经苑永某同意，提起了上诉。某市中级人民法院经过开庭审理，于 2018 年 11 月 13 日作出（2018）冀 05 刑终 467 号刑事判决书，对苑永某无罪的辩护意见予以采纳，撤销原判，判决苑永某无罪。

（二）十年磨一剑，弹指一挥间

刑事辩护是律师最古老、最传统，但又最具生命力的一项业务。有人认为刑事辩护业务是低端业务，没有技术含量，跟着程序走就可以了，这是大错特错的。相反，刑事辩护业务关系到一个人的生命与自由，是具有高难度的业务。它要求律师具有很高的业务素质，是一门有技术壁垒的专业业务。

作为一名从事刑事辩护的律师，要熟悉刑事实体法，还要熟悉刑事诉讼法，同时还要有民商法的基础。要想做好刑事业务，对案件涉及的其他相关行业也要熟悉。从没有一个行业像这个行业一样，理念与实践联系的如此紧密；从没有一个行业像这个行业一样，对知识要求的如此广博，同时对案件涉及的具体问题又要求相当的精深，知识更新的速度更是其他行业难以望其项背，以至于有些律师如果短暂的停止执业一段时间后，再回到岗位都非常艰难。在其他行业里，一个大学毕业生，参加工作后能用到的知识仅为所学的 N 分之一；而律师在毕业后，所用到的知识却是毕业前在学校学到知识的 N 倍。

目前我国的法学教育体系里，没有关于律师从业技能的培训。法科生在学校里学的都是知识、理论。毕业后从事律师工作，也没有一个系统的执业技能培训，都是师父带徒弟或者是自己琢磨。尤其在刑事辩护业务方面，尚没有一门"辩护学"，导致一些个别从事刑事辩护业务的律师由于没有系统的培训，刚开始要么胆子太小，无所作为；要么无知无畏，产生执业风险。

一个刑事案件，辩护律师要做多少工作，走多少个流程，完成多少个任务，每个任务的完成标准是什么，如何才算合格地完成了任务；法律意见、辩护意见如何写，写到几个要点才算合格，如何会见、如何与办案机关沟通、如何参加庭审等。有没有这样一个流程化的路径：标明律师要完成多少个任务，如何去完成操作指引，能否提供法律文书的写作模板，使得年轻律师按照这样的一个流程和指引基本能办理好刑事案件，掌握刑事案件的基本技能呢？郭彦卫律师陷入了深深的思考。

为此，郭彦卫律师南下北上向专家学者学习，向同行大咖学习，结合多年办案经验编写了《刑事辩护全流程实务指引与文书模板》，为刑辩初学者、入门者和不以刑辩业务为主的全能型律师提供一套刑辩业务导航式的流程与模板，使其快速、全面、不遗漏地完成刑事辩护工作，掌握刑事辩护的基本技能。该书将刑事案件从立案到一审结束，把律师的工作按流程分解为 230 个任务，列明了任务的内容、目的和要求；在完成这 230 个任务过程中，要形成 167 份法律文书或工作文书；针对每项任务如何做好，文书如何写好，设计了 80 份指引或模板（本流程为一般性全程指引，不是每案必须，根据个案不同选择使用）。从接案到结案，以三个阶段按时间为序，系统梳理了刑辩律师执业风险防范及全部工作重要节点。同时，对有深度、有难度的几个核心作了专题论述：

（1）侦查阶段最值得、最该花大力气做的工作就是变更强制措施——取保候审。为如何有理有据地沟通、协商、交涉，辩护意见怎么写，设计了"侦查阶段辩护意见的写作"专题。

（2）审查起诉阶段，目前全国大力推行认罪、认罚从宽制度，律师如何准确理解和适用，如何最大限度地协商量刑，为此设计了"认罪认罚从宽制度专题"，其包含出台的背景、主要内容、试行一段时间出现的问题以及编者的思考等内容。

（3）庭审向来是律师的终极战场，庭审实质化改革为律师提供了展现的舞台，对于不认罪的案件，控辩双方必然是全力厮杀。而法庭调查阶段的发问和质证，交火最激烈。发问和质证发挥好了，便能顺理成章地实现辩论的目的。因此，发问和质证基本决定了庭审的走向。

"庭审发问"专题介绍了交叉询问、诱导性询问，全方位、立体化、多角度介绍了我国庭审发问的理论与实践所存在的问题，以及发问的特点、目标、方法和针对不同发问对象的询问技能等。

"证据的审查与质证"专题厘清了实践中容易混淆的一些问题，全面讲述了证明标准、定罪理念和疑罪的认定、证据规则的运用、证据审查判断的方法以及具体证据种类的审查质证方法。

该书提供的是一套基本流程、基本技能、基本路径和方法。要想做好刑事辩护业务，需要长期积累实践，需要无数次地从理论到实践，从实践再理论的循环往复，如此才能真正提高我们的刑辩技能。还有，刑事辩护要有敬畏之心，对法律的敬畏，对生命与自由的敬畏，因此我们要用心去办案，因为这关系到他/她的人生。学到最后，真正的高手是抛弃所有规则，但在成为大师前，按套路临摹是必由之路。

撰稿人：郭泽宇

郭政 | 在一流的平台 做一流的律师

郭政律师，北京市盈科长春律师事务所党总支书记、所管委会成员、公司法律事务部主任、股权合伙人。

"老律师，专业精。"——这是律师同行的评价。

"党性强，肯付出。"——这是组织的评语。

"敢负责，能担当。"——这是同事与班子成员的肯定。

"有能力，尽职责。"——这是当事人的印象。

2015年，我正式加入盈科长春律师事务所的律师行列。看到律师事务所墙上写着："流水之为物也，不盈科不行；君子之于道也，不成章不达。""全球视野，本土智慧。"我默默告诉自己：谦虚，努力，在一流专业平台成为一流的律师。

入所当年，我被任命为盈科长春分所党支部书记，2020年又被任命为律所党总支书记。谁都知道，在律师事务所这可是一个"苦差"，大量的党务工作会牵扯许多精力，占用大量的个人学习和办案时间，律师事务所的管理工作和党务工作没有任何报酬，全是义务尽责。但我没有怨言，因为我知道，自己是一名经组织考验合格的共产党党员，组织把重担让我来挑，是对我的信任，所以，自己不仅要听从组织安排，而且必须把工作做好。

任书记，抓党务，盈科长春分所党建工作一年一个台阶。通过实践，我和支部始终坚持"坚定党建引领发展方向，提升律所综合服务能力"的发展理念，本着以"党建带所建，所建促党建"的工作思路，带领支部人员在律所发展中发挥了重要的作用，成功总结出"律师事务所154党建工作法"。

做律师，办案子，我也成为行业领域的翘楚，深得律师同行人称赞，深得当事人信赖。用行动来诠释了一名执业律师的坚守："律师应当维护当事人合法权益，维护法律正确实施，维护社会公平和正义。律师执业必须遵守宪法和法律，恪守律师职业道德和执业纪律。"

一、坚持"充电"学本领，及时更新知识结构，不断提高专业能力，成一名有真才实学的执业律师

执业中我深知：律师是一个知识密集型的职业，不持续学习就可能被淘汰出局。从事律师执业23年来，即使再忙也坚持业务知识与专业技能的学习。每年拿出近四分之一的时间用来参加专业学习，各种学习费用支出达10万余元。

每年至少参加一两期中国人民大学律师学院民商法律专业系列培训；每年参加北京大学法商课题"公司股权与治理"专业专题学习，并成为北大股权律师联盟理事单位；每年定期参加全国性法院、检察院、律师法学会系统法律专题学习研讨会，紧跟律师行业发展前沿；定期参加盈科全国体系公司法领域业务线上线下各种培训学习；定期参加省、市律师协会线上线下律师专业培训学习；担任吉林省律师协会公司与投资并购法律专业委员会秘书长以来，坚持参加专业培训学习；每逢周末我是全国大型培训机构"英才苑府"律师专业培训课堂的听课学生。

通过不断地专业学习，不断更新知识结构，提高了我的专业水平与执业能力。我在担任吉林财经大学法律硕士研究生导师、吉林省工商联法律服务团律师、朝阳区政府法律顾问团律师、长春仲裁委员会仲裁员、长春市公共法律服务专家等机会，定期为法学院法律专业学生、商会会员、企业家等进行法律知识授课及提供法律专业培训服务。

二、凭过硬专业本领办好接受的案件，常常赢得委托人的认可与称赞

某市一宗国有土地转让纠纷案，我接受被告委托为案件的代理人。该案土地出让金金额达 3.6 亿元，出让方主体涉及某某市政府、区政府及开发区管委会；受让方主体经过了再次转让变更。案涉合同主体多，《土地出让合同》及《成交确认书》于 2013 年签订，出让方交付的土地"净地面积"没有达到约定的要求；受让方交纳土地出让金后，尚欠契税款，并因公司发展问题及受让的土地没有达到"净地交付"等原因，成交的土地没有办理土地证，项目后期的"建设用地规划许可证，建设工程规划许可证，开工许可证"等手续均没有取得，该项目搁置至今。同时，土地受让方又与开发区管委会之间因"开发建设新居回迁房工程款"存有债权债务关系。

本案各方争议的焦点涉及"出让的土地是否实际全部交付；交付的土地是否达到净地标准；出让土地是否实际闲置；契税款是否欠缴；违约金责任条款是否启动；各方是否产生损失及应否赔偿"等 9 项之多。争议各方如果抛开本案历史形成的原因及主体交叉债务混同关系，单从《土地出让合同》约定的双方权利义务及违约责任，案情并不太复杂，但若这样简单认定并处理，作为土地出让方某某市政府可能要承担 1‰巨额的违约金责任，受让方某某公司也可能要承担相应的滞纳金及土地闲置费等违约责任，这不符合双方当事人诉讼追求的利益。我接受委托后，组织团队人员与委托人反复研究案情。首先厘清案件涉及的土地管理法、城市房地产管理法、合同法、物权法、税法、仲裁法及国家、省、市相关土地规划、税收政策规定等各种法律关系；然后，将团队人员分为土地现场调查组、资料证据收集组、法律案例及大数据收集组三个小组开展工作。在此基础上制定出多份应诉方案，并与委托人分别进行风险评估与诉讼利益得失论证。经过对案情的充分论证与分析，律师团队确立："避免因非净地交付土地承担 1‰巨额违约金的责任是本案的攻防环节，也是与对方谈判交换的关键筹码"的办案对策得到委托人的高度认可。随即，律师团队与委托人一起到访多位承办该宗业务的最初经手人，并先后组织团队成员多次现场进行实地勘查，走访土地周围居民及企业，很快掌握了："出让土地虽表面上有 3% 左右面积不是净地，但只要受让人与某某区政府提出将土地整理成净地的要求，该地上物可以随时被征拆掉，且地上物分布集中且靠近场地边缘，不太影响大部分净土地进行施工……"第一手证据资料。这个资料的收集取得，避免了委托人承担"因根本性违约而使合同目的不能实现"的责任风险。由于本案约定了争议仲裁管辖，依据我国《仲裁法》

的相关规定，仲裁裁决是一裁终局制度。因此，案件在开庭审理中的诉讼策略也应是专业的。为确保案件在开庭时委托方的主张及合法利益得到支持与保护，同时又能让对方能够接受我方的主张，我在庭审举证、质证环节，出示大量的证据证明委托人不构成根本性违约，同时，结合本案的历史原因与发展的现状，既从专业的角度依法表达意见，又从案情历史的原因合理阐述观点。律师团队代理意见最终被仲裁庭采信也被对方愿意接受，仲裁庭认定"本案不构成根本性违约，双方各自承担各自的违约责任"。经过长达 6 个多月连续工作，案件最终结果是争议各方合法利益平衡得到了支持。委托人收到法律文书后，专场安排了一次与代理律师交流座谈会，委托单位与会领导及工作人员从内心表达说："还是专业的人办专业的事好，委托你们专业律师办案我们放心加满意"。

多年来，我先后为国内多家知名公司及 30 多家中小企业担任常年法律顾问，凭过硬的专业知识和办案能力获得顾问单位的一致好评。

三、为当事人争取最大的合法权益，是委托人需要的结果，也是律师代理案件成功的收获

2017 年在承办中国中化集团有限公司吉林某有限公司厂区扩建工程项目质量纠纷案件中，我更是体现出了恪守律师的职业道德，充分维护当事人的合法权益的职业本能。委托人将厂区扩建工程项目依照招投标程序承包给被告，被告承建的锅炉项目完成后，工程项目没有办理竣工验收，双方口头约定按《建设工程施工合同》由委托人进行试生产使用，但双方之间没有办理承建项目书面移交手续。委托人在试生产使用期间锅炉出现严重质量问题，双方对责任承担及赔偿金额协商无果，委托人只好向法院提起了诉讼，诉求承包人承担违约金 300 余万元，赔偿损失 1600 余万元。承包人为了抗辩委托人诉求，提出欠付工程款与利息、工期延误损失等共计 1600 余万元反诉请求。一审审理中，尽管代理人按规定及时向法院申请了锅炉质量鉴定申请，以及向法庭反复表明本案应区别化工行业试生产使用与未验收擅自使用差异性的特点，应参按《石油化工建设工程项目交工技术规范》及《石油化工建设工程项目竣工验收规定》等行业标准来审查案件的事实，但并没有被一审法院采信。某市中院不仅没有支持原告的损失赔偿请求，相反判决支持了被告反诉的相关款额 1000 余万元。针对一审判决出现委托人的合法利益严重失衡的情况，我与委托人充分研究后，坚持认为一审法院没有支持我方的观点是错误的，以原审认定事实错误上诉至某省高级人民法院。某省高院经过二次开庭后裁定："撤销原判决，发回重审"。发回重审

程序中，我始终坚持依法维护委托人合法权益的原则。针对案情中的："工程项目出现质量问题事实；合同约定化工行业的试生产使用与司法解释中建设工程未经竣工验收擅自使用的区别；工程没有竣工验收双方各自应承担责任问题；合同实际履行中违约责任应如何认定；以及损失赔偿如何确定与合法保护"等焦点问题，我在重审程序中，依法依规据理力争，结合本案的大量证据坚定主张"被告的部分反诉理由不成立、原告合法的直接损失应予保护"等观点。经过不懈的努力与坚持，案件重审经法院 3 次开庭并组织双方多次调解，最终争议双方握手言和以调解方式结案。本案为委托人挽回了直接经济损失 1000 余万元，历经长达 4 年的诉讼案也划上了圆满的句号。

四、用心来做好受托的事务，让当事人感受到律师辛勤与付出，即便案件结果与当事人的预期有差距，委托人对律师的工作总会是感激和满意的

多年办案中，我的体会是：律师的工作不能完全决定案件的结果，但只要律师尽职尽责用心在做事，既使案件的结果没有达到当事人的预期，委托人感受到了律师的工作态度、工作过程，委托人对律师的工作也总是感激和满意的。2018 年我办理的一起寻衅滋事罪案，我担任被告人之一的陈某某的辩护人。因该案在当地造成了一定的社会影响，上级有关机关对该案启动了督办程序。公诉机关指控 9 名被告人，借一石灰石矿承包为由，以索取钱财为目的，以车辆堵路为手段，以寻衅滋事罪对 9 名被告人提起公诉。我在案件的审查起诉阶段接受委托担任陈某某的辩护人。案件中的指控证据证实被告人陈某某有二次将自家车辆开去参加堵路的事实。我阅读全案的卷宗后，发现陈某某与本案中的另三位被告人是近亲属关系；在与陈某某会谈时同时了解到，陈某某参加开车堵路事发前，日常时间不住在乡下家中，与上幼儿园就读的小孩居住在某某县城，陈某某因回乡下家中看望父母得知准备"堵路"事后，第二天便一同参加了开车堵路的行为。同时，在多次阅卷中，我发现证人证言中有几处材料能证实："头一天晚上的商量碰面会中，没有陈某某参加"等证词。在多次与陈某某及家人的会谈中，我反复核实了这些情节。针对陈某某这些有利的情节，初步判断陈某某在本案的犯罪动机是：属于临时起意参加的行为，没有参与行动前的预谋碰头会，是及于近亲属的影响原因被动参加等情形。我将这些对被告人陈某某罪轻的有利情节及时与检察机关办案人员进行沟通，提示办案人员陈某某的这些相关量刑情节，并按程序在审查起诉阶段提交了律师的辩护意见。经与陈某某的多次会谈后，也商定了认罪减轻或从轻处罚的辩护方案。庭审中，我又结合庭审举证、质证程序，及时向其他被告人发问，核对关键的证据，与公诉人当庭查清了陈某某第二次堵车前一天晚上没有参加碰面会中共同预谋的事实。并结合陈某某参与"犯罪"是受同案三位被告人是近亲属关系影响的犯罪动机，以守法、知理、融情发表了辩护意见。最终法院判决陈某某有期徒刑 6 个月的定罪处罚，也是 9 名被告人中判处刑期较短的一人。此案在办理过程中，正是北方地区的隆冬季节，每次到看守所会见时，我早晨 6 点前起床，在积雪冰封的高速公路上驱车 2 个多小时与委托人亲属会面后，再共同行车 2 个小时路程才能到看守所参加会见，每次会见被告人都是用时整整一天时间，傍晚回到家时已是精疲力尽。在办案过程中，我研究案情认真仔细，专业分析条理清晰，用心办理案件得到陈某某及家人的高度肯定。2018 年 3 月 18 日是陈某某刑满释放日子，刚从看守所大门出来的陈某某从家属的手机中看到我第一时间问候她的短信时，感动对来接她回家的众位亲人说："这个细节辩护律师都能记得这样清楚，还有什么理由不相信郭律师的认真付出"。

多年来，我办理过有较大影响的某职业学院院长刘某某重大贪污案、长春市某某公园岳某某故意杀人案、栾某某公共场所抢劫案、某县委书记付某某受贿案等刑事案件，都能做到恪守律师职业道德，用心为委托人办案，即便案件的结果与当事人的预期不一致，我用心办案的态度，以及辛勤与付出都能得到委托人及近亲属的高度认可。

五、乐于奉献，敢于担当，把律所的党建工作抓出了特色

盈科体系管理模式上以党建引领、管委会领导下的执行主任负责制、监事会监察为基本制度。自担任律所支部书记以来，我在律所管理层中，主动配合执行主任开展各项工作，顾大局，识大体，乐于奉献，在各项重大决策中敢挑重担；工作中始终把握党建兴所，专业立所，人才强所的发展方向，带领全体党员通过开展形式多样的组织活动，较好地展现盈科律师事务所诚信、开放、包容、共享逢勃向上的格局，也让周围更多的人了解盈科律师热爱工作、热爱生活的情怀。2019 年长春市司法局开展"纪念建国 70 周年，律师制度恢复 40 周年"汇报活动中，我与执行主任共同精心策划并组织盈科长春所开展"不忘初心、共筑中国梦"百人大合唱活动。由同一个律师事务所组织 100 名律师大合唱节目，在吉林省律师行业发展史中也属首创。为组织好这次大合唱节目，律所管理班子可是费尽了心血，想尽了办法。由于律师人员流动性大，人员出差办案多，人员集合排练是最大的障碍与难题。为较好解决这一难题，

采取了"分头分组单练，定期组合合练"的方法与步骤。我与律所管理层人员一起，历经4个多月的日日夜夜付出，最终圆满完成了汇报演出的任务。大合唱"共筑中国梦、不忘初心"作为压轴节目将整场活动及晚会推向了高潮。活动结束后，长春市司法局活动组织者称赞为"大合唱震撼收场"评价。几年来，盈科长春分所在众多的群众性活动中，不断地展现出了领军型律师事务所的正大形象。

我担任书记以来，与律所管理层其他成员一起共同努力，盈科长春律所取得了一系列的荣誉：

2015年授予吉林省法律援助工作先进集体；2016年授予长春市律师行业党建工作示范点；2017年授予长春市首批党建工作示范点；2017年授予吉林省法律援助工作先进集体；2017年授予长春市先进基层党组织；2018年授予长春市"全市人民满意标兵律师事务所"；2019年授予长春市司法行政系统标兵单位，记三等功一次；2019年授予2013-2018年度长春市领军型律师事务所；2020年授予长春市党建工作五星级社会组织。

我带领支部创新总结出的律师事务所"党建154工作法"，得到省、市有关部门的表扬和肯定，成为盈科长春分所党建工作一个亮丽的名片。我与党支部先进事迹先后在中共吉林省委会员主办的《新长征》月刊、吉林日报《今日头条》、北方法制报、长春电视台进行了专题报道。我本人也获得了诸多荣誉：盈科首届百名大律师、吉林省长春市朝阳区"优秀基层支部书记"、长春市律师行业"优秀党务工作者"、长春市非公企业社会组织"优秀党务工作者"、长春市优秀公益律师、吉林省优秀律师、吉林省优秀党务工作者，盈科全国优秀律师……

面对荣誉，我没有自满，因为我知道，过去的荣誉只属于过去，现在，一切将重新开始。

韩立德　厚积薄发　低调内敛　勇于实践　敢于担当

韩立德律师，北京市盈科律师事务所对外联络委员会主任、国际商事和基础设施法律事务部主任、中国民营企业权益保护中心副主任、国际合伙人、司法部千名涉外律师人才库律师，"一带一路"十佳优秀法律服务项目承办律师，"一带一路"十佳律师。

一、勤学理论，厚积薄发

1982 年，中国改革开放的总设计师邓小平明确要求"抓紧筹办中国政法大学，把它办成我国政法教育的中心"。1983 年 5 月原名为北京政法学院的中国政法大学正式成立，同年 9 月，韩立德成为第一批本科生。因处学制改革过渡时期，在初中、高中阶段仅有四年半的学习时间，进入高中才开始学习英语，加之中学课外图书数量有限，他深感自己的知识量和外语水平与其他大学同学存在明显差距，于是便将大部分课余时间用于阅读课外书籍，学习外语，四年几乎读遍学校图书馆里的经典政治、经济、历史、哲学著作，还经常利用假日到国家图书馆借阅外文原版法律图书。

20 世纪 80 年代，中国缺乏知识全面、经验丰富的涉外法律人才，激发了韩立德在学好相关法律知识的同时，学习外语知识及其他相关知识，成为一名合格的涉外法律服务人才的热情。他于 1988 年高分通过全国律师资格统一考试。为了学习当时研究生阶段才开设的国际投资法、国际贸易法等课程，弥补外语基础薄弱的不足，他还参加了当年录取率只有 3% 的硕士研究生考试，成为本科全班同学中唯一一名硕士研究生。

在研究生阶段，他有幸聆听了佟柔、江平、王铁崖、李浩培等法学大家的专题讲座，以几乎全优的成绩修完了中国涉外经济法、外商投资企业法、外国民商法等专业课程，修满了研究生毕业所需两倍的学分，并参加了外交部、司法部有关国际司法协助的专题研究，撰写了有关外国仲裁裁决承认和执行的学位论文，提出了最终被立法机关采纳的修改法律的建议。还利用课余时间研读了关于国际投资法、国际商法、比较民事诉讼法等书籍，初步掌握了相关领域的基本理论知识。

得益于阅读获得的知识，他十分重视收集、学习相关领域最新专著和各国法律制度文件，每年投资过万购买相关书籍，私人藏书多达一万多册，其中不乏读者很少的《英国合同法》《美国合同法》《美国统一商法典》《法国民法典》《德国民法典》《瑞士民法典》等专业书籍。

为了改善知识结构，充实相关知识，学到专家真谛，他还攻读了中国政法大学诉讼法博士研究生，深入、系统学习了民法、刑法、民事诉讼法、行政诉讼法、仲裁法的最新理论知识与实务技巧，用业余时间参加了对外经济贸易大学组织的国际贸易与经济合作、外贸英语培训、英国特许公认会计师公会组织的财会资格证书培训、国际货运代理协会联合会组织的国际多式联运师资培训等资格证书和工业经济类高级经济师职称。多年的理论学习，持续的继续教育培训，为他从事相关领域法律实务工作奠定了扎实的理论基础，为向客户提供及时、优质、高效、周到的法律服务创造了有利条件。

二、潜心著译，甘于寂寞

1989 年，韩立德潜心查找资料，撰写有关外国仲裁裁决承认与执行制度比较研究的毕业论文，筛选可供国家改革开放、企业跨国经营借鉴的外文原版图书，以便译成中文，供有关单位参考、学习，最终选定《产品进入美国市场的法律问题》一书。

鉴于他对仲裁领域理论知识的掌握和相关实务的了解，1989 年年底法律出版社邀请其撰写了《全国律师资格统考应试指南》的"经济仲裁法律制度"部分，并于 1990 年 2 月出版发行，为当年参加律师资格考试者提供了有益的学习资料。

研究生毕业以后，韩立德被分配到冶金工业部从事管理干部培训工作，为了适应在职干部培训要求，单位安排他到包头钢铁稀土集团公司锻炼半年，了解钢铁、稀土产品生产工艺流程，熟悉钢铁企业经营管理情况。锻炼结束后，他不仅熟悉了钢铁联合企业基本生产过程，而且掌握了管理部门的基本职能和运作情况，还利用业余时间完成了《产品进入美国市场的法律问题》主要内容的翻译工作。

鉴于大学教授们编著的经济法学教材理论性较强，结合实际不够，难以满足管理干部培训及成人院校教学需要，编写适于在职干部、成年学生学习的经济法学教材的呼声很高，他联合当时的北京煤炭干部管理学院、北京冶金管理干部管理学院、北京化工管理干部管理学院、北京财贸管理干部管理学院、北京市朝阳职工大学等院校法学教师，编著、出版了 36 万字的成人教育经济法学教材《实用经济法学》一书，其担任该书副主编并负责"经济合同法律制度""涉外经济合同法律制度"部分的编写工作。

之后，韩立德被调到中国统配煤矿总公司从事法律事务工作，主要负责本系统企事业单位法律事务工作的协调、指导和法制宣传教育，向所属单位提供法律服务。为了帮助本系统干部职工了解行业法律知识，提高 100 多个局级单位的法律事务人员业务水平，促进全系统法律事务人员理论结合实际，有效维护本单位合法权益，他担任副主编，组织理论界和实务界的专家，结合行业实际编写了《企业法律制度》《合同法律制度》两部著作，撰写了《煤炭法概要》的部分内容，联合中国政法大学举办了全系统涉外法律知识函授班，利用一年时间向全系统法律事务人员传授了外商投资法、涉外合同法、涉外知识产权法、国际金融法、国际仲裁法、涉外民事诉讼法等知识。

有感于中国引进外资的热潮，但缺乏系统介绍相关法学理论知识和实务操作经验书籍的实际情况，韩立德根据当时中国利用外资的实际需要，结合个人实践经验，再次担任副主编，组织全国人大法工委、最高人民法院、司法部、国务院法制办、中央直属企业、涉外律师事务所的专家编写了 190 万字的《中国利用外资法律实务大全》一书，详细阐述了外国政府信贷、国际金融机构信贷等利用外资形式的基本流程和法律文件，为中国企业利用外资提供了有益的指导。

基于在国际货运代理行业企业经营管理及法律事务领域的丰富经验，他还应邀参加了全国国际货运代理从业人员资格培训、考试教材的编写工作，参编了《国际货运代理基础知识》第一章至第四章，共 15 万字，系统阐述了国际货运代理的定义、性质、作用、分类、历史发展、行业管理，国际货运代理企业的设立、许可、备案、经营范围、相关经营资质的取得、应遵循的行为规范以及国际货运代理企业的法律地位、经营管理过程中应当注意的法律问题等内容。

此外，他还参加了原国家经济贸易委员会主办的企业法律顾问国际研讨会的筹备、召开、论文编辑工作，与国际知名企业、秘书公会、会计公司、律师事务所的高级法务人员同台交流公司法律事务经验，并发表《企业法律顾问工作面临的形势和需要解决的问题》一文，被编入《中外企业法律顾问制度》一书。

三、低调内敛，贡献立法

1993 年，我国撤销能源部和中国统配煤矿总公司，重新组建煤炭工业部，韩立德随之进入该部政策法规司，投入紧张的立法规划制定、相关法律法规的起草、修改工作之中。先是协助将《中华人民共和国煤炭法》列入全国人大五年立法规划，将《中华人民共和国煤炭许可证管理办法》《中华人民共和国乡镇煤矿条例》列入国务院五年立法规划及相应年度立法计划，后又作为上述法律、法规起草工作小组成员，投入紧张的立法调研和具体条文起草工作中，最终促成了上述法律、法规在两年时间内迅速出台。此外，他还参与了《中华人民共和国矿产资源法》《中华人民共和国矿山安全法》《中华人民共和国合同法》《中华人民共和国建筑法》《中华人民共和国邮政法》（以下简称《邮政法》）等几十部法律、法规的制定和修改工作，代表部门或行业提出意见和建议，多数意见和建议得到采纳。

韩立德作为中国国际货运代理协会国际快递委员会法律顾问，参与了国务院发展研究中心关于邮政体制改革的课题研究，论证了旧版《邮政法》关于寄递业务委托制度弊端，提出了变快递业务邮政企业单方委托为邮政主管部门行政许可的立法建议。快递业经营许可制度的建立，不仅使得中外合资快递企业可以继续经营部分信件类寄递业务，而且为广大国内民营快递企业争取了生存和发展空间。

韩立德还作为货运代理行业的代表，参加了国家质量监督检验检疫总局关于取得报检资质必备持证报检人数量限制文件实施的讨论，促使该局最终放宽取得报检资质的货运代理企业分支机构持证报检人员数量要求；参加了国家外汇管理局关于船舶代理企业、货运代理企业外汇管理文件修改的讨论，最终废止了禁止货运代理企业购汇结算的文件；参加了中央和地方税务部门关于货运代理企业领取货运代理专用发票程序、货运代理业务增值税率调整的调研活动，促使多数地方税务机关将货运代理企业备案表作为领取专用发票的必备文件，在全国范围内确定货运代理行业的增值税为零税率，从立法角度有效维护了国际货运代理行业企业的合法权益。

四、大胆探索，勇于实践

韩立德在国务院扶贫开发领导小组办公室直接管理、国家计划单列的全国性公司工作期间，具体负责法律事务部门业务工作，根据以往企业法律事务经验，结合公司业务领域宽广，全国各地分、子公司众多，风险事件迭出等实际情况，推动建立了客户资信调查、风险评估制度、合同管理制度、法律争议处理制度等规章制度，组织制定了常用合同示范文本，建议开发了合同管理系统软件，购置了法律、法规数据库，利用互联网等技术手段管理法律事务，促成建立专业公司法务人员总部派驻、垂直领导制度，法务人员全程跟踪大宗贸易、复杂项目制度，有效防范、化解了经营管理法律风险。他又根据有关法律、法规和国际条约，参照《国际商会国际销售示范合同》、联合国欧洲经济委员会《成套设备和机器出口供应一般条件》《中日一般货物销售合同条款集》《中德货物销售示范合同》《中韩货物销售示范合同》，结合业务实际，起草了通用条款和专用条款有机结合，便于结合实际灵活选用国际货物买卖合同中英文对照示范文本、货物进口代理合同、货物出口代理合同示范文本和使用说明，全程跟踪了多个投资、并购、房地产开发、劳务输出项目和大宗贸易项目运作过程，妥善、高效、创造性地处理了一批发生过程复杂、专业性较强的历史遗留案件，最大限度地避免、挽回了公司损失。

通过全程跟踪公司重大经营项目，处理相关争议案件，韩立德不仅熟悉了国内投资、并购、国际经济合作、房地产开发基本流程，矿砂、大豆、原糖、羊毛、塑料、汽车、废纸、电解铜、机械设备、通信设备等大宗、复杂商品的进出口业务，掌握了这些业务的基本特点和主要风险点，而且积累了较多的理论联系实际，依法、合规经营，防范、化解风险的经验。

在公安部所属警务保障企业工作期间，韩立德先后担任法律事务部经理、企业管理总部副总经理、总法律顾问等职务，先后负责法律事务管理、合规管理、风险管理、保险管理、投资管理、经营资质管理、基本建设管理、境内外投资企业清理、历史遗留问题处理等工作，大力推动了相关管理工作的规范化、制度化、法制化，迅速提高了公司合规管理、风险管理水平，妥善处理了多个投资、合作项目历史遗留问题，清理了30多个控股、参股企业，建立了境外企业监督管理体系，代理了数百各类纠纷案件，有效维护了公司合法权益，累计为公司避免、挽回经济损失约20亿元。

韩立德所从事的专业、优质、高效的企业法律事务管理和风险管理工作，有效保证了公司及所属境内外分支机构的依法合规运作，不仅使得公司历史遗留案件和不规范投资行为全部得以解决，公司、员工违法、违规事件及新发生的争议案件数量急剧下降，而且在很大程度上提高了公司经营管理水平，提高了公司价值，降低了公司高级管理人员的法律风险，为公司引进新的股东、溢价出让股权奠定了良好基础。

五、锐意创新，敢于担当

1993 年，韩立德因工作需要，经有关部门批准，成为北京市金诚律师事务所（现为北京市金诚同达律师事务所）的首批非合伙人律师，正式开始了执业律师生涯。2008 年他辞去公司兼任职务，成为北京市中瑞律师事务所的专职律师。为了专注开展涉外业务，2017 年他又加盟盈科律师事务所，创建国际商事法律事务部，至今担任该部门主任。在 20 多年的律师执业生涯中，他力求将系统理论知识与复杂社会实际结合，充分发挥熟悉冶金、煤炭、国际投资、国际贸易、国际物流等企业情况及国家机关、行业协会运作，发挥从事多个企业管理岗位工作的优势，大胆创新，敢于担当，办理了一千多项涉及多个领域的法律事务，积累了较为丰富的律师实务经验。迄今为止，已经 30 多次赴 20 个国家或地区办理法律事务，办理的法律事务涉及 60 多个国家或地区。韩立德经手的多个案例被编入司法部涉外案例库，且被评选为中华全国律师协会、北京市律师协会涉外法律服务优秀案例。

六、热心公益，乐于助人

韩立德关心律所事业发展，支持律所获得社会声誉。及时建议律师参加司法部涉外律师入库选拔，使得盈科律所的律师中 35 名律师入选司法部全国千名涉外律师人才库。促成《法制日报》与盈科律所的合作，为盈科律师创造参与机会，连续两届六人次被评为"一带一路"优秀法律服务案例承办律师、"一带一路"十佳律师。

韩立德提携、奖掖青年律师，扶持青年学子。先后推荐 12 位盈科律师担任中国贸易促进委员会调解中心调解员，个人出资奖励本部门 3 名入选盈科优秀青年律师以及荣获优秀新人奖的律师，接纳 5 名在校大学生假期实习，推荐 4 名盈科律师或其亲友子女进入外国著名大学法学院学习，耐心解答无数所内外青年律师的涉外法律业务咨询，无私介绍其与自己联系的外国合作律师开展合作。

成为一名全能型优秀涉外律师是韩立德孜孜以求的职业目标和人生理想。尽管实现这一目标困难重重，路途遥远，但他一直坚守低调务实、勇于创新、敢于担当的人生信条，向着理想的职业目标努力奋进。正如盈科领导于 2019 年度"一带一路"十佳律师颁奖致辞的评价所言："他壁立千仞，无欲则刚；他在涉外法律服务领域探微烛隐，纵横驰骋；他有着对世事深刻的洞察，对规则的坚定信仰，用满满正能量，写就字字千钧的法律文书，用梦想的光芒，照亮内心和世界，成就大写的法律人生。"

撰稿人：胡莹

韩丽茹 | 一位"大写"的律政佳人

韩丽茹律师，北京市盈科佛山律师事务所管委会主任，广东省律师电视辩论大赛"最佳辩手"，广东省控辩大赛"最佳风采"律师，佛山市第九届律师协会副会长，第二届佛山市政府"四套班子"法律顾问，佛山市政协委员。

"在开始酝酿今晚的演讲时，坐在桌前，不知不觉间自己竟热泪盈眶。回忆过往，为什么我的眼里常含泪水，因为，我对律师职业爱的深沉！"

日前的一次参评演讲，韩丽茹选择的题目是《我心中的大律师》，这是她演讲的开篇语，朴实却又饱含深情。她的演讲充满激情、富有见地，将自己"最佳辩手"的动人风采和佛山规模最大律所掌舵人的魅力展露无遗。

2020 年 6 月底，她成功入选"盈科首届百名大律师"。

一、心底的声音：成为一名"大律师"

成为一名律师，是韩丽茹少年时代的梦想。

小的时候，她有一个武侠梦，常憧憬着自己有朝一日能够像《天龙八部》中智勇双全、义薄云天的乔峰一样，练就一身绝世武功，行走江湖、助强扶弱。随着年龄增长，江湖梦渐远，但侠义心犹在。大学毕业后，她下定决心要做一名律师，执法律之剑，到职场天地中行侠仗义，惩恶扬善，给弱者以力量！

梦想，是成功的起点。2003 年，韩丽茹大学毕业当年如愿通过了司法资格考试。

2004 年 8 月，为了寻求更大的舞台，她只身一人从哈尔滨赴佛山闯荡。临行前，她告诉好友："我相信，早晚有一天，我会成为一名'大律师'……"而彼时的她还只是一个初出茅庐的新人，却豪气云天。正是凭着心中的那团热火，她毅然决然地踏上了南下的列车，开始了自己的大律师征途。

在中国著名的武术之乡佛山，韩丽茹开始以律师身份追逐自己的"侠客梦"。她从一名律师助理做起，一步步努力奋斗成为当地规模最大律所的掌舵人。随后又凭借自己在业内的出色表现，当选为佛山市律师协会第九届副会长，开始致力于推动佛山律师事业的发展。这期间，执业的每一段历程，虽充满艰辛，她却走得步履坚定。在她的内心，一直有个声音鞭策着她向前："我，要做大律师！"

何为大律师？韩丽茹说，在社会上被冠以知名律师的各种称谓中，有商业律师、红顶律师、专家律师等，对此，她并不认同。她心中对大律师的理解和定义非常清晰，且从未改变。律者，首先是精通法律的专业人士；师者，则是传道、授业、解惑的先哲。通律容易，成大师难。她说："我认为，所谓的大师，学识渊博是基础。大师，更指那些意志坚定、具有人格魅力、引领并影响他人的先行者。我心中的大律师可以概括为：精通法律的专家、人格魅力的导师、影响社会的典范、传播思想的智者。"

二、无悔的选择，变身"刀尖上的舞者"

韩丽茹 1978 年出生，毕业于黑龙江大学，入行之初承办的主要是民商事案件。2011 年，在承办一起民事诉讼案件中，涉案的村主任被刑事拘留，家人遂委托她担任刑事辩护人。接受委托后，韩丽茹的专业和用心得到充分认可。此后，村主任又把她推荐给另外一位刑事案件的当事人。就这样，在看似偶然的机缘下，韩丽茹的执业范围拓展到了刑事辩护领域。

"做刑事辩护，对我来说是一个考验。"她说。

刑事辩护被认为是法律业务皇冠上的明珠，是最有价值、最有难度的法律业务。甚至有人说，未来二三十年大律师一定是刑事辩护律师，因为刑事辩护关系到一个人的人格、自由，甚至是生命，其价值根本无法用金钱衡量。

韩丽茹说："做了刑事辩护之后，我深刻感到，律师执业若没有承办过刑事案件，律师生涯是不完整的。从某种意义上说，刑事辩护更具挑战性，也更能体现律师的价值。"

前两起刑事案件，韩丽茹代理得非常成功，委托人最终被判缓刑。开庭时，很多村民特意来到法院旁观庭审，法庭内座无虚席。

韩丽茹说："能够得到大家的认可，当时心里还是很激动的，我帮助的不是一个人，而是一个家庭。"也正因此，刑事辩护逐渐成为她执业生涯最擅长的领域，她陆续成功代理了一系列的刑事案件。

三、不渝的坚守，回望千帆立潮头

知性干练，落落大方，生活中的韩丽茹待人亲切，笑容富有感染力，法庭上的她却又自带锋芒，建立在严密逻辑基础上的论辩自有一股锐不可当的气势。

作为现任盈科佛山分所管委会主任，韩丽茹肩负重任，为承担社会责任付出的时间和精力不少，尽管如此，她办案时的专注却始终如一。

韩丽茹承认，整体上女律师承受压力的能力要比男律师差一些，承办案件既是脑力活也是体力活，很多时候需要全国各地四处奔波，为研究案情挑灯夜战也是常有的事，因此，对身体和精神都是巨大的考验。

"为了长久维持良好的执业状态，我们必须不断打磨自己。"她说。

她的应对之策，一是健身，二是读书。

她常说，律师扶弱济危，从思想到身体，都必先是个强者，所以健身是她毕生追求的事业。如今，点开她的微信朋友圈，会发现"第 N 跑"是其中绝对的高频词。到目前为止，她坚持健身已有 6 年，身材和精气神的变化都非常明显，对比不健身时的状态，判若两人。

"健身，一种非常好的减压方式。做律师会心累，当事人随时可能向你倾诉他的不满、焦虑和期待，很多都是负面情绪，因此，律师不仅需要有强大的内心，还需要学会适时、适当的排解这些压力，而健身无疑是很好的选择。"她说。

几乎与健身同步，韩丽茹在很多年前就开始有意识地培养自己另一个习惯——阅读。她很认同一位美国大律师的说法：一个不懂文学和历史的人，不可能成为一名优秀的律师。她说："无精专则不成、无涉猎则不通，要成为一名大律师，必须终身学习。除法律外，我也不断学习历史、哲学等其他学科。"

"我们这个行业不存在所谓的天才。以为熟知法律就能处理好法律问题，这是外行人的看法。律师职业的根本，是适用法律来解决实际问题。在熟知法律的基础上，对现实情况作出准确的分析和预判，然后制订相应的策略、方案，随机应变，争取最理想的结果。在这一过程中，每一个环节，不仅要以法律为依据，还必须借助律师个人的人生阅历和从业经历，只懂法肯定是不行的。"她说。对知识的学习、对人生阅历的积累，应该"广不见边，深不见底"，力求做到"通达"。正是在这一认知的指引下，她在工作之余阅读了大量书籍，哲学也成为她研究和学习的另一个方向。

通过不断地学习、历练，不断地挑战自己，如今的韩丽茹对案情的分析和判断越来越精准、老练。渐渐地，她擅长处理重大疑难案件的名气越来越响，一审败诉后、二审再找她帮忙的委托人越来越多。这些年，她承办了很多有影响力的案件，其中不少案件都成为业界的经典案例。

多年的奋楫争先，回望千帆，韩丽茹已然勇立潮头。

四、肩头的责任，尽职尽责助力行业发展

2018年1月8日，韩丽茹当选佛山市第九届律师协会副会长，由此，其人生步入了一个新阶段。

思维活跃、敢做敢言的她加入律协，给佛山律协带来了一股新风，让大家听到了一些不一样的声音。"我一直认为，思维固化是件很可怕的事。我们每天面对的环境和工作都是不一样的，所以，我们必须以一种创新思维不断打破以往的一些旧规则，打破那些束缚我们思维的条条框框。作为律协领导，应向优秀看齐，引领、推动佛山律师事业更好、更健康地发展。"韩丽茹说。

作为佛山律协的一名新兵，在一些人眼中，韩丽茹是个另类，思维和想法和大家都不太一样。对此，她常借用鲁迅先生的一句话来回应："从来如此，便对么？"她相信，不破、不立。

到律协后，韩丽茹对于"有所为、有所不为，有位才能有为"这句话有了更深刻的体会。

佛山律协副会长的身份，给了她更大的发挥空间，让她的声音被更多人听到，她对律所的贡献也被更多人看到。上任副会长后，韩丽茹积极推动律所之间的交流，倾听佛山律师的心声，引领行业发展。她还把盈科佛山分所这几年的管理制度、文化理念介绍给兄弟律所，鼓励大家走规模化、专业化的发展道路。她的所为，给佛山律师行业注入了"新风"。"不管别人怎么评价，对这一点，我自己觉得还蛮欣慰的。"韩丽茹笑着说道。

对青年律师的培养，也是韩丽茹到佛山律协后倾注了大量心血的工作。在她的力推下，佛山律协开始组织青年律师辩论赛。其中，2019 年佛山律师（刑事）模拟法庭大赛的决赛，吸引了近 30 万网易新闻客户端网友观看，大家纷纷直言"看得我热血沸腾"。这类活动的举办，既锻炼了青年律师，增强了佛山律师的交流和凝聚力，也取得了很好的社会反响，进一步擦亮了"佛山律师"这张"城市名片"。

2019 年 9 月 6 日，为庆祝新中国成立 70 周年、律师制度恢复 40 周年，佛山律师们自编自导自演了一场文艺汇演，当天，500 多名律师相聚金马剧院，精彩的节目更是刷爆了佛山律师的朋友圈。反响如此热烈，作为总导演，韩丽茹的内心无比欣慰。"引领行业发展，擦亮佛山律师品牌，这也算是我兑现了当初竞聘时的承诺。"她说。

五、内心的笃定，始终在追梦的路上

韩丽茹说，人生的意义不在于你自己拥有什么，而是你为社会做了什么。在十几年的执业生涯里，她坚守职业操守，用勇气和智慧，代理了众多大案、要案，有责任、有担当！

现在，"不断成长、不断超越自己，无所畏惧"是韩丽茹对自己状态的总结。她说，无所畏惧是因为内心很笃定，清楚自己想要过什么样的人生，对律师这项职业的认知，对律师事业未来发展的方向和目标，自己内心非常明确。

韩丽茹深知，大律师之路充满坎坷，但她表示，前行的路上，无论是鲜花掌声，还是暴雨泥泞，她都不会放弃。永怀感恩之心，不负各界信任，努力活出自己的光芒。

路漫漫其修远兮，吾将上下而求索！

撰稿人：彭川

郝孝伟 | **在而立与不惑之间**

郝孝伟律师，北京市盈科无锡律师事务所刑事部主任、盈科刑辩学院副秘书长、无锡市司法局法律援助中心专家律师库成员、无锡市司法局合法性审查专家库成员（安全生产和环境保护方向）、无锡市滨湖区律协刑委会主任、无锡市律师协会刑委会委员、江苏省律师协会刑委会委员。

一、求学之路——2007 年之前

我出生在一个以煤炭产业为主要经济支柱的能源大省，产业结构单一，人们的思想保守。而对于学生来说，"高考改变命运"一直是当地人的普遍认识，或者说，通过上大学改变人生，鲤鱼跃龙门。1995 年之前，我在村里的小学和镇上的初中度过了快乐的少年时代。那个时候，对于法律，我完全没有概念。

我考大学可谓一波三折，高三毕业时并没有考上大学。对我来说，最难忘的是高中复读的那两年。那个时候，自己成长得非常快，就是从那个时候我学会了用心学习，学会了体会亲友的关心，也慢慢地学会了独立生活，独自面对困难和挫折。复读第一年，原本可以选择本省任何一所大学的我为了考上南方的大学，毅然决定再次复读。对于高中时代的我来说，南方是我无比向往的地方，在南方扎根生活似乎成了那个时候我的一个执念。因为，高中语文老师推荐了路遥的《平凡的世界》，从来没有阅读过大部头书籍的我如获至宝，如痴如醉，花了一周的时间阅读完毕。故事的主人公孙少安、孙少平俩兄弟的命运深深地触动了我，也让我认识到人生的苦难与挫折只是躯壳，勇敢地遵循着心之所向，不断超越自身的局限，就会缔造平凡中的伟大。在高中复读即将结束的那一年，亲人的一个过失犯罪案件，最终促使我萌生对法律的向往，从而选择了法学专业，并立志做一名律师。那一年，我如愿以偿，考上了南方的大学——江西财经大学，考上了心仪的法学专业。这是我进入法律行业的开端。

二、大学时代

江西财经大学法学院的四年，也是我最难忘的时光之一。图书馆和自习室是我经常去的地方。大学时代，学习方式的改变，让我更加感受到自己对知识的渴望，每天的学习，都是如饥似渴。大学四年的勤奋和努力，积攒了我日后律师执业的底色——认真、细致、坚持。而大学开放式的学习模式和与各种思想和知识背景的同学之间的碰撞，让我快速蜕变，迅速成长。法学院的足球队和各类社团都有我的身影。一次，法学院邀请了一名当地的执业律师，让他给学生们分享他的成长经历和执业理想。这位律师说，律师执业的魅力在于能在工作中获得更多经验，而且还能因此安身立命。这更加坚定了我成为一名律师的决心。后来我的兴趣以及平时关注的事情，也更多是与法律相关的。这为我日后参加司法考试，逐步进入律师行业打下了坚实的基础。

三、备战司考

大学毕业那年，我也跟很多人一样，选择先养活自己，再寻求理想。2008 年我去浙江，在一家酒店连锁集团待了一段时间。但是，那个时候我还是心心念念地想着司法考试。在距离考试还有一个多月的时候，我毅然选择辞职，一门心思备考。那段时间，没有人指导，也没有人可以依靠。虽然考试很用心，但还是因三分之差而与之失之交臂。那年冬天，在杭州的西湖边，我想了很多，而西湖边的风也格外的冷。直到第二年开春，我还很迷茫，找不到方向，找律所、找工作也到处碰壁。我在彷徨了半年之后，回了一次山西老家，然后决心又南下杭州，租了一间最偏僻的民房，开始了炼狱般的司法考试备考生活。现在回想起来，我很感激那段艰难的时光，甚至偶尔也会看看那个时候写的日记，里面每一天的备考计划、自我鼓励的话语，现在读来都正能量满满。那个时候，从早上 7 点半开始，直到晚上 7 点半，除了中午午休 15 分钟外，全部的时间都用来学习，考试的资料反复研究学习了三遍。功夫不负有心人，2009 年 9 月，我终于如愿以偿，以高分通过了司法考试。

四、初出茅庐

司法考试结束，如释重负。我忽然发现，除了考试这一件事情外，自己要考虑的事情还有很多。2009 年冬天，我在朋友的建议下，来到了无锡打拼。那个时候，没有指导律师，没有案件来源，也没有人脉关系，是个典型的"三无"律师。初出茅庐，就困难重重。后来，终于有一家律所录用了我。从 2009 年到拿到律师执业证到 2012 年，我几乎走遍了无锡的每一个地方，熟悉了无锡城的大街小巷。接触和代理的案件类型也逐步从相对简单的交通事故、工伤、婚姻家庭等民商事案件到相对复杂的公司案件和刑事案件。三年实践，我感受到了理想和现实的差距。但是，这三年对于一位初出茅庐的新晋律师来说，是必经之路。

五、加盟盈科

就在我寻找执业方向、探寻发展平台的时候，盈科也在无锡筹备设立分所。几次接触下来，盈科包容、开放的管理模式吸引了我。2012 年，我毅然加入盈科，成为无锡分所早期的执业律师之一。也是从 2012 年，我的事业开始进入了快车道，一路向前。2013 年，我开始独立承办案件并实现收入大幅度提升。2014 年我选择了三个专业方向，知识产权、刑事和公司业务。2015 年，逐步摆脱"万金油"模式，痛下决心做减法，放弃了知识产权和公司业务，以刑事业务为自己的主攻方向，并逐步过渡到只做刑事案件。2016 年，盈科无锡分所迁到国金中心，我的事业也进入了更高的维度，这一年，我的刑事业务收入占到了总收入的 60% 以上，也没有出现自己当初担心的刑事专业化之后没饭吃的困境。

六、稳步前行

回顾自己的律师发展之路，每四年是一个周期。2009—2012 年，获得律师职业资格证和律师执业证。2012—2016 年逐步从"一主两辅"模式的专业化，发展到坚定刑事辩护方向。而2016—2020年对我来说至关重要，这是我坚定刑事专业化之路的四年。2016年盈科开始重视专业部门建设，盈科无锡分所也积极响应盈科总部的这一号召，设立刑事部，我则成了刑事部门主管的不二人选，签署责任状并开始组建团队和部门。四年来，我不断研究刑事业务和刑辩技能，经常外出交流学习。慢慢地，专业能力和影响力大幅度提升，业绩也逐步攀升，同时努力也换来了收获，2019年获得了盈科体系内的多项荣誉，同时成为无锡和江苏两级律协刑委会的委员，专业化道路方向迈上了新的台阶。

2020年是一个非常特别的年份，新冠肺炎疫情席卷全球，对律师的业务影响也巨大，但实际上对我的影响不大，没业务就正好可以看看书，陪陪家人。2020年7月，我比之前更加忙碌了，部门和团队2020年的规划非常清晰，团队逐步磨合，专业领域更加精细和深入，除了能够高效地提供刑事辩护服务，还要留出更多时间来传授自己的刑辩经验，与同行和大众分享自己的心得体会。我非常希望把自己吃过的苦头、走过的弯路和失败的经验总结成体系化的课程，给后来人提供参考，这也是一件让我特别开心的事情。

倾注法治情怀　坚守律师事业

郝秀凤

　　郝秀凤律师，常州市第十六届人大代表、江苏省律师协会常务理事、江苏省律师协会女工委副主任、常州市律师协会副会长、常州市"新的社会阶层"人士联合会副会长、江苏省"新的社会阶层"联谊会理事、常州市第二届优秀青年法学人才、最美常州人之法律服务人、2018年度常州市优秀人大代表、江苏省妇女儿童维权优秀公益律师、江苏省优秀律师、全国优秀律师。

一、结缘盈科拓疆场——盈科律所落户龙城

　　无巧不成书。盈科结缘常州，是一个机缘巧合。

　　留心处处是机缘。自打在点睛网上看到盈科律师事务所党委书记郝惠珍律师的课程视频，便因"本家"的缘故开始关注郝慧珍和她所执业的盈科律所。2015年冬天，江苏省律协女工委组织全省律协女工委委员到上海和北京考察交流，郝秀凤作为江苏省律协女工委委员，随团进京来到盈科总部，接待来访同行的正是时任北京律协女工委副主任郝惠珍。站在热情的郝书记面前，郝秀凤倍感郝书记强大的气场和高雅的气质，亲切之中带着威严。

　　2017年7月，时任江苏东晟律师事务所（成立于2003年，江苏省文明律所之一）蝉联三届"常州市杰出青年法学人才"的郝秀凤，参加江苏省律协组织的全省

律所主任培训班赴京，到人民大学就律所管理交流学习。正是通过这次培训班的交流，再次引发了郝秀凤对律所管理和律师事业发展的深入思考，郝秀凤再次深刻体会到本地律所发展的瓶颈：小富即安、小成即满的思想根深蒂固；小所林立，低价竞争愈演愈烈；"万金油"型的律师占据了当地律师队伍半壁江山，专业化发展依然停留在理想状态。

扪心自问，东晟律师事务所虽然小有名气且相对稳定，但上升空间有限。无独有偶，本次赴京，郝秀凤随后参加的北京大学开设的"政府法律顾问培训班"的副班长恰是盈科西安分所的党支部书记郝佩佩。交流间，郝秀凤谈及自己的困惑，郝佩佩力劝郝秀凤加入盈科，并向郝秀凤深入介绍了平台优势和文化理念。此时的郝秀凤对盈科已经心向往之。

思想是行动的指挥员。从北京回到常州后，郝秀凤马不停蹄，又分别去上海、武汉、广州、厦门、杭州等地的盈科分所参观交流，对盈科的平台效应和管理体系有了更加深入的了解。同年 10 月 14 日，江苏省律师协会会长薛济民在天同（南京）开放日的讲话中提出"我们欢迎也支持规模化、专业化、品牌化的外省市优秀律师事务所入驻江苏，来倒逼、推动江苏律师业更规范、有序、健康发展"。郝秀凤与东晟合伙人的开拓思路与薛济民会长的讲话主旨，契合无隙。

在接下来的时间，郝秀凤和几位合伙人，持续深入分析讨论了如何用开放的胸怀和思维去思考作为常州律师界的领军律所，如何引领本土律所和律师突破传统的思维定式，将盈科开放、包容、合作、共享的理念植入常州，进而促进常州律师业创新和发展。

这一系列的问号，亟待郝秀凤他们给予一个令人满意的答案！

筹建盈科常州分所！东晟合伙人的异口同声，再次展示了同人间的志同道合。

古今中外历史上的弃旧图新，轻则伤筋动骨，重则全军覆没！即使成功者，也要付出相应的代价。东晟律师事务所，毕竟是郝秀凤几位合伙人共同创办的本土精品所，十几载冬去春回，大家励精图治，呕心沥血，培育着她发展壮大。一举放弃这个心血结晶之作，对于郝秀凤来说，犹如抛弃自己的孩子一般，千般不舍，万般无奈。

风乍起，吹皱一池春水。

万事开头难。正当郝秀凤和几位合伙人在是否以东晟为班底，筹建分所之事难以决断的当口，源自常州律师界的压力铺天盖地而来！

业界传言"狼来了"！常州律师界把盈科分所的筹建看成是抢占市场、与同行争食抢羹，不乏有人阴阳怪气的指责：加入盈科钱就赚多了？人到中年了，不嫌累吗，等等。

木秀于林，风必摧之。听到此类传言的郝秀凤一笑置之，因为她深知，树大招风，人言可畏！但是透过这些传言和诟病，也让她更加看透了常州律师们小成即满思想的毒害之深，看明白了要无壮士断腕之举，难以实现突破发展瓶颈之愿。因此引入外埠大所，搭建更大的平台，当是必由之路。

令人遗憾的是，因各种原因，部分合伙人暂不加入盈科。一时间，让主导者郝秀凤也陷入进退维谷的地步，无异于釜底抽薪。

开弓没有回头箭！此时此刻，郝秀凤想起纪伯伦说过的一句话："每个人心中都有一座房子，白天清醒，夜晚昏沉。真正的毁灭不是房子轰然倒塌，而是一点一点由内而外成为空壳。"

"人生无处不难关，十字路口当决断。我不信我孰信我，人不识人谁识人。征途纵有百丈渊，劈手击浪三千尺！"这是郝秀凤强咽泪水，喊出的誓言，中流击水，激流勇进！继续坚持筹建盈科！

这段时间，郝秀凤在自己的随笔中写道："我深深的知道，压力就是动力！且行且坚强！选择了这条路，我就没有回头的机会和余地，纵然只是一个平凡的人，一个普通的人，但是我愿意勇敢地接受自己的平凡，听从内心，坚持奋斗！"

也正在这个关键时刻，常州市司法局张加林局长给予了郝秀凤强而有力的支持。抚今追昔，如果说盈科常州分所能落地生根，得益于天时地利人和，不得不说张加林局长居功至伟。得知郝秀凤在十字路口举棋不定的窘困，张加林局长热忱鼓励郝秀凤："量力而行，尽力而为，锤炼从平凡的生活中攫取幸福的能力。既然已经选择，为什么不尝试一下？也许会走出一片不同凡俗的新天地！"

"是啊！我不能辜负领导的期望！物竞天择，适者生存！向前一步，也许一切都会不同！"

身为常州市人大代表，她放眼的是常州律师服务业的能力；做为常州市律师协会副会长，她关心的是整个常州律师行业的发展。从东晟到盈科，是郝秀凤人生中再一次义无反顾走出了改弦易辙的一大步。

2018年9月1日，盈科常州分所盛大开业，正式启航，开业盛典的同时举办了企业融资及上市风险防范高峰论坛，来自全省各地的律师和全市各界500多人，参加了开业庆典和高峰论坛。常州电视台、手机台直播，18万余人在线观看，这在常州甚至在盈科体系内都是史无前例的场面。郝秀凤的律所发展之路正式起航。

二、我的团长我的团——律所队伍全面发展

毫无疑问，律师不仅要有渊博的专业知识和丰富的专业经验，更要有高尚的品质

和坚定的信念，同时还要具备积极的心态和进取精神。知识不如能力，能力不如品质。郝秀凤认为，律师也是人，首先要解决生存问题，但是律师的职业道德、良知和爱心远比金钱、名利更为重要。律师要明辨是非、仗义执言、崇尚法治、捍卫正义。要时刻准备着为法治呐喊、为自由奔走，让证据说话，让正义永存。

曾经在动员大会上，郝秀凤用马云成功的事例来激励聚集盈科所里的优秀的年轻一代，她认为马云的幸运在于事业开始发展的最早期就有了守护神——蔡崇信。所以，新时代的律师发展空间不可估量！她鼓励律师要勤于钻研，善于开发法律服务产品，要把专业的法律服务产品化、项目化、标准化。将具有差异化的风险防范服务逐步影响勤奋努力的企业家们，让企业家干事业的同时必须拥有防范法律和财税风险的意识，要把律师、税务师乃至会计师作为防火墙而非消防员！

思路决定出路，意识亦决定出路。科学技术是第一生产力，法律意识和集体主义观念、平台建设和资源整合也是生产力！研发、法律风险防范、凝聚力、资源整合利用、成本控制等能力都是生产力的直接体现。郝秀凤决心不仅把自己努力塑造成为学者型律师，更要努力把盈科常州分所打造成知识型律所！

全球视野，本土智慧，她要把盈科全国各分所的资源都逐步渗透并导入常州，逐步吸收当地精良的律师队伍，壮大盈科常州分所，在规模化建设的基础上逐步实现专业化和团队化建设，并以项目化和产品化的服务模式为本土企业和政府提供差异化的增值服务。她要把盈科常州分所真正建设成为一个向全常州律师开放的交流和学习的平台，彻底改变小富即安、小所林立的碎片化服务局面，要向常州企业家们宣布，常州的律师们同样可以提供上市等高端法律服务！

"让我们携起手来，搭台唱戏，逐步将法律共同体融合在法律人共同的进步中，在法治建设的大潮中践行理想，实现梦想！我们相信，在党委政府和司法行政的领导下，在社会各界的关心下，在盈科这个大家庭里和广阔的平台上，与常州同行们一道，为建设强富美高新常州，为盈科江苏一体化和全省法律服务均等化贡献力量！长风破浪会有时，直挂云帆济沧海！我们坚信，我们的目标一定能够达到！我们的目标一定会达到！"郝秀凤在开业致辞中慷慨激昂，信心百倍。事实也证明，盈科常州分所的队伍建设，确实搅动了常州律师界！

盈科常州分所开业后，旋即迎来了第一个挑战——常州市第四届律师辩论赛。

创建之初，新的团队，新的挑战……郝秀凤满怀信心，组团集训，期待盈科一炮打响，旗开得胜，声名鹊起。郝秀凤率先垂范，全力以赴。选拔辩手、撰写辩词、全程陪练，其间，执行主任曹阳带领的行政团队，更是提供了周到热心的后勤服务，彰显了盈科所管理模式的优越性。2018年10月26日下午，经过激烈的角逐，盈科常州分所荣获团体二等奖！初出茅庐的盈科常州分所，脱颖而出，不负众望，首战告捷！

颁奖的那一刻，郝秀凤热泪盈眶……

盈科常州分所的律师陆续荣获青年律师演讲比赛第一名、江苏省优秀党务工作者、常州市优秀青年律师、常州市律协优秀内勤、常州市优秀女律师、全国优秀律师……

郝秀凤在律所两周年纪念大会上激励同事们说："回首这两年，我们走的坚强，拼的忘我！展望未来，我们志高路远，任务艰巨！我坚信，我们众志成城，必将踏平坎坷！我们满怀激情，必将梦想成真！让我们凝心聚力，砥砺奋进！让我们坚定情怀，奋勇前行！让我们团结一心，发扬'勇争一流，耻为第二'的常州精神，以时不我待，舍我其谁的担当和干劲，奋斗！"

盈科江苏一体化的征程如何融入盈科常州分所的发展战略？如何调兵遣将，融入长三角发展战略？常州分所如何对接资源，更好地服务于本土？怎样才能实现律师专业化和团队化的发展目标？这一连串的问号不禁让郝秀凤重新陷入深深的思考中……

三、全新领域谋发展 社会责任勇担当

一方水土成就一方人。可以说，是风水宜人的龙城常州让逐梦而来的郝秀凤如鱼得水，事业上小有成就。饮水思源，郝秀凤深知，从成长到成熟再到成功，一路走来，离不开第二故乡常州的哺育和培养。自身的学识、才能……将倾其所有，回报给恩泽深厚的这方她深深依恋的热土。

早在 2002 年，郝秀凤加入了中国民主促进会。而郝秀凤对于新阶层概念从初次接触到深刻领悟直至准确把握，还要从 2017 年 8 月她参加中央社会主义学院"新的社会阶层"代表人士培训班开始。本次培训让郝秀凤大开眼界，增广见闻，也提高了参政议政、建言献策的理论水平和领导能力。也是这样的学习机会，让郝秀凤与时俱进，了解到"新的社会阶层"这一全新的理念和新创的称谓。顺势而为，2018 年 4 月，常州市"新的社会阶层"联合会（简称"新联会"）正式成立，郝秀凤当选为副会长兼中介组织和社会组织分会会长。此后不久，郝秀凤向常州市委统战部递交了《在常州打造以新联会为主体的"新力大厦"的建议》，将新联会的四类人群集聚在一起，真正发挥"聚是一团火，散是满天星"的作用。也是由于郝秀凤担任着常州市新联会副会长、常州市钟楼区新联会会长职责的缘故，让她与时任常州市钟楼区区长董彩凤，有了更多工作上的联系和频繁的接触。

　　时下，她们正联袂筹划着一项将给常州带来一定影响的百年大计——打造新力大厦与法律服务产业园。郝秀凤提出这一举措时是 2018 年上半年，在江苏乃至全国，未见先例。

　　令人十分可喜的是，当郝秀凤将此设想倾囊托出，汇报给钟楼区董彩凤区长时，竟与董区长打造法律服务产业园、以新阶层为代表和集聚的产业园的建设蓝图不谋而合！真的应了那句话：英雄所见略同。2018 年 6 月底，董彩凤区长诚邀梅向荣主任来常州，洽谈在钟楼区科技街打造"盈科大厦"的构想。二人一拍即合，决意将盈科的金融、法律、外服、咖啡等商务法律一站式服务引入常州，落地钟楼。

　　至此，董区长的"盈科大厦"构想与郝秀凤的"新力大厦"构思殊途同归。由钟楼开发区和钟楼区政府制定相关优惠政策，吸引新联会的四类人集中入驻，打造一个集法律、财务、税务和知识产权及新闻宣传于一体的、以新联会代表人士为主体的现代服务产业园。2018 年 10 月，董区长邀请常州市司法局局长张加林和律管处处长张正朝一行到钟楼区政府，请郝秀凤向大家汇报了法律服务产业园的构想和实施方案。会后，大家对公共法律服务中心和法律服务产业园建设初步达成一致意见。

　　2019 年 4 月 28 日，董区长再次约郝秀凤长谈。此次交流，郝秀凤将盈科目前的管理模式对郝秀凤欲打造"盈科大厦"构想的束缚和盘托出，董区长在表示理解的同时，仍然希望郝秀凤约梅向荣主任来常州详谈。同时，郝秀凤也将以新联会为主体的现代服务产业园构想再次跟董区长详细汇报，并表明决心，那就是，无论盈科律所是否迁址钟楼，她对现代服务产业园的构想和实施定将一如既往地推进！

　　郝秀凤从来没有因"船到码头车到站"的想法故步自封。时下的她想的更多的是：除了在学术上有所建树、专业上要有所作为之外，一定要把所学的知识及实践中所获得的才能，回馈给国家和百姓。2017 年伊始，郝秀凤被推选为常州市第十六届人大代表。"一届代表，终身履职。"郝秀凤坚守这一履职信条，她立志不但要做一个关注弱势群体的好律师，更要做一名替群众说话的好代表。

　　四年代表，郝秀凤提交了二十几条建议、意见，涉及城市交通与公共安全、构建法律职业共同体、引进高端农业人才、城市管理等方面。在履职过程中，她充分利用专业优势，关注更广阔的社会问题和民生需求。在郝秀凤的电脑文件夹中，仔细记录了她在履职期间参加的每个活动、履职报告及人大会议期间的感想。"平时遇到的一些重要问题和想法，要及时记录下来，一有空余时间就抓紧完善。每年大会召开前一两个月，我就会反复修改，以待会议期间提交。"

　　2017 年，郝秀凤提出的引进高端农业人才纳入我市引育集聚人才战略、将法律服务业列入我市现代服务业扶持发展、加大政府法律顾问覆盖面等建议，获评大会优秀建议。

对常州市人大代表郝秀凤的履职工作，常州市人大常委会办公室有这样的评价："有担当，负责任，围绕市委'种好幸福树、建好明星城'，建设'强富美高'新常州的决策部署，认真履行宪法和法律赋予的各项职责，履职能力较强、履职表现突出、联系群众密切、示范作用良好，并提出了一系列内容选题准、调查研究透、对策建议实、部门评价优、社会效果好的建议、意见。"郝秀凤因为突出表现，荣获了"2018 年度常州市优秀人大代表"称号。

四、怀揣法治梦想 甘做平民律师

怀揣法治梦想，肩扛责任担当。郝秀凤从事律师工作 20 余年，追寻公平正义的脚步从未停歇，法治为民的每一个足迹都写满精彩。先后承办法律援助案件 180 余件，为群众挽回经济损失近千万元，为弱势群体伸张正义的许多法律援助案件被收入全国《优秀案例集》，成为当地律师的"标杆"，在群众中赢得了"好律师"的口碑。2016 年 12 月，她被授予"江苏省维护妇女儿童权益优秀公益律师"荣誉称号。

"看起来温文尔雅，但她办起案来狠劲十足。"说起郝秀凤，常州市司法局局长张加林禁不住竖起大拇指。

心中有法治，脚下有力量。"作为一个法律人，奋斗的目标不应只限于追逐个案的正义，而是全社会的公平和法律的温度。"郝秀凤坦言，公平是律师的良心，护法为民是律师的路径。

坚守法治书大义，为民担责不停歇。从事律师工作以来，郝秀凤先后捧回常州市优秀青年法学人才、常州市"六五"普法先进个人、"江苏省律师行业高质量发展引领奖""江苏省优秀律师"、全国优秀律师等荣誉称号。

五、事业家庭两不误"三好"律师佳话传

郝秀凤常说，自己是"昏了头"才来常州的。但是，在常州，她不但赢得了事业的成功，成为闻名常州的"好律师"，也赢得家庭的幸福，是一位名副其实的好妻子、好妈妈。

为了爱情，她从东北来到江南。为了理想，与大学教授失之交臂。而又为了实现女儿"希望每天放学能看到妈妈"的心愿，郝秀凤做了专职律师。现在，母女俩就像姐妹似的。

在郝秀凤的微信朋友圈里，"婆婆妈妈的事"收获点赞无数，成为一道独特的风景。在郝秀凤看来，妈妈和婆婆都给了自己无私的爱，也让自己学会了怎样当一个称职的母亲，她把她们的幸福晚年晒出来，既是一种小情趣，也是对母爱的一种感恩与回馈。

很早以前，郝秀凤心里就盘算着，要把父母接到常州生活。但父亲不肯离开家乡，郝秀凤请妈妈做工作。在妈妈的努力下，父亲才答应来常州住一阵。为了让父母在常州能定居下来，郝秀凤专门为他们准备了一套房子。2012年，郝秀凤终于把父母接来常州生活。这几年，两位老人生活安定，已习惯了常州生活，一家人终于在常州定居了。

谈起婆婆，郝秀凤说自己跟婆婆天生有缘。1994年那年暑假，郝秀凤跟男朋友第一次来常州，见到了婆婆。"第一次跟婆婆见面，我就感觉很有缘，没有一丝陌生感。"郝秀凤说，她在婆婆家感受到了江南人那种特别细腻的待人处世态度。那种热情，并不是堆在脸上装出来的，而是一种内心的流露。郝秀凤说，婆婆把她宠得像个公主。在郝秀凤眼里，婆婆是一位特别朴实、勤劳的农村妇女。"她总是早出晚归，工作之余抢着不让我做家务。"郝秀凤说，她生完孩子回婆婆家坐月子，到第二年上班这大半年时间，婆婆没让她洗过一块尿布。

新的平台、新的领域、新的挑战，郝秀凤前进的脚步一直在加速度！作为律师，郝秀凤有着行业情怀之美、律师的初心之美，从一名律师到如今盈科常州律师事务所的领头雁，她全心全意地诠释着这份职业信仰、职业理念。

前程尚遥远，道路亦漫长。在风雨兼程的前行中，还会有荆棘，也有鲜花，但幸福永远垂青那些不辞辛劳的攀登者，成功永远属于那些披荆斩棘的前行者。

有理由相信，郝秀凤将秉承少时的志向，带领她的团队，为常州的经济建设保驾护航，为龙城百姓的幸福安康，乃至国家的长治久安贡献自己的聪明智慧。

撰稿人：张全连　杨铁平　殷益丰

何慧梅 | **做女律师难吗？**

何慧梅律师，北京市盈科律师事务所全国女律师工作委员会主任，北京市盈科哈尔滨律师事务所所管委会主任，黑龙江省法学会俄罗斯法制与法学研究会秘书长，黑龙江省律师协会女律师协会常务理事，黑龙江省律师协会婚姻家庭法委员会副主任。

一、初出茅庐，无所畏惧

2001 年，我当时年仅 22 岁，还是一个梳着马尾辫的，傻里傻气的小女孩。怀揣着对律师行业美好憧憬的梦想，踏上人生的征程，正式步入律师行业。执业初始，律界前辈曾和我说："律师不是女人做的，挺过五年，我佩服你！"当时我没有争辩，只是呵呵一笑，但心里嘀咕："我要挺 50 年让你崇拜我。"听了前辈这句话，我认为，这个观点不代表他的个人评断，而是在告知"律师难做，女律师更难做。"那时，我已对律师行业有了基本认知。

"冰雪林中着此身，不同桃李混芳尘。"我的名字带有一个"梅"字，人也如梅花般凌霜傲雪坚忍不拔的性格。虽不及牡丹、茉莉般艳丽芬芳，但却能在风雪严寒中傲立开放。秉承着这种梅花精神，坚信自己，"女律师也可以做出个样来"。

执业近 20 年来，最让我记忆犹新的是在 2003 年，我独立代理的第一起案件。这个案件在外市县，距离哈尔滨 900 余公里，位于黑龙江农垦的某农场。那是一起侵权案件，委托人是一农民（非当地居民），在农场承包耕地，由于在他耕地上游，他人的农田改造不利，在下暴雨时将委托人耕地淹没，造成减产，损失惨重。遂由律所指派委托了我为其代理。接受委托后，法院定了开庭时间，我兴高采烈地买了车票，激动的整夜难眠，完全没有一个人出差及独立出庭的恐惧感。第二天，晃晃荡荡坐了 15 个小时的绿皮火车后，到达了某农场。下火车时，正值夜晚，由于当时自身资历太浅，不敢提要求，任由委托人给安排在了火车站附近的小旅馆。进入房间后，当看到床上一铺不知洗了多少次，由白变黄又变黑，甚至漏了棉絮的被褥，以及"不是门护我，而是我护门"（门锁坏了，无法防护）时，内心才有了恐惧与酸楚。当时立下宏愿："一定要成为大律师，出门带助理，入住五星级酒店。"发愿归发愿，现实也要面对，这一充满危机的夜晚怎么度过？还好屋内闲置一张床，没有同住者。我将闲置床推到入门处，将门掩住，才有了自我安慰的安全感。那一夜我没敢入睡，一直守护着门，到天亮。

次日，我按时和委托人到法院开庭。进到法庭后，顿时惊呆，对方（当地人）来了近 30 人旁听，均是对方的亲朋。而这边只有我们俩人，委托人又很憨厚老实，明显的势单力薄，在气势上明显弱。庭审中，在我每次发言时，旁听席总是七嘴八舌的在反驳我，谩骂我。当天庭审没开完，审判长要求第二天继续开。休庭后，对方的亲朋几人冲到我面前，指责我胡说八道，并扬言报复。那时只有两个想法，一是既然接受委托，就要对委托人负责，决不能屈服。二是，一定要平安健康的回家。随后，我申请了法庭的保护，要求法庭备案，对我的人身安全加以保护，如若出现伤害事件，将严厉追究对方在座的所有人的刑事责任。法庭接受了我的请求，责令对方先行离开。

之后，审判长对我说："对方是当地人，这里整个农场的人都是屯亲，你当事人是外地人，难免会出现今天的局面。你一个小姑娘一个人从哈尔滨到这么远来办案，胆子挺大的，晚上要注意安全啊！"听了审判长的嘱托与关心后，内心充满感激，申请了法庭的保护，我随委托人离开法院第二天继续开庭。庭审状态依然如昨。庭后，审判长示意我先走，将对方隔离。就这样，历经了惊魂未定的两日后，我逃离了危险地区。

当踏上回程火车时，才将悬着的心"归位"，坐在卧铺上放松地哭了起来，内心是对未来的迷茫与彷徨，不知若干年的执业生涯中，还将面临哪些机遇与挑战。当时，感受到了前辈那句："律师不是女人做的。"数日后，我接到了法院的判决，居然胜诉了，诉请全部支持，甚是意外。"狭路相逢勇者胜"经不起千锤百炼，怎能替委托人主张正义！拿到判决书后，又坚定了我将律师事业做到底的决心，同时也看到了法律的公平和公正。

二、执业能力上，博学精

我始终坚持专业化发展和做专家型律师的理念，勤于学习，肯于钻研。积极参加名校、名师举办的法学讲座，业务素质不断增强，能力水平不断提升，成功办理了一系列民商事案件和刑事案件，都取得比较好的辩护效果。

虽然我的专业是民商类，但为了让自己其他领域知识不荒废，每年都坚持办理一两起刑事案件，在我办理的刑事案件中，其中王某某"玩忽职守罪"一案，辩论观点是该案已经超过了追诉时效，不应起诉。法院采纳了观点，判决该案已过追诉时效，终止审理；林某某"贩卖毒品罪"一案，一审被判有期徒刑8年。二审辩护观点是一审定性错误，应当是"非法持有毒品罪"。最终二审法院采纳我的观点，改变定性，改判刑期为3年；黄某某"过失致人死亡罪"，一审判决15年刑期，二审辩护观点是认定黄某实施的行为致人死亡依据不充分，最终法院采纳了观点，改判3年。

近年来我在担任政府机关、国有企业及私有企业法律顾问过程中，热衷调解，致力和谐，特别擅长把深入细致的思想工作与复杂严密的法律规定相结合，帮助客户有效防控外来风险，妥善化解内部矛盾，为保护委托人合法权益、维护市场经济秩序作出了成绩。

三、工作作风上，严谨热心

执业20年来，我在办理各类非诉法律事务和诉讼案件时，自觉维护法律的尊严和委托人的利益，努力使法律规定和委托人权益相统一。在律师工作中，我一贯模范遵守律师职业道德和执业纪律，始终坚持以事实为依据、以法律为准绳的办案原则；以维护法律的正确实施为最终目的；执业公平、公正，服务热情、周到，作风严谨、正派，严格履行律师协会章程规定的各项义务，依法履行律师职责，从未出现错案、假案，无违法违纪行为，无委托人投诉情形。

我对有特殊困难的个人提供无偿的法律帮助，甚至垫资。2002年有一位年满80岁的老人无家可归，其五个子女无一人赡养，家境十分困难，老人找到我，希望能用法律手段帮她讨回公道。面对这样的弱势群体，我没有因为老人没有钱交律师费而将老人拒之门外，而是在分文未收的情况下接受了委托。当我去老奶奶家拜访时，看到老人一人生活在政府给的廉租房内，屋内破败不堪，饭桌上仅有一碗米饭和一盘吃剩的咸菜时，立即走出老奶奶家，去超市给老人买了生活用品和食物。当时我想，对于家事来讲，不去评判这些子女的对与错，只想力所能及的帮助老人生活，替老人依法主张权益。之后，我替老人垫付了诉讼费用，向法院提起诉讼。经过我的努力，老人的子女同意赡养老人，并支付了赡养费。委托人和法院无不为我认真负责的态度和扶贫济弱的精神所感动。当时，该案曾在哈尔滨电视台民生类的栏目中播出。

四、社会责任上，乐于担当

律师服务的对象，是活生生的人，法律服务的过程不仅仅是一种专业技能的施展，也是充满人情味的心灵交融，这就体现了社会责任的担当。我热衷公益事业，并在这方面做了大量工作。连续多年慰问社区贫困家庭，为他们送钱、送物，并与孤寡老人吴大娘结成"一对一"长期帮扶对子；为小学校的留守儿童宣讲法律知识，赠送法律书籍，使农村的孩子也知法、懂法、尊法、守法；常常牺牲休息时间免费为社区居民提供法律咨询，深入了解居民的情况和需求，调和矛盾关系，化解了邻里之间及家庭成员之间多年沉积的矛盾，几次成功说服了执意寻求上访之路的社区居民，将潜在的不稳定因素消灭在萌芽状态，这种做法得到了相关单位的赞誉。经常到学校、企业、社区、拘留所、司法所等地开展普法讲座；到新疆轮台县资助 15 名维吾尔族贫困大学生，帮助他们完成四年学业。最有意义的普法活动是为失独家庭开展法律援助咨询活动。幸福的家庭都是千篇一律的，不幸的家庭各有各的不幸，但最大的不幸，莫过于经历白发人送黑发人之痛。失独家庭作为特殊群体，内心是封闭的，但是他们看到我们的真诚之后，能毫无防备的打开内心向我们倾诉他们的不幸与遇到的法律问题，我们是欣慰的。此次活动的开展，得到了我们当地多家媒体的报道，取得了良好的社会效果。

五、盈科圆梦

2018 年 6 月，我幸运地赶上了盈科快速发展的大好时机，有幸加入盈科，开启了我执业的新征程。盈科"诚信、开放、包容、共享"的理念，深深诠释着作为一个法律人的情怀，引领着行业内的发展。我理解的盈科"八字方针"为，"诚信"展现的是作为法律人的职业道德；"开放"展现了盈科人的海纳百川；"包容"展现的是盈科人的善良仁爱；"共享"展现的是盈科人的"达则兼济天下"的胸怀。我担任全国女工委副主任，在奚玉主任的带领下，负责盈科北方区 11 家分所女工委的工作；又担任盈科哈尔滨分所的管委会主任。2019 年我通过政审，光荣的加入了中国人民解放军陆军预备役，被授予了少校军衔，圆了我儿时的从军梦。因此，我说，盈科不单是助你事业发展的平台，也是可以为你圆梦的平台。

最后，我想说："做女律师，真的不难！"

何映波　良知立心　惟精惟一

　　何映波律师，擅长建设工程相关业务，包括建筑工程类法律服务及重大建筑工程案件办理，具有丰富的建设工程专业法律知识和司法诉讼及非诉实践经验。擅长企业并购重组、破产清算相关业务，具有丰富的企业并购重组、破产清算专业法律知识和司法实践经验。

　　《传习录》有云："致吾心之良知者致知也。"《尚书》有云："人心惟危，道心惟微；惟精惟一，允执厥中。"中国传统儒家经典将"致良知""惟精一"提到了前所未有的"道"的高度上，"良知"为致知之道，"精一"为中正之道。

　　有一位律师，出身于书香家庭，父亲嗜书如命，大半生教书育人，因此他自小深受传统儒学影响，立志行"大人"之学，完善人格！他就是何映波律师。

　　1999年，第九届人大二次会议通过的宪法修正案明确了中国"依法治国、建设社会主义法治国家"，这是治国方略的伟大转变，将对中国产生深远的影响！此时，时为高中生的何映波认定了从事法治行业将大有可为，便在高考志愿栏毫不犹豫地填写了"法学"。所谓"念念不忘，必有回响"，他最终如愿高分考入武汉大学法学院。大学的耳濡目染让他对中国的法治事业充满了信心，也对投身法治事业满怀憧憬。

四年的大学时光过后，他回到美丽的春城昆明，备战司法考试，顺利高分通过后，于 2007 正式开启了律师执业生涯。律师这个职业的起步是极为艰难的，此前誓做"大人"、誓要推动社会主义法治建设的理想被沉重的生存压力无情地打击甚至嘲弄，"活下去"成了唯一坚持的理由。那时的他，自嘲是"馒头律师"，就是一手啃着馒头、一手骑着自行车到处拉案源、跑法院。坚持近一年后机缘巧合加入了一家云南本土律师事务所，从事团队业务，此时情况稍有改观，基本能养活自己。这个时候，行"大人"之学的志向开始慢慢清晰起来。《大学》有云："大学之道，在明明德，在亲民、在止于至善。"如何将《大学》之道在法治事业及律师执业中践行，成为他面临的使命。

2009 年，何映波律师接受了一起澜沧江库区移民补偿安置案件，委托人高某系澜沧江库区淹没区村民，库区淹没前嫁到其他村，但户口仍然保留在本村。当地移民局在公开发布的移民安置补偿方案中并没有将高某列入补偿安置对象，高某不服，经过多次与移民局的沟通无果后准备通过司法程序维权。接到案件后，何映波律师乘车辗转到 500 多公里远的澜沧江畔取证。早晨出发，乘大巴到县城后转乘乡村面包车，没有公路后打了"摩的"赶往淹没区，最后连摩托车都没法通行时靠双脚艰难前行，到淹没区时已近天黑。

经过两天的现场实地调查与取证，何映波律师充分了解了案情并收集、掌握了重要的案件证据。当地移民局根据女性是否在移民搬迁之前外嫁来判断是否给予移民搬迁补偿，同时村集体成员基于自身可分配利益的考虑，普遍认同和支持女性外嫁后便不再享有村集体成员权利，因此移民局移民补偿方案没有对高某进行补偿和安置。同时，何映波律师也了解到高某的家庭经济情况，高某虽是外嫁，但夫家经济情况更加严峻，高某在夫家那边没有分配到任何土地和享受集体经济成员待遇。婚后高某和丈夫育有两个小孩，因为夫家经济条件差，故高某和丈夫带着两个小孩实际生活在娘家，若此次高某不能享受移民搬迁补偿，则高某家庭经济将陷入重大危机中，沦为真正的失地无业农民。

此时，一种社会人的本然良知及法律人的责任感开始叩击着何映波律师的灵魂。《大学》的"明明德"不就是发掘良知、光明德行吗？"在亲民"不就是关爱百姓、服务人民吗？想到这里，一直没有深刻理解的《大学》之道豁然开朗起来。

有了指引，心灵突然变得异常强大起来。充分掌握和收集证据后，何映波律师一纸诉状将移民局告上了法庭，据说该案是县人民法院第一起"民告官"的行政诉讼案件。县政府对此极为重视，派出政府法律顾问团应战。庭审中，何映波律师一方面指出补偿安置公告属于具体行政行为，具体行政行为的作出需要明确的事实依据、法律依据并符合程序性法律规定。另一方面，该案中移民局补偿公告并没有高某的名字，意味着其剥夺了高某的合法权益。经过几次协调，移民局的答复理由是高某已经外嫁到其他村了，不能享受移民补偿待遇，且这是经过村集体成员讨论决定的。何映波律师严肃指出村集体经济组织成员不能违法决定哪个成员是否享有移民安置待遇，这是大多数人的"暴政"。高某虽然外嫁，但一直居住在本村，户口也未迁离，我国婚姻法并没有规定女方外嫁必须要将户口迁入夫家，婚姻法对男女均是平等保护，所谓"出嫁""入赘"等都是民间约定俗成的说法，并非法律概念，且高某事实上也没有享受任何夫家的集体经济成员待遇。因此，县移民局作出具体行政行为的程序及事实依据错误，亦欠缺法律依据。在何映波律师的充分说理及感情酝酿之下，委托人高某忍不住在庭上失声抽泣，法庭一度陷入沉默之中，县政府律师团此时也低下了高昂的头。

最后宣判时，县人民法院以事实不清楚、法律依据不充分为由撤销了县移民局作出的具体行政行为，高某的合法权益得到了保障，法律的正义得以彰显。

这个案件，让何映波律师充分认识到了"明明德"就是"致良知"，良知能让人产生巨大的能量，能让人往致知、至善的境界前行。

从事律师行业五年之后，何映波律师在执业的道路上有了更深的理解和感悟，也希望在更大的平台施展自己的抱负。此时，盈科律师事务所进驻了云南，大型全国性律所给云南律师行业带来了前所未有的冲击。现代化的办公楼、规范化的管理模式、独特的职业经理人制度、极致的行政后勤服务、多领域的专业细分等让人耳目一新，一切都是对传统的颠覆！原来律师事务所可以这样？于是何映波律师以合伙人身份毫不犹豫地加盟了盈科。

在盈科平台的有力支撑下，何映波律师深知只有专业才能征服客户，只有专业才能最大限度践行良知，于是很快根据市场情况及自身资源状况选定了建设工程法律服务作为自己专业化深耕的领域。随着研究的深入、办案经验及口碑的积累，先后在省高级法院、最高人民法院代理了多起重大、疑难工程诉讼案件，获得了行业的普遍认同。

因长期在工程领域的钻研和卓越服务，2019年，何映波律师被中国、美国建筑行业权威杂志联合评为"最值得推荐的60名中国工程法律专业律师"。这是建筑行业及司法行业对律师专业精神、专业能力及行业贡献的极大肯定和尊重。

在办理工程案件的过程中，何映波律师发现很多工程案件施工方"赢了官司却拿不到钱"，包括自己代理的案件亦是如此。究其根源，很多是房地产项目的业主方在开发过程中因资金链断裂导致项目停工、烂尾。时间长，回迁安置问题、购房业主交房问题、农民工工资问题、金融债权不良问题、民间借贷追讨问题等层出不穷，法院诉讼执行难度加大，地方政府维稳压力巨大。这种情况下，简单地靠某个法院的协调、执行已经于事无补了。类似项目必须有新的方法和思路，对症下药、解决问题。为此，何映波律师组织团队开始学习和研究房地产领域的破产重整，找到让企业摆脱困境、起死回生的方法，从而对工程款债权及其他债权有更大限度的实现空间，也对社会稳定起到积极的作用和意义。《大学》所讲"止于至善"就是追求完美、至臻的境界，实际上就是"惟精惟一，允执厥中"的境界。从法律服务的角度来说就是专业、专注、聚焦，为委托人提供极致解决的法律服务方案。

何映波律师代理了中建某局的 1.2 亿元工程款债权追收的案件，该债权基于云南省普洱市某房地产项目产生的工程款债权，该项目因开发商资金链断裂，故停工时间长达三年多。整个项目分三期，一期已取得预售证，但因各类债权人查封、冻结，故无法实现销售，若以在建工程强制执行拍卖处置，则处置难度很大；因手续不健全，整体价值势必极低，很难覆盖委托人 1.2 亿元的优先权及第三方 6000 万元的土地抵押权债权。此外，项目有上百名购房业主，因迟迟未能交房，导致上访事件频发，政府维稳压力巨大。

何映波律师团队接受委托后，迅速进行项目整体尽调，基本掌握了债务的资产及债权债务情况，同时对当地的法律、政策环境进行了详尽沟通和调研，对当地房地产状况进行了充分的市场调研和前景分析。在此基础上，突破性地向委托人提交了由中建某局主动向人民法院申请对债务人进行破产重整的方案。经过委托人内部若干轮沟通和论证，该方案取得了委托人的认可。之后律师团队正式形成了上百页的重整计划方案来论证债务人进行重整的价值和可行性。方案和申请书提交人民法院后，人民法院综合审查并协调沟通当地政府后正式受理破产重整申请，该案系普洱市第一起房地产破产重整案件。目前案件重整计划草案已经债权人会议表决并由人民法院裁决通过，烂尾已久的项目已恢复续建、焕发新生。项目一期在恢复续建后开盘销售情况良好，中建某局形成的 1.2 亿元的工程款债权根据重整计划可以实现 100% 清偿。同时，项目续建交房也将解决当地政府的维稳压力，最终实现经济效益、社会效益并举、共赢的局面。

通过类似重大项目的处理，何映波律师充分体悟了事业的进步、人生价值的创造以及人格的完善，需要持久专注的"惟精惟一"的精神方能达到"止于至善"的至臻境界。

何映波律师以盈科平台为依托，打造了盈科 BOD（Build Our Dream）建工律师团队，专注于建设工程法律服务及房地产重整专业领域，团队秉持"良知立心、惟

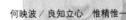

精惟一"的立业精神，并以此为团队核心精神传承和发扬。

"Build Our Dream"，同心筑梦，止于至善，祝愿 BOD 团队致知行远！

撰稿人：盈科昆明分所文品部

贺俊 金融资本法律业务新蓝海的践行者

贺俊律师，北京市盈科律师事务所全球总部合伙人、中国区董事，北京市盈科广州律师事务所股权合伙人、管委会副主任、投融资法律事务部主任，盈科全国私募基金与投资法律事务部副主任，盈科全国青年律师工作委员会副主任。

一路奋斗，一路拼搏，从未停止的努力让他脱颖而出，他是法律界的精英，更是在金融资本领域开出一方天地的成就者。专业的知识，成就专业化律师。

他是扶弱维权的使者，用满心的热忱面对需要帮助的人，从接过客户信任的一刹那，便担负起责任。

他是专业领域里的佼佼者，更藏着一份坚持不懈的努力。这是严于律己，更是优秀的追求。

执业 20 年，累计经办民商、经济、刑事案件近 3000 件，近年来参与的基金项目资产管理规模超过 500 亿元；为近百家基金管理人提供法律服务；代理金融领域的诉讼、投资纠纷案件，累计为投资者挽回经济损失数十亿元；担任法律顾问的大型公司、企业集团 30 余家……

他说自己是比较内敛的人，但走进法庭，深厚的专业知识与精彩绝伦的辩论让他散发着耀眼的光芒。

自 2015 年起主攻金融资本与投融资法律业务，经过 5 年的专业化深耕，盈科广州分所贺俊律师团队交出了一份堪称华丽的成绩单。

如今，在金融资本与投融资法律服务领域，他们已迅速崛起，成为广州地区最有实力和影响力的团队之一。专业、优质和多样化的法律服务，加之往日耀眼的战绩，带给团队"丰厚的回报"：团队从来不为业务发愁，他们近年来很多业务都是客户慕名而来的，包括其他律师同行主动寻求合作。

目前，贺俊担任广州市律师协会金融法律专业委员会副主任，广东省律师协会金融法律专业委员会委员。同时，他在盈科体系近万名执业律师中脱颖而出，入选"盈科首届百名大律师"。

贺俊说："长久以来，我始终对法律工作的每个细节都充满着敬畏感。"

"不忘初心，最大限度维护客户的合法权益。"也许就是秉持着这样的信念与坚持，成就了今天的贺俊律师。

一、用热爱浇筑理想

温文尔雅、目光坚毅是贺俊给人的第一印象。从 2002 年他正式投身于律师工作，至今已有 19 个春秋，累计经办的民商、经济、刑事案件近 3000 件。

心里的脚步，决定了前行的路。在专业与行业的选择上，贺俊从未动摇，从最初的实习律师到自己创建律所，再到加盟大型律所担任高层管理人员，做律师是他的工作，更是他的热爱，满怀着憧憬与希望，哪怕这条路迷雾重重，那份信仰也会给予力量。

回顾自己当初选择律师这条路的理由，贺俊笑言，"那时候看了《法外情》《一号法庭》等律政影视剧，深受触动，由此对律师这份职业有了极大的憧憬"。因此，大学时面临人生第一个重要选择——确定专业方向，他听从自己的内心，选择了西南政法大学法学专业。在那个青春飞扬的大学时代，校园广场上笑声飞扬，贺俊却更愿意"躲进小楼成一统"——独自待在图书馆，尽情地遨游在法律的海洋中，沉浸在知识的殿堂里，描绘自己的青春理想。

"那时，我喜欢看法学著作，尤其喜欢研读案例，也习惯了将自己的一些心得体会及时写下来。"他说。当年，因为西南政法大学允许在校本科生参加律师执业资格考试，于是，贺俊报名参加并一举通过，在毕业之前，不到 21 岁便获得了律师执业资格。

大学毕业后，面临人生第二次重要选择——择业，身边不少同学选择了相对稳定、体面的公务员生活，可贺俊却不为所动，毫不犹豫地选择成为一名律师。2002年，他带着自己的理想抱负和一份热切的期待，直奔广州，正式开始了自己的律师生涯，成为当时中国律师队伍中最年轻的执业律师之一。

因为日常生活中性格内敛，不喜欢应酬、交际，贺俊也曾担心自己会对律师工作有些不适应，可后来他发现，自己只要一上法庭就会迅速进入角色，甚至还有些许兴奋，"律师工作让我改变了很多。"他说。

执业之初，因为既没有资源，也没有人脉，贺俊也曾为案源苦恼。不过，思维活跃的他很快找到了突破口——借互联网的"东风"为自己的律师业务赋能。彼时，互联网才刚刚进入人们的生活，许多年纪稍长的律师甚至还不会上网，也不会打字，广州当地也很少有律所通过互联网来宣传品牌，招揽业务。贺俊"首开先河"，尝试着通过建设网站来吸引客户，结果出人意料得好，加上业务精湛、责任心强，很快他的案源迅速增加，他的律师生涯也就此步入了正轨。而他独立运营的"广州律师维权网"常年占据百度、谷歌"广州律师"关键词第一位，业务持续不断，也正是那时，他结识了很多一直以来给予自己信任的商业伙伴，巩固了自己的客户群体，并与其中的部分客户共同成长壮大。

岁月不居，时节如流。转眼到了2008年，在强者云集的广州，年仅28岁的贺俊再次迈出职业生涯中重要的一步，创办了广东易恒律师事务所，任主任律师，在继续自己法律实务工作的基础上，担负起了创业者和律所管理者的角色。他担任的角色更加复杂，肩上的责任更加沉重，对梦想与事业的渴望也更加宏伟。从组建人马开始，不畏艰难险阻，既要承办专业业务，对每一个案件负责用心，又要照看着整个律所的运营与管理，是律师也是整个律所的大家长。看似每一个岗位日常的运转，背后都是烦琐小事的用心经营。

不过，这段时间并不算长，只持续了3年。"我们律所规模较小，受此限制很难承接到比较大的业务，招投标业务更没有资质。并且，当时我认定，专业化必将成为律师未来发展的必然选择，可是，专业化需要规模化的支撑，而我的律所当时不具备这个条件。"贺俊说。

就在那时，中国规模最大律所之一的盈科，走进了贺俊的视野。

2010年年底，盈科在广州成立分所，并向社会广发"英雄帖"。经过一番深思熟虑，贺俊最终于2011年带团队加盟了盈科律师事务所，其担任高级合伙人，一直工作至今。

作为中国最知名的律所之一，盈科这些年实现了磅礴发展，这主要得益于律所实行的超前的商业模式与管理模式，比如，由总部直接投资、直接管理，创新的党建引领、管委会领导下的执行主任负责制，行政事务与律师执业相分离的运营管理……这些举措解决了传统律师行业的诸多弊端，为传统律师行业创新自己的管理及运营方式，树立了典范和标杆。对包括贺俊在内的许多律师而言，在盈科能够最大限度发挥自己的价值，实现理想与抱负。在这里没有冗杂的人际关系需要处理，但需要极强的业务能力才能够体现出自我优势。

贺俊说："我当初之所以选择加入盈科，是因为它秉持的专业化、规模化、品牌化、国际化发展理念与担任过律所管理者的我不谋而合，并且，它的规模能够为我提供足够的舞台。此外，卸下管理的担子，一段时间内，我也可以将全部身心投入到业务中，投身到专业化方向的选择和能力的提升中去。"

心有灯，路未迷。前行路上，尽管充满了未知和迷茫，但贺俊在内心为自己点亮了一盏灯，由此，即便有一时的迷茫、徘徊，最后却总能找到正确的方向。

二、从普通律师走向"专业化"的独树一帜

2011 年年底，贺俊正式加入盈科广州分所担任高级合伙人。虽然 2012 年他的创收已在律所名列前茅，但一开始从事的依然是各类传统业务。

贺俊说，"虽然我是抱着探索专业化发展道路的目标加入盈科，可坦率地讲，起初我对于专业化只有一个模糊的概念，并没有清晰可循的路径。所以，到盈科后，我先是做了三年左右的以民商事为主的传统业务"。这三年，他办理过轰动全国的"大切诺基车主维权案""路虎发现四全国车主维权案"、《华尔街日报》和《法人》等国内外多家媒体报道而轰动全国的假冒"爱马仕"注册商标案、《家庭》杂志报道过的夫妻共同财产超过十亿元的香港富商离婚财产分割等系列诉讼标的过亿元的大案要案。同时，也办理了诸如号称"广东国企混合所有制改革第一拍"的民企收购广新控股集团所属企业、某知名商业综合体股权收购等投资并购类的典型非诉讼业务。

律师们面对的客户与案例往往来自不同领域、涉及不同专业，除了专业法律知识对于一个优秀的律师来说，要掌握具体牵涉的信息与情况，了解其中症结所在，拆解矛盾，还必须掌握与这些领域、专业相关的行业知识，因此对知识面的要求很高。术业有专攻，这就影响着不同律师的分类，迫使他们去选择和定位每个人擅长的领域，这时，兴趣与天分往往会成为每个人前行方向的指引。当时，国内法律服务市场的一些新变化，引起了贺俊的关注和兴趣。尤其是 2014 年国内金融资本、投融资业务的繁荣以及互联网金融、私募基金、信托等新兴金融领域的兴起，带来了大量的法律服

务业务机会。"资本市场和新兴金融领域的发展必将带来大量的业务机会，当时我就认定，包括投融资、私募基金、信托等金融资本领域的法律业务值得研究，由此确立了自己的专业研究与发展方向，从传统业务转向金融资本与投融资法律业务。"贺俊说。

2014年3月17日，我国规范意义上的私募基金管理人登记工作开始，意味着私募彻底合法化，随即，国内迅速掀起了一波声势浩大的私募基金发展热潮。与此同时，P2P在"爆雷""跑路"不断的同时，律师法律业务的利好消息也接踵而至。

同时，贺俊注意到，当时国内既懂法律又熟知金融与投融资知识的复合型律师并不多，"这一点和我之前代理传统案件不同，国内做普通法律业务的律师很多，可以说多我一个不多，少我一个也不少"。另外，由于金融监管滞后等原因，为了业务合规，反而使得市场对专业律师的需求被凸显了出来。"这是一片法律服务的新蓝海。"贺俊说。之后，他积极参加金融、基金、证券等各类相关培训，不断强化自己。

机会总是垂青有准备的人！这进一步坚定了他探索专业化发展之路的决心。

2015年起，贺俊开始主攻私募股权基金、银行金融、信托、投资并购等金融资本法律业务，成绩亮眼。以私募基金业务为例，2016年，贺俊和团队开始以私募基金与基金管理人登记备案业务为契机和端口业务，着力开拓私募基金业务，聚焦私募基金专业化、行业化发展。依据市场需要，他们针对性地研发了一系列的专业化法律服务产品。比如，为私募基金管理人提供从注册地点选择到管理人登记，再到基金产品备案等全方位一站式法律服务；私募基金管理人合规自查服务；针对私募基金爆雷事件频发，提供刑民交叉法律服务（管理人基金清退、投资人维权、管理人高管刑责风险防控）；针对私募市场高频、热点需求，提供各类法律服务（争议多主体、多元化解决，托管机构法律责任豁免，投资项目对赌、回购权利实现，QFLP、QFII基金架构设计和私募基金涉税筹划等）。这些新型法律服务产品，满足了市场需要，也为贺俊团队的业务增长插上了"翅膀"。

贺俊也开始承担一些相关的社会职务，如担任广东省创业投资协会副秘书长、广州市风险投资协会发起人与副理事长、广州市私募基金协会私募投资争议调解中心发起人、广州市新三板协会会员等。

贺俊曾在3年时间内在各地组织过30余场关于私募基金与投资领域的各类培训；接受《国际金融报》《证券时报》《中国证券报》《中国基金报》《中国经营报》《投资界》《新浪财经》等大量新闻媒体有关私募基金与投资理财方面的采访，以此普及私募基金方面的知识，推动国内私募基金的健康发展。

一分耕耘一分收获。经过几年磨砺，贺俊团队现在已发展为广州私募基金领域最有活力和知名度的专业化团队之一。

"我们现在拥有一支超过 40 名执业律师组成的协作能力和执行力较强的专业团队，携手为客户提供投融资、金融资本与并购重组方面的专业化诉讼与非诉讼法律服务，是盈科广州分所最大、最强的专业团队之一，以最大限度维护客户的合法权益作为团队理念，为众多客户提供优质法律服务。"贺俊说，言语间很是欣慰。

除此之外，近五年来，贺俊团队已先后为超过百家基金管理人提供法律服务，参与过多项股权投资基金、产业基金、政府引导基金的组建，参与的基金项目资产管理规模超过 500 亿元；为金融领域系列诉讼提供多维度的争议解决方案，曾作为商业银行、资产管理公司、高净值个人投资者的诉讼代理师参与诸多诉讼案件，代理的大量金融投资纠纷，累计为投资者挽回数十亿元的经济损失；担任 30 余家大型公司、企业的法律顾问，为企业经营发展提供法律服务……贺俊擅长处理公司、证券、投融资等商事领域纠纷，善于把握细节，将诉讼与非诉思路相结合，拥有极强的司法实践与争议解决能力，在专业领域做了大量创新性探索，其工作得到了客户的高度认可。

一路走来，贺俊带领团队坚持学习，持续探索专业化发展道路，除了法律实务方面成绩斐然，在学术研究领域也多有斩获。他是《驾驭风险：企业经营 365 个法律痛点解决之道》一书的主编之一，《私募基金实务精要》编委成员之一。

贺俊律师团队已在法律实务领域"打了不少的漂亮仗"。

2020 年他们代理的两个同为涉私募基金产品的胜诉案例，在结果上却出现了"有趣"的对比。一个案例是代表投资人维权，在资管产品去刚兑的大背景和签有"不保底不保收益的合同条款"的前提下，应追究私募基金管理人怠于履行管理职能、不依法进行信息披露和合规管理的责任，最终，基金管理人承担全额赔偿责任的诉求获得了仲裁院的支持。与此同时，在另一个案件中，贺俊团队作为私募基金管理人一方的代理律师，该案中，私募基金管理人出具有保底条款的补充协议，但最终被法院认定为"规避监管、放大市场风险"的无效条款，判定私募基金管理人无需对投资人承担法律责任。

贺俊表示，在中国，当前许多投资人对私募基金、信托等金融投资产品的概念是模糊的，也不清楚产品的运作原理和其中涉及的法律关系，出现问题后，更不知道有哪些救济渠道。"许多投资人在购买私募基金、信托等投资理财类产品时，对产品概念并不清晰，只是因为看到公司广告投放大、装修气派，或者销售人员将产品描述得天花乱坠，而不做调研分析，比如说了解投资逻辑、投后管理方式、项目方底层资产的真实情况，'糊里糊涂'就买了。如今资管产品正在去刚兑，作为投资人是需要为此承担责任的，法院也已经有了相关判例，即原则上不支持刚性兑付。"他说。

贺俊提醒，一旦出现问题，投资人除了向卖给自己基金产品的人维权，在一定条件下还可以突破基金管理人直接找项目方或底层资产方维权，如果托管机构存在过失也可以要求托管机构承担责任，销售方存在违规销售还可以要求销售方进行赔偿。

"之前，由于法制不够健全，监管力度长期偏弱，加大了投资的风险，因此投资应当格外谨慎、理性。"贺俊说。而就他的切身体会来看，目前私募基金投资领域面临的最大风险并非项目风险，而是基金管理人的道德风险。

作为专业律师，贺俊希望中国的投资环境和法律环境能够尽快完善，也愿意尽己所能为之作出一点自己的贡献。

三、敬畏法律，肩负责任

日新月异的世界变化万千，这要求人们不进则退。在律师行业中，同样需要律师们与时俱进，灵活地处理突发的危机，但不变的是对法律的敬畏。法律是庄严的，是至高无上的，律师们内心需要满怀着对法律的敬畏，才能不忘初心地踏实工作。

有口皆碑，是对贺俊最大的肯定。贺俊说："我希望自己能用心做好每件案子，尽力不辜负每一位当事人的期望。一个是责任心的驱使，另一个是时刻要保持对法律的敬畏。"责任与敬畏似乎是他一直以来坚守的两个信条，简单的信条背后，是其多年如一日的坚持不懈。即便自己再忙碌，对于团队的情况贺俊也始终能做到了如指掌，"这也是对法律的一种敬畏"，他说。同时，表现在他对每一个客户绝对认真的态度上。这份沉甸甸的责任让我们看到一名律师的坚守！

工作之余，贺俊是个热爱生活、享受生活的人。为缓解律师高强度的工作压力，他会参加潜水、帆船、滑雪等极限运动，爱打高尔夫，跑步，也爱旅游，多年来坚持抽出时间到世界各地游览。在找不到头绪的夜晚，他会竭尽全力地一遍遍翻阅卷宗，这是他的态度，也是他对每一个客户的态度。他的梦想是用每一个细节、坚持垒起的高塔，坚不可摧。

作为湖南人，贺俊为人直爽，待人真诚，有些客户已与其维持了近20年的合作关系，从他还是一个初出茅庐的"职场小白"时就跟他合作，一直合作愉快。

责任心重，是贺俊给人的另一鲜明印象。凡事尽力而为的他常说，"要么不做，要做就做到最好"。时至今日，再小的案子，一旦败诉，贺俊心里还是会特别难受，不服气。"按道理，我执业年头已经不短，应当追求所谓更大的格局，应该学会懂得放弃，但直到现在我还是做不到这一点。"

贺俊的另一口头禅是"细节决定成败"。他始终坚信，在过程中没有对细节的科学把控，很难确保最终能有好的结果。正是这些细节、坚持，为贺俊垒起梦想的高塔，坚不可摧。从大学校园里坚定梦想的少年，到如今闻名遐迩的律师，贺俊坚守内心，哪怕布满荆棘之路，但前方梦想的光就是全部的力量。

十几年如一日，贺俊始终坚守自己作为法律人的职业理念与信仰，注重个人操行，从最初孑然一身来到广州打拼的律师助理，到 28 岁自己创建律所，再到加盟大型律所担任高层管理人员，这个过程中他一直严于律己，始终以"客户合法权益至上"的原则作为工作圭臬，尽心尽力办理好每一宗案件，也由此获得了律所、客户的一致好评。

作为盈科中国区总部和盈科广州分所的双股东之一，贺俊近年积极参与管理决策，履行律所管理者职能，主要负责品牌建设、人才战略和青年律师培养工作。工作期间，他发挥管理职能，配合律所引进大量优秀人才，布置参与律所青年律师的思想品德和专业能力培养建设，多次获得"盈科青年律师领跑人"称号！

"盈科平台的不断发展壮大，将推动我不断提升自己的专业度和影响力，并从专业律师向团队、律所管理者与建设者靠拢，从专业律师变身为复合型律所管理人才，努力成为受人尊敬的大律师。"贺俊说。

日前，贺俊刚刚在众多报名的同行中脱颖而出，顺利获得了长江商学院 2020 年 EMBA 的录取资格，"我就是那个为自己人生设定 KPI 的人"，他在自己的微信朋友圈中留言道。他用实际行动证明了自己的能力和决心，选择做律师，就要做好拼搏与不断奋斗的准备，不能停下脚步。

盈科是中国最热衷于公益慈善活动的律师事务所之一，因此，在一系列公益慈善活动中也能看到贺俊活跃的身影。

"路漫漫其修远兮，吾将上下而求索。翻越山巅，突破险滩，一览'法治中国'的无限风光，我们还有很长的路要走。"对于中国法治事业的未来，贺俊满怀期许。"这些年，中国的法制建设越来越全面、规范，法律职业共同体的职业素养越来越高，法治中国建设正稳步向着好的方向迈进，相信未来一定会更好。"

如今千帆历尽，贺俊始终坚守着自己"最大限度维护当事人合法权益"的初心和使命，没有丝毫改变。而一个人只要守住初心，就能在正确的人生之路上前行探索，不会在势利纷华中迷失方向。

撰稿人：彭川

盈科平台使我实现了从法官到律师的成功转型

胡忠义 *

胡忠义律师，北京市盈科律师事务所党委委员、中国区监事会主任，盈科全国新闻宣传工作委员会主任，鲁东大学盈科法学院专家指导委员会首批特聘教授。

自2010年3月正式将律师执业手续转到盈科已经十年多了。这些年，我从一名普通的律师成长为拥有9500多名执业律师、12 000余名员工的盈科总部党委委员、中国区监事会主任、宣传出版工作委员会主任，在业内外也拥有了一定的知名度和影响力，可以说已经对得起当年从法院辞职时向院党组作出的"虽然离开了法院，但仍旧是法律共同体中的一员，仍旧会继续为民主与法制建设贡献力量"的郑重承诺。利用这次机会，通过"现身说法"，讲述自己与盈科的故事，告诉朋友们，盈科是个大平台，是盈科这个平台让我完成了从法官到律师的成功转型。

---

* 胡忠义律师因病于2021年5月3日不幸离世。

一、盈科头衔最多的律师之一

盈科 2019 年半年工作总结会议召开前夕，由于已经被提名出任盈科中国区监事会主任，我向梅向荣主任提出了辞去盈科全球律师联盟主任、盈科中国区董事会副主任、盈科中国区董事会秘书长和盈科北方区管委会主任联席会议主任 4 个所内职务。这时，我也回顾，我究竟在盈科有多少个头衔呢？不说不知道，一说吓一跳！自加盟盈科以来，我拥有过如下头衔：律师、合伙人、高级合伙人、权益高级合伙人、股权高级合伙人、全球总部合伙人、中国区股权高级合伙人；盈科北京政府法律业务部主任、刑民交叉与产权保护业务部主任，盈科全国首届政府法律顾问工作委员会主任；盈科党总支委员、党支部书记、党委委员；盈科北京首届、第二届合伙人管理委员会主任，第三届管理委员会顾问；盈科律师学院首届执行院长，盈科全球律师联盟主席，盈科全国新闻宣传工作委员会主任，盈科中国区董事会副主任、盈科中国区董事会秘书长，盈科北方区管委会主任联席会议主席……也许还有，但现在想不起来了。

律师事务所的"官"不是真正意义上的"官"，定位为公益性质比较合适。但这些头衔，都与盈科的发展相关，都是盈科大平台下的产物，也是我在盈科平台上一步步成长的印记。

（一）盈科党总支委员、党委委员

走进盈科管理层，我的第一个头衔是党总支委员，如果说我是一匹千里马的话，郝惠珍书记就是伯乐。

自郝惠珍、赵兴仁等创始合伙人设立盈科伊始，在律所的发展过程中，始终坚持党组织在律所的政治引领地位，发挥党组织在律所的战斗堡垒作用，把"党建带所建，所建促党建"作为律所工作方针，党组织在律师事务所中发挥着极为重要的作用。自 2012 年 2 月被选举为党总支委员后，在班长郝惠珍书记的带领下，我进入了盈科的决策层，开始参与盈科重大问题的决策，改变了加盟盈科时"只做一名逍遥的律师，不参与律所的管理"的最初职业规划。

（二）盈科北京合伙人管委会主任

盈科在发展过程中，较早推行了执行主任制度，即聘任具有一定管理经验的律师专任职业经理人。实践证明，该制度起到了非常重要的作用，弥补了专职律师存在的精力不够、不愿参与管理等缺陷。但随着盈科各地分所普遍推行权益合伙人、股权合伙人制度，一大批政治上强、业务上精的律师，尤其是一批曾担任过律所主任和各地律师协会的会长、副会长、理事职务的律师加入股权合伙人的队伍中，他们丰富的管理经验和业内的影响力相较于年龄较轻、阅历较浅的执行主任来说有更大的优势。于是，由股权合伙人会议选举产生一批投资较多、能力较强、影响较大、热情较高的律师组成合伙人管委会和监事会，由管委会作为股权合伙人会议的日常机构，负责律师事务所有关事项的决策；由领导行政管理团队的执行主任负责股权合伙人会议和管委会会议决策的贯彻落实，由监事会负责监督。试运行一年多的实践证明，该制度非常适合盈科的发展。于是2016年3月，在武汉召开的盈科执行主任、管委会主任"两会"上，该制度正式被确立为盈科的基本管理制度。2018年7月17日至18日，盈科2018年半年工作总结暨第四届全国党支部书记工作交流会在深圳举行，在那次会议上，确定了"党建引领、管委会领导下的执行主任负责制、监事会监查"作为盈科适应新时代发展新的基本制度。

我出任盈科北京首届管委会主任是在2014年7月25日，当时，管委会的定位是什么；与执行主任如何配合；与律师事务所的管理合伙人、行政管理团队之间是什么关系；作为北京办公室的管委会，与总部管委会的职权如何划分等问题均不清晰，当时可以说是"摸着石头过河"。总结两届的管委会主任经历，可以说有成功，有不足，有创新，但"盈科律师事务所北京合伙人管委会主任"的头衔，使我真正进入了业内人士的视野。这个头衔，对于我在业内外地位的提升，也起到了极为重要的作用。这是我在盈科的第一个行政职务，现在想来，也非常感慨梅向荣主任的用人胆识，竟然敢把一名执业时间不长的合伙人直接提名为当时拥有800多名员工的律所管委会主任，现在想想，自认为没有辜负梅向荣主任的提携之情。

（三）盈科中国区监事会主任

这是我目前在盈科最重要的头衔，监事会工作也是我今后一段时间倾注很多心血的行政管理工作。

2019年7月20日下午，在2019年半年工作总结会议上，盈科正式宣布成立中国区监事会。我作为首届中国区监事会主任，带领5名副主任举行了宣誓仪式，正式开始履职。此举标志着盈科于2018年7月在深圳召开的2018年半年工作总结会议上确立的"党建引领、管委会领导下的执行主任负责制、监事会监查"基本制度得以进一步完善。

自2014年7月25日盈科北京成立合伙人监督委员会之后，盈科全国各地分所相继成立了监事会。分所监事会在盈科的发展过程中发挥了极为重要的作用，保障了盈科稳健、快速的发展。盈科中国区董事会于 2018 年 12 月 30 日成立，其对中国区董事会和各部门进行监督与指导，同时监督各分所监事会工作的中国区监事会自此应运而生。

盈科中国区监事会的使命光荣、责任重大，肩负着"为将盈科律师事务所建设成为一家全球领先的律师事务所，完善律所治理机制，确保各项制度的正确实施，对中国区董事会和各部门以及分所执行主任、管委会进行监督并领导、监督分所监事会工作，行使盈科中国区监察权"的重要职责。由于律师事务所监事会制度尚处于摸索和完善中，我将与我的监事会同人一起研究、实验、总结，力争圆满完成各项预定目标。拥有这些头衔，是盈科律所和盈科律师对我本人的肯定和信任，我也能获得社会公众对我更好的评价。这些都是盈科平台赋予的，这也正是盈科平台的价值和魅力。

二、盈科出任兼职教授、硕士研究生导师最多的律师之一

在中国律师界，我有个外号叫作"教授专业户"，称呼我"胡老师"的人比称呼"胡律师"的人多。自 2013 年 3 月被聘为北京化工大学兼职副教授以来，八年来，我担任过中国科学技术大学课程教授、北京化工大学兼职教授、安徽师范大学兼职教授、安徽农业大学客座教授、西藏大学客座教授、山东理工大学兼职教授、北京吉利学院兼职教授、安徽审计职业学院兼职教授、中国行为法学会培训和合作中心客座教授、清华大学法律硕士联合导师、中国人民大学法学院律政菁英校外导师、北京师范大学法律硕士研究生联合导师、中国政法大学六年制法学实验班联合培养导师、西南政法大学兼职硕士研究生导师、安徽师范大学硕士研究生兼职导师、山东理工大学硕士研究生兼职导师、华北电力大学法律硕士实践导师、中国传媒大学法律硕士生法律职业伦理导师、盈科国际律师学院教授、西北政法大学民事司法改革研究所研究员、中国仲裁规则研究中心高级研究员。

以上这些教授、硕士研究生导师、研究员头衔，与盈科有着极为密切的关系，可以说，如果没有盈科这个平台，我不可能在这么多高校任职。或者说，这些高校聘我为兼职（客座）教授、硕士生导师，更重要的是考虑到盈科这个大平台，我个人的因素，未必重要。在这些学校中，我选择几所与朋友们一起分析一下，看看盈科平台的魅力。

（一）清华大学

作为清华大学法学院的硕士，能够为师弟师妹们授课，是一件非常荣幸的事。

2010 年 6 月，清华大学法学院与盈科签署多项战略合作协议，其中包括清华大学法学院聘请盈科知名律师出任清华大学法学院法律硕士研究生联合培养导师，参加实践教学工作，开设课程，指导学生模拟法庭、诊所式教学，为学生就业和法律实践举办相关主题讲座等。我有幸被盈科推荐和母校选中，以"法律硕士联合培养导师"的身份连续多年为母校法学硕士、法律硕士的师弟师妹们讲授诉讼技巧、法律文书写作等课程。

（二）北京化工大学

加盟盈科后，我的第一个有证书的兼职教职是北京化工大学文法学院兼职副教授。当时，北京化工大学法律系的陈传法副主任负责为法律系的学生选择实务导师，为法律系小学期讲授法律实务课。陈传法副主任找到盈科的刘铭律师，刘铭律师又找到车行义律师，车行义律师向刘铭律师推荐了我。

自 2013 年 3 月被聘为兼职副教授以及 2016 年 7 月被聘为兼职教授以来，每年的小学期，我都为北京化工大学法律系的学生举办实务讲座。8 年来，在授课的同时，也与该校文法学院很多教授交了朋友，比如李素贞副院长、薛长礼副院长、陈传法副主任、李超老师。在个人情谊之外，这些朋友对于盈科的业务发展，也给予了大力的支持。

（三）西南政法大学

我一直有一个"西政梦"。我记得，2015 年 5 月 17 日上午 9 时，在西南政法大学（简称"西政"）图书馆学术报告厅，西政与重庆市律师协会联合举办的"《行政诉讼法》修正案理解与适用"讲座上，我的开场白是"我与西政有着不解之缘，1987 年 1 月报考西政刑事诉讼法学研究生时，落榜了。一直等了 28 年，今日方登上西政的讲堂"。由于这次我讲授的课程是行政诉讼法，引起了行政法学院金承光副院长的关注。2016 年 9 月 10 日，我被行政法学院聘请为该院的硕士研究生兼职导师，并在该院带了 4 名研究生。

之所以能够圆了我的"西政梦"，还是因为盈科这个平台。2015 年年初，盈科总部委派权益高级合伙人罗丽律师赴渝筹建重庆分所。罗丽律师借助西政毕业生的背景，大力推动并促成了与西政的合作，这次利用《行政诉讼法》修正案讲授机会，联合西政和重庆律师协会举办了这次讲座。

（四）安徽师范大学

在 2019 年 6 月法律出版社出版的《胜诉之门》自序中，我与安徽师范大学的奚玮教授共同写道，"作为本书的作者，我们是一对特殊的搭档，奚玮是专职教授、兼职律师，忠义是专职律师、兼职教授，此前，我们联袂授课，联袂办案，本次，我们联袂著书"。我与奚玮教授的合作，已经成为盈科和安徽师范大学法学院合作的一段佳话。我与奚玮教授系"微友"，在一个微信群里相识成为好友。当时我任盈科北京管委会主任，他任安徽师范大学法学院教授委员会主任，从私的角度，我们希望彼此交流学术观点、研究复杂案件；从公的角度，我们希望所在单位之间构建业务合作关系。经过我们共同的努力，包括我在内的一批盈科律师成为安徽师范大学法学院的硕士研究生导师、兼职教授，盈科也成了安徽师范大学法学院的教学实习基地；安徽师范大学法学院的一批教授成了盈科的专家顾问，也有一批法学院教师成为盈科芜湖分所的兼职律师；奚玮教授现在也成为盈科芜湖分所的管委会名誉主任、刑事辩护中心主任。我与奚玮教授之间的合作，也成为盈科与高校合作的典范。

三、盈科律师事务所出版图书最多的律师之一

2016 年 9 月，我被盈科总部任命了一个新的职务——盈科新闻宣传工作委员会主任，也称盈科"宣传部部长"，负责盈科全国的新闻宣传工作。2017 年，又被指定从事图书出版工作。4 年多的时间，除我与奚玮教授合著的《胜诉之门》（法律出版社）、与王朝勇律师等人主编的《说成就成——律师点评大要案》（西南师范大学出版社）外，担任了由盈科编辑、法律出版社出版的《辩策——盈科精选刑事案件律师辩护策略与智慧》《律智——盈科精选民商事案件律师代理策略与智慧》《案例·策略·智慧——盈科律师事务所 2018 年优秀案例精选》《走近盈科大律师（第 2 辑）》《盈论——盈科律师的法律观察与研究》《律师帮帮忙——身边的法律微服务》《案例·策略·智慧——盈科律师事务所 2019 年优秀案例精选》等图书的执行主编。

毫无疑问，这些图书的出版耗费了我大量精力，但我的收获也是巨大的。通过编写案例类图书，使我从同事那里学到了很多承办案件的技巧；通过编写人物类图书，使我从同事那里学到了他们的优秀品质；通过编写理论类图书，使我汲取了丰富的营养。通过编著这些图书，我的学术理论水平和知名度都有较大的提升，终生受益。如果不是盈科这个平台，我不可能有机会出任国家级出版社出版的图书的执行主编，也不可能有如此丰富的稿源使我得到学识与业务上的双重丰收。

四、盈科承办重大、复杂、疑难案件最多的律师之一

我是法官出身，做专职律师前有 16 年中级人民法院工作经历，曾先后在民事审判庭、执行庭、研究室、经济审判庭、行政审判庭（国家赔偿办）担任书记员、助理审判员、审判员和副庭长职务，审理和执行过大量民事、行政、国家赔偿和刑事案件，属于典型的"通才型"律师。

通过检索盈科的办公平台发现，自 2000 年 3 月律师执业手续转到盈科以来，截至 2020 年 7 月 1 日，这 10 年间我共承办案件 274 件，其中民事案件 97 件，刑事案件 66 件，法律顾问 51 件（每年续签为单独一件），非诉案件 38 件，行政案件 10 件。当然，这些案件的承办，绝非我一人之力，大都源于盈科这个平台。或者案件来源于盈科，或者合作伙伴是盈科同事，或者因是盈科律师而被委托人委托。总之，大部分都与盈科密切相关。

（一）民事案件

10 年来，我一共承办民事案件 97 件，审理法院包括最高人民法院、高级人民法院、中级人民法院、基层人民法院；审级包括一审、二审、再审；类型包括股权转让、损害公司利益、企业破产、建设工程、房地产开发、土地出让、信托、企业改制、委托贷款、民间借贷等；标的额过亿的近 10 件，其中最大标的额为 32 亿元，2000 万元以上的几十件。尤为值得一提的是，与同事张力律师一起承办的"邱某某与加多宝公司、孙杰一般人格权纠纷案"被最高人民法院选为保护英雄烈士人格权典型案例，被评为"2016 年度人民法院十大民事行政案件""2016 年推动中国法治进程十大案例"，也被写入 2017 年最高人民法院工作报告。人民日报、新华社、中央电视台、解放军报、中国青年报等中央级官方媒体均进行了报道。该案的裁判结果对于《中华人民共和国民法总则》第一百八十五条有关英雄烈士的名誉权、荣誉权保护条款和《中华人民共和国英雄烈士保护法》的制定也起到了推动作用。

（二）刑事案件

10 年来，共承办刑事案件 66 件，审理法院包括高级人民法院、中级人民法院、基层人民法院；审级包括一审、二审、再审；涉及罪名包括贪污、挪用公款、受贿、行贿、介绍贿赂、滥用职权、玩忽职守、巨额财产来源不明、单位行贿、非法经营、职务侵占、诈骗、骗取贷款、私分国有资产、逃税、走私普通货物、掩饰隐瞒犯罪所

得、组织领导参加黑社会性质组织、强迫交易、集资诈骗、非法吸收公众存款、故意杀人、故意伤害、强奸、贩毒、非法持有枪支、寻衅滋事、聚众斗殴、聚众扰乱社会秩序、组织卖淫、组织淫秽表演等；被告人的身份包括政法委书记、司法局长、高级法官、高级警官、律师、厅级政府官员、著名民营企业家等；案件结果包括撤销案件、不起诉、宣告无罪等。

（三）法律顾问

10 年来，先后出任法律顾问 51 家，数量不算少，类型却繁多。其中包括市县乡三级政府法律顾问、厅局级国有事业单位法律顾问、大型国有企业法律顾问、大型集体企业集团、大型民营企业集团法律顾问、国家级专业杂志法律顾问等，所涉法律问题纷繁复杂、五花八门。

（四）非诉案件

10 年来，共承办非诉案件 38 件。承办的非诉案件类型包括公司重组、私募基金、融资租赁、棚户区改造、采空区治理、大型交易合同审查、修改规范性文件、为国有企业产权转让出具法律意见书、PPP 项目审查、BT 模式设计等。

还有很多的事可以说，比如我是盈科为国家机关、企事业单位、高等院校、律师协会、乡村社区、军营、监狱等授课最多的律师之一；曾以盈科的名义为老挝共和国最高人民检察院高级检察官培训班授课；也是合肥仲裁委员会、湛江国际仲裁院仲裁员等，由于篇幅的原因，还是就此打住。不过，朋友们也已经从以上的故事中发现了一个客观事实：盈科是个大平台，盈科能够成就你的完美人生！

用法律服务改变世界

季春彪

季春彪律师，北京盈科天津律师事务所高级合伙人、监事会副主任、中小企业法律事务部主任，天津工业大学硕士研究生导师。

一、工欲善其事，必先利其器

律师的职业道路需要一步步坚实地走出来。做律师助理时，季春彪律师同样有着早出晚归的历程，正因为这些基础工作经验，他积累了大量的民商事诉讼和非诉讼类案件的工作经验，也具备了扎实的专业基础、独当一面的辩护自信及严于律己、宽以待人的工作风格。

工欲善其事，必先利其器。在这个信息时代，每个人时时刻刻都在接收信息的反馈。如何做好"法律服务＋互联网"，并在此基础上进一步实现法律服务的互联网化是当今律师行业面临的问题。而面对"互联网＋"的新形势，季春彪律师顺势而为、借势而进、造势而起、乘势而上，用互联网运行机制和思维，让律师工作更高效、更精细、更专业，法律顾问服务产品应运而生。

2017年，季春彪律师创立"律甲法务"品牌，致力于为企业提供专业的法律顾问服务。"律甲法务"拥有独立的自主知识产权、自主研发的法律服务 OA 系统、成熟的法务团队。自创立以来结合自媒体、短视频等互联网优势，为数百家知名企业成功提供优质的法律服务。季春彪律师秉承诚信、谨慎、勤勉的执业理念，在服务客户的同时，也期待"用法律服务改变世界"。

二、每一次成功的喝彩，都少不了坚强的后盾

现代社会处处充满竞争，但是竞争只是社会生活的一个方面，在竞争之外更需要的是人与人之间的合作。小溪只能泛起小小的浪花，大海才能迸发出惊涛骇浪。团体的力量不能忽视，每个人都要将自己融入集体，才能充分发挥出"1 + 1 > 2"的作用。

季春彪律师注重团队化建设，始终秉承"个人之于团队，正如小溪之于大海"的团队理念，使每个成员有归属感和责任心，在稳定的平台上为客户提供优质的服务，获得客户和行业的认可与尊重。

在困难中坚持自我，和志同道合的人做正确的事，在沉默中努力，博观而约取，厚积而薄发。2018年1月，季春彪律师建立了自己的专业化部门，经过成立初期3名律师的努力和坚持，积累大量工作经验的同时获得诸多客户的认可。也正是依托于此，季春彪律师将专业的、有情怀的、有责任心的人凝聚在一起，成就如今的团队。历时3年多的建设发展，团队成员快速、稳定增长，已形成"公司化"运营团队。

季春彪律师团队分为10个部门：综合管理部、顾问部、非诉部、诉讼部、法务部、实习部、产品部、事业部、运营部、培训部，组织架构清晰明确，各个部门各司其职又互相联系。团队有独特的"彩色星期五"培训活动来提高实习律师、法务的专业能力。大大小小的团建活动、积极向上的文化氛围让整个团队团结而充满活力。

季春彪律师团队极具创新思维与专业理念，团队以嵌入式法律顾问服务为基础，采用事前防控、事中处理、事后补救相结合的工作模式，用法律手段主动帮助企业降低战略决策的风险性，提高企业经营决策的准确性及高效性。

三、火炬在有火种的人手上绽放光芒

自2009年从事律师行业至今，季春彪律师先后参与了上百件重大民商事诉讼法

律事务，代理案件总标的数十亿元，主要涉及案件类型包括金融借款纠纷、民间借贷纠纷、建设工程纠纷、融资租赁纠纷等。季春彪律师在公司设立、投资、经营、风险管理等方面积累了丰富的实务经验，擅长公司运作流程与公司运营中的风险预控，能够根据客户的具体需求提供与此结合的解决策略及服务方案，为客户谋求合法利益的最大化。

季春彪律师在总结大量办案经验和企业服务经验的基础上，坚持不懈地对公司业务进行深入研究，精准掌握行业动态，力求为每一位客户做到全面发现问题、彻底解决问题，提供有效的法律服务。

律师是法律服务行业的"服务员"，季春彪律师在工作状态中时刻保持谦逊的工作态度，甘愿做法律服务界里的一颗螺丝钉，利用法律赋予律师的职责，尽全力帮助当事人获得最大的合法利益。

季春彪律师在互联网发达的当下坚持法律服务产品化、团队化道路，也正是季春彪律师对"互联网＋法律"的坚持，也让他获得了许多荣誉。2019 年，"企业法律顾问服务产品化和团队化建设"在盈科首届法律服务产品大赛中荣获冠军；2020 年，在《法制日报》主办的"'80 后'律师的青年节"法律服务产品展示中，季春彪律师团队的"律师团队服务与办公管理系统"产品荣获"产品人气榜"最佳产品。

"治世不一道，便国不法古；天平渡公理，砝码量人心。"作为一名法律人，季春彪律师充分发挥了律师这一社会角色，为推进法治文明建设倾情奉献。

撰稿人：杨峥艳

江亮　以法律为船　以专业为桨

江亮律师，专职律师、建造师、造价工程师，法学学士、法律硕士，北京市盈科合肥律师事务所股权高级合伙人、管委会副主任，安徽建筑大学兼职教授，安徽省建筑业协会法律专业委员会副主任委员，合肥市中级人民法院特邀调解员。

他，思维缜密、逻辑清晰、喜欢钻研、不言放弃，因为理想毅然决然闯入律师行业。让人意想不到的是，这位青年律师在处理法律事务时十分"老成"，游刃有余。执业不久，即为央企等诸多企业提供法律服务，并成功办理诸多疑难、棘手的案件，在建筑工程纠纷领域打下了自己的一片天地。他就是盈科合肥分所股权高级合伙人，现主要从事建筑房地产法律服务工作的专业律师——江亮律师。

一、自我选择，自我塑造

上海无疑是政治、经济、文化全面发展的城市，经济越发达的地方意味着法律服务的需求越强烈。

也许律师行业对每个人而言都有着说不清的魔力，吸引你沿着这条道路一直探索。获得法学研究生学历后，他也距离律师梦更近了一步。然而，江亮律师的经历似乎有些特殊：在毕业之初，他并没有将律师作为自己的首选职业，而是在上海某建工集团从事法务工作。因为这段法务工作让他深切地认识到，一个法律工作者唯有坚守专业才能让客户信赖，才能成为安身立命的根本。为了能够为更多人提供法律任务，江亮律师重新选择并立志成为一名专业律师。

开拓案源是律师执业之初无法避免的难题，靠着仅有的案源及微薄的代理费仅能够勉强维持日常生活。在专业上也会面临很多的困难，无法得到很好的锻炼机会。此外，律师行业惯行的是"单打独斗"，律师只能凭借强大的自律精神不断学习。但值得庆幸的是，盈科作为行业的引领者，开拓律所发展模式，组织律师进行案件复盘、经验交流为律师专业能力的提升带来了很大的帮助。尽管有很多专业培训机会，但在没有案源的情况下，专业能力也是无处施展，所以如何增加案源量、提高创收成为江亮律师执业的首要问题。

对于年轻律师通过商业平台盲目宣传一事，江亮律师似乎不太赞成，他认为作为律师，如果没有很好的学习锻炼，就很难形成完整的知识体系；如果不进行必要的培训，他的专业能力就没办法提升，就无法将自己所学的法律知识与案件实际很好地结合，并予以应用。律师只有通过系统的学习、培训，主动研究、钻研案件，才能真正快速地成长起来，才有更广阔的视野和更高的执业水平。

初来乍到，即入盈科，八载奋斗，华丽变身。在盈科，律师晋升路径十分明显，从助理到律师，从普通合伙人到高级合伙人，再从权益高级合伙人到股权高级合伙人乃至全球合伙人，这种完全透明的晋升机制深深地吸引着众多有志律师。当然，高层次的施展平台、完全透明的晋升机制、开放包容的工作氛围对于律师发展个人能力无疑是很好的一种选择。在盈科，江亮律师专业能力、从业精神、人格魅力都得到同人的一致认可，他用实力傍身、用专业服务客户，实现了从普通律师到股权高级合伙人的华丽变身。

二、专业风格——在自己选定的"田地"里深耕

1. 百艺通不如一艺精

对于律师而言，在众多的案件类型中，找准自己的专业定位实属不易，或者说，在执业之初，对案件类型的选择缺乏主动权。虽然与案源、收入相比，坚定选择、专注专业案件确实不值一提。但是江亮律师却选择逆向突破，从企业入手，寻求改变。江亮律师一直坚信要做"专业化"律师，并积极探索自己的专业化道路，在选择服

务的企业时有意识地甄选企业类型，确定专业化方向。直到接触到一家建筑施工企业后，江亮律师选定了执业方向——建设工程法律服务。"理想很丰满，现实很骨感"，为建筑企业提供法律服务时，仍要解决各种类型的案件，繁杂不已，专业知识上的局限性使他不能从容地应对各种类型的案件。冷静思考之后，他选择先熟悉后攻破的战略去解决这些疑难案件。

当然并不是说进入建筑施工企业，获得了从事建筑施工类案件的机会就万事大吉了。相反，困难才刚刚显现，挑战也才刚刚开始。接触建筑工程领域后，江亮带领团队夜以继日地投入工作与学习中：项目管理、工程专业术语、建筑施工行业惯例、施工程序、工程造价、工程质量安全以及案件进入诉讼程序时采取何种答辩策略等。不懂得太多，需要学习研磨的东西太多。在几年的时间里，仅大大小小的建筑施工纠纷案件就经历了数百件，有些疑难复杂案件的处理甚至要历时几年。现在江亮律师回想起前几年的艰辛工作，刹那间百感交集。

近几年，江亮律师有诸多契机可以去拓展其他业务案件类型，但是他还坚持在建筑工程领域深耕。他曾说："其他类型的案件不是不能做，只是我更喜欢在自己选择的这片田地里深耕、细作，无暇顾及他处肥田。"

2. 专业进取，砥砺前行

在律师专业道路上，他致力于房地产建设工程业务，一点点积累，一寸寸进步，业务能力与专业素质得到了客户和同行认可，先后担任中国建筑第五工程局有限公司、安徽皖星建筑安装工程有限公司、合肥杰皖房地产开发有限公司、安徽宝宇建设工程有限公司、安徽徽鸿建筑劳务有限公司等企业的常年法律顾问，长期提供与建设工程相关纠纷法律服务方案，为顾问单位依法决策和经营活动提供了高水平的法律服务。

在建设工程领域，他也主导代理了具有重大影响力的最高人民法院审理的二审和再审案件，均取得良好的代理结果。

为推动建筑行业法律法规的完善，江亮律师一直在建筑工程领域兢兢业业，恪尽职守。同时，尽他所能，贡献力量，产研结合，2019年，他被安徽建筑大学公共管理学院聘用为兼职教授，将"产学研"进一步实践化。

前事不忘，后事之师，他始终坚持个人价值与促进法治进步相结合，将提升专业水平与承担社会责任并驾齐驱，秉持法律初心，为建筑行业法律的完善积极贡献自己的力量。

3. 传承奉献，匠心有为

律师是经验积累与经验传承的职业，当经验累积到足够丰厚时，自然而然成为传递薪火的使命者。向年轻律师以及大学的法学专业学生传承格局气度、行业情怀、职业操守、理念技巧、为人原则、处世方式，是他近年工作的一大重点。对他个人而言，传道授业解惑也是推动建筑法律完善的一大利器。潜心工作，身体力行，他用实际行动去感召年轻律师，毫无保留的教授年轻律师。

他一直倡导"律师应当尽力帮助他人，承担更多的社会责任"，在建筑行业默默耕耘、传承奉献。

三、客户为本——用专业为客户提供优质服务

1. 客户为本，全力以赴

无论是学习专业知识还是专注于团队化建设，最终的目的是为他人提供更优质的法律服务，只有为客户实际解决问题，专业知识及服务的输出才更有价值。江亮律师回忆到，刚进入执业律师的行业时，倍感压力，常常焦急、失眠。这时，他开始深刻地认识、理解律师这个行业，也深深地体会到律师行业客户对自己意味着什么，自己对客户又意味着什么。律师和医生一样，对于专业性的要求是很高的，要用专业的态度来服务客户，要用专业知识来赢得客户的信赖。扎实的专业知识和服务客户的态度缺一不可，如果没有服务客户的态度，那么客户随时随地可以更换一个更好的律师，何必一定要坚持把案件交给你呢。而如果一个律师连专业都做不到，那客户更没有必要找你，因为找个不专业的律师还不如自己亲自上场，毕竟你还不如当事人了解案情！所以要想在"粥少僧多"的法律市场占有一席之地，唯有用专业知识傍身，全力以赴，即使再小的案件，只要以客户为本，仔细研磨，为客户利益大胆争取，提供超出客户预期的法律服务，才会赢得客户信赖。

2. 想客户所想，急客户所急

作为一名专业的工程律师，江亮律师的日常工作就是与客户进行沟通，积极了解客户的诉求，分析案件潜在的风险点，积极寻找解决方案，争取想客户所想，急客户所急。

他说和客户面对面地详细沟通，让他能够及时掌握客户的诉请，了解客户真正的需求，并提供合适的法律服务方案。有时候在和客户深入沟通时，客户只言片语中透露的信息，可能就是案件取胜的关键。

不久前，他就遇到了一个比较棘手的案件，但是他沉着冷静，从容应对，不仅解了当事人的燃眉之急，当事人也被他的专业水平深深折服。

这个案件主要涉及承包人以配合竣工验收为筹码要求发包人认可其单方报送的结

算价格。发包人安徽某公司与承包人中建某公司之间签订施工总承包合同，约定由承包人承建某商品房住宅项目，施工过程中，因材料、人工价格等各种原因，承包人主动多次提出调价及索赔补偿要求。后承包人施工完毕，向发包人报送了将近4亿元的竣工决算报告，其中竟然包括人工、材料调差，窝工损失近2亿元索赔金额。

发包人收到报送的竣工决算书后，要求承包人履行合同约定义务，先行组织竣工验收和备案。但承包人以各种理由拖延竣工验收，甚至以竣工验收作为条件逼迫发包人认可报送金额。然而，由于是商品房住宅项目，且整个楼盘已基本销售完毕，发包人若不按期向小业主交房，将面临巨额赔偿。承包人基于此，以为掌握了发包人的关键命脉，步步紧逼，以此胁迫。

然峰回路转，事与愿违，发包人并没有就此妥协，而是慕名找到建筑工程专业律师江亮作为案件的代理律师。江亮在了解发包人所面临的窘迫情况后全面介入，积极研究合适的法律服务方案。

案件解决的过程并不是一帆风顺的，发包人面临的窘迫情况确实存在，这种窘迫情况对承包人而言也确确实实是一个很好的谈判筹码，但是如何突出重围，打破承包人的包围圈，是对律师专业能力的极大考验。江亮律师在接手案件之后，打破僵局，先发制人，积极要求承包人履行合同约定义务，但是承包人依然不予理睬。紧接着，转变策略，主动出击，扭转局面，就竣工验收备案向法院申请先予执行。最终，法院支持了发包人先予执行的诉请。

他在寻求解决方案时，打破常规，不循规蹈矩，想客户所想，急客户所急，结合案件实际情况，为客户提供了行之有效的解决方案，满足了客户需求，解了客户的燃眉之急，赢得了客户高度赞扬的同时也实现了自身的专业价值。

3. 超越客户标准，用极致展示自己

律师在提供法律服务时，客户心里都有着一杆秤去衡量律师的服务是否达到既定标准。不管当事人心里的标准是高还是低，作为律师，要站在专业化的角度上为当事人争取利益的最大化。江亮律师记得自己执业不久时，为中建五局提供法律服务，心情很激动，拼尽全力，为了那次开庭，他做了很多准备。案子最终胜诉了，但他在回忆案件时说："有时候案子胜诉可能不是因为律师，而是因为本身案子就该胜诉。"这次开庭后，他进一步思考：一个好的法律服务对客户而言，有时候可能不只是胜诉的结果，而是如何更好满足客户的预期。用极致的标准要求自己，才能超越客户预期，赢得客户信赖。

四、慢慢长路，任重道远

律师都是肩负着工作、家务、学习三副担子的，多少个夜晚，别人都在看着电视、娱乐，他们却正伏案研读，家中常亮着灯，眼睛里闪着灼人的目光。正是日复一日的钻研、学习、更新，才能让自己在专业知识上更加扎实；正是一次次庭审经验的积累，自己的实战经验更丰富；也正因此，才深深地意识到律师行业不能急功近利，必须踏踏实实，稳打稳扎地做好每一步。"宝剑锋从磨砺出，梅花香自苦寒来"，律师之路，任重道远，只有磨砺出锋利的宝剑，才能嗅得梅花香。

此次荣获"盈科首届百名大律师"称号，他颇感荣幸。在今后的工作中也将百尺竿头更进一步，载着盈科赋予的荣誉更加兢兢业业，恪尽职守，争取为更多的青年律师做好榜样。

未来他将一如既往，砥砺前行，在建筑工程领域中继续前行。秉持"专一、专业、专注"这一理念，继续以服务客户为本，维护当事人合法权益，维护社会的公平正义。

撰稿人：马彩祯

姜昀｜从法官到律师，人生所有经历都是财富

姜昀律师，华东政法大学法学博士，原上海某法院（中级）前商事审判与执行法官，曾就职于渣打银行法务合规部，是中伦律师事务所资深顾问律师，现为北京市盈科上海律师事务所股权高级合伙人、管委会委员。

一、律师工作轻松还是法官工作轻松？

在体制内看律师，觉得来去自由、轻松惬意，到法院交交材料，在法庭上发表意见，就可以将律师费笑纳囊中，感觉律师工作比法官轻松得很。

后来加入这一行，才知道律师当真不容易。身为律师才发现工作量很大，一个案子到手上，要阅看阅卷，要会见当事人，要查找资料，要调取证据，要写法律意见或者代理词、辩护词，还要跟法官、检察官沟通。有时候法官案头上的一份证据，律师可能要跑断腿。律师的工作量只比法官、检察官多，而不会少。

进入这一行，才发现原来很多律师需要晚上加班，需要周末加班。很多时候，加班是被迫的，因为律师和法官不一样，没有选择案由的自由，特别是法律顾问服务中，会碰到各种类型法律事务和案件，要深入研究解决方案和背后的法理，就需要加

班。渐渐地，加班成了内心自觉的动力。因为不知道下一个客户是什么行业，下一个案件是什么领域，你只能充分涉猎，逼迫自己不断地学习，让自己尽可能地具备综合性的知识和多方面的思维。

二、摸索中择定大额争议，解决专业领域

很多律师都想诉讼和非诉跨界经营，包括我刚从法院出来的时候，根据法律规定，法官离开法院有两年的回避期，期间不能参与诉讼案件。但经过尝试后，我发现非诉与诉讼业务存在很大区别。

非诉业务常常是一定期间的项目型，项目的参与人员、包括客户的法务、律师等，要经常加班，一直要保持精力旺盛的跟进状态。我刚从法院出来的时候，曾经处理过一个跨国船舶交易融资项目，历时两个多月，由于不同国家、地区存在时差，一天从早到晚要和各方开多个电话会议，客户常常晚上打来电话或发来邮件，要马上答复，使我日夜难眠，苦不堪言。

而诉讼等争议解决业务则不同，面对的是各级法院或仲裁委，对接的是法官和仲裁员，他们上下班工作比较规律，所以我一般可以睡个安稳觉。当然，偶尔也会有例外。有很多自然人和私营企业客户，白天忙自己的工作，晚上想起案子来会联系律师，但这种是非常态的。

另外，个人认为诉讼律师更接近传统观念中律师工作的本质，诉讼业务对律师的专业水平、理论功底、口头表达能力和现场反应能力等都有较高要求，律师个人能力与诉讼结果有较大关系。而非诉工作内容相对更复杂、庞大，程序化和模块化明显，文书写作能力要求较高，团队配合特色明显。

由于自己本硕博都就读于华东政法大学，师从法学家丁伟教授，法学专业素质尚可，而且作为前法官，对接诉讼业务驾轻就熟，处理大额民商事案件经验丰富，经过综合发展和各种尝试，最终选择大额争议解决作为自己的执业方向。

三、终身学习，终极优秀

律师是一个外表光鲜但需要终身学习的职业，必须警惕因专业的落后而被市场淘汰。

大家都知道律师进阶之路是很曲折的，从入门实习、律师助理开始，工作量大、薪资低，可以看到很多名牌大学的研究生，刚开始做律师助理只拿区区三四千元工资

的比比皆是，要成长为独当一面的执业律师至少要三四年，还有很多律师无法坚持中间转行的。所以每个熬出头的律师都不容易，看上去光鲜的背后都有难以言表的酸楚。

作为当过法官的律师，具备一个天然优势，那就是刚开始转型的时候专业是过关的，这也是老东家给予我们多年贡献司法的一种回报，这点我一直很感恩。但同时法院给的这点光环是不可持续的，辞职法官也要有足够清晰的认知，否则律师这条道路会越走越窄，这个光环随着时间的推移和法律专业知识的更新而退化。干了半辈子律师，还用前法官来标榜自己，从来不谈专业，接案件完全凭感觉，不更新法律知识体系，不研究案情，胡乱吹嘘一通委托代理合同签订后就了事，胜了就自己的功劳，败了就推卸司法不公，这样的律师早晚会被市场淘汰。

在我从事审判工作的职业生涯中，遇到过形形色色的律师，大多数律师都没能给我留下深刻印象，我至今能保有印象的律师，都是能够让人深刻感受到他们的专业水准的优秀律师，他们的所言所行，以及展现出来的广博的知识和专业的风范都具有很大的人格魅力。这样的律师，让人耳目一新。不仅能从他们身上学到一些专业知识，而且能显著区别于那些毫无特色，见了法官就点头哈腰或者死磕硬顶的律师，案件不论胜败，给人的印象都十分深刻。

四、谦逊的人走得更远

说到给青年律师的建议，我发现很多年轻律师身上存在的一个问题是：傲慢，特别是在一些刚刚打开局面，收入有所增长的年轻律师身上。有的律师可能是赚了点钱志得意满，也可能是为了表现自己的与众不同或者优秀，或者可能为了显示自己的高水平，高层次，表现得非常傲慢，过分傲慢往往收到的是相反的效果。

优秀的律师往往表现得非常谦虚，他们那种自信沉稳已经不需要通过盛气凌人的压迫向对方展示。低头有时候是成熟的标志，是一种百炼成钢绕指柔的状态，知道什么时候昂头，知道什么时候低头，刚柔并济，进退有度，这才是专业律师谦逊的姿态。

当然，不傲慢并不意味着要逢迎，尤其涉及原则性的问题，该坚持的还是要坚持，这也是法律职业素养的体现。有时候只是一个细节，可能就能获取别人对你的好感甚至认同。作为专业的高素质人才，应当有礼有节，礼貌规范。我们的谦逊有礼，并不是为了取悦他人，相反，它是我们自身成熟人格魅力的一种体现。

五、兴趣是做好职业规划的第一动力

精神层面的疲惫，也曾让我感受到职业生涯的瓶颈。

有时候工作太忙，人难免会疲惫和烦躁。之所以能够在这条路上坚持走下去，是因为我觉得律师是个有趣的工作。如果我们觉得所从事的工作是有趣的，是让你觉得欢喜的，那么你一定心甘情愿地付出时间精力，即便付出的过程非常辛苦和劳累。

律师的有趣之处在于它充满了多种多样的故事，而且故事又带有曲折的情节，我们作为律师是这个故事中的重要参与者，甚至是一个美丽故事的创造者，而不是像法官那样，可能只是故事的聆听者。

因为我们参与并创造了故事，我们因此获得了成就感和荣耀感；因为我们参与并创造了故事，我们也为这个世界增添了精彩的内容。当然，争议得到了解决，定分止争，客观上也给当事人和社会带来安宁。

六、感恩人生经历的每一步

从法官到律师，我最大的感悟是：人生所有经历都是一种财富。无论工作是否完全如意，都认真做好每一件事，学习身边每一个人的优点，把每一段工作经历变成有效积累和难忘经历。感恩每一段经历带给自己的成长，在快乐中生活和工作。

我很感恩法院给了我最好的法律素养和审判思维培训；感恩律所给了我学习和实施管理的平台；感恩每一阶段的同事们与我共同努力、共同成长，让我始终相信自己、充满热情地生活和工作，一步步地走到了今天，并且继续这样坚定地走下去。

金
鑫

勇攀专业化高峰

金鑫律师，北京市盈科律师事务所中国区董事会董事，北京市盈科广州律师事务所股权高级合伙人、党委委员、管委会副主任、刑事风险防控法律事务部主任，第九届广州市律师协会经济犯罪刑事法律业务专业委员会委员，广东省首批刑事辩护律师库成员。

一、热爱与坚持

"你戴着荆棘的皇冠而来，你握着正义的宝剑而来。"这一句振聋发聩、力透纸背的铿锵之声，很早就激励着我报考法律专业，踏进法律之门。随后我发现，刑法是所有法律中最冷酷，也是最温暖的。在冷酷的罪与罚之中，我们是温暖的灵魂守候者，用滚烫的希望守候破晓的可能，将一盏盏灯火点燃在无尽的黑夜里。这激励着我钻研刑法和刑事诉讼法，立志投身刑事辩护事业。刑法的冷与暖，人性的善与恶，使我有勇气与力量进行进一步探索。于是，我在 2006 年北京大学研究生毕业之后，便来到广州当地规模居前的律师事务所实习及执业，并开始走上刑事辩护之路。

"为人辩冤白谤，是第一天理。"明朝御史吕坤把为人伸张正义、洗雪冤屈提升到至高无上的地位，此语也被胡适先生作为箴言。晚清四大名臣之一的曾国藩说，"恶莫大于毁人之善，德莫大于白人之冤"。为了维护当事人应有的权利，刑事律师追求个案公正，前赴后继，上下求索，知其不可而为之。

刑事律师的价值是让无罪者重获清白，让罪轻者免受重罚，即罚当其罪。让真正犯有重罪最终被处以重刑的人，也能在程序中得到法律的公正审判。即使面对真正的犯罪行为人，刑事律师也要关注其事实与罪名是否相符，行为与罪责是否相当。还要"治未病"，不让悲剧发生。这种价值观，让我热爱，并且坚持。

二、认同与成长

人生的过程，不仅在于努力，更在于选择。处于怎样的平台，就会有怎样的起点与机会。2010年下半年，盈科广州分所成立之初，我基于对盈科体系、模式、制度及价值观的认同，选择立即加入。因为认可，所以追随，所以有幸见证了盈科广州分所11年的高速发展。

2010年，盈科广州分所成立之初便摒弃了因循守旧的"万金油"式法律服务，杜绝散兵游勇，单打独斗，并遵循律师行业发展的趋势，在行业内率先组建专门的刑事法律部门。尤其是2014年以后，盈科广州分所开始推行专业化建设，要求部门律师专注刑事案件，集全律所之力、全部门之智，走部门化、专业化、品牌化之路。

"好风凭借力，扶摇九万里。"一开始就选择加入盈科这艘航空母舰，跟随着它全速向前航行，即使我本身的主动性成长速度不够快，也有"坐地日行八万里"式的被动成长，这是"天时地利"；在盈科的整体氛围中，选择专业化部门发展与团队建设，这是"人和"。所以，因缘际会，获得了平台赋能，得以快速成长和提高。

所谓"制心一处，无事不办"，目标清晰才能行为专注，专注才能产生力量。只有专业专注，才能集中精力在某一领域深耕细作，才能有机会在芸芸众生中脱颖而出，才能做横线上的"分子"，否则只能做垫底的"分母"，很难有出头之日。

2011—2013年，是我专业化之路的摸索期，充满迷茫和挣扎。压缩"经营范围"，减少案件数量，不就等于降低收入吗？虽然我热爱刑事辩护，但刑事案件的客户比较看重律师的品牌和名气，对于我们年轻律师来说，客户从哪里来这确实是一个现实难题，但归根结底是短期痛苦与长远回报的取舍问题。此间的彷徨与煎熬是需要以千淘万漉、千锤坚韧的心态去克服的，此间的成长曲线也是平缓的。

所谓"功不唐捐，玉汝于成"，方向对了就不要怕路远。2014—2018年，我专注于刑事辩护，虽然好像案源数量少了，但因为对案件的研究更全面、更深入，因此更

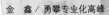

能获得客户的信任，也更能取得有效辩护，所以辩护费增加了。更重要的是，因为专业化的积淀，慢慢形成了个人的品牌，案源更多了。所以在此期间，我的成长曲线上升较快，这便是可以看得到的专业化效果。

三、部门专业化建设成果

2019 年初，我在传统刑事辩护业务的基础上，自我革命，转型升级，在盈科体系内乃至华南地区率先成立专业的刑事风险防控法律事务部，专注于行业及企业的刑事风控，提供新颖独特的刑事合规业务，打开了一片新天地。

部门成立之初便吸引了近 30 位律师加入，一举成为人数规模靠前的大部门之一。部门成立一年内，我们举办了 33 场讲座与学习，较大地提升了部门成员的专业能力。在这一年之内，除了传统的辩护业务之外，还为近 20 家企业及个人提供刑事风险防控专项法律服务，尤其是在网络科技行业积累了独到的经验和技巧。年终考核，部门业绩及人均业绩均居全所前三。

一个人走得快，一群人则走得更远。我认为，加强部门建设和团队凝聚力，一个很重要的方法就是要具备利他之心，以利他之心扬帆，必能吹来他力之风。心存利他之心不仅是一种胸怀，更是一种格局，拥有这样的心态，于人于己，终能互惠互利，实现共赢。

"宝剑锋从磨砺出，梅花香自苦寒来。"从 2014 年至今，刑辩之路，我们始终坚持，筚路蓝缕；我们精益求精，铸造经典；我们因时而变，不断创新。精研个罪的刑法理论，总结类罪的辩点异同，积累判决的区域数据，广泛吸收行业内外的新技术、新经验，将"大数据、可视化及模拟法庭"借鉴作为刑事辩护的技术化手段，将"法律服务产品化"作为刑事辩护的专业化内容，以"服务规范化、办案流程化、文书标准化、分工精细化及研究精深化"为目标，根据不同罪名整理了十几本规范化、标准化的办案手册，整理了 33 个行业的刑事合规及行政监管合规服务手册，以切实提高团队成员的专业实力和团队整体的服务能力。

四、勇攀专业化高峰

（一）个人案例总结

"青山座座皆巍峨，壮心上下勇求索。"专业化之路永无止境，需要勇攀高峰，不断超越。经过数年深耕与积累，我不断追求卓越的刑事专业服务，也收获了一个又一个成功案例。"千淘万漉虽辛苦，吹尽狂沙始到金。"就我个人来说，从 2014 年 3 月到 2020 年年中，近 6 年的时间有 60 多件案件取得了有效辩护成果：取保候审（含不批准逮捕）34 件、不予起诉及撤回起诉 7 件、免予刑事处罚 2 件、判决无罪 2 件（其中独自办理 1 件，协助办理 1 件）、判决缓刑近 20 件。

我将这些亲办成功案例按年度顺序汇编整理成了 3 本成功案例集，并根据不同的罪名分别成册。这种总结和梳理，是沉淀，更是升华，让我们在回头看的过程中，不断加深对刑法理论及辩护实务的认识，提升我们的专业技能。更重要的是，这是我们的专业化成果，对客户来说，具有很大说服力。

（二）广州市律协荣誉

我一直信奉一句话："只管耕耘，莫问收获。"但其实，只要努力，最终一定会有所收获。本人连续多年获得广州律协的专业成果奖，2018 年获得"理论成果奖"与"业务成果奖"两个奖项，广州律师界近 2 万人，同时获得"双奖"的仅有 22 人，其中刑事领域只有几人，盈科广州分所仅有我一人。2019 年也同时获得"理论成果奖"与"业务成果奖"，此时获得"双奖"的广州律师仅有 18 人，其中刑事领域只有寥寥几人，盈科广州分所也仅有我一人。

一般来说，本行业内的专业奖项，是同行对你的认可，是无法进行自我吹嘘的，所以应该算是比较有含金量的。资格只与年龄有关，头衔只与社交有关，这都不是专业化的结果。名气虽然很重要，但名气不一定与专业化正相关。

（三）广东省律协荣誉

2019 年 7 月，广东省律协首次在广东省范围内评选十大典型案例。其中，本人经办的案件获得了刑事领域典型案例的荣誉，这个奖项竞争非常激烈，因为广东省律师人数已突破 5 万人。

（四）盈科体系内荣誉

盈科的根本制度之一是培养律师的专业化发展，并每年在全国范围内对专业化比较突出的律师进行表彰鼓励。本人因为持续多年专注于刑事领域，有幸获得盈科的认可，从 2016—2019 年连续 4 年获得刑事领域"优秀律师"的称号。

另外，2019 年盈科在北京举办了首届"2019 法律服务产品大赛"，我团队的企业刑事合规系列产品之一"企业内部反舞弊调查专项服务"获得十佳称号。值得一提的是，盈科在全国 80 家分所中评选十佳法律服务产品，广州分所在十佳中荣获三席，充分体现了广州分所在专业化建设过程中所付出的努力。

盈科专业化建设的一个重大特色就是总部业务指导委员会管理之下横向展开的 40 多个专业委员会，这些专业委员会又纵向延伸到盈科全国 80 家分所，将各分所的各相关专业部门凝聚起来，进行一体化的专业化建设。其中，盈科全国刑事法律专业委员会的工作相当出色，用实力打造盈科刑辩品牌，在全国范围内都有一定的影响力。2019 年底，在第三届盈科全国刑委会终期总结大会的案例评比中，本人经办的案件获得"2018—2019 年度十大无罪案例"的荣誉。

（五）论文与著作

在忙忙碌碌办理刑事业务的过程中，本人尽量做到笔耕不辍，多思考总结，多交流分享，尽量争取将办案过程中的所思、所想、所悟，疑点、难点、痛点，集结成文，并发布在部门的微信公众号。其中有幸能公开刊登的论文有：

（1）《论我国 P2P 网络借贷与非法集资犯罪》收录在《刑法修改的当代使命聚焦〈刑法修正案（九）〉》（法律出版社，2015 年出版）中；

（2）2016 年，《艰难中缓步迈进的辩护律师调查取证权》获得西南政法大学刑事辩护研究中心举办的首届鹭岛刑事法论坛论征文三等奖；

（3）《试论冤假错案到证据成因及应对机制》入选《刑事实务论道：广州律师论文精选》（中国法制出版社，2018 年出版）；

（4）2018 年案例入选《刑辩实战采撷：广州律师案例精选》（中国法制出版社，2019 年出版）；

另外，与我有关的著作有 4 本。（1）（2）是作为编委参编；（3）是我的个人专著，即将出版；（4）是我本人主编，也已经完稿，等待出版。

（1）《案例·策略·智慧——盈科律师事务所 2018 年优秀案例精选》（作为编委参编），法律出版社，2019 年 8 月出版；

（2）《有效辩护——42 个刑事案件实录与办案手记》（独著），法律出版社，2020 年 12 月出版；

（3）《企业管理人员刑事法律风险防控之道》（作为编委参编），中国法制出版社，2021 年 4 月出版；

（4）《无罪释放——38 个无罪案例中的策略与智慧》（主编），中国法制出版社，预计 2021 年出版。

凡是过往，皆为序章。以上过往的些许成绩与荣誉，肯定是激励，不足挂齿；今后岁月，仍需要"策马扬鞭再奋蹄"。正如《老子》云，"慎终如始，则无败事。"刑事专业化之路异常艰辛，只有以"咬定青山不放松"的精神，以"千磨万击还坚劲"的劲头，立下"不破楼兰终不还"的目标，不断跨越，勇于攀登，十年如一日地深耕下去，将磨砺与苦难化为肥沃的土壤，用汗水与坚持浇灌，终将结出人生的灿烂之花。

康烨 循梦而行，深耕终将迎风绽放

康烨律师，北京市盈科上海律师事务所刑事部主任、监事会副主任，北京市盈科律师事务所全国刑事诉讼专业委员会副主任，金融犯罪研究中心（上海分中心）主任。

法律本是一个冷静、理性的行业，刑事辩护更是一个没有硝烟的战场。泥步徒行，所见即所得，过程亦是修行。

一、起——警旅生涯，练就侠骨柔肠

世间万物，有因必有果，有果也必有因。正是出于这样一份"因缘"，高考时康烨报考了警校，并被录取。三年警校锤炼、五年侦查破案、四年治安管理、四年法制审核……长达十六年的警旅生涯，磨炼出的不仅是侦查办案的硬技能，更让康烨在耳濡目染、潜移默化中练就了一副侠骨柔肠。

身为一名刑警，康烨在日常工作中会接触到形形色色的人。他们中有些人肆无忌惮、罔顾法纪，有些人蒙受了不白之冤却申诉无门，更有不少家庭因为一场刑事误判而支离破碎。每每面对这样的情景，康烨总是会默默思考：究竟怎样才能真正帮助那些无助的人？仅仅是做一名刑警吗？

二、承——鏖战法考，圆梦刑辩律师

人是时代的产物。个人的人生发展既是主观的选择，也受时代大潮的推动。顺势而为，鏖战法考，通过成为一名律师来升华自己的梦想和追求，成了康烨的必然选择。

备战法考时的康烨，已身为人母，白天又有繁杂的工作缠身。不过现在回首那段征服"天下第一大考"的岁月，康烨不由得感怀，热爱是最好的老师、信念是最大的驱动，时间会给出答案，一切都将是最好的安排！

通过法考，获得硕士学位，一切水到渠成。2010 年，郑重地放下警徽，脱下心爱的警服，康烨毅然从警队辞职。这既是一段人生历程的结束，也是另一段人生旅程的开始，从此，她成为一名醉心于刑辩的律师。

律师的职业发展，一般都会遵循实习律师—授薪律师—提成律师—合伙人律师这样一条轨迹。初来上海、人生地不熟、没资源没人脉……面对这种窘境，很多刚刚通过法考的新人都会选择从授薪律师做起。但是生性要强的康烨，却选择了从独立执业的提成律师做起。

没有人脉，康烨就挨个拜访客户来积累人脉；没有个人品牌，康烨就通过参加公益活动来树立个人品牌；没有企业经历，康烨就报名同济大学 EDP 项目学习工商管理。身处上海这样一个瞬息万变的城市，不进则退，虽然已经拥有了法律职业资格证以及法律硕士学位，但是康烨业余时间仍然通过不断学习来充实自己。

常言道"滴水穿石"。这样日复一日，逐渐地会有一些小案件主动找上门来，刑辩之路似乎逐渐顺风顺水起来。谈及自己为什么能熬过执业之初的"三无"（无钱、无资源、无人脉）阶段，康烨坦言，是源于对职业的一份信念，不念过去，不畏将来，没有过不去的坎。

压力之下，更能激发一个人的斗志和潜能。更何况，命运还给了自己与一群优秀律师同行的机会——甫到律师界，康烨就有幸与人大律师学院刑辩班师生结缘，也正是这个机缘，成就了若干年后最初的"刑动派"合伙人团队。

三、转——结缘盈科，再启事业征程

世上有很多重要的转折发生在不经意之间。加盟盈科，对康烨来说，就是人生中又一次重大的转折。

俗话说，勤奋上路，不如贵人指路。谈及当初选择盈科的原因，康烨表示，一位在企业担任高管的兄长给予了自己宝贵的建议。2014 年，康烨执业已经三年有余，虽然事业干得风生水起，但是康烨也日渐感到职业发展遭遇了天花板。如何在刑辩这条职业道路上获得更大的发展，是康烨心之所忧。彼时，盈科上海分所正在深入推进"专业化、规模化、品牌化"的发展战略，面向全国广纳贤才。那位在企业担任高管的兄长，为康烨诊断了职业发展规划，也详细分析了盈科上海分所的优势，由此坚定了康烨加盟盈科的决心。

事实证明，这一次的选择是正确的。加盟盈科后，康烨相继办理了一系列影响重大的案件，这其中不乏部督案件、全国首例新型案件以及入选"推动中国法治进程"的案件。用心办好每一个案件，不让无罪的人蒙冤，是康烨秉持的职业信念。刑拘的当事人被无罪释放，逮捕的当事人被不起诉，获罪的当事人被二审改判。清浅流年，流年似水，放在橱窗中的每一份案卷，案卷背后的每一段故事，在每一个华灯初上的夜晚，都会像电影般在康烨心头回放，这些共同组成了那些平凡或不平凡的岁月。

四、合——深耕金融刑辩，绽放梦想之花

律师是个高度依赖个人特色的职业，特色不鲜明的个人，终将湮没在数十万律师大军中。那么，个人特色应该如何打造呢？按照规律，就是专注于某个特定的细分领域，持之以恒地在该领域内深耕，成为对该领域有深刻、独到理解的专家，并且在该领域内有一批为人称道的成功案例。这样，当同行或者客户一提到某个关键词，自然而然就会联想到你。

刑事辩护的细分领域很多，究竟应该怎么聚焦呢？对此，康烨的甄选之道是因地制宜，根据市场趋势来选择专业方向。

在加盟盈科后不久，康烨就将专业方向锁定在金融犯罪辩护。"上海是国际金融中心，全球以及国内顶尖金融机构大多在上海设有分公司或者办事处。国家支持'双创'的背景下，上海还诞生了一大批民营金融公司。当时我就预感，未来金融犯罪辩护业务大有可为。"康烨说道。

事实也印证了康烨的判断。2020 年 5 月上海市人民检察院发布的《2019 年度上海金融检察白皮书》显示，2019 年全市检察机关共受理金融犯罪审查逮捕案件 1772 件，涉及犯罪嫌疑人 3065 人，批准逮捕 2605 人，受理金融犯罪审查起诉案件 2063 件，涉及犯罪嫌疑人 4228 人。伴随着上海在国际金融市场中地位的上升，上海的金

融犯罪案件也呈现出高发的态势。

但是要想在金融犯罪刑事辩护领域里有所建树，仅有刑法理论功底和办案经验还不够，还要具备经济、金融、投融资、企业管理等领域内的跨学科知识。为此，康烨在业余时间，攻读了上海财经大学金融证券方向的硕士学位，并于 2018 年通过了基金从业资格。

循梦而行，深耕终将迎风绽放。而为了绽放所播下的种子，既需要有专业上的准备，更需要有团队以及人才方面的储备。

"团队"这个词在康烨心中的分量很重。康烨说，在自己还是一名警察时，就曾看过一部名叫《金牌律师》的美剧。这部美剧每一季有 12 集，主要讲述的是发生在美国纽约一家名叫 TNTAG 的律师事务所里的故事。故事的主人公是这家律所的四位合伙人，这四位辩护律师各有所长。其中既有能够模拟现场以及陪审员心理的心理分析、鉴证专家，也有前联邦探长出身、擅长调查的辩护律师；有论辩口才极具杀伤力的出庭专家，也有深谙公众心理的媒体高手。金牌律师竭尽所能地帮助客户打赢一场又一场的官司，这部美剧对康烨产生了极大的震撼。因此，从决定进入律师行业的那一天起，康烨的内心就一直有个理想——有朝一日能够加入这样一支卓越的团队。

但是在刚入行的头几年，康烨却发现理想和现实的差距很大，现实中的刑辩律师团队不是各行其是，就是分分合合，缺乏剧中团队那种精诚合作、紧密团结的精神。

加入盈科，并将金融犯罪辩护锁定为专业领域后，康烨蓦然顿悟道，"既然没有遇到理想中的刑辩团队，为什么我不和伙伴们自己打造一支这样的队伍呢？"

"刑动派"，是承载康烨律政梦想的一叶扁舟。将团队命名为"刑动派"，是因为这三个字本身就充满了生机和活力，"刑"和"行"是谐音，康烨希望团队成员能够运用自己的专业知识以及高效、快速的行动力，为当事人赢得辩护，获得"新生"。

如果说成立之初的"刑动派"还只是一叶轻舟，那么现在的"刑动派"正日渐成长为一艘舰艇。团队律师在金融、涉税、单位犯罪及走私等领域内均有丰富的办案经验。团队中有的律师擅长金融犯罪辩护，有的律师擅长涉税及走私辩护，有的擅长信息网络犯罪辩护，有的律师擅长企业刑事合规，还有的律师擅长涉外刑事业务，共同组成了一支专业化程度高、业务方向多元的复合型刑辩团队。近年来，除了康烨自己承办的一系列金融证券类案件获得了良好的辩护成绩外，团队其他律师承办的一系列虚开增值税专用发票等案件也是成绩斐然。对这支逐渐发展壮大的金融刑辩队伍，康烨倾注了不少心血。

人才是一切经营活动的根基。如何能成为伯乐，相到千里马，康烨心中有个"十六字"方针，即"机制留人、机会留人、愿景留人、感情留人"。机制留人，就是设计对人才有吸引力的利益分配机制和成长晋升机制。机会留人，就是学习目前市场上一些走精品化路线的律所，尝试把法律服务产品项目化，鼓励新人律师承担项目负责人的角色，组建项目小组开展业务。愿景留人，就是让加入"刑动派"团队的成员都能感受到成为国内一流高端商务刑事团队的愿景，让这份宏大的愿景激发出人才对团队的归属感。观念留人，就是把团队"专业、担当、温度"的价值观落实到日常工作、生活的每一个细节中，比如对每一个案件都全力以赴，给予青年律师的工作成绩以褒奖和荣誉，用共同的信仰增加团队的凝聚力。

正是每一起案件都精雕细琢，每一个成员都用心打造，每一场辩护都竭尽所能，"刑动派"品牌才日益深入内心，并外化为行动。从某种程度上来说，品牌可以说是团队建设的根基，有了品牌效应，才能吸引优秀人才的加盟，才有客户执信而来，携愿同行。

循梦想而行，聚众人之力，集各方之智，耕金融刑辩。梦想之花，正渐次绽放……

撰稿人：张欣莹

李丽 | 搦朽磨钝，扶摇可接

李丽律师，共产党员，北京市盈科郑州律师事务所高级合伙人、财富传承和婚姻家庭法律事务部主任，河南省律师协会婚姻家庭法律委员会副主任，北京市盈科律师事务所全国婚姻家庭委员会副主任。

一、有限起点　逆风而行

如果把人生看作一场戏，我一直都在奋力修改我的剧本。

我生在豫东的一个小镇上，听我父母讲，在我一岁那年，我们镇卫生院没有领到预防小儿麻痹的糖丸，镇上所有的孩子都没吃上。结果风险就成为现实，我和镇上其他 19 名幼儿同时患上了小儿麻痹，一夜之间，这世上多了 20 个命运被改写的家庭和个体。后虽经多方治疗，终未能痊愈，后遗症成为我生命中的黑狗，如影随形。

之后的品格培养时期，我不认识海伦·凯勒，也从未听闻过张海迪，很遗憾没有受到过他们的感召和激励，但我永不服输的母亲，影响我，使我成为一个不轻易向命运低头的人。虽然也有过自卑与不甘，但我确实很少抱怨上帝为何关了我一扇门，因为我满心只想省出抱怨的时间多推开一扇窗，所以，乐观、勤奋与感恩成了我一生的关键词。

二、无限奋斗　找寻自我

感恩伟大的时代让我付出就有回报。初中升高中，我以全县第一名的成绩考入县重点高中，接下来是四川大学本科、中国人民大学研究生的经历。研究生毕业后我选择到大学任教。教书的 6 年，我从未辜负那几尺方台，也因此收获了学生的深爱和同事的尊重，生活平静安逸。但每当夜深总有个声音在心里撩拨我："李丽，你可以过再滚烫一点的人生！"于是，我用工作之余的时间复习了 2 个月，以 424 分通过了司法考试。我离开了校园，成为一名全职律师。

经过在本地小所 8 年的摸爬滚打，2018 年 3 月底，我加入了家门口的盈科郑州分所，一个新的美丽世界逐渐展现在我的眼前，让我领略到大平台的魅力。入所后，我心里时常涌动着一股挽起袖子加油干的激情，入所 3 个月，我从普通合伙人升至高级合伙人，同时申请成立财富传承与婚姻家庭部，组建了团队，专注于婚姻家庭案件和财富传承案件。律所对我的专业化发展给予了大力支持。2020 年 3 月，我当选盈科全国婚姻家庭专业委员会副主任。2020 年 5 月，我当选河南省律协第一届婚姻家庭专业委员会副主任。中央电视台、河南省电视台不断向我邀约节目录制。我在全国的婚家法律服务领域，算是有了一席之地。

接着，幸运之神再次降临，我又以第 37 名的成绩入选"盈科首届百名大律师"。我深知，这是盈科对我的再次鼓励。与那些在业界取得骄人成绩的其他大咖律师比，我的成绩微不足道，依然需要不断前行。或许，此生我都无法成为顶级大咖，但我并不会感到遗憾，因为我一直追求的不负此生，从来不是活成任何别人的样子，而是找到最好的自己。

三、使命召唤　专业选择

在走专业化道路之前，我曾代理过很多刑辩、合同纠纷等不同类型的案件，最终选择做婚家律师，是偶然更是必然。在我执业的前几年，我代理过不少离婚案件，其中包括某茅盾文学奖获得者的离婚案件，结束了他长达 20 多年分居的不幸婚姻；代理过上市公司老总的离婚后财产纠纷，解决了男女双方价值 5000 万元的纷繁复杂的股权纠纷；也替很多婚姻中的弱者争取到他们根本不敢想的利益，这些案件的成功代理让我很有成就感。在此基础上，身边的一个婚姻案件让我感受到了使命的召唤。当事人是我朋友的一位女性亲戚，婚后在家相夫教子，生育了 3 名子女。在他们婚姻的第 30 个年头，男方因出轨提出离婚，之后三次起诉离婚。因这位大姐没有及时委托律师错失了好的取证时机和谈判机会，被法院判决离婚，几乎净身出户。于她而言，子女均已成年远去，50 多岁的年龄，一夜之间没有了家，心里积郁情绪不断滋生。不久她被确诊抑郁症，没有一年，听朋友说她自杀离世。之后又听说她娘家兄弟为了给她出气把男方打残因此坐了牢……如同电影般的桥段没有让我感受到狗血的精彩，我深深意识到那些婚姻中的弱势群体面对暴力、背叛和抛弃时的无助和绝望，意识到她们对于法律的无知和渴求，意识到家庭和睦和社会和谐的重大关系。如果还有如果，和上述案例中的大姐一样的受害人能有一名专业婚姻律师在她们艰难时刻帮助她们争取利益，疏导不良情绪，妥善处理纠纷，一切的一切都应该是另一番模样，这世间便会少一些悲苦。佛曰："思念造业。"意思是心中所思，会成为"业"。所以，无论婚姻家庭案件在多少人眼里多么微不足道、钱少事多、被人嫌弃，我最终无悔地选择做一名婚家律师。

很多人疑惑，婚家案件收不上费，在二线城市只吃婚家业务，能吃饱吗？我的部门用实际创收给出了答案：吃得饱，还能吃好！记得一个外地的当事人专程跑到郑州委托我代理离婚诉讼，愿意出 16 万元的代理费，我想这是盈科的声誉和专业化道路带给我的，也坚定了我继续深耕的勇气和信心。

当然，专业化并没有简单到只是一种选择和标签，还意味着律师要为之无限付出。这种付出需要精通婚姻、继承法，还要精通现代家庭财富可能会涉及的物权、合同、侵权、保险、信托等其他实体部门法，更要精通诉讼法。除了精通法律，更要熟稔婚姻情感及心理学知识，以更好地疏导当事人的不良情绪，与他们共情，帮助他们挖掘内心真实的诉求以及自我疏导。自我疏导是因为婚姻案件不仅涉及法律，还涉及情感、伦理、道德等。每天都需要面对即将破碎的家庭、无助甚至被父母嫌弃的未成年子女，出其不意到甚至一床被子、一只锅的财产之争，背叛、家暴、婆媳战争、遗产争夺……需要面对充满负能量的"痴男怨女"，甚至凌晨三点打来倾诉电话。婚家律师必须具备很强的自我心理调适能力，如此才能维持自己的心理健康，胜任工作。

为了更好地自我提升，我还学习演讲、着装，学习如何面对镜头等。为了团队走得更远，还学习团队管理和市场营销。这都是一名出色的专业化律师应具备的素质。

四、追求情怀　践行公益

随着执业时间的增长，我有很多感悟，例如，办案时帮助当事人过度区分是非对错，支持或者鼓励他们对于财产的锱铢必较，很多时候不能解决问题反而会播种仇恨、激化矛盾，导致纠纷无法妥善解决，违背当事人聘请律师的初衷；"头疼医头、脚疼医脚"的程式化纠纷处理模式，也很容易衍生新的纠纷，当事人无法案结事了。随着这些感悟的形成，我的执业理念和执业方法也在悄然发生改变：从关注纠纷本身的解决到价值观的输出，从片面追求所谓的当事人利益最大化到平衡双方当事人的利益，从劝说感情垂死的夫妻离婚到教他们如何挽救婚姻，从主张诉讼到引导调解。具体而言，我会尽力寻找一个情理法兼容、符合双方利益的纠纷解决方案，真正为当事人化解矛盾。同时，通过情绪疏导、真诚沟通向当事人传达正确的婚恋观，帮助他们重启幸福人生的按钮。我好像越来越不"像"律师，却越来越被认可，成了当事人和法官眼中不一样的律师。

在我眼里，律师职业本身的属性就包含着社会责任的承担。一名律师不能只看代理案件的输赢，只讲法律技巧，还要勇于承担社会责任，积极参与公益。坦诚地讲，公益是我进入盈科才有的概念。在"无公益，不盈科"这一强大理念的浸润下，我更愿对他人施以关爱和善意，更想帮助更多的人。在执业过程中，我碰到过很多当事人对法律完全没有认知，例如，被家暴和被背叛的妻子以为让丈夫写了"再犯就净身出户"的保证书就可以将老公改造成模范丈夫，殊不知那份保证书根本没有法律效力；认为分居两年就会自动离婚，于是离家出走，两年后以为婚姻关系已经自动解除就无畏再婚从而构成重婚罪入狱……他们终因不懂法而无法保护自己，法律再良善也无用武之地。所以，无论多忙碌，我坚持每个月到机关单位或者社区开展至少一场公益婚家法律知识大讲堂。大学教书的 6 年经历让我能够根据不同受众采用不同的授课方式，让听课的群众真正接收到法律知识和法律的精神。很多人听课后跟我说：李律师，认识你真好。同时，我还带领团队律师大量书写婚家普法文章、拍摄普法视频，运用团队和律所的公众号以及视频自媒体不断进行知识输出。新冠肺炎疫情期间，我在某平台开展了近 200 场直播，解答当事人婚家领域的法律咨询。我每年都亲自代理法律援助案件，参加电视台的公益调解等。我的团队和盈科深圳分所杜芹主任等团队合作研发了"幸福＋遗嘱"项目，免费为 60 岁以上的老人提供全内容的遗嘱范本。以上这些，是我在盈科引领下践行律师使命的公益的路上一个个小小的脚印，虽微不足道，但走得多了，也能勾勒出美的风景。

英国思想家詹姆斯·埃伦在其著作《原因与结果法则》中说："不管是眼前的目标，还是人生的目的，心灵纯洁的人总是远比心灵肮脏的人更容易达成。"我想，公益会不断涤荡我们的心灵，也会自然而然地使我们越来越接近目标。当有一天所有律师都能恰如其分的褪去一些商业色彩，律师定会成为更受人尊重的职业。

五、结束语

《有限与无限的游戏》中说道：当一个人被头衔相称，人们的注意力便放在了已经结束的过去。"盈科首届百名大律师"的选举已成为历史，我们需要看向远方。

很喜欢 2016 年里约奥运会夺冠后，郎平回答记者"女排精神是什么"的那段话："女排精神不是赢得冠军，而是有时候知道不会赢，也竭尽全力。是你一路虽走得摇摇晃晃，但站起来抖抖身上的尘土，依旧眼中坚定。人生不是一定会赢，而是要努力去赢。"人生路上哪有一路的赢家，但是努力却是一种向上的态度和不屈的姿态。只有这样，我们才是真的活着。

李魏 敏锐洞察　非凡目标　卓越成果

李魏律师，北京市盈科深圳律师事务所高级合伙人、北京市盈科律师事务所全国家族信托中心主任兼首席律师、北京市盈科律师事务所全国私人财富管理法律服务中心执行主任。

一、探索：专业服务，为企业与企业家保驾护航

初识李魏，给人一种特有的活力盎然的气场，然而，殊不知这位温文尔雅的"年轻"律师已经在律师行业里摸爬滚打了 20 多年，漫长的职业沉淀、丰富的办案经验、厚重的成长积累，让接触他的人很快就能感受到其在律师业务方面的实力。

"经历是一笔财富，当时或许会茫然，过后回头再看，所有的经历在执业时都能体现出价值。"李魏本人即是在这样的经历中不断磨砺与丰富着自己。李魏早在 1996 年即投身到律师职业的实战之中。从刚出道时的懵懂，到随后经手大量民事、经济、刑事等各种类型案件，辗转于多个著名律师事务所之间，李魏在自己的执业领域里不断学习、不断探索、不断体会。李魏认为，"律师服务以法律为根基，但不可囿于法

律，要站在客户与企业的立场用好法律，为社会服务、为企业服务、为客户利益服务。要想取得客户的信任，必须比客户懂得多、站得高、看得远"。为了践行这一理念，李魏除不断加强团队内部法律学习外，还先后参加全国律师协会并购项目流程管理、结构设计和文件制作高级培训班，深圳证券交易所上市公司高级管理人员培训班，中国人民大学证券发行上市研修班，北京大学商业模式创新与资本运营课程班，清华大学五道口金融学院家族信托课程班，华东政法大学青年律师团队带头人能力提升训练营，深圳国际公益学院洛克菲勒家族传承道与术课程班，湖南大学—深圳市福田区民主党派、无党派代表人士综合能力提升研修班，英国格林威治大学项目管理课程班等跨界领域的学习，极大地提升了自己服务客户的能力，让自己与传统仅关注法律的纯工匠型律师区别开来。

2012 年年底，李魏正式成为盈科深圳分所高级合伙人，而由他亲自负责的"李魏律师团队"也逐渐找到并形成了自己独特而又鲜明的团队风格、发展方向和职业特点。因为从一开始，这个团队就定位于"为企业和企业家提供一站式法律服务"的基本职能，精准的职业定位和专业的发展方向，很快就让李魏律师团队的品牌形象和知名度在行业内外迅速提升。

除代理传统各类民商事合同、离婚继承析产等诉讼案件外，围绕为企业与企业家保驾护航的基本职能，李魏律师团队设立企业顾问部、资本市场部、家族传承部三个部门，在业务领域上分企业、家庭与财富三个维度，专注于私营企业的经营治理、风险控制、并购重组、挂牌上市及企业家交接班传承等全方位的法律服务，打造国内顶尖的专为企业和企业家提供一站式法律保障服务的专业律师团队，使各项业务环环相扣、步步依存，成为助力企业客户健康有序发展的有力推手。

企业成立之初，涉及的法律业务多为基础性问题，李魏律师团队旗下的企业顾问部适时利用自身强大的法律知识和团队优势，帮助企业构建起健康完善的商业模式，进行风险评估，发现风险、规避风险、解决风险，什么可以做、什么不能做、怎样把成立企业所涉及的法律风险降低到最小限度。企业顾问部会由资深专业律师帮助企业在风险规避和把握商业机遇之间找到最佳的平衡点，为企业提出更具合理化、更契合发展实际的建议，帮助企业创造机会。紧接着，当企业从初期的生存阶段发展到一定程度之后就需要进行适度的融资扩张、资源整合等，千方百计进入资本市场，而业务上就会涉及并购别人、被别人并购和挂牌上市等，基于此，李魏律师团队依托旗下的资本市场部，依据市场的具体需要来拓展相关业务，为企业资源整合、良性运营建言献策、献计出力，进而提供应有的法律支撑和保障。李魏律师团队的第三个部门是家族传承部，这一部门首开了中国财富传承与规划的渠道先河，为企业家实现从财富创造到财富保护传承找到了一条全新的途径，成为支撑这一团队健康持续发展所不可或缺的重要力量。

李魏律师团队旗下的三个部门凝结了李魏在律师之路上的不断探索和经验，它们相互依存、相互促进、昂首蹄疾，犹如拉动团队向前发展的"三驾马车"，既分工明确、思路清晰，又配合默契、协作有力，最终形成了高度的行业专业性和领域权威性，成为企业和企业家乘风破浪、累积财富的有效法律保障。

二、创新：家族信托，破律师瓶颈而引领新风

随着我国律师队伍的不断壮大，执业律师不断增多，传统的律师业务案源似乎在急剧减少，"僧多粥少"的局面让很多年轻的律师会错误地觉得行业越来越难做、生存的压力越来越大。李魏说："出现这种状况的原因是没有破解传统律师业务的瓶颈，缺乏对传统律师业务的创新和拓展。"

李魏律师团队以创新性的思维审视当下律师行业的业务范畴后发现，传统的律师业务应该走出价格竞争、挑战职业道德等恶性循环的怪圈，勇于开拓创新出全新的业务领地，进而赋予这一行业新的生命力和原动力。因此，靠着敏锐的市场嗅觉，他们发现，随着我国改革开放进程的不断加快和经济的飞速发展，中国富裕阶层迅速增多，如何恰当地处理这一群体的财富以及身后之事，成为他们不得不面对的一个重要课题。

在李魏的领导下，团队上下深挖细探、用心钻研有关法律规定，以律师的视角找到并切入"家族信托"业务，首创了中国式家族信托的律师业务，成为团队自身发展的一大亮点。他们以国际化的视野审视问题，从传统的律师业务中跳将出来，顺应国人对资产财富安全新渠道的迫切需求，引进家族信托的全新理念，不仅为富裕阶层规划财富找到了一套好的方案，帮助客户创造了更大的价值，更打破了律师行业的业务瓶颈，引领整个行业实现了从"红海"到"蓝海"发生重大的转型。"家族信托"的概念也就随之慢慢走进国人的视野当中。

据李魏介绍，因为"家族信托"具有分散财产、隔离隐蔽、避免重税、防范债务、身后有效、灵活可控等特殊功能，同"金融信托"一样受到中华人民共和国信托法的规范和保护。不同于国外的家族信托广受热捧，我国内地的家族信托行业才刚刚起步，行业缺乏应有的业务经验，一切还处于萌芽和探索阶段。市场推广过程中，要想获得客户的高度信任和社会的广泛普及，还有很长的一段路要走。但是，随着中国富人阶层的不断扩大、财富的日趋增多，家族信托这个全新的财富规划渠道必然将

在中国大地生根发芽、大放异彩，成为越来越多中国家族企业、富裕家庭规划、传承财富的新思路、新选择。

2012 年 12 月，李魏创建了全国性家族信托专业律师团队——盈科家族信托中心（www.ykjzxt.com），经北京市盈科律师事务所中国区总部批准担任中心主任兼首席律师。经过不断发展，家族信托中心执业律师有 200 多名，在北京、上海、广州、深圳、大连、青岛、杭州、宁波、福州、厦门、南昌、郑州、成都、重庆、中国香港地区等地设立了 40 多个分中心和代表处，是目前国内规模最大、专业水平领先、连接国内外市场的私人财富保护传承和家族信托专业律师团队。当日益崛起的富裕阶层遇到财产问题时，首先就想到了家族信托这种新的财富处理方式，并且也随即想到了在这方面先人一步、经验丰富的李魏律师团队。

李魏律师团队办理的一个案件中，原本在印刷行业创业成功的何先生夫妇，在面临企业向光伏产业太阳能板保护膜行业转型的时候，也选择了家族信托的债务隔离功能，在遭遇光伏行业普遍凋零、全行业亏损的情况下，因为有了李魏律师团队为他们设置的一份家庭保障家族信托方案，虽然企业转型失败了，但是家庭生活得到了保障。

除此之外，李魏律师团队承接的财富传承家族信托方案、婚前财产保护家族信托方案、交班控制家族信托方案等家族信托案例，比比皆是，帮助客户实现了财富的有序管理和合理规划。

一个又一个成功的案例成为李魏律师团队在家族信托领域中独树一帜、引领潮头的有力证明，他们勇于打破律师业务的传统束缚，大胆创新、尝试、开拓了全新的律师业务领域，并取得了巨大成功，无愧于"中国式家族信托引领者"的行业美誉。

2014 年，李魏律师团队率先将国外家族信托成熟经验和国内法律制度、中国国情及市场需求紧密结合，依托盈科这一强大平台，与长安国际信托公司强强联手，打造出 300 万元起的国内首款半标准化家族信托产品，兼具避险增值、身后保障等功能，填补了国内市场空白；2015 年，李魏律师团队设计出国内资金 + SPV 家族信托模式，率先将国内股权、不动产等非资金财产合法装入家族信托；2018 年，李魏律师团队开发出境内外双家族信托 + 新旧迭代家族信托模式，帮助家族客户对境内外资产进行同步保护传承成为可能；2019 年，李魏律师团队又强势推出民事信托安全钱包这一颠覆性家族信托法律服务产品，初始资金门槛降至 1 万元起，可无限追加，并免除年度管理费，由委托人信任的亲友等自然人担任信托受托人，填补了国内财富保护传承领域的多项空白。

2017 年 2 月，盈科家族信托中心以唯一法律服务机构身份荣获由《家族办公室》

杂志颁发的"中国家族管理领袖 TOP50"大奖及信托类"2016 综合家族服务能力机构"荣誉称号；2018 年 12 月，荣获《财富管理》杂志主办，波士顿咨询、贝恩公司和上海交通大学上海高级金融研究院联合评选的全国"优秀家族信托服务案例"大奖；2019 年 9 月，荣获全球财富金融年会颁发的"中国式家族信托引领者"；2019 年 12 月，荣获亚太财富论坛暨 2019 年度国际私人＆家族财富管理中国风云榜"年度家族财富管理创新之星"称号；2019 年 9 月，荣获全球财富金融年会颁发的"最佳家族信托产品奖"大奖。

三、未来：肩负责任，为行业发展尽心尽力

采访的最后，满怀职业情怀的李魏意味深长地说："社会责任与自身利益是紧密挂钩的，我相信，当业务和事业达到一定高度后，每一个有责任感的律师都会不由自主地想着为大众、为行业做一点事情。因为只有整个行业提升了，作为其中一分子的个体才能获得相应的荣誉感、成就感和自豪感。"

回望在律师道路上追寻探索的 20 余载岁月，毫无疑问，李魏在个人的追求上是成功的，尤其是在他进入盈科这个大家庭、找到家族信托这个新的立足点之后，他所取得的成就是有目共睹的。李魏律师多次接受凤凰卫视、深圳电视台、证券时报、中国经营报、21 世纪经济报道、家族企业杂志、财富管理杂志、家族办公室杂志等著名媒体采访，发表过 20 多部/篇专业论著，受邀担任亚太家族办公室高峰会、中国离岸金融峰会、中国国际家族财富管理高峰论坛、亚洲私人银行与家族办公室峰会、亚太财富管理与私人银行年会、中欧商学院财富管理专家闭门研讨会、四川信托锦绣财富高峰论坛、大湖名城财富高峰论坛、诺亚财富钻石年会、全球财富与金融年会等各类大型活动主讲嘉宾，在全国各地律师协会、企业商会、金融部门、教育机构进行家族信托与财富管理主题培训数百场，是中国家族信托与财富管理事业的积极推动者。连年荣获优秀律师、优秀合伙人称号，荣登英国钱伯斯亚太律师排行榜，《财富管理》年度行业领袖人物等业内外殊荣。

但是，个人的成就并不是李魏执着坚守在这一行业的最终目的，他的内心深处始终有一个强烈而又永恒的情结，即通过自己的努力，为律师行业、为中国的法制环境作出应有的贡献，"哪怕自己的时间与精力被占用，财富与经济受到了损失，也在所不惜"。

因此，在发展好自身的同时，李魏律师团队也在竭尽所能地为律师行业的整体提升而不断摇旗呐喊、亲身实践。首先，李魏在忙碌之余尽可能多地挤出时间，利用自

己的成长经历、职业经验以及在家族信托方面的超前意识，游走于各地律师事务所和金融机构，宣传普及家族信托的理念和知识，为年轻一代的律师培训上课、交流学习，连续举办多期"全国家族信托集训营"，毫无保留地与他们分享自己的职业体验，更好地在本职岗位上发挥出一个资深律师的"传帮带"作用。

同时，他还在自己先后担任深圳市律协职业培训委员会副主任、中华遗嘱库全国律师副团长、深圳家族办公室促进会副会长、北京大学汇丰商学院深圳 EDP 同学会法律专业委员会会长、深圳律师代表大会代表、深圳市社会组织专家评委等颇有影响力的社会职务时，为领域内的法制事务建言献策、献计出力，并发起设立了深圳市律师协会"家族财富管理专业委员会"，把一个执业律师的社会责任和职业价值挥发得里淋漓尽致。种种举措充分体现了李魏及其旗下团队的大局意识、责任意识和担当意识。

四、结语

有专业的知识功底、有丰富的执业经验、有正确的价值观念、有饱满的激情梦想，李魏在做一名好律师的漫漫征程上默默地前行着。

未来，他将矢志不渝地携手自己的团队，坚持"敏锐洞察、非凡目标、卓越成果"这一理念，继续围绕家族客户的企业、家庭、财富三位一体法律服务需求，让更多的人了解并受益团队服务，让自身与行业不断充实丰富，让公平正义得以伸张，以法制之利剑，为中国梦的实现而辟邪扬善、保驾护航。

撰稿人：文锋

李循　盈科制度的创新使者　律所发展的定海神针

　　李循律师，北京市盈科律师事务所中国区董事会副主任、全国艺术团团长、第三届全国政府法律事务部主任，北京市盈科武汉律师事务所党委副书记、业务指导委员会专业指导委员、政府及国有资产法律事务部主任、股权高级合伙人。

　　2019年12月22日北京，由中国法制日报社主办的首届中国律师文化艺术节在即将落成的盈科总部办公大厦内举行，晚会在《我的祖国》大合唱中落下帷幕。晚会的总导演，北京市盈科律师事务所艺术团团长，已经62岁的李循满含热泪地指挥着由全国各地62名律师组成的合唱队，将晚会的表演推向了高潮。此时，他已经深切地感悟到人生的完美和幸福。

　　人生有走不完的路，选择不完的分岔路口，不同的选择意味着不一样的人生风景，这也许是对李循在盈科工作9年的真实写照。

　　在步履匆匆中的律师之路上奔跑了30多年，每一段人生旅程，李循都尽力发挥到极致，因此都足够精彩。如今年岁渐长，他决心放慢脚步，换种心情去体验一段全新的人生旅程。

　　2020年4月8日，李循辞去盈科武汉分所管委会主任一职，决心逐步从管理岗位上淡出。不过,他还未正式退休,还有未竟的使命——给后辈做"人梯"。

如今,李循还带领着自己的政府法律事务部"小分队",忙碌在办案一线。"等再过几年处理完手头的工作,完成好交接,再将年轻一辈扶上马、送一程,我就会彻底告别律师生涯。"他笑着说道。

一、盈科"转型时期"的探路先锋

李循 2012 年 10 月加入盈科,长期在武汉分所执业。他身上有两个盈科"第一"的标签,一度令他倍感自豪:第一个权益高级合伙人、第一个律所管理委员会主任。

"当时,盈科迎来了一个新时代,这个时代是从我开始的,我是第一人,我很自豪。"李循说。对李循而言,那是他律师生涯中的一个重要转折点,以之为起点,他逐渐担当起了盈科制度创新探路先锋的角色。

2014—2020 年担任盈科武汉分所管委会主任的时候,李循提出管委会领导下的执行主任负责制,率先落实权益高级合伙人制度,创建律所专业化大部门制度,这些成功经验均先后在盈科系统内"武汉试点,全国推广",也就是说,盈科武汉分所在制度创新方面发挥了探路先锋的作用,而李循是这一历史进程中的关键人物。

时钟回拨至 2014 年。2014 年 3 月 15 日的福州,盈科总部的梅向荣主任将盈科武汉分所管委会主任的聘书交到李循手中,"当时心里更多的是一种疑惑。律所有执行主任负责整体的管理工作,管委会主任又将具体承担何种职能?"李循说。因为没有明确权利边界,回到盈科武汉分所后,和往常一样,李循依旧自觉接受律所执行主任的领导,由执行主任负责决策和布置任务,他带领管委会执行。不过,李循对管委会职能的思考,却并未停止。

2015 年,在参加盈科总部的一次全国联席会议时,李循再次提出了自己的疑问,管委会主任到底是干什么的,如果只是机械地执行律所执行主任的决定,那么这个管委会将变得可有可无。"当时,老梅(向荣)就对我说,既然武汉分所已被确立为全国试点所,你就好好考虑一下这个管委会究竟应该怎么运作。"

自那以后,李循正式开始了对这一问题的系统思考。不久,盈科出了一本书,《步步为"盈"》,在这本书中他发表了一篇名为《公司化运作下的盈科行政管理团队与权益高级合伙人制度下的管委会的矛盾与统一》的文章。他在文中详细阐述了自己对"管委会如何在执行主任的领导下更好的发挥作用"的看法,由此形成了"武汉模式"。后来,"武汉模式"在盈科全国其他分所推广,应总部之邀,李循又撰写了"管委会的议事规则",指导各分所具体落实"武汉模式"。

"那时，管委会依旧接受执行主任领导，因此，管理上的问题并没有从根本上解决。"李循说，这一经验在盈科武汉分所能够相对顺畅的推行有一个重要原因，就是他本人诚心将自己定位为"辅助者"，坚定不移地执行律所执行主任的决策。

可是，在盈科其他分所，管理上的冲突始终存在，甚至有越演越烈的趋势。于是2016年，经过一番深思熟虑，李循正式提出了"管委会领导下的执行主任负责制"的新理念，也就是说，律所的所有重大决策均需通过管委会讨论并一致通过后，才能交由执行主任，由其负责统筹实施。

"这是一个重大变化，以往一个人的决策机制，变成了集体决策。"李循说。该经验在盈科武汉分所实施成功后，开始陆续向盈科其他分所推广，大大改善了以往律所管理层面的混乱局面，并且，集体决策很大程度上也提升了决策的质量。

李循对盈科制度创新的另一个重要贡献是"权益高级合伙人制度"的确立。在盈科，当年律所的高级合伙人没有投资律所的渠道、不占律所股权，也就无法参与律所的年底分红。"当时都是非权益高级合伙人，这意味着律所经营的好坏与合伙人的收益关系不大，使得律师缺乏归属感，加剧了优秀人才的流失。"李循认为，急需在盈科建立权益高级合伙人制度。

盈科武汉分所再次担负起试点重任。李循率先购买了律所3%的股份，随后律所其他合伙人陆续加入，先后购买了律所30%左右的股份，"翻身做主人"，律所的凝聚力由此得以大大增强。

随后，李循起草了股权高级合伙人制度的相关协议，并向整个盈科系统推广。吸纳了全国约300多个股权高级合伙人，完成了盈科系统从非权益高级合伙人到股权高级合伙人制度的过渡。事实证明，这是非常伟大的一步，该制度的实施有效减少了盈科律师事务所大面积人才流失的情况，也为盈科后来的高速发展、壮大打下了坚实的基础。

2017年，李循又率先提出建议，在盈科武汉分所推行业务专业化的大部门制度。这一制度推行后同样影响深远，如今盈科武汉分所已建立27个专业法律事务部，各有专长，分工协作，适应了社会发展对专业化、综合化法律服务的需求，为律所的行稳致远，保持高速发展，居功至伟。

六载光阴、三项改革，不仅使盈科武汉分所经历了脱胎换骨式的变化，也重塑了整个当代盈科崭新的模样。

时至今日，盈科武汉分所已成为湖北省知名度、规模度很高的律师事务所，律师人数及工作人员总数已超400人，营业收入也从2012年的不到1000万元，一跃提升到2018年的过亿元。"当然，这些成绩的取得并非我一个人的功劳，而是大家共同努力的结果，每次新尝试，我们都会及时向律所总部汇报，接受指导。另外，每一次新制度的成型和实施，盈科武汉分所管委会的全体成员都是群策群力，因此，每一项成果都是大家集体智慧的结晶。"李循说。

回顾自己三届管委会主任的履职经历，李循自认为做得还不错，"应该说，我完成了自己的使命"。

穿越岁月沧桑，道路在脚下延伸；历经风雨考验，命运在手中掌握。2019 年，经上级党委批准，盈科武汉分所成立了党委，正继续稳步朝着健康、光明的大道向前迈进。

二、律所发展的"定海神针"

加入盈科后，李循基本上处在律所的领导岗位上。在李循看来，一个称职的律所领导，出色的业务能力是基础，除此之外，还需要具备杰出的制度创新能力和优秀的管理能力，"特别是处置重大突发事件的能力"。

多年来，李循的团队创收一直位居盈科武汉分所前三甲，从未"掉队"。"作为一个团队的领导，出色的业务能力是最基础的要求，却也是'刚需'，否则将很难有足够的威信和掌控力引领团队稳定前行。"至于制度创新能力，李循说，"律所在发展过程中会遇到各种各样的问题和挑战，要想每次都能平稳过渡，必然要求领导者具备一定的制度创新能力"。

李循担任管委会主任的 6 年时间里，盈科武汉分所出台了大大小小一系列颇具创新性的管理制度，如今它们已经形成了一本手册，可供继任领导层参考、借鉴。

在律所管理能力方面，李循特别看重的是一个领导的危机处置能力。律所"是非"多，在盈科武汉分所，大家都习惯性地称李循为"律所的定海神针"。说"只要有老李在，就没有什么问题解决不了"。因为在李循任职期间，无论遇到什么样的问题，他基本都很圆满地解决了。

在盈科武汉分所曾经发生过这样一件突发事件。2019 年 3 月，身在外地的李循突然接到律所打来的电话，非常急迫，对方说，律所的一个律师在踢球时突发意外，人快不行了。通常这类事情应该由律所的执行主任处理，可当时执行主任人在外地，无法及时赶回。李循听完情况介绍，一边叮嘱赶紧送医抢救，一边火速赶往医院。到医院后，医生说病人已经不行了，建议放弃抢救。可李循坚持，在家属赶到之前必须继续施救。大约晚上十点半，家属赶到，最终同意放弃抢救，避免了因无直系亲属签字而放弃救助的法律风险。

一个律师的突然猝死，处理不当显然会引发一系列的问题。当晚，死者家属提出马上处理后事，希望律所领导参加。"我自然知道，一旦家属不理解很容易闹出纠纷，我必须赶往现场安抚家属情绪，做好沟通工作，像这类棘手的事情，换一个初涉工作的年轻人是很难处理好的。"李循说。

果然到当地后，李循被部分家属团团围住，李循一方面明确表示死者并非因为参加律所组织的活动而发生意外，另一方面坚持换位思考，尽量给予死者家属最大可能的理解。最终，经过 5 轮谈判，事情得到了比较妥善地解决。

在这起突发事件的处置中，李循坚持在家属到来前不能放弃抢救，事发后赶赴死者老家耐心与家属沟通，并且，没有急着推卸责任……整个过程中表现得非常冷静和睿智，这种"圆熟"的处置危机的手法恐怕是一般的年轻人很难做到的。

盈科武汉分所能成为盈科全国的一面旗帜，应该说，科学独到的管理发挥了重要作用。

三、身经百战的办案能手

长久以来，医疗纠纷一直是李循的专业方向，然而，近年随着国家依法行政的推进，从党的十八大之后，李循从 2017 年开始担任盈科全国政府法律事务专业委员会主任，带队向着这一新的业务领域挺进，并代理了一些非常有影响力的案子。

2016 年 11 月，江西丰城发生特大安全生产事故，造成数十人死亡，党和国家领导人对事故的处理都作出了重要的批示，也引起社会的极大关注。事故发生后，国务院第一时间成立了特别事故调查组，最高人民检察院也迅速成立了专案组。李循是其中一家涉事的政府行政单位的常年法律顾问，就在此前不久，李循刚刚参与了"8·11 湖北当阳热电厂爆炸案件"的事后处理，"没想到相隔没多久就又发生了这样的惨剧"。

"得知这一消息后，我意识到了事态的严重，因此很担心，找到顾问单位的主要领导了解情况，后来他们告诉我，很可能需要承担法律责任。"李循回忆。不久，这家单位的 3 位相关责任人被有关部门带走调查。

随后李循迅速召集了 6 位律师组成律师团队，第一时间赶赴江西事故现场调查了解情况，掌握了不少第一手材料。为了该案，李循先后赶赴江西 20 多趟，阅读的卷宗摞起来足有两尺高，付出了大量的辛勤和汗水。

最终，通过艰苦卓绝的努力，他们找到了对自己委托人有利的证据，并由此制定了科学有效的辩护策略。2017 年 6 月，他们成功为其中的两人争取到取保候审，该案最后的处理结果是，三名涉事工作人员中，一人被判有期徒刑，两人被免予起诉。

谈起这个案子，李循对这其中的一个当事人的经历感受颇深。"他援藏 3 年回来，原本可以选择休息一段时间，但回湖北不到半个月就回到了工作岗位。2016 年 10 月的电力建设工程回头的安全大检查，他并未率队到过江西，他分管的是重庆片区，也就是说，这个案子中他根本不存在渎职行为，不应该承担事故的法律责任。"李循说，他们反复向检察院阐述这一观点，强调如果追究当事人刑事责任的话，将会令整个行政管理系统的公务员寒心。

显然，李循他们的辩护发挥了积极的作用。在同时涉事的数十名被告人中，李循团队争取到的结果是最好的。

在医疗纠纷领域，李循更是一个身经百战的老战士。多年前他接待了一位从河南来赶来的当事人，某培训学校的校长因为心跳骤停送当地一家县医院治疗，7 天后突然死亡。死者家属认为死因有蹊跷，决定起诉医院。他们专门赶到武汉，坚持要李循帮忙代理该案。

从死者家属提供的化验报告、病历材料中，李循发现一个细节，死者生前可能患有低钾血症，"刚入院时，医院很可能忽视掉了这一点"。李循说。数日后，值班医生应该是发现了这一点，于是给病人补钾，不幸的是，在补钾的过程中又违反了两个医疗规范：一是没在床头安放心电监护仪；二是在补钾过程中，护士没有在场控制滴速和观察病人的状况。结果，在输液补钾的过程中，病人出现了呼吸困难等症状，由于医护人员未在旁监护，未能及时处置，直接导致了病人的死亡。

"很显然，医院存在重大过错。"李循说。

这个案件的独特性在于，当时病人遗体已经火化，而医院为掩盖事实大量篡改了病例，导致无法作出真实的医学鉴定，由此大大增加了维权的难度。不过即便如此，凭借着自己丰富的医疗纠纷处置经验，以及在此之前积累的大量医学专业知识，李循还是以过硬的证据、严谨的逻辑说理，证明了医院的过错。最终，法院判定医院有重大过错，承担 70% 的责任。

"毕竟，最初病人是因为严重的心脏病入院接受治疗的，这应该是造成医院一开始忽视了低钾血症的客观原因，因此，追究医院的全责显然也不合适。"李循说。

同时他表示，医疗纠纷中的责任有其特殊性，医院、医生给人治病的过程中，也在努力推动医学的向前发展，因此，需要适当地作出一些探索、创新。在探索的过程中如果造成了对患者的损害，医疗机构必须承担重则的话，那么很可能就会使医疗机构丧失探索的原动力。不进行医学探索，医学科学就无法继续向前发展，最后受到损害的还是全体患者。"因此，在考虑医疗损害救济关系上，应当着重考虑利益平衡。

既要考虑受害者的利益，也要考虑医疗机构的利益，同时考虑全体患者的利益。"

四、扶上马，送一程

2020年3月15日，原本应该是李循第三届管委会主任任期结束的日子，在原来的规划里，他也希望在这一天卸任，并已多次向盈科总部表达过这一意愿，"我希望由更年轻的律师来担当这一重任"。他说。

然而，一场突如其来的新冠肺炎打乱了他的计划。

李循说："我已经62岁，也已连续担任了三届律所管委会主任，应该由年轻人来接棒了。原本我对此已经非常坚定，可这场突如其来的疫情倒让我的心情变得有些复杂起来。很显然，2020年会是非常艰难的一年，这个时候卸下担子，把它交给年轻人，意味着继任者将接受更大的考验。"不过，思虑再三，2020年4月8日，也就是武汉解封的当天，李循还是正式辞去了律所管委会主任一职。

"虽然退下来了，但只要律所需要，我还会一如既往地继续为大家出主意、当参谋，发挥余热。"李循说。

对于年轻一辈，李循表示，自己接下来要做的就是，"扶上马，送一程"。"我希望自己65岁那年，能够全身心退下来。在未来的两年多时间里，我愿意把自己这些年积累起来的所有资源、经验、知识，都交给、传授给这群年轻人。"

谈到律所的团队建设，李循说，就律师个人而言，现在大家都讲律师应当专业化，可依据他的体会，这是个必然趋势，但必须结合每个律师的具体情况理性对待，"首先，你得能吃饱饭，能维持生存，而后才能去追求所谓的专业化"。他说，专业化是有一定门槛的，需要一定的成长周期，而初入行的律师通常案源较少，选择空间有限，因此不应当限定自己的"专业面"，而要多接触不同的领域，夯实自己的基础，比如，对刑事辩护、民事辩护、行政辩护等相关程序都有一定程度的了解，有了一定的基础之后，再选择主攻的专业方向。"简单来说，就是基础广泛，业务突出。"李循说。

同时他指出，就团队而言应该坚持综合化发展，律所还应寻求规模化。团队的综合化，就是团队中的成员应当来自不同的专业领域，各有所长，这样的话，一个团队就能同时为客户提供多样化的专业法律服务；律所的规模化是支撑团队综合化发展的基础，也有助于律所品牌影响力的打造。

"专业化和规模化是互为支撑的。"李循说。

另外，李循表示，律所提供的法律服务应当满足社会的需要，"顺势而为"。他的政府法律事务部，就是迎合政府依法行政、建设法治政府的需要而设立的。目前，这是一支非常年轻、充满朝气的团队。李循之外，年龄最大的生于1985年，年纪最小的是1996年生人。

对于这批年轻人，李循比较看重的，一是他们的专业素养，包括分析、掌控案件的能力；二是文化修养，与人打交道决不能张口就是脏话；三是做人的德行。"作为团队的大家长，我非常愿意了解每个成员的家庭背景、成长经历，因为这些都可能影响到他的人格、性情。一个人是否有德行，往往是决定其能否成为一名优秀律师的关键。"李循说。

他强调道，"有赌博、吸毒等恶习的，存在严重生活作风问题的，以及与党和国家离心离德的人，我都会坚决地将其请出我的团队"。

如今，看着手底下一个个年轻律师茁壮成长，有些人已经能够独当一面，李循的内心非常欣慰，"一代人有一代人的使命。我手上的工作，最终都要交给他们，他们也必须尽快成熟起来，把责任扛在自己肩头。为了他们的健康、快速成长，我愿做人梯，也甘当铺路石"。

五、坚守律师的信仰

1988年，李循开始从事律师工作，转眼33年过去。他说："坦率地讲，刚入行时，我做律师的目的其实很简单，就是挣钱。那时，我一个月的工资大约是100多块钱，可接一个案子能挣到几千块，相当于我一年的工资。然而，随着时间的推移，我的职业追求反而变得越来越清晰、明确。"

李循态度严肃地表示，做律师，其实没必要说太多漂亮话，最大可能地维护自己当事人的合法权益就是律师最重要的信仰。

他说，做律师一定要忠人于事，忠于自己的信仰。心中有信仰，行动有方向，脚下就有力量。李循的信仰，就是他内心的光，他从事律师工作这么多年来，特别是到盈科以后的9年，经手了接近500个案子，没有被任何一位当事人投诉。

仁者，爱人。作为一个心中有大爱的老者，2020年疫情期间，李循个人捐款1万元。看到律所同事在疫情期间的表现，他更是备受感动。1月23日，武汉刚刚封城那几天，律所还有一位"90"后律师坚守在湖北省检察院值班。疫情严峻后，律所组织捐赠了11万余元的捐款，得知防疫物资紧缺，律所执行主任高芳亲自组织购买口罩，并送往社区和机关团体。业务开展不了，几位律师便无偿在线上开办讲座，做普法活动。

"这期间，一些人身上发生的一些事儿，还是挺令人感动的。而最庆幸的是，整个律所 400 多人，只有一人居家隔离时被其父亲感染，其余人均平稳过渡。"李循感慨地说道。

展望未来生活，李循表示，每年到湖北革命老区红安县给当地干部免费讲课的活动，自己还将坚持下去，希望能对推动当地政府依法行政起到积极作用。

大道之行，天下为公；良法善治，民之所向。对于中国法治事业的未来，李循只有一个期望：中国法治事业能够在党的领导下，朝着依法治国的方向更健康、更稳步地发展。他说："因为只有依法治国才能够将我们国家的法治建设得更加完善，律师业务也才会有一个更广阔的发展、更光明的未来。"

撰稿人：吴敏

廖行 | 征程

廖行律师，北京市盈科律师事务所全球总部合伙人、中国区董事，北京市盈科成都律师事务所合伙人管理委员会主任，成都市第十七届人民代表大会代表，成都市人大常委会智库成员，西南政法大学行政法学院硕士生校外导师。

北京市盈科律师事务所中国区有近 1 万名律师，群英汇聚，人才济济。有幸被评为"盈科首届百名大律师"，有些惶恐，忐忑之余，以这篇文字作为个人执业 18 年来（特别是在盈科执业的 11 年）的小小总结，与同事、同行们真诚交流，望同事、同行们批评指正。

一、专业之路：专业是律师的生命

我是 2003 年 5 月 8 日取得的律师执业证，执业 18 年，喜欢诉讼业务，自认为比较擅长刑事法律事务、重大商事诉讼、"刑民行"交叉类案件、公司商务法律事务。因为这份热爱，所以喜欢研究案件，喜欢法庭的激烈对抗和庭后客户的认同与赞许。

执业 18 年，亲自参与办理了超过 1000 件案件，有一些是重大、复杂、疑难的案件，许多案件得到委托人的高度评价，也成为自己职业生涯中的经典案例。但面对层出不穷的法律法规和新类型案件，要随时保持学习的心态和专业的精进。

专业是律师的生命，专业化是律师行业最热门的话题，以我 18 年的执业感悟，我认为专业既要有深度，还要有广度，要以客户的需求为导向，要从市场中找定位，还要体现出差异化和与众不同。我在专注于刑事业务和商事诉讼的过程中发现，客户需要解决的大量案件已经不是简单意义上的刑事、民事或者行政案件，而是刑、民、行交织在一起，法律关系错综复杂，实体和程序互相交织，需要更扎实的法学理论功底和丰富的实务经验，于是，我研究刑、民、行交叉类案件。

多年前，我接手一件财产损害赔偿案件（二审），该案一审中级人民法院判决某县水务局赔偿给 Z 某 814 万元，这个金额对于一个贫困县来说无异于天文数字。

接受委托后，我带领团队仔细研判了案件的法律关系和行业问题，对现场的地形、地貌以及砂石的种类进行了全面的调查和研究，还模拟了砂石不同堆放方式的高度和占地面积，经过严谨缜密的分析和仔细的现场勘查，我们认为 Z 某无权对采砂场上的砂石主张权利，且也无证据证明拍卖时场地上有 40 万立方砂石，更为严重的是该案不是民事案件，而是一件行政案件。水务局委托拍卖的行为是基于履行河道采砂管理的行政职能，不是平等的民事主体之间的侵权行为，经过激烈的庭审和多次调解，作为二审的高级人民法院最终认定属于行政案件，撤销一审判决并驳回了郑某的起诉，而此时郑某提起行政诉讼的期限已过。该案取得全面胜诉，为一个贫困县挽回了近千万元的损失，这个典型案例也极大地促进了当地的依法行政和依法维权。

在我办理的较为复杂的融资、建工、股权等合同纠纷中，比较有代表性的是多个建设工程烂尾或者建设项目出现重大风险的系列纠纷案，而且主体基本都是国有建工集团或者民营大型建工企业，这类纠纷既有建设工程施工合同、买卖合同、借款合同等常见纠纷类型，又交织出现虚增（或重复计算）工程量、私刻印章、挪用或者侵占工程款、非法融资等行为。建工类案件本来技术性就较强，和刑事案件交织在一起就更为复杂，这既是建工企业的一大痛点，也是律师实务的一大难点，如果简单按照民事案件处理，往往对建工企业不利，通过刑民交叉的方式，采取刑事控告、民事起诉、仲裁等综合方法，专业而巧妙地解决客户项目的系列重大纠纷，也为处理类似复杂纠纷提供了新的路径。

我带领团队近 3 年办理的 30 多件刑事案件中，绝大多数案件实现了取保候审、不批捕、变更强制措施、撤案、不起诉、缓刑或者其他令委托人非常满意的结果。

就目前的司法环境而言，办理刑事案件仍然存在诸多困难。或许是长期积累的诉讼经验，我带领的团队常能在艰难和困境中另辟蹊径，找到案件的有效突破口。例如，我办理的一件污染环境案，该案是省级督查组现场发现并督办的污染案件，在目前重视环境保护的大背景下，案件办理的难度很大，我们前期进行了充分、仔细的研判，及时会见嫌疑人，仔细到现场踏勘，制订了每个阶段的辩护策略。在确认该公司确实实施了排放废水的行为后，建议嫌疑人家属主动与环保局沟通，并主动提供一笔专项资金作为治理污染的备用金，经过努力，前期顺利实现了案件的不批捕。然后及时与侦查机关沟通进展，同时委托专业机构对现场的污染程度进行评估，并制定专业的治污方案，及时把污染带来的损失和影响降到最低，同时向办案机关通报涉案企业的情况。因主要嫌疑人实际控制着两家企业，有大量的员工需要安置，还有大量的合同需要继续履行，且系初犯，从保护民营企业和企业家的合法权益和打造良好的营商环境角度出发；加上该案部分证据存在着较大争议以及部分关键证据取证程序不合法等情形，通过详细而专业的分析和翔实的证据，提出了不予起诉的法律意见，最后办案机关全面采纳了我们的意见，对嫌疑人不予起诉。该案既实现了环境污染及时有效的治理和修复，又体现了刑法的谦抑性，更保住了两个民营企业的健康发展，实现了法律效果和社会效果的良好统一。

我办理刑事案件既要从宏观上进行分析和策划，研判案件的性质和法律关系，制定精准的辩护策略；又要从微观上办精、办细，在有效的时空内做到极致，对刑事案件的办理进行严格的流程管理，从侦查阶段的会见、取保候审、不予批捕、羁押必要性审查，到审查起诉阶段的沟通交流、法律意见、不予起诉，再到审判阶段的阅卷笔录、质证意见、发问提纲、会见提纲、庭前辅导、辩护提纲、辩护词等，法律文书从格式到排版甚至标点符号都要力求美观极致，还要有清晰严谨的表达形式，既体现较为扎实的专业功底，也要体现勤勉尽责的专业精神，给委托人和办案人员以良好的职业形象。

每个案件背后都是一个真实的人、企业或组织，案件或许就是他们的全部，因此常常告诫自己，无论办理了多少案件，都要保持初心，用最专业和敬业的精神办理好每一件案件，为每个客户的成长和发展之路保驾护航！

"不恋过往，不畏将来。"律师需要持续并终身学习，每年我都给自己定学习计划，讲座、培训班、研修班、网课等，让身体和灵魂总有一个在路上，也在事务所内、企业、律协和盈科各分所开展了一系列讲座。鉴于专业上的一些积累，荣幸获得"四川省优秀律师""盈科首届十佳刑辩律师"等荣誉称号。

二、履职之路：分享和担当带来快乐

律师具备熟悉法律、精通规则、善于处理矛盾和纠纷的优势，建议同行们发挥律师职业懂法和善于表达的特点，积极投身到参政、议政和社会活动中去，与更多优秀的人同行，共同建设美好时代。

作为一名人大代表，我在每年的人大会议中尽力履职尽责，仔细学习文件，认真聆听报告，积极准备发言，发出来自群众的真实声音。参加各类调研和视察工作，关注民生和城市发展，我先后就打造营商环境、拆除违建、律师行业发展和权益保护、环境保护等方面提出建议案，希望通过建言献策，让城市和生活变得更美好！

我的家乡在四川安岳（四川的人口大县），无数具有开拓精神的家乡人怀揣梦想来到成都干事创业，在外打拼总是忘不了乡音乡情。我担任成都安岳商会的监事长和法律顾问，从商会的运营到会员企业发展，从商务交流到捐资助学，都全面地参与其中，既是履行职责，也是回报家乡。

在繁忙的律师本职工作外，如何充分履行好社会职务，我的经验是，无论多么繁忙，只要进行有效的时间管理，你总能站在喜欢的舞台上。希望当有一天回首往事的时候，我们能为曾经影响过一些人而感到温暖。

三、公益之路：爱和奉献是一种能力

一名优秀的律师除了专业精湛，还应当有所担当。我们不能仅仅独善其身，还要有兼济天下的情怀，因为在这个世界上，还有一些需要帮助的人。

我坚持每年办理一定数量的免费案件或者做一些免费的法律咨询，让身处困境的人也能享受到法律服务；我积极响应"法律七进"（进机关、进学校、进社区、进乡村、进寺庙、进企业、进单位），这几年我到国企、街道、社区（茶馆）、高校、产业园区等进行免费法律讲座，把法律带到更多需要的地方去，普及法律知识，传播法治声音。

我与盈科成都分所的小伙伴一起参与了巴中革命老区资助贫困学生的行动，该活动已经持续了几年，资助了一批家庭贫困的学生，其中一名学生已经成功考上大学。我希望孩子们都能走出大山，看到精彩的世界。我参加了资助安岳籍贫困学生的活动，多次对遭受意外的律师进行捐款，并在"汶川大地震""玉树地震""抗击新冠疫情"中积极捐款，曾获得了成都市律协公益委的优秀志愿者和老区爱心奖。

经济的快速发展和物质的极大丰富，让我们享受到现代社会的便捷和幸福，但是在这个世界上，还有一些人非常需要帮助。让我们以举手之劳帮助一个身处艰难的人，让这个世界充满更多的爱和温暖。

四、团队之路：团队让你更优秀

成都分所于 2010 年 12 月正式成立，目前有 280 多名律师，总员工 360 多人，如何带领好这个团队是我一直思考和践行的事情。芳华十载，那些奋斗的日子总是历历在目。

我亲自参与组织、筹划、主持和参加的讲座和沙龙有近 200 场次，参会受众超过 1 万人，邀请所内、所外优秀律师、专家学者、法律共同体成员进行主讲和分享，打造开放式的学习交流平台，其中的盈科大讲堂已经成为一个有一定影响力的品牌。

2017 年以来，盈科成都分所推行专业大部制建设，全所律师根据专业特点加入 20 多个专业部门中，由优秀的合伙人通过自荐或者竞聘的方式担任部门主任，设定创收业绩、专业化建设、人才引进、执业规范等考核指标，律所从业务拓展、推广、专业化建设等方面给予支持。律所每个季度对部门业绩进行考评，年底对部门年度综合业绩进行全面考评，并实现对每个人业绩的精准考评。大部制解决了长期困扰律师们的专业化建设和团队化建设问题，让专业律师专注自己的擅长领域，并让相同专业特长的律师紧密协作在一起，合作办案、市场推广、研发产品等，这一举措激发了个人和团队的专业精神和奋斗激情，律所当年的创收业绩实现了大幅的增长。在我们的不断创新下，大部制成为推动律所发展的重要动力。

青年律师是我们非常重视的一个群体，而青年律师前三年的专业化培养和业务收入一直是困扰行业的问题。盈科成都分所针对实习律师和青年律师进行专门培训，对实习律师，除了要求完成法律规定的实习内容，还要求必须完成事务所组织的 12 个课时的所内公开培训（每个课时为 90 ~ 150 分钟），培训内容包括盈科的战略及企业文化、职业规范和礼仪、法律文书写作、业务拓展、办案技能等，为实习律师夯实执业基础，快速提升执业技能。而针对青年律师则实行训练营的形式，主要针对实务技能的提升，强化在某个专业领域的业务能力和创收能力，让青年律师在我们积累的基础上走得更快，看得更远。

盈科成都分所目前有 60 名合伙人（含 34 名高级合伙人），合伙人是事务所的核心力量，我们希望打造志同道合的合伙文化，保证合伙人认同盈科的商业模式、组织结构和企业文化，践行盈科的使命、愿景和价值观。盈科成都分所每年举行一次高级合伙人的晋升，我们参考组织部门考察、选拔人才的严格程序，根据分所的管理制度，符合各项条件且有意向晋升的律师需要向事务所书面申请，陈述拟晋升的意愿和未来的规划，经审核符合基本条件后，再由事务所执行主任、管委会主任、党委书记、监事会主任与其进行面谈，详细了解个人的综合情况，客观分析个人的优势和不足；然后管委会再进行初步评审，评审通过后由事务所进行公示接受监督，若顺利通过，则报送总部审批，审批完成后再举行晋升仪式，最终确保优秀的律师能进入合伙人队伍，打造科学的人才结构，凝聚合众为一的合伙人队伍！

盈科成都分所目前业绩过亿元，是四川律师界的规模化大所之一。在新的十年如何保持高质量的发展，是作为管委会主任的我要重点考虑的问题。盈科施行的是"党建引领，管委会领导下的执行主任负责制，监事会监察"管理制度，作为管委会主任，要组织管委会成员对事务所的战略和重大事务进行讨论和决策，既要了解宏观环境的风云变幻，还要充分把握行业发展趋势，更要深刻理解盈科律师事务所的中长期发展战略，全面践行"全球视野、本土智慧"的战略思维，因地制宜的发展好盈科成都分所。目前盈科成都分所管委会有 6 位副主任和 3 位委员，每位成员都在自己负责的业务领域奉献智慧，贡献力量，特别是执行主任曾新程，对总部的战略和分所的发展规划充分理解并高效执行，带领着近 30 名行政人员负责事务所的运营管理，不断地优化和创新服务能力，从行政、人才、风控、品牌、财务、市场方面为律师和客户提供优质的服务。此外，职业经理人制度既是盈科的创新，又为律师行业的组织结构变革提供了有益的参考。

11 年发展成为拥有 360 名员工的大型律所，我们既有鲜花和掌声的闪光时刻，也有咬牙坚持的艰难时光，这一切都是我们的成长，而最让人欣慰的是盈科成都分所很好地践行了"诚信、开放、包容、共享"的盈科文化。律所中大多数律师来自不同文化特色的律所，但都认同并融入了盈科的文化。我们不以资历自居，不以专业为篱，彼此成就、互相帮衬，会议室里热烈讨论分享，案件中跨专业协作互助，学习上激励与提携，运动场上奋力拼搏，都充分践行了团队的力量！

2020 年 8 月 30 日，盈科成都分所正式迁入了位于中海国际中心的新办公室，从谋划、选址、招标、开工到落成耗时近两年，这个过程我全面参与，可谓千头万绪、精益求精。整整两层 4600 平方米的新办公室充分呈现了典雅、严谨、商务、舒适、科技的良好效果，也得到了同行们的赞许，看到小伙伴们开心地搬入新办公室，我们深感欣慰和自豪。

11 年征程，初心未改。站在 11 年的时代交汇点，回首从商会大厦到汇融国际，再到中海国际中心，感谢各界朋友的关心和支持，感谢成都分所小伙伴的同舟共济。

从中海国际中心 22 楼落地窗向外看，高新区的写字楼鳞次栉比，夜晚的灯火灿烂辉煌，而再向前的天府新区更是一片生机勃勃。扎根于这片充满无限生机与活力的沃土，成都分所将全面深入贯彻盈科的中长期发展战略，因地制宜发挥好本土智慧，全面高品质发展，致力于打造领先的律师事务所！

得益于中国经济的快速发展和行业的深刻变革，2020 年 9 月 21 日，《美国律师》（*American Lawyer*）发布了"2020 全球百强律所"系列排名，盈科律师人数排名全球第二。现在拥有近万名律师的盈科像是一艘在大海中航行的巨轮，每个盈科人都是水手，我们用专业和力量奋力划桨，让这艘巨轮劈波斩浪、奋勇向前，而远方的星辰和大海就是我们的梦想！

五、健康之路：爱工作、爱生活

一部关爱律师健康的电影《停不下来的你》受到广泛的关注，讲述了律师行业激烈的竞争和令人担忧的健康问题，主创方也邀请我在片尾呼吁关注律师健康的问题。实际上这几年，常常看到或者听到律师同行甚至身边的同事，因为劳累而身患疾病，甚至永远地离开了我们。

一名优秀的律师应当拥有健康的身体，而我自己也常常会忽视健康，疫情之下更感受健康之宝贵。今年给自己制订的跑步和锻炼计划，让自己有更充沛的精力投入工作和生活中去，盈科人一直倡导"爱工作、爱生活"的理念，我们努力工作是为了更幸福的生活。人生是一段旅途、一段征程，祝愿朋友们拥有健康的身体，享受事业奋斗的征程，拥有美好的人生旅途！

林崇凯 | 二十年磨一剑

　　林崇凯律师，现任北京市盈科厦门律师事务所股权高级合伙人、管委会主任。同时担任最高人民检察院民事行政检察咨询专家、厦门市律师协会常务理事、厦门市律师协会文化建设委员会主任、厦门市思明区人大代表、厦门市思明区人大常委会财政经济工作委员会委员、厦门仲裁委员会委员、上市公司独立董事等社会职务。

一、求学之路和初入社会

　　林崇凯律师于1998年考入厦门大学法律系。在历经三年艰苦努力学习的高中生活后，一下子来到美丽的芙蓉湖畔，很多同学不再认真学习，有的马上谈起了恋爱，有的沉溺于网络游戏，但他仍然不忘本心，除完成学校的功课外，还经常徜徉于经典法学大家、哲学大师的作品，从亚里士多德到孟德斯鸠，从洛克到陈兴良再到徐国栋，从梁慧星到王利民等大家作品，他大学四年打下了较好的法学基础，形成了良好的法律思维。他由于表现优秀，大四光荣地加入中国共产党。

　　2002年，林崇凯律师从厦门大学国际经济法专业毕业，一开始在菲律宾爱国华侨领袖陈永栽旗下的裕景兴业有限公司担任房地产开发建设以及运营方面的法律专员，积累了房地产开发流程及运营过程中的大量实务经验。他在担任法务专员的同时，不忘自身党员身份，积极组织参加党支部活动，发挥党员先锋模范作用，并于2004年被评为厦门市优秀共产党员。

二、加入本土强所，进入专业强队

在经过三年的房地产公司的法律实践后，林崇凯律师来到了当时厦门市最好的律师事务所——福建天衡联合律师事务所，并师从房地产法律业务最专强的孙主任，跟着孙主任和团队其他优秀律师学习了三年，丰富和锻炼了自身的律师业务水平和专业技能，并于2008年成为专职执业律师。这期间，他不忘学习专业知识，并重新返回厦门大学法学院攻读法律硕士学位。

2010年，林崇凯律师准备向合伙人位置冲刺时，却突然面临律所合伙人晋升标准提升，业务量要求翻番，而时限也限制为连续两年达到标准。这让按照旧制度本可以顺利晋升合伙人的他面临选择——转所还是留下来继续冲刺？若是选择继续留下，他必须再坚持两年才有可能晋升为合伙人；而选择走，前方的未来又在何处？

最终他还是决定博一搏迷茫的未来。而这一走，也让盈科厦门分所在未来成就了林崇凯律师。

三、用第一感觉，去嗅时代的机遇

2010年，北京盈科总部打算在厦门开设分所以配合其总体战略布局。一听到这个消息，他便嗅到了某种机会。

一听是北京的律所，没有那么多条条框框的限制，且各种考核标准没那么严苛，他便觉得这是一个属于他的舞台，一个可以在厦门一展身手的舞台，但同时这又是一次大胆而又冒险的尝试——得舍弃本土大所的标签，去拼搏一个不确定的未来。

但作为律师，每一次的诉讼过程，又何尝不是这样呢？敢于面对不确定性，并仍然固执得向它发起进攻，去赢得诉讼，这不就是律师吗？他这样想。于是他立刻上网查询了关于盈科的一切信息，做了一定程度的背景调查，评估了盈科的实力和口碑。他发现盈科非常有实力，每个地方的分所都由总部直接投资运营，是律师行业冉冉升起的一颗新星。加之当时八月去北京参加了北京盈科总部举办的一个论坛，行业人士对梅向荣主任肯定有加，他第一感觉就是要加入，便没有再思前想后。

在坐落于美丽的世界文化遗产鼓浪屿对面的第一广场十八楼，高端大气上档次的办公环境装修完后，盈科厦门分所正式开业。

当别人问起他为何会舍弃本土大所而到一个在厦门连根基都没有的分所时，他便会陷入深深的回忆，"我相信我的第一感觉，若是考虑太多，事情往往做不成"。

四、盈科的"光环加成"

假如林崇凯律师是一名专业的游戏玩家，那么盈科就像是一件有着无限潜能的装备，给他叠满了高等级的"buff"。

自他来后的前几年，不管律所还是他带领的团队，业绩几乎连年翻番。在盈科厦门分所的十多年，他的团队更是六年业绩位居全所第一。

他将之归功于盈科平台。他认为之所以取得如此成就有以下几个原因，一是不管之前的房地产公司的法务经验，还是本土强所名师团队的助理经历，都给今后的执业打下良好基础。二是盈科平台大、限制少，利于施展拳脚；三是盈科连续多年蝉联亚太最大规模律所的品牌效应，能给客户信任可靠的感觉，而这对于争取客户及接受委托非常重要；四是盈科在全球全国的战略布局非常成功，在争取一些大客户或异地案件上，比本地传统律所更有优势。五是盈科大力支持青年合伙人积极组织社会公益活动，担任各种公益社会职务，履行社会责任，无形中积累了群众基础和社会口碑。六是盈科各分所不同团队的交流非常自由、充分，积极借鉴其他团队先进的制度和专业经验，不会让自己带领的团队闭门造车，故步自封。

说完这些，他还补充了一句，"所以我真的很感恩盈科"。

经过在盈科厦门分所十多年的累积发展，他带领的团队不仅在原来擅长的房地产开发运营领域，还在公司法、不良资产处置、破产重整领域建树良多，目前业务重心也慢慢转移到金融破产专业领域。全城瞩目的"厦门第一高楼"破产清算就由盈科厦门分所担任管理人，林崇凯律师带领全所精英律师和会计师团队，目前正有序推进该项目破产清算程序中。与此同时，他还担任了包括多家上市公司、大型金融机构、房地产公司、高科技公司等在内的企事业单位常年法律顾问。他不仅在专业领域上具有长足的建树，还积极参加社会活动，履行社会责任。并于2017—2018年度被评为福建省优秀律师，2020年入选厦门市思明区总部经济和重点产业人才，2020年被聘为最高人民检察院民事行政检察专家。

五、承担责任，回报社会

林崇凯律师始终履行一名党员的职责，不忘一个法律人的初心。

2016年，林崇凯当选为思明区第十七届人大代表。他坚持不断学习人大代表依法履职的相关法律和规范性文件，从没有缺席任何一次代表大会和常委会及其组织的各项活动。任职期间，他积极发挥主动性，根据自己律师工作的特点，注重收集信息材料，深入调查研究，密切联系群众，积极反映人民群众的意见和要求。林崇凯律师敢于仗义执言，为百姓说话。一年来，他所提"解决普惠性学前教育资源不足""家庭医生签约""名人故居保护开发、社区书院建设""垃圾分类""法院立案难、执行难"等各项建议，引起了区政府领导及相关承办单位的高度重视，在区人大常委会规定的时间内得到了全面的解决和落实。

十多年来，林崇凯律师积极参加法制宣传、法律咨询活动。多次带领律所同事组成律师团，回归社区，利用自身专业能力回馈社区居民，普及法律知识，解答法律难题，获得社区居民的一致好评。

同时，林崇凯律师乐于助人，关心并积极帮助弱势群体。在2015年宁夏旅游期间，林崇凯律师认识了到海原一中支教的厦门大学学生。在与支教学生沟通并充分了解海原县的教育条件与困难学生的家庭环境后，林崇凯律师立下了每年帮助两名学生的目标。这一坚持，从未间断。除了物质上的捐助，林崇凯律师还定期与贫困学生书信往来，在精神上给予他们鼓励和帮助。在孩子们眼里，他是为他们打开世界之窗的大人，燃起他们对知识的渴望和对美好生活的向往。

时光如白驹过隙。林崇凯律师回顾自己的律师之路，始终以其母校厦门大学"自强不息，止于至善"的校训为鞭策，以较强的专业技能服务于社会，尽自己最大的能力履行好社会义务。

而接下来，他也会带着法律人的梦想，继续前行。

撰稿人：王鹏杰

<table>
<tr><td>刘
宏
琴</td><td>**坚守 34 年的律师信仰**</td></tr>
</table>

　　刘宏琴律师，北京市盈科东莞律师事务所高级合伙人、刑事法律事务部主任，西南政法大学广东校友会副会长，广州市仲裁委员会仲裁员，西南政法大学刑事辩护研究中心第二届研究员。

　　时间如白驹过隙，自我 2016 年加入盈科，已有 5 年的时间，从我开始执业至今，更是已经走过整整 34 年。非常幸运的是在这数十年的时间里，自己一直坚守在律师的岗位，也和盈科走到了一起。基于盈科律师同人的厚爱，在本次盈科首届"百名大律师"的评选中，我顺利脱颖而出。回忆起在盈科奋斗的过程及 34 年的执业之路，我感慨良多。

一、法治兴则律师兴

　　我于 1985 年从西南政法大学法律系毕业后，进入了当时国办的律师事务所工作，于 1986 年通过首届全国律师资格统一考试，1987 年正式执业，至今已有 34 个年头。

　　回顾 34 年执业生涯，深深感慨，我们这一代律师的命运是和国家的命运紧紧相连的。没有 1977 年高考制度的恢复，没有 1982 年《宪法》的颁布，没有改革开放带来的经济政策，就没有我们这一代律师的今天。在我们开始执业的当年，司法制度并不完善，律师制度刚刚恢复，当时的律师机构设在法院内部，名称为"法律顾问处"，由法院的工作人员担任律师，履行律师的辩护和代理职责。后来改制到司法局管辖下的"律师事务所"，当时我们律师都是有国家编制的公务员。直到 20 世纪 90 年代中期，律师行业才真正脱离体制。可想而知，这样设置下的律师制度难以起到制约和监督司法体制中公安局、检察院、法院的作用，律师个人也难以发挥个人价值。

但时至今日，随着政治、经济领域的深入改革，社会主义法治也越来越完善，经济和法治的兴旺为律师提供了广阔的舞台，律师业务的深度和广度逐步开拓，律师的执业人数年年攀升，执业环境大大改善。

如果说我们这一代律师是拓荒牛和探索者的话，那么如今的年轻律师就是幸运的一代。律师行业面临着前所未有的发展机遇，尤其是处在改革开放前沿的粤港澳地区，无论是加强宪法实施、提高立法质量、推进依法行政、建设法治政府，还是保证司法公正、提高司法公信力及创新社会治理、化解矛盾纠纷、促进社会和谐，无疑都需要更多律师的参与，律师必定在如此大环境中大有所为。

二、坚守初心，砥砺前行

我认为，一名合格的律师，不仅应具备精湛、过硬的专业素养，还要有一颗悲天悯人的侠义之心。律师这个职业本身就是为保护弱者而生，因此出现在当事人面前的律师必须做到"内外兼修"，内要勤练内功，终身学习，外要有勇气不受外界干扰地维护当事人的合法权益。不久前我接到一个来自河南的陌生电话，原来是一名寻找了我 20 多年的当事人，1989—1992 年我经历数次艰难诉讼为他打赢了煤矿合伙纠纷案后，我因调到上海失去联系，他在拿回煤矿经营权后经营有方，成为当地人大代表，前几年煤矿以数亿元价格被国家收购，他也功成名就退休赋闲，便开始着手寻找当年帮助过他的人，他把他后来的成功都归结于我当初为他打赢了那场官司。我听后内心感慨万千，没有什么比当事人的信任和认可更能体现律师价值的了，律师最大的成就感不是来自积累了多少财富，而是来自当事人的信任与认可，社会的公平正义能够通过我们的努力得以实现。

谈到律师的品质，我特别欣赏原最高人民法院沈德咏法官说过的一句话："作为一名法律人，无论你走得多高，走得多远，也无论你最终走向哪里，在内心深处都应该坚持一些底线，如道义的底线、法律的底线、良知的底线，不轻易为外界的诱惑和压力所动摇。"我是一名执业 34 年的老律师，我的很多同期同学都成了最高人民法院、最高人民检察院、司法部、各省高院检察院的省部级领导，而我一直是一名默默耕耘在律师行业的普通律师，可我并不后悔当初的职业选择，国家和社会不仅给了我们荣誉，也给了我们财富和成就感，我们必须以拳拳之心回馈社会。回首 30 多年的律师执业路，我虽然没有作出什么惊天动地的大事业，但我面对当事人的每一次咨询，都在尽力弘扬着社会主义法治理念；所承办的每一个案件，都在努力维护着社会的公平和正义，由此也间接推动着社会的进步。我们这一代律师坚守了与法律结缘的初心，我们"青春无悔"。

我先生问我，你什么时候可以退休过点清闲日子，我是这么回答他的："一个人能把爱好与职业变为一个，这是多么幸运、多么难能可贵的事，这是上天的恩赐，我必须珍惜这份恩赐，争取使自己的职业生涯再延长些。"美国最高法院大法官霍姆斯说过一句名言："法律的生命不在于逻辑而在于经验。"而霍姆斯本人直至 91 岁才辞去大法官职务，所以我认为我的职业生涯远没有到终点，我愿意用 34 年所积累的法律经验，指导由青年律师所组成的团队，继续通过前浪与后浪的传承，为国家的法治建设尽一点绵薄之力。

三、事必亲躬，诚信执业

我认为律师的个人素养中诚信是第一位的。受人之托，忠人之事。既然当事人委托了你，就是信任你，作为律师就要勤勉并不遗余力地办理案件。既要客观地分析案件的有利条件，也要提示不利之处，不能虚夸，不能欺诈。此外，订立了委托合同，约定了委托费用，即便最后为委托人赢得了远高于预期的利益，也要按照合约执行费用，这就是诚信。宽容也是律师应该具备的良好素养。对家庭确实困难的当事人，律师费方面要宽容，对不好沟通、斤斤计较的当事人要大度，对败诉的对方当事人或律师，不要得理不饶人，适可而止。律师要拥有一颗善良正直的心。只有善良，才会善待客户，才会真正地站在当事人角度考虑问题，维护当事人最大权益；只有善良，才会帮助客户去化干戈为玉帛，不至于激化矛盾。当事人最喜欢问的一个问题就是："我的官司能打赢吗?"这是一个律师一直要面对但却最难回答的问题。无论你怎样回答，都不要向当事人承诺一定能打赢官司，哪怕这个案子你有十足的把握和信心。这么多年，我一直奉行一个原则：案件无论大小、难易，都要认真对待，只要我用尽了全力，就对得起自己的良心，这也是我诚信执业的信念。

事必躬亲，是律师负责任的一种表现。客户委托我的案子，我几乎都是自己代理，从来不会把有关案子的重要事情转交给其他律师，只把一些辅助性工作交给助理。几十年的律师经历，无论大小案件，都亲自出庭。

在开庭前，多看几遍案卷，每一次翻看案卷，都会有新的收获和灵感，甚至可以不断修复或改进你的观点。同样的离婚案件，各有不同的理由；同样的合同纠纷，各有不同的事实；同样的交通事故，也有不同的赔偿明细。不放过寸草权益，不放弃蛛丝马迹。细致入微地对待每一个案件，重要的事情说三遍，一点也不过分。如果开庭时间冲突，我都会协调法院另行安排。实在难以协调，我会做好当事人的工作，安排其他专业律师出庭，并做好充分沟通。同时我也会注重做好每一个案件的反馈工作，每一个客户都希望看到律师时刻关心自己的案子，时刻为自己的案件努力。就我自己而言，我代理的大大小小的案件，都会按照轻重缓急排序逐一办理、认真对待。我埋头苦干，自己承担所有压力，想尽办法排除万难，只把好的结果告诉客户。当事人最想了解案件的进程，最想知道律师是否尽心办理案件，他们不想成为旁观者。如果客户看不到案件进展，也会心生不满，甚至误解自己没有尽心。因此要做到受人之托，忠人之事，让当事人看到你的努力、收到你的及时反馈，让他们看到事情落到实处，才对你信任。

四、结缘盈科，专业制胜

我在执业期间办理过数千起民商事、刑事、行政等各类型案件。我是在 2016 年加入盈科后为响应盈科总部的专业化建设，才选择做一名刑辩律师。作为普通个体来说，一个人的生命和自由权利远远大于财产权利，而刑事辩护就是为了维护人民生命和自由的权利，尤其是我们目前的市场经济还不完善，民营企业家和民营企业处于犯罪高发期。北京大学陈瑞华教授说："如果说对于自然人是通过死刑剥夺其生命，那对于企业而言，一场刑事诉讼就足以判处其死刑。"所以，我们对于刑事辩护专业化的前景很有信心。当然，刑事辩护专业化不仅在刑事诉讼上，也体现在刑事风险的预防和应对预防上，近年火热的"刑事合规"业务，就是通过帮助企业制定刑事合规制度，填补漏洞，防范可能到来的刑事风险。

随着我们国家司法制度的日益完善，法律、法规的调整范围涉及社会生活的方方面面，在每一个领域都做到精之又精，是很难的。只有在一个领域内做到精细化深耕，才能长足地提升专业性，更好地给委托人提供法律服务。在盈科开始专业化建设后，我的专业水平不断提升，陆续承办了多起重大刑事案件。其中就有海关总署

"11·22"打击二手走私高档汽车专案，走私车辆跨越俄罗斯、阿联酋、越南等多个国家和地区，全案犯罪嫌疑人达上百人，案卷繁多，案情复杂，我代理的是东莞走私环节上的首犯。该案从侦查阶段到开庭大概历经了一年半的时间，而我是从该案距离开庭约有两个月时介入的。早在侦查阶段，委托人就已经开始寻找各路律师寻求这起案件的突破点，但面对海关侦查出的多方面证据，律师的辩护思路一直未能得到委托人的满意。在我介入后，经反复阅卷和会见被告人，通过研究该案各走私环节的证据链组成、各方面证据综合比对，一直在无罪辩护方案和罪轻辩护方案之间徘徊，带着诸多疑问，我通过盈科平台组织的活动，积极地与盈科其他刑事辩护律师交流走私案件的办理心得，在谈到走私环节的证据链问题时，大家都发表了自己在承办案件时对于这方面证据的认识和解读，我也获益良多。在不断地阅卷和案情研究以及盈科同事的启发下，找到了案件的突破口，确定了起诉书指控的走私汽车数量证据链不完整，仅有部分走私汽车有充分证据，最终确定罪轻辩护方案，委托人对此辩护方案较为满意，最终也取得了不错的辩护效果，判罚明显低于同类型案件。另外，我承办的惠州张某套路贷涉黑案件，该案件是扫黑除恶时期重点侦办的案件，我在审查起诉阶段抓住了黑社会组织的几个区别于该案的组织特征、犯罪手段，成功为被告人摘掉涉黑罪名。我的团队承办的案件中，做到取保候审、撤案、不起诉、缓刑的就有数十起。因此，我对律师刑事辩护专业化的前景非常有信心，也非常欣慰地看到社会各界对盈科的评价越来越高，社会影响力越来越大，这与我们盈科人专业化建设的努力分不开的。

五、热心公益，回馈社会

执业生涯中，我得到了许多律师同人及很多法律界朋友的帮助和支持，也收获了很多，我也希望以拳拳之心回馈社会。2020 年年初武汉暴发新冠肺炎疫情，牵动了我们每个同胞的心，我也一样，我用我的方式通过多个平台，向武汉人民捐款 2 万余元。除此之外，我还参与了东莞市的"认罪认罚法律援助项目"，通过律师的专业知识为认罪认罚制度顺利的推进贡献力量。

六、结语

个人认为，律师是所有职业中最富有挑战性的职业，律师是一个特殊的职业群体，但同时律师的职责要求我们必须具有正确的政治觉悟，忠实地履行自身职责。回首过往，展望未来，希望此次当选"盈科首届百名大律师"能成为一个契机，开启职业生涯的新高峰，也助力盈科"规模化、专业化、品牌化、国际化"的发展。让我们不忘初心，牢记使命，通过服务人民群众和经济发展，力争让每个当事人都能在个案中感受到公平正义，做有理想、有情怀的法律人。

刘金伟 | 律师的战略思维

刘金伟律师，北京市盈科沈阳律师事务所股权高级合伙人，金融法律事务部主任，破产清算与重整业务负责人。沈阳市法学会破产法研究会常务理事，沈阳市知识产权协会常务理事，沈阳市工商联（总商会）法律顾问，辽宁省基金业协会法律风险部主任，辽宁省法学会破产法学研究会理事，辽宁省律师协会政府法律顾问专业委员会委员，中国证券业协会中小投资者保护中心调解员。

我在律师执业历程中不断地思考：律师如何成长，乃至成功？律师该怎样规划和布局来促进其发展？也就是说，律师应该具备哪些战略思维，指导其成功。以下是我的一些思考，也是我付诸实践的一点体会，分享给大家，并诚挚地欢迎律师同人批评指正。

俗话说，"不谋全局者不足以谋一域，不谋万世者不足以谋一时"。律师不仅应提高战术能力，更应培养战略思维、提高战略能力。律师，尤其是商事律师，除了应当具备法律信仰、培养法律素养，我觉得还应当具有宏观经济思维、商业思维和产业链思维等战略思维。当然，众人拾柴火焰高，律师还应有团队思维、规模思维及品牌思维。

一、宏观经济思维

人类经济社会的发展，基本上围绕着周期在运转。无论是短周期的基钦周期，中周期的朱格拉周期，还是长周期的康波周期，世界经济都是在各周期的起起伏伏中运行发展。我们应当在各周期中判断大势，顺势而为。

雷军说过："站在风口上，猪也能飞起来。"当然，马云也说过："风停了，摔死的都是猪。"所以我们必须在风停之前，赶紧长出翅膀。我们应避免做堂吉诃德式的悲剧英雄。

当前世界处于康波周期的衰退期，经济下行趋势不可避免，新冠肺炎疫情又导致这种趋势加速下跌，企业大量破产、清算。根据"蝴蝶效应"，企业破产传导到银行等金融机构，银行等金融机构出现了大量的不良资产。围绕着银行和企业的不良资产状况，提升专业能力、组建专业团队，在不良资产处置、企业并购与重组、破产清算与重整等领域开展业务，是契合趋势的。

20世纪90年代末是第一轮不良资产大剥离、大核销、大处置时代，很多律师赚取了超额利润；房地产的黄金20年，房地产律师也赚得盆满钵满。当前，随着新一轮的不良资产的到来，我相信我们的律师又能大展拳脚。

不良资产的产业链或生态链大致为：上游为银行、信用创造机构；中游为持牌资产管理公司（AMC）与非持牌特别机遇投资人；下游为产业投资人/资产使用者以及评估、拍卖、法律等相关配套服务商。律师常规定位为配套服务商，但在这个产业链条中，律师可以扮演不同的角色。

一方面，律师作为配套服务商，提供专业法律服务。不良资产投资业务会创造巨大利润，但也潜藏着巨大的风险，稍有不慎，就可能血本无归。因此，不良资产投资，无论是投资前的尽职调查阶段，还是投资后处置的诉讼、非诉阶段，律师提供专业的法律服务都至关重要。

另一方面，律师可以作为不良资产交易的撮合者，提供居间服务。律师平台会汇聚大量资源，无论是资产端还是资金端，他们都需要匹配交易方，我们会根据平台的资源撮合他们交易，并从中收取律师服务费或居间报酬。

二、商业思维

商业活动是社会活动的基础和重要组成部分，律师是商业活动的重要参与主体。

无论是提供法律服务，还是直接参与商业活动，律师都是重要的参与者。所以，律师应当具备商业思维。

因为具有商业思维，可以促成交易。律师不应该是商业活动的终结者，而应该是商业活动的助推器。律师给很多企业家的感觉就是一味强调风险，而牺牲商业机会。我们要改变这种思维，既对风险不能掉以轻心，也要看到商业机会，促成交易。我们团队曾代理一笔并购业务，当时正处于该行业的谷底，资产价格相对很便宜，投资人很想收购。但在我们做尽职调查过程中，发现转让方早期出资存在瑕疵，有 1000 万元没有出资到位。但转让方声称其通过关联公司提供给了目标公司 1000 万元左右的货物，当时是要计入出资的，但财务人员失误给计入往来了，坚持出资已经到位。当时我们研究各种解决方案，包括降低收购价格、先行减资等，但都因为双方对税赋分担、并购成本等有分歧没有达成一致意见，因此陷入僵局。最后，投资人让律师做风险评估，以决定是否收购。我们通过在法律、财税等方面缜密的分析，认为出资瑕疵完全是因为财务不规范造成的，可以由转让方按照财务准则先行规范调整；同时提出延长付款时间，控制付款条件，并要求转让方对瑕疵出资及财务规范事项提供个人保证和财产担保。投资人采纳了我们的意见，也通过艰苦谈判与转让方达成了一致意见，交易达成。目前公司运转良好，因是在资产价格低谷时期并购的，资产已经大幅增值。通过这个案例，我们认为，律师在充分评估风险的前提下，促成交易是很重要的。试想当初，如果一味强调风险，害怕担责，则一宗好的并购交易就"胎死腹中"了。

商业思维常常也会给律师带来商业机会。律师很多的投资机会就是这么来的，很多律师成功转型为商人，也是因为这个因素。2012 年，我和我原来的律所主任合作为客户的一笔地产并购业务提供全程法律服务，并购金额近 10 亿元，涉案标的 40 多亿元。面对着资金链已经断裂、债务沉重、全面停工的局面，我们运用法律、金融、商业等种种手段，通过债务重组、与债权人合作、股权与债权融资等方式，逐步恢复了现金流，工程重新开工，盘活了资产，客户非常满意。在这个过程中，我原来的律所主任因为具备非常丰富的商业思维和商业手段，被客户委任为项目公司总裁，负责项目运营。我们不仅是律师，还成为项目管理团队。

三、产业链思维

2020 年注定成为动荡的一年，席卷全球的新冠肺炎疫情破坏了各国的商业、医疗和社会秩序，生产和商业停摆。但我国却很快控制住了疫情，并逐步复工复产，很重要的一个因素就是中国具备世界上最完整的制造业产业链，很短时间内就生产了大量的口罩、呼吸机等抗疫物资。在商业社会中，很多企业都想尽办法打造产业链，努力实现产业链闭环，目的是降低成本，提高效率和保障交易安全。我们律师也应当有产业链思维，一方面保证案源，业务之间相互引流；另一方面是为了安全，超越经济周期，避免周期变化而导致业务骤然下降。

我们的团队一直围绕着产业链思维来拓展业务，组建团队。我们一直以企业、银行等金融机构，创业者、个人投资者等为核心，打造大金融法律服务产业链条，从投资端、融资端、资金退出端三个维度，来研发产品，开发客户，组建专业团队。

具体到业务层面，我们正在努力拓展的业务是：投资类与融资类业务，包括股权投融资和债权投融资；公司类业务，包括股权架构设计与公司治理、并购与重组、破产清算与重整；不良资产类业务，不良资产项目尽职调查、不良资产处置。投融资业务侧重于经济上行周期，不良资产业务侧重于经济下行周期，公司类业务兼而有之。这样我们就会形成一个金融法律服务相对完整的产业链条，业务互相交叉、互相引流。律师业务与商业、投资业务也形成了相互引流、相互增强的马太效应。

四、团队思维、规模思维及品牌思维

律师已经过了单打独斗的年代，律所也过了没有规模、没有品牌的年代，这是市场决定的。我们的社会和商业活动越来越纷繁复杂，国际化、全球化活动频繁，法律服务业越来越复杂化、专业化，因此，仅凭一个律所或小规模律所很难应付这种复杂、专业的局面。

团队化是为了人多力量大，但要强化专业分工与交叉合作，要形成一个有机的整体，发挥协同效应。团队化需要团队灵魂，他的战略思维、规划布局决定了业务拓展方向、深度和能力，也决定了团队的专业提升能力；团队化也需要科学可行的分配和激励机制，这决定了团队是否能够形成合力，以及团队能够一起走多远。在我带领下的金融法律事务部一直致力于建立一个金融产业链法律服务体系，并努力打造一个专业、高效、协作的团队。

"好风凭借力，送我上青云。"我是盈科体系规模及品牌发展的受益者。自加盟盈科沈阳分所以来，凭借盈科的品牌优势，我与团队签约了很多有影响力、有分量的企业客户，与很多银行和金融机构建立了业务合作，也得到了一些政府部门的认可，这对我们的业务增长、拓展以及金融法律产业链服务体系的建立，都有极其重要的帮助。

复星集团董事长郭广昌说过："一个人干不过一个团队，一个团队干不过一个系

统，一个系统干不过一个趋势，团队＋系统＋趋势等于成功。"郭广昌和大多数著名企业家一样，有极高的战略思维，所以复星集团发展得非常快速、稳健。我们律师应当向有战略思维的企业家多学习，争取找到一个适合自己、团队、律所甚至整个行业发展的战略方向！

刘铁 | **行业发展的瞭望者**

刘铁律师，北京市盈科珠海律师事务所股权高级合伙人、监事会主任、投融资与并购重组法律事务部主任。

目前，律师行业已进入一个新的发展阶段，即将迎来行业发展的黄金十年。对现实状况的深入分析、预判其发展趋势及解决其存在的问题，成为重中之重。不能因为战术的忙碌，掩盖战略上的懒惰。

我作为珠海市律师协会理事、行业发展战略及律所建设指导工作委员会主任，就像是一个具有全球视野的观察者、瞭望者，为广大律师分析律师行业现状，走出发展困境，厘清责任与担当，指明前进方向，为推动珠海律师行业蓬勃发展贡献力量。

一、拒绝安稳

我出生在北方。1993 年大学毕业后，很多同窗好友都留在小城里，安稳过日子，但我不甘于此。当时广东的经济飞速发展，遍地生机，于是我决定南下。

一开始，我进入广州一家台资企业工作。台资企业在管理模式、机构设置、产品打磨等方面，给我留下了深刻的印象。在工作中，我学到了一种认真细致、精益求精的精神，也意识到规则、制度对企业乃至社会的重要性，这对我的人生产生了不小的影响。

后来我来到珠海，在一家跨国公司担任法务总监。工作中，我认真负责，雷厉风行，而且经常抱着一种专注细节、追求极致的工作态度，因此能够圆满完成任务，收获了领导和同事们的一致好评。

由于我出色的工作能力，机关单位的领导对我青睐有加，多次向我抛出"橄榄枝"，但我都婉拒了。一次，我的同学引荐我到当时炙手可热的行政机关工作，各方都协调好了。就在快要办好入职手续时，我还是决定放弃这个难得的机会。我考虑了很久，但我的性格不太适合当公务员，我要遵循内心真正的想法，我的梦想是要当一名优秀的、受人尊重的律师。

二、共生共荣

我认为，律师行业是个"共生共荣"的生态圈。共生就是每个律师相互依存，和谐相处，共同成长；共荣就是整个律师行业荣辱与共，一损俱损，一荣俱荣。我们需要共同维护并优化这个行业的土壤。

由于律师行业的特殊性，有些律师事务所缺乏凝集力，律师习惯单兵作战，团队意识不强，这也导致律师缺乏安全感和存在感。同时，这种情况可能会造成社会对律师行业的认同感不高。我认为只有增强律师行业的凝聚力，提高律所及律师的竞争力，建立紧密的团队合作化机制，才能相依相存，实现共赢，开拓进取。只有全体律师共同维护社会的公平正义，维护法律的正确实施，维护当事人的合法权益，律师行业才能生生不息，走向辉煌。

三、聚是一团火，散是满天星

2015 年，初识盈科，被盈科国际化和规模化及专业化深深吸引，我认为，小公司做产品，大公司做平台，超级公司做生态。盈科这个生态圈，可以让我施展抱负和理想，盈科的理念正是"共生共荣"，加入盈科义无反顾。

2016 年，加入盈科成为盈科珠海分所的股权高级合伙人、监事会主任，我带领的投融资并购重组团队，是盈科珠海分所部门人数最多的。我的感悟是，合伙其实是个找人的过程，人找对了，此时不成，彼时成；此事不成，彼事成。

我特别欣赏倪伟律师的观点："智商不高，搞不定事；智商高，情商不高，搞不定人；智商高，情商高，不努力，一事无成；智商高，情商高，很努力，但执着，走不远；智商高，情商高，很努力，也不执着，但很自利，注定是孤家寡人；智商高，情商高，特精进，特利他，才是真正的超级合伙人。"我也是如此践行的。

四、走在前沿

我现任珠海律协行业发展战略及律所建设指导工作委员会的主任。为了让珠海的律师行业健康顺利发展，我牵头成立小组，潜心调研、整理分析数据。花了一年多时间，最终制作出一份诚意满满的《珠海市律师行业发展调研报告》，为珠海律师行业的发展和广大律师的自我提升提供了一份高质量的参考手册。这是一份可视化的调研报告，涵盖全球、全国和广东的数据分析、未来律师业务的发展趋势及业务的更新领域等内容。都是图表，一目了然。该报告指出，在消费升级、技术变革、组织创新三浪叠加的今天，律师行业正蠢蠢欲动，蓄势待发。在三大浪潮的共同促进下，律师行业将迎来快速发展的黄金十年。对于律师及律所该如何抓住机遇发展和变革，我的建议是：第一，运用科技手段提升服务效率，降低服务成本；第二，通过团队化、专业化高效协作，增强客户好的体验，保持核心竞争力；第三，提供一站式高端商务法律服务。

谈及 2020 年行业发展委的工作重点，我认为，目前亟需加快制定行业法律文书版本的标准化。目前科学技术不断发展，法律服务市场也发生了日新月异的变化，律师业务的收费模式、交付模式、生产模式等实践也随之发生了很大的变化。为了更好地应对，行业内最好制定出一系列相关文书的标准范本。例如，计时收费的合同和计费清单、策略分析报告、法律服务计划和报价、庭审情况汇报、法律检索指引、模拟法庭指引和案件信息管理指引等。此外，我打算带领团队多走出去，到省外和国外参观学习优秀律所，开阔视野，增长见识，了解时代发展方向。伟大的律所和律师首先是适应时代的律师和律所。

目前，"粤港澳"大湾区的建设、"一带一路"倡议的实施给律师行业发展带来历史性的机遇和广阔前景。对于律师行业如何作为，如何交上满意答卷，我认为，珠海处于重要战略位置，是门户枢纽。珠海律师要走在前列、勇立潮头、奋勇争先，找准角色定位，积极投身于建设中。另外，要加快涉外领军人才律师的培养，适应法律服务全球化的快速发展。青年律师兴，则国家法治兴。

五、终生学习

终生学习是我的座右铭。当今世界瞬息万变、科技日新月异，技术也在驱动法律。如果不更新知识，就很容易被社会淘汰。我是个危机意识很强的人。法律行业变化很快，以前上法庭陈述，可能只用文字。现在，你想要讲好观点，就必须有图片，特殊的案件可能用三维动画才能说清楚。律师要学会跟现代技术相结合，善于利用人工智能，降低工作成本，更好地完成工作。

古话说，读破万卷书，不如行万里路，亦不如看百样人。在我眼里，旅行是一种行走的教育，见识比知识重要。繁华缤纷的东京、气候怡人的温哥华、"摩天大楼故乡"芝加哥、浪漫之城普罗旺斯等都留下了我的足迹。在饱览异域风光的同时，我也了解了不同国家的历史文化，感受到不同地方的风土人情，开阔视野，增长见识，体验不同的生活，也从旅行经历中汲取工作营养。

如去到荷兰，我就想到了"一把鲱鱼刀成就一个海上帝国"的传奇故事。荷兰通过抢夺鲱鱼资源积攒了巨量财富，发展为海上物流与贸易强国，这对于今天的企业发展仍有许多启示意义。

我觉得自己很幸运，生于一个好时代。随着"依法治国"的全面推进、"粤港澳"大湾区的建设发展及"一带一路"国家级顶层倡议的实施，律师业务将呈现井喷式的发展。这对我来说，既是机遇，也是挑战。我坚信，"长风破浪会有时，直挂云帆济沧海"。只有不断学习，拥抱变化，勇于挑战，追求极致，才有机会到达理想彼岸。

刘晓安

不忘初心　砥砺前行

刘晓安律师，北京市盈科深圳律师事务所中国区董事、管理委员会副主任、股权高级合伙人、刑事法律事务中心主任，北京市盈科律师事务所全国刑事专业委员会副主任。为深圳国际仲裁院（深圳仲裁委员会）仲裁员、深圳市劳动人事争议仲裁院仲裁员、广东省法学会刑法学研究会理事、武汉大学刑事法研究中心研究员、武汉大学司法案例研究中心研究员、西南政法大学刑辩研究中心研究员、中南财经政法大学反恐怖犯罪研究中心研究员、深圳市青年联合会（第五届）委员、深圳市生命科学行业协会理事。

一、标签与头衔

2020 年 6 月，我又获得一个头衔，"盈科首届百名大律师"。

2020 年，距离我初到盈科深圳分所已有 6 年，距离我入职深圳特区法院已有 28 年，距离我就读武汉大学法律系已有 35 年。2020 年，是我跟法律同呼吸、共命运的第 35 个年头。

这些年来，前前后后主动争取，也被动获得过不少头衔。在特区基层法院，曾担任过刑事审判庭庭长、民事审判第三庭庭长、审判委员会委员、首届专家型法官。多次作为全国政法系统试点单位课题负责人，率先倡导并积极推行我国刑事审判制度（量刑规范化、轻微刑事案件快速审理机制）的司法改革。

我的虚荣心也时不时地冒个泡。近几年，除本职工作岗位上的头衔外，还努力地给自己添上了武汉大学刑事法研究中心研究员、司法案例研究中心研究员、西南政法大学刑事辩护研究中心研究员、中南财经政法大学反恐怖犯罪研究中心研究员，以及广东省法学会刑法学研究会理事、深圳市生命科学行业协会理事、深圳仲裁委员会仲裁员、深圳市劳动人事争议仲裁院仲裁员的标签。

或许，有人会觉得头衔、标签皆是虚名，带着七分功利三分庸俗。我却觉得，大可不必排斥头衔。头衔，是一种信息标识，是社会和他人对一个人过往经历、能力、成绩的评判，头衔背后必须有实力，靠专业和成果才能支撑。于我而言，头衔更是一种增强自信和掩饰不足的盔甲或伪装网。

但同时我非常佩服那些看淡头衔的人。比如周作人在《知堂回想录》中所写："我是一个庸人，就是极普通的中国人，并不是什么文人学士，只因偶然的关系，活得长了，见闻也就多了些，譬如一个旅人，走了许多路程，经历可以谈谈，有人说，'讲你的故事罢'，也就讲些，也都是平凡的事情和道理。"事了拂衣去，深藏功与名。

我，倒是一个实实在在的庸人，时不时对拥有这样或那样的头衔而沾沾自喜。

二、业务与业绩

我是一名律师，做律师就不得不提到业务。

专业化是律师行业的必经之路，否则单就成千上万的各种法律法规、司法解释、指导意见、参考案例就会将你深深淹没，使你严重"缺氧"，神经错乱。但是，对于自诩法律老司机、律师界新人的我，从一个"万金油"律师做起，还是必要的。因为我是一个不怎么纯粹专业化的专业律师。

我自认为，至少在深圳的执业律师中，我是唯一曾兼具刑事、民事两大诉讼领域庭长身份的律师。基于此，我的律师业务闪亮登场，突出三大领域：刑事辩护与风险防控、重大民商事诉讼、公司法律事务。

我身为团队带头人，主张和强调有效辩护，而非一味地作无罪辩护。有的案件事实不清、证据不足，在尊重被告人的意见基础上作无罪辩护，作不了无罪辩护的作罪轻辩护。也取得了不少有效辩护的成绩，有在侦查阶段撤案的，有在审查起诉阶段不起诉的，有在审判阶段作无罪判决的，还有变更羁押措施的、重罪改轻罪的，等等。办案专业能力固然是辩护成功的基础铺垫，但同时也得益于司法工作人员严格依法办案的工作素养、精湛深厚的专业水平、公正为民的司法情怀。

个人认为，看一名刑辩律师是否专业靠谱，绝对不是说任何案子到了他手上，都有办法做到有罪变无罪、重罪变轻罪、从重变从轻。就像我经常向当事人举的例子，律师的角色就像医生，患者的病是否有救不是医生说了算，医生能做的是为患者把脉，告诉患者病情轻重，提出准确、合理的治疗方案，做有方向、有方法的治疗。一名专业的刑辩律师，就是能又快又准地分析预判案件的最终走向，为当事人作无罪辩护、轻罪辩护；或是若当事人认罪认罚，则积极为其争取从宽处理，并提供中肯的法律意见。

民商事案件有输有赢，赢有赢的道理，输有输的原因。有的赢得侥幸，有的输得艰辛。就民商事而言，民事案件的法官也许会关注公平性原则，考虑双方当事人权利义务的平衡和对等。而商事案件更加注重意思自治原则。一般而言，如果离开双方当事人约定协议的自愿性，过度关注和审查协议条款是否公平，则有违商事活动的本意。正如"交易有风险，签约需谨慎"。

我服务过政府、部队、学校、上市公司、中小微企业等几十家顾问单位，除了审核公司合同，还参与商务谈判、日常咨询、提供法律意见等。对合同的审核尤为突出，做到能防范风险于前，挽回损失于后。因商机稍纵即逝，合同审核必须快速、及时。虽水平、能力有限，但有的顾问单位已四五年，对我仍不离不弃。感谢顾问单位的信任和支持，理解与包容。

由于"出道"晚，总希望把失去的光阴抢回来。起得比公鸡还早，睡得比夜宵的摊主还晚，来律所比助理还勤。在盈科的这几年，业务从无到有，业绩从少到多。

我深知，想要成为一名有专业段位的律师，单单会做一些案件、有一些业绩是远远不够的，还要在法学理论和实务研究上努力。我希望自己努力做好每一单业务，同时也能成为学习型、研究型的律师，这样才不辜负我的刑法导师马克昌先生、赵廷光先生等"珞珈法学"老师们多年的教诲。

三、学习与培训

我常常对别人说，我是一个爱学习的人。

早些年，为打好麻将、斗好地主，买了许多本书自学演练，妄想提高技艺一战成名。对于赖以养家糊口的法律，更是食不味甘、夜不能寐地学习。其中一种自以为行之有效的办法就是写专业文章、讲办案心得、搞业务培训。

2018 年在惠州参加广东省法学会刑法学研究会年会的参会论文《行政执法与刑事司法衔接问题探讨》获得二等奖，我生平第一次在大会上作主题发言，备感不易和惶恐。2019 年 12 月，我前往中山参加年会，参会论文《为网络赌博犯罪非法提供资金支付结算业务的行为定性浅析》获得了一等奖，更进一步。这篇文章是我对办理案件时遇到的疑难杂症如何对症下药、手到病除的法理分析，充分结合了司法实务。

有感于在办案中几次遇到被告人认罪认罚案件，因被告人或辩护人在法庭上对部分事实、情节、罪名提出辩解，或者被告人在一审宣判后上诉，公诉人当庭变更加重被告人量刑建议或者愤而抗诉。"认罪认罚从宽"这个非常好的制度，控诉、辩护、审判三方为何相爱相杀，如何做到各得其所？于是，《认罪认罚从宽制度下公诉权的泛滥与辩护权的萎缩——从被告人不认罪认罚加重量刑建议谈起》出炉，自认为还有些思考和一点点建设性的建议。

因为爱学习，组织律所的同事编写了《公司常见法律问题解答》一书，由中国法制出版社出版。我从就读硕士研究生开始，陆陆续续已参与编辑了20余本著作。

仅2019年我就在深圳律协、政法机关、盈科体系、所内所外参加、举办了10余起法律讲座，从校园欺凌的法律防范到公司融资过程中面临的知识产权阻击问题访谈；从如何提高签约成功率到怎样才能达到有效辩护。

总的来说，写文章、编著作、搞讲座的真正目的，在于倒逼自己学习、锻炼自己、提高自己。这也是我热爱法律行业的原因，它让你永远无法触及天花板。

四、结语

每一缕目光都自有温暖，每一次经历都自带喜欢。

卢光荣

回归业务本身　关注工匠传承

　　卢光荣律师，北京市盈科天津律师事务所管委会主任、建设工程法律事务部主任、高级合伙人，天津财经大学特聘专家、法律硕士中心兼职导师，天津案例法学会秘书长。

一、成功转型　实现梦想

　　卢光荣律师在执业前，曾任中学政治教师。5 年的教学经历、5 年的为人师表，熏陶了他严谨求学的作风，培养了精湛的演讲能力，塑造了他一身正气、满腔热血的济世情怀。在学校教课的这段时间里，波澜不惊的教学生活与他原本渴求变化、追求挑战的性格时时冲突，他的脑中一直环绕着一个问题——我究竟想干什么？

　　2002 年，卢光荣律师选择了在职备战中国第一考——司法考试。日常的教书育人使他在考试准备上形成了自己的一套独特方法，卢光荣律师称为"树"型记忆法，即在脑中构建出每一门大部门法的体系，再分支出无数的"树杈"，将每一个法条、知识点都搭在"树"上，这样可以在背诵、记忆、灵活运用法条解决现实问题时，迅速抓到知识点。通过这样自成体系的"树"型学习，他有幸高分通过了司法考试，完成了从"卢老师"转型到"卢律师"的第一步。

尤其值得一提的是，卢光荣律师最终决定是否参加司法考试前，曾通过律师朋友在天津《今晚报》《每日新报》上刊登律师广告，通过广告来进行市场调研，当他发现每天法律咨询量很大时，毅然加入了司考大军。那时他还没开始做律师，但已经提前认识到，优秀的律师，必须是法律与市场两驾马车并驾齐驱。

二、洞悉真相　快速成长

2003 年，卢光荣律师即将进入律师行业，又做了两件事：一是跑遍了天津市范围内排名前 30 的所有律师事务所，前往应聘，同时了解律师事务所的各种情况及招聘要求；二是四处询问如何做好一家律师事务所。第二件在当时无疑给人一种好高骛远的感觉。

实习开始刚满 6 个月，卢光荣律师便向律所提出不要固定工资，希望去市场摸索。在实习期内他就基本解决了律师初期阶段的生存问题。正式执业第一年，他的业务创收超越了许多执业 3 ~ 5 年的执业律师。在当年的经验分享交流会上，他用 3 个贬义词总结了第一年的执业经历："好高骛远"，年轻律师必须志存高远、目标远大，"三年学徒五年出师"并不适合每个人；"急功近利"，只要不损害他人的正当利益，可以采取任何合法方法快速成长，越快越好；"目空一切"，只要是自己代理的案件，一定深入研究、殚精竭虑，相信全世界不会有任何人比自己在这个案件上更专业。

卢光荣律师认为，作为一名优秀律师，最基本的素养是"敏锐发现事实真相，比委托人更了解案件事实"。

入行第一年，卢光荣律师就有幸接到了律师生涯中第一宗大业务，一个烂尾楼收购业务。对于执业第一年的律师，独立完成此等业务，无疑是天方夜谭。在"目空一切"心态指引下，他咬牙决定要将这单业务做成经典。之后，他将整个收购业务分解成数个小任务、小问题，没日没夜地研究，寻求其他资深律师的指点，找寻地产行业并购专业人士的支持，最终将业务做成经典。在半年的服务过程中，委托人竟然没有发现他是一位刚入行的"一年级律师"。

三、创办律所　大案连连

卢光荣律师执业刚满 3 年的时候，就马不停蹄组建了一家主营房地产与建设工程法律服务的律师事务所。2008—2017 年，他用了 9 年时间，将律所从 4 人规模发展到

30 余人，从 20 余平方米的办公面积发展到 300 余平方米，从 100 余万元创收发展到近 1000 万元。9 年间，他的团队承办了许多大案、要案，如某世界 500 强美资企业破产案、某房地产开发企业诉政府代建费案、某房地产开发企业开发楼盘涉嫌违法犯罪后小业主退房退款全程法律服务、收购某央企北京三环内未竣工房地产项目等。

其中，卢光荣律师对 2017 年某央企独立保函案件印象尤为深刻，该央企在乌干达有一个公路施工项目，保函金额达 9000 余万元人民币，因该央企在施工过程中出现了违约（是否违约双方有争议），乌干达方根据合同约定拟没收保函金额。接受委托时他被委托人告知只有 4 天时间，如没有恰当的法律措施，9000 余万元人民币保函金额，进出口银行将无条件兑付。当时时间紧迫，法律关系复杂，案件材料有很大部分是英文材料。据了解，此类独立保函案件在天津尚无立案先例，卢光荣律师团队的律师几乎通宵达旦作战 3 天，终于成功立案，实现了 9000 余万元人民币保函金额止付，将对手拖入谈判程序，最终成功避免了 9000 余万元人民币国有资产的流失。

四、加入盈科　前景广阔

2017 年年底，卢光荣律师考虑到传统中小所的局限性，经多方考察，决定加入盈科。彼时他说："我想释放既做律师又做律师事务所管理者的这个双重身份，回归业务本身，关注工匠传承。"

选择盈科是因为盈科的规模化、专业化、品牌化、全球化的发展规划，开放、包容的理念，独树一帜的管理合伙人（行政主任）制度，专业的行政服务团队，全球视野，全国市场。盈科为每名执业律师提供了很好的发展机遇，前景十分广阔。这样的发展平台，可以让自己更加集中精力钻研业务，实现更大的发展。

在盈科的 4 年时间，可以说是卢光荣律师与盈科相互成就的时间。基于盈科的广阔平台，让卢光荣律师能有更多展示和选择的机会，让卢光荣律师在工作中更能抽出时间关注业务本身，在办案中有更多的获得感、价值感。

五、卢律师想对青年律师说：定位决定地位

卢光荣律师将律师分成如下几个层次。

跑腿型律师，该类律师一辈子基本只接触最基本的简单民事、刑事案件，其专业水准绝不会比一个有较高研究水平且肯钻研的非法律专业人专业，该类律师承办的往往是委托人没有时间处理的"杂事"，故称为"跑腿"。

事务型律师，该类律师比跑腿律师水准略高，穷其一生，来什么案件做什么案件，部分案件甚至有一定的高度，但对于市场细分、专业定位、高端服务、精准开拓基本莫不关注，常年疲于奔命。

勾兑型律师，该类律师最大的特点是其先天或后天的背景，使其在案件来源、诉讼影响等方面有常人难以企及的能量，这种能量能够充分释放，其收费往往骇人听闻。

专家型律师，该类律师业务水准精湛，在细分行业内享有一定声誉，往往不擅长业务开拓，收费比不上勾兑型律师。

行业领袖型律师，该类律师业务水平精湛，行业内享有盛誉，其先天或后天背景强大，能量释放有充分的节制，业务创收无疑也是行业领袖。

卢光荣律师认为，青年律师入行后，有没有定位，如何定位，关系到青年律师的未来成长道路及层次。

撰稿人：何晴

罗勇 | 律途道漫　求索至善

　　罗勇律师，北京市盈科贵阳律师事务所股权高级合伙人、党支部书记、管委会委员，盈科全国业务指导委员会委员，盈科全国银行法律专业委员会主任，盈科研究院副院长，盈科全国青工委副主任。

　　某年，当我踏出金融行业，重新回到法律行业，选择成为一名执业律师时，心里带着昔日的憧憬，却也带着些许来自未知的忐忑。面对这个极富挑战性的行业，面对迅速成长的律师执业群体，在一个需要律师进行转型和改变的时代，摆脱原本固定的模式，不限于对律师传统业务的思索，开拓和发展更为广阔的天地和市场，需要想象力和充满挑战者的精神。那时的我开始思索未来的执业之路，那也是重回到法律这片天地之后，我的第一次深入的思索。结合自身的优势和特点，总结了自己往昔 10 年的金融行业从业经验，在积累了大量金融实务经验的基础之上，开始谋求法律同金融的第一次结合。

　　那个时候并没有专业化的理念，律师群体仍旧满足于传统业务的供给，当然，也与贵州这方天地有关。年轻的律师，必须考虑生存，站稳脚跟，同时这也是人生当中最为美好的一段时光，因为在一切学习的动力都最为充足的时候，在直面生活尚无那么多经验的彼时，更需要有一颗踏实的心重新开始。就是这样，选择从传统业务的基础做起，开始了自己的律师生涯。

多少的日夜，都交付于案头的笔耕不辍；多少的时光，都记载了法庭之上的唇枪舌战。直至今日，我始终觉得，诉讼业务才是律师的主战场，也是每一个律师一切业务的根本，所以现在回想起来，正是那些岁月里的坚持和不断学习，让今天的自己能够更深地去体会律师这个行业带给我们的思考。

古之立大事者，不唯有超世之才，亦必有坚忍不拔之志。天地之大，还当有更大的作为。过了不惑之年，人生已有了更深的体悟，就在我创立律所的多年以后，我开始寻求更大的发展机遇。时代的发展让沟通和合作零距离，律师业务的发展也应当不仅仅局限于本地的律师事务，而应当将视野放在更为广阔的层面。本土化律所的特点在于难以承接到跨区域，甚至是跨国界的律师事务的合作，而现有的这个时代，正是合作与共赢恰如其分的时代，于是我同维拓律师事务所的其他合伙人商量，准备寻找一家全国性的、具有高知名度和认可度、专业化的大型律所合作。通过一系列的考察与探讨，最终决定了建立北京盈科律师事务所贵阳分所的打算。彼时，结合自身专业特点以及整合资源的想法，想要通过全国性大所的引入来实现贵州律师市场同全国市场的对接，甚至是为往后国际视野的开拓奠定基础。通过为期几个月的筹备与商讨，最终于 2015 年 10 月，盈科贵阳分所得以成型落地，成为入驻贵州省的为数不多的全国性的大所。在此期间，我被选为盈科贵阳分所管委会的委员，并且负责分所的人事工作，在进入盈科后的数月里，通过全国性的活动和交流，开始发挥自己专业的优势，并同全国盈科各分所的同人建立了很好的联系，无论是业务开拓还是发展视野都与从前不可同日而语。

在 2016 年伊始，我开始思考这样一个问题：既然有了盈科这样的平台，并且有着如此丰富的合作资源，何不通过跨地域的合作来组建一个更为规模化的团队来提升业务的竞争力，通过资源的共享和业务的合作，来实现更大的目标。于是，从金融法律事务这一逻辑的起点出发，我寻找了全国各分所，特别是南方地区（包括武汉、广州、长沙、南宁、贵阳）各家分所从事金融法律服务的优秀律师同行组建了"盈加律师团队"，通过体系化的划分和思考，并且结合各位律师擅长的不同领域，将金融领域结合行业的需求和特点进行了更为细致的划分，将业务划分为基金法律事务、银行法律事务、资产证券化法律事务等方向，并且每一个方向都由一位资深的律师负责，再以此为基础来搭建自己的团队。

盈加律师团队强调，"各地域的无差别化法律服务，通过标准化、模块化的法律服务产品来实现金融法律服务的专业性，并且结合了新时代背景下的技术优势，来实现高效的团队协作。"

盈加律师团队成立至今，通过区域协同合作，已经为诸多上市企业、国有大中型企业、银行业金融机构、基金管理人提供了专业的法律服务，涉及融资规划、交易结构审查、产品设计、基金管理人登记、基金产品备案等诸多事务。

执业至今，一路走来，深知青年律师的不易同困惑，由此，我又加入了盈科青年工作委员会，担任委员会的副主任，我深知"青年兴，则盈科兴"，如何帮助青年律师更好地成长和执业，成为我人生当中的又一项规划。通过全国巡讲，一方面帮助青年律师提升自身的专业素养，另一方面为青年律师树立正确的执业观，帮助他们更好地度过执业初期的艰难，在业务上帮助他们更好地成长。

牟晋军 | 理性温和是一种力量，专业是一种态度

牟晋军律师，北京市盈科律师事务所中国区董事，北京市盈科广州律师事务所党委书记、管委会主任、知识产权部主任，北京市盈科佛山律师事务所知识产权部主任，北京大学粤港澳知识产权发展研究院研究员、执行院长助理。

记得还在考研的时候，我曾设想过我会不会成为一名疾言厉色、不苟言笑的冷面律师，实际上我自 2006 年从北京大学法学院（知识产权学院）硕士毕业开始律师执业生涯以来，离冷面律师越来越远，反而成为一个有"温度"的律师。

孔子在《论语》中有言："君子有九思：视思明，听思聪，色思温，貌思恭，言思忠，事思敬，疑思问，忿思难，见得思义。"执业 14 载，年过不惑，我依旧心境平和，又像一个初出茅庐的青年人一样，时时自省，永远热爱。

一、理性温和的力量

很多人认为我的性格不适合当律师，不够"狡猾"，不够"犀利"。我离开学校安稳又有前景的职位（当时我是学校里最年轻的科长之一），选择了深造，去读法律，既出于感性也出于理性，我清楚自己喜欢法律、喜欢律师这个行业。我本科学的是机械，工科背景是我成为知识产权律师的基础。从事律师工作至今，我始终不够"狡猾""犀利"，就这样一走走到现在。

作为律师，我们在协助社会主体认识法律权利，正确行使法律权利和救治被侵害的法律权利，在促进社会法治秩序的建构中，都发挥着十分重要的作用。在一定意义上可以说，律师关系着一个国家的文明程度和法治水平。每一次非此即彼的极端思维，都是在文明、法治大道上"挖坑"。

浮躁的时代，"理性温和"的价值观与言说方式是弥足珍贵的稀缺资源，法律界需要保持理性的思维和温和的表达风度。我始终坚持这一观点，并身体力行，为我身边的友人、同人带去正面的力量。

每年佳节期间，盈科广州分所党员律师都会组建一支爱心队伍，去社区为老党员、孤寡老人、低保人员等送去礼物，我喜欢与老人家交流，我们聊生活情况、身体状况，无话不谈，是亲人之间的关爱。只有温和才有这种拉近心与心距离的力量，才能让送去的礼物不是冰冷的物质而是温暖的人文关怀，我对待同事、当事人亦是如此。

二、在盈科，合众为一,我们始终走在专业化的路上

"流水之为物也，不盈科不行。"加入盈科，是志同道合。

我自 2010 年加入盈科以来，从普通律师到律所的管理者，一路走来，我与盈科情谊深厚，一同经历风雨彩虹。能够担任盈科广州分所党委书记、管委会主任、知识产权部主任等职务，得益于盈科同人的信任，我也会尽我所有，专心工作，奉献盈科，不负所托。

"风起于青萍之末，浪起于微澜之间"，理性度之，知识产权领域所呈现出的生机其实并非偶然。早年，知识产权代理机构所能提供的知识产权服务，仅仅是单纯、盲目、被动的专利、商标申请；律所所能提供的知识产权服务，也基本是律所以法律顾问的形式进驻企业，在企业遇到风险之时，派一两名律师提供解决方案和应对措施，以满足无法常备知识产权顾问团队的企业之需要。但是，这种模式的不足之处在于，等待问题来临时再解决，我们永远会滞后于企业一步。而知识产权领域的许多纠纷和危机，实际上是可以通过预先的布局、对竞争对手的知识产权的监控、对管理战略的提升化解或预防的。

于是自 2013 年起，我开始在盈科组建自己的知识产权律师团队，因为我认为，

单打独斗的发展模式，要达到全面、高效、高质地实现企业需求的目标，几乎不可能的。于是我就想，我一定要把这支团队做起来。现在，这支团队成了盈科的知识产权精锐部队，甚至可以称得上是华南地区律所知识产权团队中的先驱力量。2013—2020年，我的团队代理了 3000 余件知识产权诉讼案件，为 100 逾家企业担任法律顾问，提供各项服务 5000 余项，曾有多件案件入选最高人民法院年度 50 件典型知识产权案例、年度中国十大最具研究价值知识产权裁判案例以及省级知识产权典型案件等。

经常被人问到"律师团队怎样保持活力？怎样留住团队的优秀律师？"我的答案是要培养律师团队的使命感。

使命感不是虚无的，知识产权专业化就是我们的使命，这需要知识产权律师善于研究疑难复杂的法律问题，用极大的热忱对待每一个案件，有追求，有总结。

2016 年年末，我的母校北京大学与斯坦福大学、牛津大学三校共同主办了以"创新、包容与秩序——变化中的科技、互联网与法律"为主题的第五届互联网法律与公共政策研讨会，议题包括在全球科技创新的大环境下知识产权及法律制度所需要作出的适应与改变，以及人才流动和创业风潮对科技产业发展的影响，这次研讨会的主题十分触动我。此后我一直在思索，作为知识产权律师，我也是这一浩浩汤汤科技革命中的一员，在全球科技创新的大环境下我必须也要有所奉献，于是我参与广州市版权局发起合著的《软件正版化知识》及华南理工大学出版社出版的《图解软件知识》等书籍的编撰，旨在帮助软件使用者、软件资产管理人员掌握计算机软件的相关法律法规、软件版权保护方式和维权渠道，尊重智力劳动成果，推进软件正版化。后续还参与了《岭南知识产权律师行思集》的写作，思行合一，此书汇集了岭南地区众多知识产权律师的办案实录，思想指导行动，能够有幸影响到一批人，就是一位知产律师的小慰藉。

自 2019 年起，我开始专注于盈科知识产权业务领域一体化建设，致力整合盈科律师事务所各分所的知识产权业务力量。连接天南海北，盈科北南知识产权中心终于建立。未来我们将充分发挥盈科知识律师的才智，为全国客户提供专业精湛、流程高效、标准统一、质量保障的知识产权法律服务，为中国的科技创新和知识产权保护事业作出自己的贡献！

获得"盈科首届百名大律师"称号，与其说是一份荣誉，不如说是我向盈科递交的一份答卷。我以温和严谨展示盈科风度，秉持法律工匠之心，深耕知识产权领域，维系和发扬盈科品牌。未来携愿同行，让社会各界看到盈科的"温和"与"深度"。

聂晓东

怀抱理想　勇担使命　逐梦前行

聂晓东律师，北京市盈科太原律师事务所股权高级合伙人、管委会副主任、刑事一部主任，盈科全国刑辩学院副院长。

一、教书匠走出象牙塔，迈上"律途"新征程

十几年前，作为一名普通高校法学青年教师的我已近而立，平日里的工作除一周几节专业课和少许零星的课题研究外别无其他，课堂上的空洞讲授和少许索然无味的课题研究，让我感到自己的法学专业缺乏实践的支撑，停留在理论层面难以突破，所以我决定兼职从事律师执业。

在我三十岁那年，我迎来了生命中的三件喜事：儿子出生，获评讲师，通过司法考试。前两件事顺理成章，得来不费工夫，然而通过司考仅是律途职业的开始。都说律师执业难，兼职做律师更难，兼职从事律师助理难上加难。因为有教师身份，很多律所担心我不能全心投入律师助理工作，而拒绝了我的实习面试，最后是现如今的本

省律协副会长王主任接纳了我，为我提供了最初的执业平台。在她的律所不问出身，只论能力，只要你业务能力强，实习律师和执业律师一视同仁。在这样平等竞争、优胜劣汰的环境下，我度过了自己律师生涯最初也是最重要的三年。我从实习律师做起，认真对待所里交办的每一件法律事务，无论合同审查、非诉尽调还是出庭诉讼，我都尽全力做到最好。从最初的律师助理到能独当一面的提成律师，从每月薪酬1000元到年创收60万元，三年里我时刻保持着积极向上的心态，从不懈怠。在这段时间里，我尝尽了一名律师事业起步的艰辛和不易，但我始终没有灰心丧气，而是不断地总结经验教训。从谈案、接案到办案，我从一开始的跌跌撞撞到驾轻就熟，我越来越热爱这份具有挑战的律师职业，一直践行着社会权利与法律正义的代表这一准则，并下定决心要将这份职业作为毕生的事业去打造和经营。

三年一晃而过，我成为一名成熟律师，但事业发展遇到瓶颈，由于所在律所规模所限，很多律师缺乏自身案源而无法真正独立。我的业务量虽然每年递增，但每次办案或者服务顾问单位都是临时与其他律师搭档合作，合作无法长久，服务效率提升艰难，这或许是每个律师发展过程中的必然。随着法律服务行业的飞速发展，单枪匹马的律师与团队相比，效率低下，加之我的团队组建遇困，事业发展难以突破，所以我只能离开而选择一个更大、更宽广的律所平台。

二、结缘盈科谱新曲，术业专攻有成绩

2015年12月的一天，"律途"一片迷茫的我走进了盈科太原分所，它刚刚落地太原还未挂牌营业，正在招贤纳士，和我一样来应聘的律师络绎不绝。我被它深深吸引：宽敞大气的律所环境，开放包容的执业平台，平易近人的合伙人律师，热情满满的行政服务，我想这正是我所向往和追求的理想平台。毫不犹豫，我当即选择加盟盈科成为股权高级合伙人。那一刻，我的盈科执业生涯扬帆起航。

蓦然回首，弹指一挥间。我来到盈科，见证了盈科太原分所从无到有，从小到大。5年来，全所上下团结一心谋发展，规模化、专业化成绩斐然，平台优势凸显。加入盈科以来，我一直坚持以刑事专业化发展为目标，秉持着专业、敬业的态度和最大限度维护委托人的合法权益的理念，在刑事业务领域不断深耕，认真、负责地完成每一个案件，取得了较好的成绩。由于在刑事专业方面的不断积累和口碑沉淀，我成功当选山西省律师协会和太原市律师协会刑事诉讼专业委员会委员。由我组建的盈科太原分所刑事部成为盈科太原分所最早成立的专业化部门之一。部门成立四年来，在职务犯罪、重大经济犯罪辩护等领域办案效果良好，不同程度地取得了不捕、不诉、

缓刑、摘黑去恶等结果，在省内具有了较高的知名度，获得了业内众多同人的一致好评及认可。正是在这样的背景下，我的个人业绩一年一个新台阶，所带领的大部门评比也在分所名列前茅，部门成员数量也发展为当初的两倍，达到27人。

在过去的5年里，我办理刑事案件数量近200起，其中不乏一些有重大影响的案件，如职务犯罪案件、毒品案件、涉黑涉恶案件、走私类案件，有一部分案件取得了缓刑、不起诉的良好办案结果，得到了当事人的广泛认可。

成绩的取得除我个人的努力外，离不开盈科强大的平台优势和部门成员的齐心协力。我感恩盈科的每一位领导、同事，正是在大家的支持和帮助下，我才能越来越坚强、自信！

另外，作为兼职律师，从事法学高等教育十余载，理论实践互相促进，融汇法学理论和办案实践于一体，办案之余，我也没有放松对理论的钻研，坚持自我提升，发表学术论文多篇，如《论证人拒证权》发表于《经济师》，《山西经济转型时期劳动关系稳定的法律调整》发表于《经济师》，《疫情防控背景下寻衅滋事罪的识别与犯罪预防》发表于《盈科法律微观》，《疫情防控时期网络谣言的刑法规制》发表于《盈科法律微观》，《判例思维：争取同案同判有效辩护》收录于《"盈"的秘密》。

来到盈科的5年，是我迅速成长与蜕变的5年。我从一个普通的律师成为了盈科全国刑辩学院副院长、盈科太原分所管委会副主任、盈科太原分所刑事法律事务部主任，以及山西省、太原市两地律师协会刑事诉讼专业委员会委员，太原理工大学刑事辩护研究中心高级顾问；并荣获2016年度、2017年度盈科全国刑事专业领域优秀律师，2018年盈科太原分所优秀律师等荣誉。未来的路上，我依然会不断努力，带领盈科太原分所刑事一部，踏实进取，乘风破浪，砥砺前行！

三、坚守初心追求法治梦想，构筑刑辩人文情怀

作为一名长期从事律师实务和法学教学研究的一线法律人，多年的工作经历给我带来了对法学这门学科更加深刻的理解与感受。一位刑法学家说过："法学是一门施展才华、满足自尊、唤起激情、伸张正义的学科。"而我认为律师这个职业把法学这些特点淋漓尽致地表达了出来，它可以督促我们不断学习积累，点燃工作的满满激情，让你时时刻刻在为追求公平正义而奋斗，又充分体会着其中的那份成就与满足。理想源于热爱，当时的我一心想做一名专业的刑辩律师，想要手执法律，仗剑天涯，用自己的专业知识和技能为当事人辩冤白谤、维护正义，也正是这样的初心让我踏上了我的刑辩之路。

随着办理的案件不断增加，我逐渐对刑事辩护有了更加深刻的体会，刑事辩护关乎生死、关乎自由、关乎一个人乃至一个家庭的命运，甚至关乎着法治的发展与进步。我深深地感受到，一个优秀的刑辩律师不仅要有精湛的业务素养，更应该拥有刑辩律师的情怀。一方面，我们应该做一个有温度的刑辩人，在案件中，刑辩律师不仅向当事人提供法律专业帮助，还包括精神支持、心理疏导、情绪调整等方面，给当事人信心、勇气、力量，鼓励当事人理性从容地走过诉讼程序。在当事人消沉甚至有轻生念头时，刑辩律师鼓励其燃起生的希望；在当事人焦躁、焦虑时，刑辩律师客观分析使其冷静；当事人纠结、犹豫时，律师告之利弊晓以利害，帮助其理性抉择。所以在刑辩律师的身上，应该永远闪耀着人性的光辉。另一方面，我们应把追求公平正义、推动法治进步作为我们开展刑事辩护的出发点和落脚点。在当下法治社会建设步伐大踏步迈进的大背景之下，我们更应该怀着彰显公平正义的情怀，怀着推动中国法治进步的拳拳情意，办理好每一个刑事案件，为追求自由平等、为促进社会公平正义、推动法治进步贡献自己的力量。我是这样想的，也是这样去做的，就在这样帮助他人、服务社会、履行本职工作的过程中，我也在坚守初心，追逐自己的梦想！

四、勇挑律所发展重担，不忘职业社会担当

进入盈科以来，作为团队和大部门负责人，我坚持带领团队、部门以发展刑事业务为导向，注重品牌建设和律师的专业水平提升。通过盈科全国刑委会、刑辩学院、青工委链接四海，全国联动，几年来参加各地各类专业活动几十次，通过内练素质，外塑形象，打造了一支在山西省范围内具有一定影响力的刑辩团队。同时，我积极为部门引进优秀律师人才，助力律所专业化，规模化发展。另外，在创收方面，我部门每年均能超额完成预定创收任务。未来我会带领部门一路前行，再上新台阶！

在担任律所管委会副主任期间，我分管内部风险审核委员会、青年律师工作委员会，担任刑事一部主任，在这里我同样积极倡导专业化、规模化发展。在分管青工委工作期间，我秉承着"青年兴，盈科兴"的理念，带领青工委开展各种活动，促进青年律师法律研究专业化、规范化，并聘请国内知名法律学者到律所授课，邀请陈少文到律所举办"陈少文刑辩专场讲座"，提高青年律师的综合素质。

在分管内部风险审核委员会期间，我负责起草和制定《北京盈科（太原）律师事务所扫黑除恶案件律师辩护与代理规定》，接待省市律协扫黑除恶专家组的多次莅临检查，为在扫黑除恶专项斗争中律师积极发挥辩护与代理工作起到带头作用。我负责修改和完善所内各个领域委托代理合同，为律所标准化、规范化奉献自己的力量。

同时，我积极承担社会责任，积极参加太原市法律援助中心组织的"值班律师坐班"，为低收入人群提供法律援助刑事辩护；担任山西省证券期货调解中心调解员，并在太原市总工会开展了刑事法律风险防控专题讲座。我一直心系公益，常年捐资助学，新冠肺炎疫情期间我先后参与三次募捐。我认为这些都是一名刑事大律师应有的人文情怀和社会担当。

此外，作为刑辩律师，我们还承担着制衡公权力、为公众提供法律服务、引导公众信任法律的责任以及维护司法权威、宣传法治精神的责任，努力实现个案正义，努力传播法治思维，推动中国向着法治方向发展。

五、结语

本次评选获得"盈科首届百名大律师"称号，我的内心感到非常惶恐，但却又十分坚定。惶恐于在盈科律所人才荟萃，我与众多优秀同行比肩其实还有很大差距；坚定在于我相信只要我坚持这份专业、敬业的态度，保持努力奋斗、勇往直前的姿态，便一定能够赋予这个称号更加丰富的内涵。我常常用这句话来警醒自己，爬上山顶不是为了让全世界看到你，而是为了让你看到全世界。经过多年的努力，我得到了一些成长，来到了更高的平台，迎来了我执业生涯的蜕变，同时也更加坚定了我的理想信念，明确了我的责任与使命。参加此次评选，对自己而言是一个新的挑战，也是一个新的机遇。我要拿出奔跑者的姿态，追逐梦想、勇担使命！纵有疾风来，人生不言弃！

秦树山 | **手中有剑　眼底有光**

秦树山律师，北京市盈科律师事务所全球总部合伙人，北京市盈科沈阳律师事务所监事会主任、房地产法律事务部主任，辽宁省律师协会公司与投资并购法律专业委员会副主任，辽宁省优秀律师，沈阳市工商联法律顾问，辽宁省企业法律服务特约律师。

秦树山律师，盈科沈阳律师事务所的一位高光律师，他在律师业摸爬滚打 18 年。18 年来，他在维护司法公正的道路上精耕细作，收获了当事人的尊重，赢得了业界同行的钦佩。

在他身上有众多头衔，头顶着诸多耀眼光环，还有着令许多律师敬仰的业绩。

初闻秦律师，觉得他是远远地站在山尖上的人，而每一个人在爬上山巅之前都会有一段默默扎根的日子。

一、怀揣梦想，追求正义

都说百闻不如一见，第一次见到秦树山律师，很难将面前这位面色温和、神色淡定的他与那么多的华丽业绩联系起来，也很难将他身上特有的儒雅气质和谦逊姿态与他所拥有的光环联系起来。秦树山律师平时话不多，没有很多大牌律师身上的霸气外露，在他的脸上常挂着一种随遇而安的微笑。在公众场合，话语最少的往往是他，他习惯了专注的倾听。都说每个人都是有气场的，在秦树山律师身上体现出来的气场就是这般的波澜不惊，却又令人折服。

秦树山律师说很早以前选择法律专业就是他的梦想，这是一个关乎社会公平正义的选择，法律人特有的社会责任感使这个职业比其他职业更能够为世间炎凉补充一分温热。他希望能用自己的所学为社会发展中的正能量增添砝码，他希望有一天能够为这个社会需要帮助的人做一些有意义的事情。

然而和许多大学生一样，道路的选择往往无法全部依从于自己本心。秦树山律师说从事公职以后，那个时候总觉得缺点什么，总觉得自己的人生价值并不是在这里安逸一生，没有挑战的生活让他担心自己会不会有一天也变成了一只温水里的蛙，儿时的梦想始终让他的心蠢蠢欲动，用自己所学主持正义的愿望一直在思想的斗争中成长。选择是困难的，因为选择就意味着会有放弃，秦树山律师的选择是要放弃似乎已经习惯了的令人尊重的岗位、平静而轻松的生活，放弃已经打开的良好的局面，进入一条没有预期、充满挑战的道路；特别是在选择的时候掺杂着世俗的眼光、家人的期望，增加了更多不定的因素。然而，让自己的心说话，遵从心底的意愿使他最终说服了自己，放弃了稳定的工作，脱离了清闲的工作状态，走进了律师队伍，一切从头开始。秦树山律师说，那个时候作出选择是迅速的，迅速到不让自己有更多的思考时间，因为想多了就会犹豫、牵绊，他只是遵从了本心，做一件想做的事情。"做自己想做的事情"，看似简单的一句话，却有很多人无法从了这份心愿，是不敢，是不愿，是缺少破釜沉舟的勇气。

二、舍弃安逸，直面挑战

既然下定决心，就会从容不迫。说起秦树山律师第一次走进律师事务所，他略微一笑，这个机缘来自报纸中缝中的一个广告。一家在辽沈地区有着良好业绩的大所，业务发展需要招聘律师助理，就是这个小广告，把秦树山律师领进了律师队伍。事务所主任亲自面试，看得出他对这个年轻人是满意的，但是看到他的背景也不禁犹豫地问："你会辞职，来做律师助理?"就像所有人一样，充满质疑，也充满不解。但是一周后，当秦树山律师办理完所有辞职手续再次站在事务所主任面前的时候，这位有着丰富执业经验的老律师也隐去了惊讶，眼底里更多的是赞许和期待。多年过后，曾经的师徒已经成为合作伙伴，再谈起这一段经历，依然充满了钦佩。秦树山律师只是淡淡地说，"那时不容自己多想，只是觉得年轻就应该多一些经历，更何况这是自己最初的梦想，所以就没有那么多的惧怕，反而有一种迎接挑战的兴奋"。

和大多数的律师一样，秦树山律师跟着自己的师父从律师助理开始做起，学习律师业务，学习处理案件。但是和其他律师不一样，秦树山律师比同期的律师前进得要快得多，成长得也快得多。人们往往都会看到成功后的光环，却鲜有人关注成功背后的付出，那段日子充实也辛苦。当时所里给某银行做尽职调查，很多工作都需要年轻的助理奔波于各地收集资料，那时大家还都没有车，秦树山律师说有一辆二八大杠自行车就很知足了，这辆二八大杠车伴随着他风里雨里，晨曦日暮。问他那时会不会留恋当年坐在办公室里的日子，他笑，然后说不会，因为没有时间去想这些，每天都很忙碌，但是觉得有使不完的劲。那时，一个月只有 500 元的助理补助，吃得最多的是鸡蛋西红柿盖浇饭，因为便宜，而且饭菜都有，秦树山律师说那时候似乎把这辈子的盖饭都吃完了，现在一提起西红柿盖浇饭还心有余悸。这些经历可能很多律师都有过，律师这个职业看似光鲜，却是在大浪淘沙中历练出来的，有多少人在这条道路上退却、挫败，真正能够走出来大放异彩的，无一都是经过刻骨铭心的努力，唯有坚持才是必由之路。

秦树山律师的成长道路看上去比别人短，他总是谦虚地说，他机遇好。其实机会是公平的，而把握机遇的能力才是决定因素。每个人的成功都并非真正的偶然，秦树山律师的做法就是勤勉做事，对待任何一个小问题都仔细认真，抓住每一个可以学习的机会。

去工商局调卷是最简单的工作之一。对于别人来说，就是个跑腿活儿；但是对于有心人来说，每一本卷宗都记载了一个企业的发展历程，这里面的每一个文件都是企业设立、经营中的重要资料，调卷、研究这些一手材料，也是一个系统学习的过程。帮助老律师归档，也是很多年轻助理不愿意做的事情，这些简单的重复工作似乎只是浪费时间，但是秦树山律师说，每一次案卷归档对他来说就是一个活生生的案例，这里面有老律师的经验，每一个法律文书也体现了律师的工作成果，从案例中也能找到一些经验教训，而从别人的案例中找教训是没有成本的学习。不同的工作态度，决定了不同的发展历程，秦树山律师就是这样的一个有心人，在简单、重复的工作中挖掘价值，主观能动性的发挥助推了他在业务能力上的快速成长。一路走来，回想起来，一切皆非偶然。

秦树山律师为人很踏实，对每一个当事人都很负责任。当严谨成为习惯，当责任成为一种品质，机会就开始敲门了。一家公司的老总有一次一身便装来到律师事务所咨询，对于这样一位衣着普通的老人，没有引起律师的注意，认为就是一个普通的咨询，收个几十元钱也就算了，这种当事人并不是大多律师眼中的"潜在客户"。秦树山律师接待了他，一如对待每一个当事人一样，他用自己的法律知识解答老人的每一个问题，思路清晰，法律功底深厚，老人看起来很满意，问题也多了起来。秦树山律师良好的执业习惯让老人对这次律师接谈非常满意。几天后，老人回来了，带回了一个常年法律顾问的大单，并且点名要秦树山律师来做，这个法律顾问一做就是 10 年，这也奠定了秦树山律师在这个领域中的口碑，后来很多相关企业都找秦树山律师提供法律服务。很多律师羡慕地说他真是幸运，能有这么好的机会，其实不然，起决定作用的不是机会，而是在机会面前固有的态度和能力。

三、加盟盈科，善用平台

随着秦树山律师业务迅速展开，他已经从一个忙前忙后、做辅助工作的小助理成长为一个独当一面的律师。在积累了一定的客户资源以后，2008 年，秦律师成为一家律师事务所的主任，有了自己的律师事务所，这无疑为秦树山律师的律师生涯带来了更多的机会。年过 30 的律所主任，正是放开手脚，大展宏图的好时候。然而就当所有人都看好这个年轻的主任时，他又作出了一个令人不解的选择。2010 年 10 月，秦树山律师放弃了律所主任的职务，选择了刚刚组建不到半年的盈科沈阳分所。当时的盈科沈阳分所，坐落在沈阳的标志性建筑——中山广场附近，律所处于刚刚起步阶段，无论是行政团队还是律师团队都很年轻，刚刚装修一新的工作间还有很多是空着的，完全是一个筑巢引凤的状态。业界对这样一个凭空而降的"大所"大多持观望和怀疑的态度，出人意料的是秦树山律师竟然选择了盈科。当人们问及这是为什么的时候，他依旧淡淡一笑，却很坚定地说："我看中的是盈科的平台。"

盈科是一个什么样的平台，当时的盈科到底能有什么样的发展，一切还是未知数，在竞争激烈的律师事务所中能否在辽沈大地站稳脚跟谁也说不清楚，但是秦树山律师说，未来律师业的发展必然向专业化的方向转换，"万金油"型律师已经无法立足，盈科追求专业化的发展道路，为每个律师选定主要的发展方向，这是国外律师事务所普遍发展的轨迹，盈科专业化的理念吸引了他；律师业的成长不能再依靠某个律师单打独斗，需要团队合作共赢发展，盈科在全国乃至全球的快速布局，为盈科体系内律师的合作搭建了桥梁，为不同领域、不同地域的律师提供了合作的机会，盈科从全国的综合大所走向国际化，为律师提供更加广阔的合作发展空间；盈科体系下孕育了多种结构和产业的联合，这使得传统意义律师业务平台得到了更加充分的利用，使得各个领域相得益彰；盈科还有一支强大的服务团队，行政、客服、市场的紧密配合，为律师解除了后顾之忧，而高品质的办公环境不仅提高了律师的工作质量，也为律师赢得了更多当事人的信赖。

当这些在一些人眼中还是未知数的时候，秦树山律师已经用敏锐的洞察力看到了盈科平台的价值，这个价值是比发展良好的助推器，因此他毅然舍弃了事务所主任，选择加盟盈科。在盈科 10 年，秦树山律师见证了盈科沈阳分所从小到大，逐步成为业界龙头的过程，盈科沈阳分所也成就了秦律师跨越式的发展，应该说这 11 年是秦树山律师与盈科共同成长的 11 年，是互相成就的 11 年。

秦树山律师在盈科沈阳分所有着非常好的口碑，因为他勇于突破，不畏困难；因为他办事严谨，业务精湛；因为他处事低调，平易近人。

四、思路灵活，绝处逢生

沈阳本地的一家高科技企业，被一家上市公司提起知识产权诉讼，请求的赔偿额总计超过亿元，这个诉讼的成败关系到这家企业的生存，企业高层非常重视，将案件系统整理后分别在沈阳、北京两地探访了多家律师事务所，分析各个律师给出的建议。秦树山律师从接触这个案件到给出诉讼方案的时间很短，因为客户等不了太久，也不容得律师再仔细地论证。但是秦树山律师给出的诉讼策略却明显不同于其他律师，回避了诉讼核心的侵权问题，而是从诉讼主体是否有资格入手。这个诉讼方案让企业眼前一亮，和秦树山律师的接触过程中发现他不但思路独特，更重要的是清晰有据，言辞不多却句句实处，信赖感就这样出现了。很快客户作出了决定，将这个关乎企业重大命运的案件委托给秦律师团队。

秦树山律师说，很多时候做律师是压力重重的，但是这些压力并不是来自案源、收入，更多的是面对当事人的信任，不容得律师有丝毫的闪失，不能因为律师的任何过失而错失了良机。这个案件，秦树山律师组织诉讼团队多次论证方案，作为盈科疑难案例广泛听取其他律师的意见和建议，在开庭前多次组成模拟法庭，设想对方能够采用的各种诉讼策略。当最终走进法庭的时候，一切了然于心，面对对方强大的律师团队，秦树山律师团队从容应对，据理力争。这样的场景已经演练多次，正是在充分准备的基础上，不但赢得了法庭的支持，也得到了当事人的赞许。一审的胜诉似乎在预料之中，对方提起了二审。二审中，对方的律师加大了对案件的投入，聘请了咨询顾问、案外证人，一副志在必得的样子。秦树山律师鼓励自己的律师团队要遇强更强，这个领域没有绝对的赢家，细节决定成败。其实不论多么复杂的案件，最终一定有一个核心问题，律师的作用在于找到这个核心，在庭审中带领法官进入这个核心，阐明观点。说起来简单，但这需要对案件深入细致的了解，需要对法庭过程的全盘掌控。案件历时两年，秦树山律师两年来始终将其作为重要案件对待，不仅因为标的巨大，更重要的是信赖的责任巨大。2018 年元旦前夕，盼望已久的二审胜诉判决让沈阳的这家高科技企业开开心心地跨年了，终于松了一口气，感激之情溢于言表，秦树山律师还是那么淡淡一笑，"这是我们应该做的"。在他心中，不惜一切努力维护客户的最大利益，把每个案件做到极致，为客户的信任不遗余力地埋单，这些就是一个律师的本份，一个律师应该做的。

五、不吝援手，承担责任

有人认为秦树山律师接手的案件都是标的额比较高、重大疑难的案件，其实并非如此。秦树山律师说案件不分大小，当事人不分贵贱，信任的重量是一样的。特别是面对一些弱势的当事人，秦树山律师总是不吝伸出援手。

一位辽中的当事人，在离婚诉讼中没有很好地保护自己的权益，仅有的一处住房因为一审败诉也没有得到，带着未成年的儿子面临无家可归的境地。秦树山律师毅然接下这个案件，决定为她讨个公道。当事人的经济比较困难，秦树山律师将该案做成了援助案件。这个案件看似简单，却错综复杂。秦树山律师丝毫没有因为案件是没有收益的而有任何懈怠，反而更加重视，不断深入分析，寻找突破，搜索相关案例，在这个小案子上花费了大量的心血。有些同人不太理解，因为律师的时间很宝贵，秦树山律师也是一个非常珍惜时间的人，每天的计划都是满满的。但是他说，律师要有律师的担当，我们选择学法律，不是因为这个行业可以挣大钱，而是因为这个行业可以为社会的公平做点什么，可以有机会帮助那些需要的人，今天我能伸出一只手，可能就给了她生活的希望。在这个金钱诱惑的时代，在这个追名逐利的时代，能够摈弃利益的蛊惑，坚守内心的本真，只有这样的律师才能走得更加长远。

六、甘愿奉献，组建团队

秦树山律师的平易近人是在业界出了名的，他的办公室经常是大家讨论问题的聚点。年轻律师有了问题，有了棘手的案子也都愿意到他这里来取经。因为他没有架子，容易沟通；因为他思维敏捷，经常另辟蹊径；因为他法律经验丰富，功底深厚。秦树山律师总是热情地沏壶茶，边喝边聊。

秦树山律师说："这个行业需要成长，不是一个律师能够完成的，需要一代人，几代人的努力。我也做过律师助理，知道年轻律师的不易，希望我能帮助他们，让他们少走一些弯路，节约一些时间，这也是行业发展的要求。"这是对律师这个行业的责任，是一种自觉自愿的责任。其实从年龄上说，秦树山律师也是年轻律师，只不过他的经历、成就让他觉得比别人更成熟、更沉稳，所以即使年长他几岁的律师，也愿意称他"秦哥"，这个称呼无关年龄，而是在折服之下的尊重。

律师的发展不能依赖个体，团队建设已经成为一些成功律师继续发展的模式。秦树山律师周围聚集着一群志同道合的优秀律师。大家说能够在一起做事是一件愉快的事情，能够做一些有意义的事使工作更有价值。团队的成长离不开每位成员的努力，更重要的是团队的领军人物要有核心的作用，价值观的认同、目标的一致都需要这个核心人物的协调和指引。

秦树山律师团队从最初的两三个人，随着业务的增长变成了五六个人，现在已经超过10人。最为难得的是这是一个非常稳定的团队，精诚合作多年。实际上，律师的团队合作很容易存在危机，利益面前可能会引起纠纷，但是秦树山律师团队从来没有因为所谓的名利之争产生任何矛盾，秦树山律师总是周到地为每个人安排适合的工作，合理调配团队的资源，最重要的是在利益分配上让每个人满意。他说我可以少赚点，甚至不赚，但是一定要让每个人的劳动付出有所收获。一根手指再长，不过是一指之力，十根手指握成拳头才能完成有力的出击。

秦树山律师不仅安排团队的律师做事情，还为每个人量身制定发展方向，发挥各自的特长，鼓励大家扬长避短，在一起取长补短。他经常说，一个人做律师的时候考虑自身的发展就可以了，现在我有更大的责任，要让团队和每一个成员都有持续的发展空间，让大家都有所突破。也许这就是人们常说的担当吧，这种担当不是每个人可以有的，它需要有无私的胸怀、卓识的远见，还要以庞大的格局为支撑。

在秦树山律师的带领下，团队发展迅速，目前为沈阳多家世界五百强企业以及政府部门提供法律服务。每周五是秦树山律师团队雷打不动的交流时间，也是互相学习的时间，秦树山律师的办公室也经常传出此起彼伏的笑声，这个团队永远在这样紧张的工作中保持着快乐融洽的氛围。因为他没有领导的架子，永远温和淡定。但是威望并不受丝毫的影响，这种威望是发自内心的折服与信赖，是心甘情愿地追随。

七、热爱生活，珍惜健康

律师是一个极耗心血的职业，是名副其实的脑力工作者。长时间高压工作使很多律师都处于亚健康的状态。秦树山律师常说，健康是"1"，所有的财富和荣誉都是后面的"0"，没有了"1"，这些"0"都没有意义。所以他鼓励团队律师保持良好的生活习惯，鼓励大家要有自己长期坚持的运动，也为大家创设各种条件。他经常组织团队律师去打羽毛球、爬山，他还自掏腰包为大家办理羽毛球会员卡，虽然这并不是他擅长的项目，但是他也愿意和大家一起运动。为了能够让每一位团队律师关注自己的健康，秦树山律师为每位团队成员每年提供体检基金，要求每人每年进行一次全身的基础体检，时刻关注自己的身体状况。他说，我们这个年龄都是家里的顶梁柱，善待自己、善待生命就是对家人负责。

为了缓解大家的工作压力，也为了增强团队的凝聚力，团队定期举行休闲聚餐，让大家在忙碌的工作中能够有足够的喘息和释放的机会。团队的规模越来越大，每次的聚餐休闲活动也越来越热闹。秦树山律师说，我们要学会慢下来，急着赶路的同时也要欣赏沿途的风景。

秦树山律师团队还保持着每年两次的团队旅游。他说工作赚钱是生活的手段，不是生活的目的，最重要的是对生活充满热爱。外出度假可以让大家把工作暂时完整地放下，去让身心有一个修整的机会。团队的出行也增进了团队的凝聚力，以秦树山律师为核心的这个集体更加稳定、团结而有战斗力。在事务所，这是一个令人羡慕的团队，工作起来有干劲，工作之余有笑声。

八、与时俱进，惜才爱才

律师是一个需要持续学习、不断充实自己的行业，也是一个需要具备敏锐视角，捕捉商机的职业。在互联网大数据高速发展的科技竞争时代，有很多新的问题，也给法律服务提出了新的挑战。秦树山律师很早就意识到未来的法律服务需求和模式必然会发生重大的变化，必须有居安思危的意识、与时俱进的态度。秦树山律师一直要求团队律师保持学习的热情，有计划地在自己擅长的领域精耕细作，也为年轻律师提供进一步学习的机会。无论是所内、所外的学习还是培训，无论是免费的还是收费的，只要是优质的学习机会，一定不错过。秦树山律师会资助鼓励团队律师去学习，学习回来与大家分享收获，让团队律师都能受益。

团队有刚刚执业不久的年轻律师助理，虽然勤奋好学，但是作为新手律师，工作压力和生活压力也比较大。秦树山律师是惜才的，主动提出让律师助理去进修硕士，提高职业修养，而且还赞助学费。很多人不理解，律师助理都是干活的，特别是秦树山律师团队的工作量非常大，经常处于人手紧缺的状态，怎么还送出去学习，还赞助学费？在律师界这个以效率优先，以收益论成败的行业真是闻所未闻。秦树山律师说："我们每个人都是从青年律师过来的，我理解他们的不易和无奈，也知道年轻和时间对他们的价值，趁着有时间、精力多学习，提升自己，这对一生的职业规划都有好处，优秀的青年律师值得我们多费一些时间，多费一些精力，承担一些代价去培养。"他就是这样的惜才、爱才，也是这样的愿意站在别人的角度去思考的人、有担当的人。能够遇到这样的师父，引领前进，是人生一大幸事。

九、坚定信仰，敬畏法律

每个律师的执业道路都不是一帆风顺的，也并不是所有的案件都能达到预期的效果。在这个领域中的无奈和迷茫是每一个法律人都曾有过的，秦树山律师的团队也不能幸免。

曾经，团队有一个再审案件，经历了最高院的再审，成功实现案件发回重审，给近乎绝望的当事人带来了希望。团队律师对案件倾注了大量的心血，积极组织材料，但是经过一年多的努力等到的并不是一个令人满意的判决。面对这样的结果和一些无法改变的现状，律师也有不满的情绪，也有一些失落，甚至对职业价值产生怀疑。每当这样的时刻，秦树山律师总是能淡然处之，他常说"正义可能会迟到，但是绝不会缺席"。在他身上有一种韧性和对法律执着的信仰。他会坚持用自己的专业为当事人争取权益，他鼓励当事人继续上诉，走完每一个可以争取的程序，用专业的法律能力维护司法的公正。执业 18 年的时间里，秦树山律师遇到的类似情况也很多，但是他始终坚信法律。他说，作为律师，面对维护社会公平的最后一道防线，我们必须相信法律正义，坚守法律底线，敬畏法律尊严。

自信而稳重，严谨而敏锐，卓越而低调，与时俱进又平和淡然，平易近人又真诚友善，这就是秦树山律师用 18 年的执业经历刻画的律师形象。罗曼·罗兰曾说，"世界上有一种英雄主义，那就是认清生活真相后，依然热爱生活"。律师也是如此，律师领域有一种成功，那就是认清法律的真相后，依旧敬畏法律。在经历了 18 年的执业磨炼，秦树山律师依旧像那个出走半生，历经世事风霜，归来仍是充满信仰的少年，手中有剑，眼底有光！

撰稿人：孙宁

沈彦炜 | 一位专业律师的变与不变

　　沈彦炜律师，北京市盈科上海律师事务所全球合伙人、管委会主任、党委副书记。

　　"千万别让专业把律师给框住了。"这是沈彦炜律师经常挂在嘴边的一句话。

　　在旁人眼里，不论哪个方面，沈彦炜律师都是那种标准的专业律师。他 1998 年毕业于华东政法大学国际法系国际经济法专业，既有在法院从事涉外案件审判的实践经验，又长期在律师执业中从事涉外案件服务，还入选了司法部千名涉外律师名录。这样一个"主流"的涉外专业律师，为什么会对专业有那么"非主流"的看法呢？

　　"因为社会的发展正在打破专业的藩篱，每个经济领域内部的交易模式和产业方向都在不断变化，而不同经济领域之间的跨界融合也已成为常态。律师除了要有过硬的专业能力，还必须有适应这种变化的能力。"沈彦炜律师这样解释。

　　事实上，这个结论来自他 20 余年来从事涉外法律服务的体会。

一、第一个 10 年，帮助外国企业适应中国规则

21 世纪的头 10 年是涉外法律服务的第一个高峰期。这一时期，外国直接投资是中国经济增长的主要推动力，在法律服务市场上，涉外律师的客户主要是外国企业，服务内容包括外资企业的设立、并购和在中国的运营。和当时的许多涉外律师一样，沈彦炜律师在这个领域干得风生水起，荷兰飞利浦，韩国斗山，日本伊藤忠商事、索尼，美国赛默飞世尔等全球五百强企业都是他的客户。然而在实际工作中，这些外国企业的痛点往往并不是外国法律的专业知识，而是对中国法律的实践，一个小小的申报程序往往就会卡住整个项目。

当时有一家跨国企业收购了一家国内的工厂企业，计划是向主管部门申请生产许可证的主体变更，然后尽快投入生产。但由于企业对收购后的部分车间实施了修整，导致主管部门认为不符合主体变更的条件，需要重新申请生产许可证，并开展相应的评估和检验工作，这样一来，原定的生产进度将大大落后。这家企业非常着急，老总甚至对中国法律和主管部门颇有微词，认为这是主管部门对外商的歧视。

沈彦炜律师介入案件后，首先梳理了整个收购流程，向企业解释了中国对生产许可证的管理规范，并指出问题的关键在于企业对车间实施修整的程度，如果修整工作实质性改变了原有生产条件，依法就应当重新申请生产许可证。在此基础上，沈彦炜律师又协助企业与主管部门进行了有效沟通，在申请和检验程序上争取了绿色通道，最终在最短的时间内完成了生产许可证的申领，工厂及时投入了生产。

外国客户对此感到非常满意，沈彦炜律师趁热打铁向客户指出，这次纠纷的起因在于并购前的法律尽职调查对于中国部门规章的调研不充分，没有考虑相应的法律风险，导致并购方案的制定存在一定缺陷。于是，他协助企业完善了并购前的尽调流程，强化了对项目涉及的各主管部门规章制度的调查和风险提示，使得企业在中国开展的其他后续并购中避免了类似的问题。

这个案例只是无数个类似案例的缩影。"那时，涉外律师的主要客户是外国公司，我们的工作就是向外方解释中国法律，帮助他们理解中国的法律体系，并最终用这个法律体系来维护外方的合法利益，让外国投资者对投资中国有更大的信心。"沈彦炜律师对此这么总结。

然而，转变正在酝酿中。

二、第二个 10 年，帮助中国企业适应国外规则

2008 年国际金融危机之后，中国和世界的连接更加紧密，更多的国际投资规则和惯例也逐渐进入中国，越来越多的中国企业也有了涉外法律服务需求。

2010 年前后，"对赌协议"无论对国内企业界还是法律界都是一个充满争议的新鲜事物，直到 2012 年 11 月，最高院才首次在被称为"中国对赌协议第一案"的海富案中就对赌协议的效力进行了判定，并确立了投资人与公司对赌无效，与股东对赌有效的原则。2012 年年初，沈彦炜律师接受一家中国企业的委托，处理一起涉外"对赌协议"的纠纷。在该案中，中方与外方共同投资成立了一家合资企业，4 年前的一次股权变更中，外方在股权转让协议中加入了一个对赌条款，要求中方在合资企业业绩不达标的情况下承担股份回购义务。中方当时对"对赌协议"这个概念并不熟悉，这个条款也没有引起中方的注意。然而 4 年后，外方却据此要求中方支付高额的回购金，并提起了诉讼，顿时使得中方面临十分被动的局面。

沈彦炜律师接受委托后，制订了相应的诉讼策略，主张既要尊重"对赌协议"这一合意形式，又要利用中国法律的特别规定来维护中方的利益。最终，沈彦炜律师代表中方在认可该条款的成立的同时，利用中国当时实行的外商投资合同审批生效的特点，主张该对赌条款并不在主管机关的审批范围内，并对该条款是否生效提出了质疑。最终，一审和二审法院都支持了中方的抗辩，驳回了外方的诉讼请求。经此一役，中方不仅对"对赌协议"这个外来规则有了深刻的理解，还在后续的业务开展中将这个规则运用自如。

这一趋势在沈彦炜律师后续的执业中表现得越来越明显。在民用大飞机 C919、ARJ21 的制造项目中，他代表中国商用飞机有限责任公司与外国的供应商就供应链采购、合资企业设立等事项开展谈判；在大飞机的国产配套发动机制造项目中，他协助中国航空发动机集装有限公司开展国际招标，与外国机构开展各类技术开发合作；在中国核工业集团有限公司集团的海洋核动力项目中，他协助中方与外方开展协商和合作；他还协助上海银联电子支付服务有限公司，为人民币在国外的跨境支付结算搭建各种架构。每一个项目都涉及不同国际规则和惯例的运用，每一个项目都伴随着中国企业在国际市场的做大、做强。

10 年来，中国企业在沈彦炜律师的涉外业务客户中所占的比重越来越高，帮助中国企业理解和运用国际规则，成为他最主要的工作。

三、下一个 10 年，在更复杂的国际环境中为中国企业护航

近年来，世界面临百年未有之大变局，中国企业面临的国际法律环境也日益复杂，尤其是美国对于中国企业实施的一系列制裁，增加了中国企业在全球市场中经营的不确定性。在此情况下，涉外律师的工作内容又有了新的变化。

"现在，我们的工作中又增加了两块新的内容，一是帮助中国企业在国际层面做好反腐败、贸易管制、出口管制的合规工作，二是在发生危机的情况下协助中国企业寻求司法救济。而盈科全球化的布局为这些工作提供了有力的支撑。"对于业务中的新内容，沈彦炜律师作出了这样的总结。

2019 年，根据客户的要求，沈彦炜律师带领团队对美国的出口管制、实体清单等法律制度做了专项报告，并结合客户的业务模式，对潜在的法律风险进行了梳理，并提出了相应的应对措施。除此之外，针对美国对俄罗斯的制裁措施，他和团队还就中俄企业之间开展贸易的风险进行了评估，预判由此可能遭受的风险，帮助客户未雨绸缪地做好风险防范措施。

中国企业的风险和防范意识也越来越强。2020 年以来，沈彦炜团队在各类涉外法律服务竞标中发现，越来越多的中国企业在服务内容的描述中对相应的外国法律合规提出了要求，这既对涉外律师的服务技能和水平提出了更高的要求，也为中国律师的涉外服务开辟了一块新的天地。沈彦炜律师认为，下一个 10 年，中国企业面临的外部法律环境会越来越复杂，涉外法律服务的需求也会不断增加，涉外律师能够在越来越多的领域里一展身手。

回顾过去，展望将来，作为一名涉外商事律师，沈彦炜律师的工作方向和内容一直在变，然而服务中国经济发展的初心却始终没有改变。他一直认为，个人的发展应当顺应时代的潮流，只有把握住中国经济发展的趋势和脉搏，才能确定专业化的内容，才能实现一名中国专业律师的价值。

下一个 10 年，沈彦炜律师将和所有的盈科人一起，继续努力前行。

撰稿人：周颐

盈科执业的这些年

施鲜锋

施鲜锋律师，盈科律师研究院副院长，北京市盈科泉州律师事务所管委会主任，中国致公党福建省委留学归国人员工作委员会委员、中国致公党泉州市第十一届法治建设工作委员会主任、中国致公党泉州市盈科律所支部主委。

管仲曾说："法者，所以兴功惧暴也；律者，所以定纷止争也；令者，所以令人之事也。"法治是人类政治文明的重要成果，而律师则是这一成果的守护者，这也许是很多人选择成为一名律师的初心。

一、律师之路砥砺前行　重托所系义不容疏

这些年，我是一名律师，盈科泉州分所施鲜锋律师。随着"律龄"的增长，我发现，真实的律师职业其实远没有我想象中的潇洒不羁、光鲜亮丽。为了寻找案件的突破口，我需要埋首高可盈尺的卷宗中反复斟酌；为了捍卫委托人的合法权益，我需要一个人站成一支队伍，承受来自方方面面的压力。我更发现，这世界本没有太多岁月静好，案件是当事人无法凭借自身力量迈过的一道人生难关，而身为律师的使命正是搀扶着

他，闯过这一场人生的暴风雪。认清了律师职业的本质，我不再满足于只做一名律师，因为凭借我的一己之力，能够帮到的人终归是有限的。我更想以律师身份为起点，向法治梦再迈近一步，再做一个更具律师情怀的梦。于是，我从2018年开始接任盈科泉州分所管委会主任，希望带领律所走向规模化、品牌化、专业化建设。盈科泉州分所从2018年的66名执业律师到如今的百人，江景办公场所扩增新层。这些年，我致力于与律所同人们成立不同专业法律事务部，以专业特色为核心进行资源整合和业务培训，充分发挥所内每位律师的专业特长，形成一批具有专业竞争力的成熟法律服务产品；组织律所与华侨大学法学院成立战略合作协议，与西南政法大学共建教学科研实践基地；开展所内同人、合伙人户外拓展活动；组织律所主办两届盈科海丝核心区"福厦泉"三所年会；组建所内篮球队、足球队、啦啦队、律跑团、演讲团；举办专题讲座、案件研讨会、业务培训、新秀交流会、辩论赛、读书会、中秋博饼、生日会等；秉承着律所建设党建先行的理念，坚持"党建促所建"，积极开展党建工作，组织党支部党员前往泉州市闽台缘博物馆参观中国共产党创建历史图片展；筹备致公党盈科泉州分所支部成立活动。党建为律所树立了良好的风气，为党员律师确立了共同的价值观，提高了律师对律所的认同感和归属感，2018年律所荣获"泉州律师行业党建示范点"，2019年荣获"先进党组织""先进基层党组织"的荣誉称号。我积极组织协调律师团队、行政团队之间的关系，参与重大事务的联络，提出盈科泉州分所业务拓展、业务管理、律师之间利益分配机制的意见，协助执行主任进行律所人才引进，努力让每一位盈科人绽放自身光彩，律所亦在2018年荣获"盈科律师事务所优秀分所"的荣誉称号。

二、参政履职谏言献策　致力城市建设发展

建言资政、凝聚共识，如何从司法的角度加强法治、改善营商环境，是一个法律人在时代大背景下始终要思考的问题。在建言献策中，"建"是建议的"建"，而我把它理解为"文死谏、武死战的谏"。作为一个专业人士、一个法律人，我希望自己的观察与实务，在参政议政中能够产生实际的助力价值，为中国走上高质量发展之路贡献一份智慧。

改革开放以来，泉州的区域经济蓬勃发展，创造了令人瞩目的"泉州模式""晋江经验"，为泉州经济发展带来巨大成就和源源不断的内生动力，成为全国18个改革开放典型地区之一，在国际市场上颇具影响力。经济基础决定上层建筑，泉州的城市化建设模式的各环节都必须以经济建设为根本依托，探索出适应城市功能定位的经济发展模式，秉承"泉州模式"最初的社会经济、文化价值理念，抓住时代发展机遇，

大踏步前进，不断达成新成就，形成新亮点。这些年，我分别针对《中华人民共和国外商投资法（草案）》《福建省红十字会条例（草案修改稿）》《福建省非物质文化遗产保护条例（草案）》等提出提案；参加福建省泉州市五届区政协第十次常委会会议作"强化法治引领，全面深化改革，加强和引进新时代丰泽区政协民主监督工作"专题报告，致力为新时代社会主义建设作出新的贡献；执笔论文《以海洋文化为根基，构建特色城市群——以泉州城市化建设模式探索为例》入选中国发展论坛论文集；执笔社情民意信息——《"侨力为国"与"国力为侨"相衔接，共创统一与共赢局面》被中国致公党中央、中央统战部采用。希冀立足新时代背景，在"泉州模式"的基础上，通过实现城市功能精准定位，加强城市民主法治建设等路径选择，探索与泉州本地经济发展体制相契合的新型华侨经济发展模式，打造"立足泉州，辐射闽南，连接海内外"的中国侨窗。

习近平总书记在党的十九大报告中提出乡村振兴战略。城镇化要发展，农业现代化和新农村建设也要发展，同步发展才能相得益彰，才能推进城乡一体化发展。随着国家对农村地区发展的愈加重视，农村经济得到了快速发展，不再以单纯的种植业为主，经济发展模式愈加多样。这些年，我扎根基层，深入福建省平潭综合实验区，在参与新农经济模式设计中探索新农村经济发展新模式，以设立农村经济合作社整合分散生产力，增强散户市场竞争力，增强产业效益，内联农户、外联市场，将资源优势转变为产业优势；因地制宜开发特色旅游村落，发展新农村生态旅游综合产业，利用城市发展带动农村经济发展和农村建设。

三、推广盈科海外品牌　深化国际战略发展

行之力则知愈进，知之深则行愈达。作为第一线的法律工作者，律师群体最能感知法治国家和城市建设的进程和发展。泉州是国家大力打造的"21世纪海上丝绸之路核心区"，是对外贸易繁荣发展的经济强市、全球制造业重要基地，也是外商投资的主要经济腹地，但有关泉州企业"走出去"与外资企业"走进来"的法制支持仍存在一定的缺失。对于境外投资设厂，我国目前还没有制定与国际惯例接轨的境外企业投资相关法律，对境外投资形式、融资方式、技术转让等具体问题仍未有明确规定，这往往成为泉州企业"走出去"的制度障碍，增大企业经营成本与风险。

这些年，我在涉外投资法律服务中响应国家"一带一路"倡议，致力于战略布局全球化的跨境投资服务体系建设，打造专业化的优质跨境投资服务团队，目前在泰国、越南、柬埔寨、印度、菲律宾、印度尼西亚、马来西亚等国家均有高度国际化的

涉外服务团队和成熟的服务产品，如境外投资并购的法律风险防控、调研评估、市场准入咨询、投资架构设计、劳工制度咨询、离岸公司的设立与设计等，力争为中国企业赴海外投资提供"全方位、一站式"的跨境投资服务。

这些年，我致力打造有文化、有价值的律所品牌和推广盈科海外品牌，2018 年 10 月组织盈科泉州分所与泉州市贸促会、福建省中小企业互助商会一同承办福建省"涉外商事法律服务八闽行"之"一带一路"商事法律服务高峰论坛（中国致公党泉州市委员会、泉州市商务局协办，福建省贸促会主办）；2018 年 11 月参加第二届"菲律宾与'一带一路'建设"侨青论坛，会上作"'一带一路'的机遇和共建良性涉外商务争端解决机制"专题的法治宣传工作；2019 年 3 月，参与"盈在泰国"中泰投资论坛；2019 年 3 月，参与中越商贸投资合作（长三角）高峰论坛作《跨境投资的趋势、风险与应对方略》主旨演讲，分析了中国企业海外投资的发展趋势，强调了中国企业走出去的"八大风险"及"七大建议"；2019 年 5 月，参与"走进越南"中国企业投资考察对接会；2019 年 8 月，参与"走进柬埔寨"中柬投资论坛。力争以最开放的态度审视律师职业，多渠道地参与到祖国的经济建设中，用有限的生命去诠释律师的价值！

律师是值得穷尽一生去奋斗的事业，因其兼具参政使命、法律技能、文化品位、商务市场于一体。作为一名律师，在推行法治的进程中，律师在各个领域的社会价值及社会责任渐渐凸显。作为一名律师，我们尽自己所能给他人以希望，给他人以动力。我相信，在法治梦的象限里，虽然横轴是律师的执业身份，是固定的、已知的，但在纵轴上有怎样的精彩和奇迹却充满未知，只要我们本着一颗不变的初心去探索、去尝试，就一定会抵达更加辉煌的远方，收获更多有意义、有价值的那些年。

时
洪
生 | **不忘初心，砥砺前行的法律人**

时洪生律师，北京市盈科淮安律师事务所管委会主任、党支部书记。

一、应势而谋、因势而动、顺势而为、乘势而上

时洪生律师，2005 年开始执业，2008 年创设江苏六仁律师事务所，2019 年该律所成为淮安规模前三的律师事务所。在律所前进和发展的道路上，时洪生律师一直在思考律师业务的专业化、律所的规模化、品牌化发展趋势，特别是青年律师发展及培养的方向。2019 年 10 月，在与盈科淮安分所执行主任吴婷婷结识并参观了解盈科兄弟分所之后，时洪生律师被盈科的管理理念和品牌所吸引。

2020 年 1 月 21 日，盈科淮安分所取得执业许可证；2020 年 2 月，时洪生律师带领六仁律所 29 名执业律师陆续加入盈科淮安分所；2020 年 6 月 9 日，盈科淮安分所

党支部正式成立。时洪生律师现任盈科淮安分所党支部书记、管委会主任。

二、政治坚定，坚决拥护党的领导

时洪生律师作为淮安市律师行业党委委员、党办主任、党建指导委员会主任，淮安市律师协会副会长，始终以党员的标准严格要求自己。能够做到坚决拥护中国共产党的领导、拥护社会主义法治，在思想上始终与党中央保持高度一致，立场坚定、是非分明。

在工作中践行依法治国理念，积极参加市律协党委组织的延安、井冈山党员培训等各项活动，自觉加强习近平新时代中国特色社会主义思想和党的十九大精神的政治理论学习。

作为淮安市律协党委办公室主任和党建行业指导委员会主任，积极组织并实施全市律师行业的党建工作，带领律所党支部全体人员开展进社区、进企业、进园区等法律服务，开展主题教育、革命纪念馆缅怀先烈、"三会一课"等形式多样的基层党建工作。在律所形成"党建带所建，所建促党建"的良好氛围。

时洪生律师所在支部多次被表彰为省级、市级优秀党支部，支部党员也多次被表彰为省、市级优秀党员、优秀党务工作者。

时洪生律师先后被司法部律师行业创先争优活动指导小组评为"律师行业创先争优活动党员律师标兵"，中共全国律师行业党委授予"全国律师行业优秀党员"，中共江苏省司法厅党委评为"全省律师优秀共产党员"，淮安市市级机关党委评为"优秀共产党员"，中共淮安市政法委授予"优秀共产党员"。

三、文明规范执业，热衷公益事业

时洪生律师热爱律师事业，遵守职业道德、恪守社会公德，时刻注重保持良好的党员律师执业形象，模范地遵守执业纪律，严格要求全所律师，执业以来从无违规收案、收费行为发生。自执业以来未发生过一起有效投诉事件，更未受到过任何行政处分、行业处分。在执业过程中能够积极维护当事人的合法权益，正确实施法律，维护社会公平正义。

时洪生律师热衷于法律援助事业，2015年牵头对淮阴区100多名信访人员提供法律援助，有效地化解了社会矛盾；他关心社会弱势群体，主动为困难职工提供法律服务，牵头为淮阴区农民工维权中心、淮安市老年人维权中心、淮阴区残联等单位提供法律服务。

近几年，在时洪生律师的带领下，律所每年完成法律援助案件数量在淮安市遥遥领先。时洪生律师作为主要捐款人在淮阴师范学院设立"六仁律师奖学金、助学金"多年，长期奖励品学兼优和家庭经济困难的学生。主动为汶川地震、雅安地震捐款并默默资助家庭贫困学生。2019年为淮阴区教育基金会捐款10万元教育基金。

时洪生律师受聘成为淮安市委专家库成员、淮安市人民政府法律顾问团成员，为政府重大决策、立法献言献策，参加政府涉法涉诉信访接待，有效化解社会矛盾。他参加淮安市司法局组织的101法律服务团，作为淮安市台资企业法律服务团团长深入服务企业，几年来无偿为重点企业提供法律服务。2009年2月，淮安市司法局授予时律师"优秀公益律师"的荣誉称号。

自新冠肺炎疫情暴发以来，针对企业复工复产的需求，他积极参与淮安市重大项目"欣日康"的专项法律服务。他参加了淮安华新集团、淮安盐化投资、山河股份、金吉置业、公交公司等企业召开的复产复工相关专题会议和涉法服务会议10多次，提供书面法律意见近200份，为企业发展和复工复产提供有效法律保障。在疫情防控期间立足服务复工复产和促进经济社会发展目标任务，发挥了党员的先锋模范作用，认真履行中国特色社会主义法律工作者的职责。

四、致力于一站式商务法律服务，树立公司法律服务标杆

时洪生律师作为淮安市水利局、江苏华新集团、淮安市水利资产公司等几十家行政事业单位、企业长期的法律顾问，为顾问单位赢得了良好的社会效益和经济效益。

时洪生律师现有二级建造师、投融资风险评估师、并购交易师、私人财富管理师等证书。先后被授予"江苏省优秀律师""江苏省优秀青年律师""淮安市优秀律师"等荣誉称号。

时洪生律师作为淮安市政法委行政执法专家库、清河区政法委行政执法专家库成员期间，曾多次参与对公检法司的卷宗、庭审评查，多次协助政府解决涉法涉诉的群体性问题，被邀参加淮安市政府的公交公司回购、淮阴区政府的"爱琴海"清算等重大政府经济活动，有效化解了社会矛盾，为经济社会的发展作出了贡献。

时洪生律师在担任江苏省苏淮高新区管委会顾问期间，积极参加园区化工企业的优化整合工作，为园区提档升级提供法律保障；担任淮安市清河区政协委员期间，每年的政协提案都被评为优秀提案。

五、 以专业化建设为律所发展目标， 以青年律师培养为律所核心竞争力

《孟子·尽心上》："流水之为物也，不盈科不行；君子之于道也，不成章不达。"时洪生律师有胸襟，懂包容，守规矩，懂进退，知方圆。前进的道路上必然有各种坎坷，他能够一点点地解决，不急不躁，稳重求进。

时洪生律师认为，律所的发展、律师的培养需要扎实基础、循序渐进，要做一个长期主义者，把握执业理念、恪守职业道德，共同加强律所的专业化和团队化建设，担负起律所核心文化的传承和发展。

作为盈科淮安分所管委会主任，时洪生律师一直非常重视律所管理体制的完善，更加重视专业化部门的建设，以及通过团队化合作提高律所专业水平，打造行业标杆。

所有过往，皆为序章；所有未来，皆是可盼。2020 年，时洪生律师加入盈科的大家庭。在新的平台、新的起点，相信他一定能在总部的领导下，立足淮安实际，带领分所的全体同人再创辉煌、再创佳绩。

撰稿人：刘晓晨

宋西显｜变换的是舞台　不变的是初心和匠心

宋西显律师，北京市盈科郑州律师事务所股权高级合伙人、管委会副主任、党总支副书记、经济职务犯罪法律事务部主任，北京市盈科律师事务所全国刑事法律专业委员会常务理事，中共河南省委政法委案件评查专家库"评查员"、河南省法援中心刑事案件"评查员"、河南省法学会法律文化研究会常务理事、河南省律师协会刑事法律专业委员会执行委员。

一、厚积之路：乡村教师成为执业律师

天行健，君子以自强不息。

（一）不能被"拴住"，他心中长出一双腾飞的翅膀

宋西显律师小时候的乳名叫"留拴"，因为家中女孩多，父母老来得子，出于宠爱，起名"留拴"，希望孩子平平安安，永远"留"在父母身边，还要"拴"得牢牢的，以防丢了。进入初中后，宋西显律师总觉得"留拴"这个名字太土气、没出息，通过学习地理知识，发现世界还分为东西两半球，自己辈分属"西"，于是改名"西显"，寓意"在东西方科学世界中取得显著成就"，后因家庭原因和中招政策变化无

奈地考入了河南省永城师范学校，"未读过高中"成为他一生的遗憾。但后来经过不懈努力、刻苦自学，先后攻读了专科、本科、研究生并获得硕士学位，由一个农村孩子、一名"乡村教师"变为一名专业刑事律师、"盈科首届百名大律师"。宋西显律师一直觉得自己并不聪明甚至有点"志大才疏"，是"西显"这个名字给了他希望和力量，时刻在激励和鞭策着他努力奋斗、砥砺前行。

宋西显律师出生于河南省夏邑县的一个偏僻农村。虽然父母都是农民，可姥爷曾经当过私塾校长，大舅是20世纪50年代的军校大学生，后来成为一名副师级离休干部，父亲也跟姥爷读过几年私塾。父亲和母亲常在耳边讲起姥爷和大舅的经历，良好的家庭教育，让他从小就对知识充满了热爱，对大舅充满了崇敬和向往。

20世纪80年代，初中毕业的宋西显律师成了一名"中师生"。"中师生"是那个时代的特殊产物，当时，国家为了解决农村小学师资严重不足的问题，实行从初中毕业生中招收学生就读中等师范学校、学生毕业后到城乡小学任教的招生政策。在那个时代，考入师范学校就意味着"吃粮票""免学费""包分配"，一个15岁孩子，能够取得这样优异的成绩，对于当时的豫东农村来说，已经非常了不起，这让父母感到十分骄傲和欣慰，亲戚、邻居也投来羡慕的眼光。但对于志在四方的他来说，上师范学校当小学老师显然不是自己的理想和目标，尤其令他无法接受的是师范学校不开设英语课程，因为他在初中期间最引以为豪的是英语成绩特别好，至今同学相聚时还有很多同学戏称他是班里的"英语大王"。直到听高年级的同学说国家对表现优秀的师范生有部分保送上大学的指标后，他决定振奋精神、努力学习，给自己立下新的目标，争取三年毕业后保送上大学，然后在大学里自学英语，大学毕业后考研，攻读英语专业研究生。

中师三年，他朝着新的目标刻苦努力、发奋学习，然而事与愿违，虽然经过三年努力，但还是没有冲出重围，而是回到自己所在的乡第二初级中学成为一名乡村教师，但他始终没有放弃上大学、"走出去"的念头。在完成教学工作的同时，他坚持自学高中课程，准备参加成人高考。

（二）妻子的灵魂拷问，使他真正走上律师之路

世上但凡成功，总有规律可循、有方法可依，这些规律和方法，就藏在知识里。大学毕业后，他并没有成为一名律师，而是远离家乡，调入平顶山市一所中等职业学校工作。

来到新的岗位上，他工作积极努力，得到了校领导和教职员工的充分认可。很快，年仅20多岁的他，通过竞聘成为一名副科长，并加入了中国共产党，成为一名

光荣的共产党员。

捧上这样的"铁饭碗"，很多人会逐渐安享于平稳的生活，而他内心却一直绷着一根弦：长期这样下去，自己会不会被时代淘汰呢？

那个时候，他在从事学校行政工作的同时，还带着一些班级的法律课程。课堂上，经常有学生向他提问一些实践性很强的问题，这更让他觉得，自己掌握的理论知识远远不够，再不从实践中获取一手知识，自己真可能"落伍"。

长期的"体制内"生活，险些磨掉他不向命运屈服的棱角，直到20世纪末。有一天，身为注册会计师的妻子问了他一个问题："你学的是法律专业，可毕业这么多年连个律师资格都没有，怎么证明你的专业水平？"妻子的问题深深地触动了他，是啊，工作这么多年，自己究竟在为什么忙碌？所谓"天行健，君子以自强不息"，人生在世一定要有一点向上的心态，不消极，不沉沦，在有限的光阴里，尽自己最大的努力，活出一点样来。

重新对人生进行梳理后，他最终决定，再拼一次，拿下这个"天下第一考"。最终，在自己的努力和妻子的支持下，他拿到了改变命运的法律职业资格证书。

二、薄发之路：不管大小案件都去认真对待，将来肯定不愁案源

通过司法考试后，他并没有立即从事律师实务工作，主要是因为极不自信，感觉自己作为一个外地人，长期在学校工作，没有任何人脉资源，谁会找自己打官司？直到两年后和一位老乡的一番长谈，让他终于决定从事律师职业。

老乡说："你人品这么好，又有多年的法学教学工作经验，只要你勤奋敬业，心中始终想着当事人，不管大小案件都去认真对待，将来肯定不愁案源。"正是这些鼓励和教诲，使他时刻坚守"做事先做人""急当事人之所急、想当事人之所想"的准则，始终以教师和律师的双重标准严格要求自己，认真对待每一个案件、每一个当事人，很多当事人成了他的朋友和义务宣传员，他的案源不断增加，而且赢得了良好的口碑，宋西显律师也一步步地从忐忑走向自信。

（一）认真对待每一位当事人，案源不断增加

老子说："善者吾善之，不善者吾亦善之，德善。信者吾信之，不信者吾亦信之，德信。"善良的人我们要善待，不善的人也要善待；对守信的人要讲信誉，不守信的人也要讲信誉。

多年的乡村教师工作经历，让他深知弱势群体的艰难和无助，不管收不收费用、

收取多少费用，都热情接待当事人，竭尽全力为当事人做好服务。记得有一维权案件打了两年多，当事人没有拿到一分钱的赔偿，当事人一进办公室，宋西显律师立即安排助理给当事人倒水，案件处理后当事人感慨地说："两年来我遇到了很多律师，只有你给我倒水还喊我老大哥，所以我认为你就是最好的律师。"直到宋西显律师多年后离开平顶山进入省城、进入盈科，这个当事人还在给他介绍案件，令他感动不已。

每每想起这些经历，宋西显律师都是充满了职业荣誉感和自豪感。在他看来，这些话语和信任比什么都珍贵和无价，是对他的最高评价和认可。

（二）认真对待每一个案件，赢得业界良好口碑

"人过留名，雁过留声""心宽一尺路宽一丈，敞开心胸善待所有人，你的人生道路必然会更加顺畅"。宋西显律师在代理一起入室抢劫（杀人）一审被判死刑的二审上诉案件时，坚持每周会见一次当事人，不仅给其讲解法律知识而且不断调整他的心态，当事人最后虽然被执行死刑，但家属仍然对他给予了极高的评价。最令他感动的是，当事人同监室的多名在押人员通过家属转达要聘请他为其辩护的意愿，其中一名山西籍的在押人员刘某某因涉嫌贩卖毒品被羁押，该案涉案毒品数量极大、人员众多，中央电视台进行了专门报道。

经过会见和阅卷后，宋西显律师发现刘某某系另一名同案犯被抓后供出，但刘某某仅同该同案犯通过一次电话，准备购买一些毒品，但价格和数量都没有确定，该同案犯被抓后供认了这一事实，侦查机关安排该同案犯打电话约刘某某来河南购买毒品，后刘某某在约定见面地点被抓获，侦查机关认定刘某某构成共同犯罪（既遂），因案情重大、复杂，公诉机关将案件移送至某某市中级人民法院。收到起诉书后，刘某某压力极大，认为自己刑期应在10年以上，对生活丧失了信心，宋西显律师一边给其做思想工作，一边认真研究案情。当时没有网络，没有大数据支持，他就结合自己多年的法学教学和理论研究经验并查阅了多本刑法学教材和疑难案例选编，多次跟主办法官沟通，提出了犯罪预备的辩护观点并被采纳，后来得知，当刘某某收到判决书，看到犯罪预备的认定和有期徒刑两年的判决结果后，在监室里高兴地又蹦又跳。

通过办案，宋西显律师也真正体会到了专业的魅力和价值，萌生了做一名"专业刑辩律师"的想法，但在一个地级城市执业，大家都是"万金油"律师，专业化还是一个虚幻的设想而已。

三、蜕变之路：在盈科专业的舞台上，他走得更快、更远

月明星稀，乌鹊南飞。绕树三匝，何枝可依？良禽择木而栖。

（一）知盈科，"老郑漂"心情为之一振

在平顶山做了十几年律师，大大小小的案件接了数百起，自认为"志大才疏"的宋西显律师觉得，一生的事业可能都要在这座城市安放。

但作为注册会计师、注册税务师的妻子，早在 2012 年就和朋友一起在郑州创办了事务所，并在郑州买了房子，宋西显律师从此过起了两地分居的生活。妻子多次劝他到郑州发展，他皆以年龄大、不舍得丢掉打拼的事业等理由搪塞。

其实，作为一名在职场上打拼多年的律师，谁不想每天都能看到妻子和孩子的笑容？宋西显律师心里明白，自己没有来郑州发展，最根本的原因在于缺乏自信和勇气，觉得自己比拼不过郑州的律师，觉得自己会接不到案件。

终于，结束了郑州大学在职研究生深造后，已届不惑之年的宋西显律师在同学和家人的鼓励下，下定决心，鼓足勇气，从零开始，成为一名"老郑漂"。

行百里者半九十。人到中年舍弃熟悉的地方需要勇气，宋西显并不能例外。正在忧愁茫茫前路之际，他看到一个同学发布的盈科入驻郑州、招聘人才的消息，心情为之一振。

"源泉混混，不舍昼夜，盈科而后进，放乎四海。"踏实地走好每一步，遇到沟沟壑壑就将其填满后砥砺前行，最后汇入浩瀚的大海，这不正是自己一直追求并为之奋斗的精神吗？

振奋之后，宋西显律师抱着试一试的态度进入了盈科郑州分所筹备处，工作人员的详细介绍和热情招待深深地打动了他，当他提出需要独立的办公室后，工作人员立即带他参观了办公区域并按照他的要求选定了办公室，这样的办事效率是他从未见过的。

也许冥冥之中已经与盈科结缘，此时的宋西显已经下定决心："我要加入盈科，再创佳绩！"

（二）入盈科，在专业的道路上越走越远

跳出熟悉的地方，加入盈科郑州分所，宋西显律师一开始对个人前途和业务发展充满迷茫和困惑。

在专业方面，虽然他一直喜欢刑辩业务，但仍然沿袭着"万金油"律师的发展道路，在平顶山和郑州两地疲于奔命，什么类型、什么标的、什么收费、什么地方的案件都做，每年处理案件 40 余起，而且每一个案件都亲力亲为，缺乏团队管理观念和合作意识。尽管如此，盈科这个大家庭还是给了他很多的荣誉和鼓励。

真正使宋西显律师走向专业刑辩之路的标志是 2018 年 2 月盈科第三届全国刑事法律专业委员会（以下简称"专委会"）成立之后。

专委会在赵春雨主任的带领下，全国联动、无问西东，确立了"内强素质，外塑形象，打造内外兼修的专业型、专家型刑辩团队"的目标，着力打造盈科全国刑事业务一体化、规范化品牌。宋西显律师作为盈科专委会核心成员，积极参与专委会的各项活动和学习，并参加了成都"庭立方七天七夜"专班和北京大学法学院第五期刑辩培训班，多次前往河南财经政法大学、郑州铁路局客运段、大唐河南发电有限公司等单位开展的法治讲座，专业化水平和业务能力不断提高，并组建了盈科郑州分所经济职务犯罪法律事务部，团队现有成员 17 人，其中执业律师 13 人、实习律师 2 人、律师助理 2 人，具有博士学位的成员 2 人、硕士学位的成员 3 人，具有多年检察官工作经历的成员 2 人、教育教学科研工作经历的成员 2 人，既有执业 10 年以上经验丰富的资深律师，又有从检察机关、学校辞职，具有多年检察、教学工作经历的律坛新秀，还有当过农民工、保安、车间主任的励志青年律师。

为加强团队专业化建设，团队还聘请了两位高校教师、法学博士担任专家顾问。团队成立以来，在宋西显律师的带领下，团队成员精诚团结、紧密合作，认真落实"专业化、精细化"办案思路，积极推行"定期学习、集中研讨、分工负责"工作制度，办理了多起在当地乃至全国均有较大影响的经济犯罪、职务犯罪案件，深受当事人好评。

匠心铸造辉煌，专业赢得尊重！宋西显律师也由一名刚刚迈入郑州执业不足五年的"万金油"律师成长为一名专注于刑事辩护和企业刑事法律风险防控的专业刑事律师，所带领的团队被盈科郑州分所评为"优秀专业部门""最具发展潜力部门"，他本人也成为新一届盈科全国刑委会常务理事、河南省律协和省直律协两级律协的刑委会执行委员，并受聘为中共河南省委政法委案件评查专家库评查员、河南省法援中心刑事案件评查员、河南农业大学兼职讲师。办理的周某某非法吸收公众存款案、李某玩忽职守案分别收录在法律出版社出版的《辩策》和《"盈"的秘密》两本专业书籍。所撰写的论文《依法治国的主体工程》《假如武松活在今天》《在校学生应增强安全防范和自我保护能力》分别被《平顶山日报》《商丘日报》等媒体发表；学术论文《法学教学改革问题研究》被评为平顶山市社科论文一等奖。

宋西显律师说，这一系列的成就和荣誉的取得是因为自己身后有强大的盈科平台、有团结奋进的盈科全国刑委会！

（三）盈科而后进，放乎四海

转眼间，加入盈科已经 6 个年头，抚今追昔，作为盈科大家庭的一员，宋西显律师对盈科充满感恩，更为成为一名盈科专业刑辩律师而感到骄傲和自豪。进入盈科以来，他先后引荐多名资深律师加入盈科大家庭，成为盈科的中坚力量，他常常饱含感激之情地说："盈科是平民律师成长的舞台，只要你勤奋敬业，只要你专业能力突出，盈科就会为你提供展翅高飞的天地和创造辉煌的舞台！"

宋西显律师说，作为盈科郑州分所一名执业多年的党员律师，聆听了习近平总书记的"七一"讲话，给他感触最深的是总书记指出："中国共产党是世界上最大的政党。大就要有大的样子。"这个"大就要有大的样子"就是要求我们党要有大党的形象。这个大党的形象当然不是简单党员人数的大，不是所掌握权力的大，而是一种气势之大，是精气神的大，是见识、胸襟、气度、力量的大。作为一名执业律师和团队负责人，他常常和团队成员一起分享江平老先生的《做人和做律师》这篇演讲，对律师的价值定位和社会担当进行深入分析和探讨。

作为"盈科首届百名大律师"的一员，宋西显律师一直觉得自己离"大律师"这一称号还有一定的差距，"大就要有大的样子"同样是对律师执业的要求，必须不断提高专业素养，积极投身公益事业，坚守公平正义，增强社会担当，认真对待自己接手的每一个"小案子"，在自己的专业领域将案件做精做专、做出特色，这样才能成为一名真正的"大律师"。"盈科首届百名大律师"是一种荣誉，更是一种责任，宋西显律师深感自己身上的重担和责任，决心更加积极努力地投入工作和学习，严于律己，勇于担当，无愧于这一光荣称号！

撰稿人：陈茜

君子当如水　盈科而后进

宋增宝

宋增宝律师，北京市盈科济南律师事务所股权高级合伙人、管委会副主任。

　　说起来，我并不是科班出身，能够从事律师这个行业，纯粹是因为一次在我心中埋下对公平正义无比渴望和企盼的际遇。

　　大学刚毕业时，我进入一家国企工作。在当时那个年代，能进入国企干着一份还算体面的工作，领着一份不菲的工资是很多人都羡慕和向往的。然而在国企工作的近4年，我却只感到百无聊赖、沉闷和无所事事。原因十分简单：每天朝九晚五、打卡上班，每天做着差不多的工作，一次次地在岗位、食堂和宿舍之间循环往复，就像整个人生被禁锢在一片狭小而看不到未来的空间之中。

　　终于，一起发生在我身边亲人身上的交通事故，打破了这一切。我的舅舅骑着摩托车正常行驶在道路上，突然从对面飞速驶来一辆十分破旧的小轿车，顿时他整个人就被撞飞出去。舅舅受伤十分严重，全身上下多处骨折。没过多久，交警便公布了调查结果，对方车辆早在事故发生前就达到了报废标准，事故发生时更是越过中间实线且严重超速。然而最后，交警却认定事故双方负同等责任。这个结果无疑让我无比愤怒，这种明显存在问题的认定结果怎么可能出现？公平何在，正义何在？后来经过我多方打听，才得知对方车主在交警队有一点小关系，所以交警最后作出了这种明显存在问题的认定结果。那时的我在这一切发生后，虽然对公平正义无比的渴望，却又陷入了深深的茫然：自己到底能做些什么，才能用公平正义的火把驱散这面前的不公？虽然这件事后来不了了之，但却在我心中埋下了对公平正义无比向往的种子，也成了改变我一生的际遇。

后来，在和朋友提及这件烦心事时，朋友说当时有个律师就好了。我心中一动，第一次对律师这个职业开始关注。在看了一些书籍及资料后，我对律师这个职业产生了浓厚的兴趣。不甘于成天浑浑噩噩的我，于是下定决心开始朝着律师这个方向奋斗。这既是为了摆脱那份混天撩日的工作，也是因为心中对公平正义的极度渴望。于是，完全是门外汉的我开始了万里长征第一步——备战律考。俗话说隔行如隔山。一开始，艰难晦涩的法言法语和盘根错节的法律法规着实让我万分痛苦。但在每天超过12个小时的钻研学习下，我渐渐进入了状态。功夫不负有心人，最终我如愿在一年后取得了律师资格证，踏入了心中无限向往的律师行业。

凭借着心中对公平正义的那一份执着和夜以继日的工作与付出，很多案件经过我的努力取得了理想的结果，通过律师这一职业维护和追求公平正义对我来说似乎不再是一件遥远的事。但在我的心中，却似乎总是笼罩着一层薄雾，让我看不清前方到底还有多少路能走，现在所有的这一切，真的是我最开始想要的吗？于是，接下来的十几年里，我在律师界摸爬滚打，辗转于形形色色的律所中。然而遗憾的是，从来没有任何一家律所能够解答我的疑惑。

直到2017年，经过一位老同事的引荐，我开始了与盈科的邂逅。初识盈科，我便感慨于盈科的气度和胸襟：布局全球，连续多年蝉联亚太地区规模最大律师事务所；布局全国，以省会城市为中心，整体开展跨越全国34个省级行政区的业务联动。而且，盈科有着与众不同的管理模式，全国数十家分所由总部统一管理，遵循同一个理念，朝着同一个目标和方向奋斗，彼此之间就像一个大家庭，能够真真切切地在业务上开展合作，互相扶持、共同发展。而非某些律所，摇着加盟的大旗，收着高额的加盟费，彼此之间毫无瓜葛，实际上就是挂着同一张招牌的不同律所。此时，萦绕在我心头多年的迷雾也就此烟消云散，之前的迷茫正是因为缺少了盈科这种气度和胸襟的缘故：只着眼于前，只顾眼前的公平正义并不是我真正想要的；只有如盈科一般合纵连横，放眼世界，追求天下大同，才是我真正想要追寻的公平和正义。

"流水之为物也，不盈科不行；君子之志于道也，不成章不达。"多年的盈科生涯，让我对盈科的理念早已熟谙于心。并非是单纯地受环境影响，而是我多年来对公平正义的追寻，正如盈科所尊崇的"盈科而后进"这一理念，低调而又无比坚定地步步前行；而也正是这种脚踏实地的追寻，成就了我现在取得的一切。

　　盈科于我，当是终点，更是起点。我深知君子当如水、盈科而后进将是我毕生的追求和信念。在盈科，在这里，我将继续追寻我所向往的公平与正义。

孙毅 **专业是律师职业的第一生产力**

孙毅律师，北京市盈科苏州律师事务所管委会主任、昆山市人民政府法律顾问、苏州市退役军人事务局法律顾问、苏州仲裁委仲裁员、苏州市人民检察院专家咨询库成员、苏州市姑苏区人民法院中立评估员、苏州市破产管理人协会理事、互助资金评审委员会主任等众多社会兼职。

古语说："自知者明，自胜者强。"谁能战胜自身的弱点，谁才能成为强者。孙毅律师以其从法官到律师身份的转变，验证这句古语。

一、坚定政治理念，端正执业方向

孙毅律师长期以来坚持时事政治学习，关心国家大事，坚信并自觉接受党的领导，具有大局意识和责任感，在办理各类法律事务和处理非诉案件时自觉维护法律的尊严和当事人的利益，保持清醒的头脑。成为一名执业律师以后，孙毅律师更加关注国际国内大事，更加注重学习社会主义法治理念，以使自己的政治意识、大局意识、责任意识不断增强，充分体现了一个优秀律师应有的政治素质和信念。

在办理各类法律事务，尤其是在办理有重大影响、涉及国家政策或稳定大局的法律事务时，孙毅律师都能以其政治敏锐性及时进行劝说疏导，并把握案件总体走向，不为办案而办案，自觉维护国家利益以及法律尊严和当事人的合法权益，从法律层面将矛盾化解，做到了办案效果、法律效果和社会效果的统一，表现出了一位优秀律师坚定的政治信念。

二、专业开拓创新，理论与时俱进

成功来源于不懈的努力，根植于对事业的无尽热爱。对孙毅律师来说，律师工作不是谋生的职业，而是一项必须全身心投入的高尚事业。孙毅律师始终视律师为崇高的事业，始终把敬业、拼搏、爱岗、奉献作为自己的人生信念。他常说，职业只是养家糊口的工具，而事业才能实现人生价值。"做律师是由于热爱律师"，这是孙毅律师常说的一句话。为了成就一番律师事业，孙毅律师以苦为乐，全身心投入到律师工作中，努力实现法律服务尽善尽美，精益求精。时时保持敬业精神，处处维护客户利益。

孙毅律师深知，律师虽无职无权，但"头戴着荆棘的王冠"，"手握着正义的宝剑"，可以为社会、为人民发光发热。从执业那天起，他就在心里默默定下一个原则，那就是认认真真做好每一件业务，最大限度地维护当事人的合法权益，让每一个客户时刻感受到法律的公平、公正。

加入盈科以来，本着"青年兴、盈科兴"的理念，孙毅律师将其法律生涯的点滴积累分享给年轻一辈，真正体现了盈科人的"包容"与"分享"。其执业期间培养了大批优秀青年律师，广泛吸纳复合型人才，组建团队对专业业务进行开拓创新。作为盈科苏州分所管委会主任，孙毅律师不仅正确引领全所执业律师规范化开展业务，有效规避和化解执业风险，同时在优化营商环境的政策下，顺应业务趋势，结合专业特长，组建了重大争议及破产清算事务部，深耕破产相关法律事务。作为盈科全国破产重组专委会副主任、盈科苏州分所破产相关法律事务的领军人物，在部门组建以来，孙毅律师不仅通过其社会职务持续扩大律所在本地区的影响力，而且始终坚持"择一事，敬一事，忠一世"的信念，在专业领域也有所成就。

为了开展与破产相关的法律业务，孙毅律师凭借自身的专业能力与素养，除担任政府法律顾问、仲裁员、中立评估员外，还在破产业务领域担任苏州破产管理人协会理事、互助资金评审委员会主任、苏州市人民检察院专家咨询库成员（执行与破产类）等。在学术方面，孙毅律师始终坚持持续更新知识结构，将实践研究的理论通过论文的形式在期刊杂志上发表，周而复始地对知识进行输入输出。做法律的匠人，孙毅律师始终精益求精，也正基于此，孙毅律师在承办案件过程中总能以其深厚的专业知识获得当事人的一致认可。

为了树立律所在本地区的专业形象，在律所作为管理人的破产案件中，孙毅律师敬业尽职，敢为人先，勇于付出，其办结的案件也获得破产案件承办法官的一致好评，给律所在本地区法院专业度持续加分。近 10 个月的时间，盈科苏州分所已连续被苏州地区 5 家法院指定为 7 个案件的破产管理人，通过孙毅律师的主导推进，所有承办案件均能事到实处，办出亮点。其中不乏 6 个月内办结的"效率"，追收悔拍差价的"诚信"，批量安置职工的"敬业"，无产可破案件中垫付费用的"担当"等。不到一年的时间，孙毅律师带领团队处置破产资产高达 4 亿元，有效释放社会闲置资源，妥善安置职工数百名，不仅平稳结案，更维护了社会稳定，实现了案件效应与社会效应的有机统一。在破产清算案件承办过程中，孙毅律师持续获得债权人等第三方主体的认可。

孙毅律师立足破产管理人平台，坚持专业化道路，将破产相关业务进行延伸，不但处理了大量破产衍生诉讼，而且在正常的执行程序中，为当事人提供了有效的破产清算或破产保护意见。

在工作中，孙毅律师遵守律师职业道德和执业纪律，严格坚持以事实为依据，以法律为准绳的原则，以维护法律的正确实施为目的，从业清廉、公正，服务热情、认真，作风严谨、正派，依法履行律师职责，从未出现错案、假案，无违法违纪行为，无当事人投诉情形。执业中与法官、检察官、仲裁员关系严谨规范，遵守行为竞争规范，与同行关系融洽，互敬互助，积极履行律师协会章程规定的各项义务。

三、文明规范执业，塑造诚信形象

由于对律师事业的热爱与执着，孙毅律师练就了一身过硬的执业技能，从而演绎了一个又一个成功的案例。孙毅律师认识到，仅有较深的法学素养和熟练的执业技巧是远远不够的。如果一个律师没有勤勉敬业的精神，没有良好的品行，是无法走向成功的，也无法获得社会及当事人的高度评价。虽然从事律师职业的时间只有数年，但孙毅律师一直坚信先做人、后做事的工作原则。工作中，孙毅律师不放过任何一个有利于当事人的案件事实，庭审中言词缜密有度，驳斥对方有理有节，"重事实、重法律"的执业方式，使委托人充分信赖，也得到法官的充分尊重。

由于少数律师唯利是图，为了赚钱不择手段，严重影响了律师的社会形象，很多社会公众对律师这个行业产生了信任危机。孙毅律师对此深恶痛绝。他清醒地认识到：律师的执业环境有时不尽人意，但是，如果大家为了利益都去拉关系搞腐败，长此以往，公平公正将荡然无存，律师将会失去执业的"诚信"根基，贻害无穷。在办案中，孙毅律师与法官交往慎法、与当事人交往慎德，不触"高压线"，自觉遵守国家法律和律师职业道德，始终坚持专业为王、业务为王。

孙毅律师执业期间，既办过标的额大和有社会影响的案件，也办过很多别人看来不起眼的小案，经历了各种各样的考验。但是，无论办什么案件，孙毅律师都同样认真对待，推敲法律一丝不苟，搜集证据绞尽脑汁，文书制作精益求精，把别人用在吃饭睡觉的时间都用在了工作上。孙毅律师认为，只有严格遵守律师执业纪律和职业道德，靠法律专业吃饭，律师之路才能走得久远。在工作中，孙毅律师严格依法依规执业，与同行之间不搞不正当竞争，为年轻律师树立了榜样。

四、热心公益事业，积极反哺社会

孙毅律师执业以来除了以律师身份为当事人解决众多法律问题之外，还积极参与公益事业，以法律人身份积极奉献、贡献力量。他作为苏州市姑苏区人民法院的一名中立评估员，参与中立评估、诉前调解等数个案件，妥善化解纠纷数起，在涉诉当事人心中留下深刻印象，也得到了相关法院对他工作能力的认可。

孙毅律师认为，作为新的尝试，中立评估程序在广大当事人中尚未形成公信力，需要评估人员与当事人初步沟通时耐心、细致、合法、合规，尽到释明义务，并取得当事人信任。在评估过程中，评估人员还应当充分利用自己的专业知识和经验，结合证据材料、案件情况，中立、客观地为双方当事人分析在诉讼中可能会遇到的风险和结果。这是一个十分考验评估人员专业素质和耐心的过程。第一，评估人员要对相关法律法规非常熟悉，同时对相关案由有丰富处理经验，了解法院在处理类似案件时的方向和可能结果。第二，有别于律师作为当事人的代理律师时应当有的倾向性，评估人员必须做到客观中立，在分析案情时以中立态度对待当事人，并且需要以真诚的态度赢得当事人的信任。第三，评估人员要始终记得工作目的是尽量促成双方当场解决纠纷，即便不能现场达成调解协议，评估后进入诉讼的案件，也能促使当事人合理调整诉求，对争议结果持比较客观的预期。

以孙毅律师主持调解并成功的某离婚析产案件为例。评估员在调解中遇到的最大问题是原被告双方虽然感情破裂，同意离婚，但对财产分割的分歧较大，无法达成一致，可能导致调解不成、进入诉讼程序。按照原告主张，两套房产均为夫妻二人共同所有，应当按照市场价格计算一人一半，但是被告提出某处的房屋是二人结婚之前由单位分配而得，并非夫妻共同财产。经过评估员对当事人提供的证据和相关法律规定一一分析，对于诉讼结果进行评估，双方的分歧一步步缩小。评估员还从伦理、人情的角度与双方进行沟通，并请二人的儿子参与谈话，最终说服被告，接受将该处房屋作为夫妻共同财产进行分割。

作为一名曾做过优秀法官的律师，孙毅律师知道，"案多人少"是长期以来困扰法院的难题，不仅案件数量多，当事人的诉讼请求也是愈发复杂多样。随着立案审查制向立案登记制的转变，法院的收案压力更加凸显。所以在苏州市姑苏区法院发出设点中立评估工作、邀请优秀律师加入的倡议后，孙毅律师积极报名，踊跃参与。孙毅律师意识到，诉前评估工作的开展，以专业性、中立性、申请人自愿性的优势，可以非常好地帮助申请人评估诉讼风险，为他们明晰纠纷中的法律关系、厘清纠纷解决思路、寻找更有效的救济途径，为民商事纠纷有效解决提供新的思路。孙毅律师认为，中立评估流程简单快捷，耗时不过数日，申请人在接受专业人员的中立评估后，可以慎重思考，避免草率起诉。中立评估程序，不仅有效分流了案件，促成调解或者停止诉讼，对评估后没有达成调解、需要进入诉讼的案件，也能促使当事人合理调整诉求，对争议结果可以持有一个比较客观的预期。这既有利于法官加快审理进度，也节约了司法成本。孙毅律师的想法和做法，得到了广大同僚的赞许，也得到了法院等单位的肯定。

孙毅律师坚持参与中立评估这一公益工作，化解社会矛盾、有效分流案件，为节约司法成本、促进社会和谐出自己的一份力。孙毅律师也一直在向符合条件的广大律师倡议，积极参与到类似的法律公益工作中，为更好地解决司法资源紧缺的现状出一份力，也为更有效地解决当事人之间的矛盾尽一份责。

孙毅律师政治坚定，恪守职业道德，理论基础扎实，业务能力强，其执业中的专业精神和诚信品格值得年轻律师学习。

撰稿人：孙毅律师团队

唐向阳 | **三份法律职业，同一种热爱**

  唐向阳律师，湖南岳阳人，中共党员，北京大学法学硕士。现为北京市盈科律师事务所中国股权高级合伙人、中国区董事，北京市盈科广州律师事务所党委副书记、监事会主任、网络游戏法律事务部主任，盈科全国信息网络与高新技术专业委员会副主任，广州市律师协会电子竞技与网络游戏业务专业委员会副主任，国家版权贸易基地（越秀）、国家商标品牌创新创业（广州）基地智库专家及高端知识产权人才培训特邀专家讲师，广州市知识产权维权援助专家库专家。

一、燕园时光：北大求学、网络创业

  2000 年伊始，唐向阳以优异的成绩考取了北京大学法学研究生。研究生一年级，他最感兴趣的是法理学，在北大图书馆通读了中外法理学大师的各类著作。然而生活何等奇妙，它正悄悄地为徜徉在书海中的唐向阳开启另一扇窗。在北京大学导师、著名科技法学家罗玉中教授的指导下，唐向阳第一次触及高科技领域相关的法律问题，从此他的目光渐渐从法理学转入到当时悄然崛起的新兴互联网行业。

  2000 年是全球互联网浪潮激荡之年，来自中国的新浪、网易、搜狐先后在美国纳斯达克上市。就在这一年，唐向阳和北大清华的一群朋友也开始了互联网的创业之路。值得一提的是，体操王子李宁，当时正在北京大学法学院就读法学本科，给予了这个创业团队百万级的天使投资，用以建设与学生消费有关的电子商务网站。

这次的互联网创业虽然没有取得最终成功（阶段性的成功还是有的），但给当时的唐向阳带来很多冲击，他深深地感觉到互联网行业还有许多值得研究的新型法律问题。回到北大法学院的课堂后，知识产权、互联网、高科技有关的行业法律问题成为他研究的重点。

机缘巧合，北大法学院张平教授看到了互联网行业的新浪潮，在北大法学院开设了相关的网络法律研究生课程，并主持出版了《网络法律评论》系列作品。唐向阳幸运参加了《网络法律评论》第一卷的编辑创作工作，也第一次发表了关于我国互联网行业立法思考的学术文章。

二、执着追梦：商都审判、魔都法务

2003 年，北大毕业的唐向阳通过国家公务员考试，进入广州市中级人民法院工作。法院的工作十分繁忙，待遇也并非外界想象得那么好，但幸运的是唐向阳最终被分配在民事审判第三庭（即知识产权审判庭），可以最大限度地学以致用。更幸运的是，他被短期抽调到广东省高级人民法院知识产权庭，参与了"'入世'后广东知识产权司法保护面临的新问题及对策"重点课题的全省调研工作。

法院的三年工作，是磨砺的三年，更是成长的三年。法院工作的历练，奠定了唐向阳扎实的专业基础，也塑造了严谨的工作态度和完善的法律思维。唐向阳坦言，"法院是法律帝国的首都"，法院极其专业的工作经验成为他法律职业生涯中最宝贵的财富之一。

可能是骨子里的"爱折腾"，抑或是对体制外事业的向往，2006 年，唐向阳放弃了令人向往的体制内的稳定工作，毅然投身互联网行业，来到"魔都"上海。

2006 年，我国颁布了《信息网络传播权保护条例》，但网络视频行业的盗版和侵权现象仍然非常猖獗，尊重知识产权和正版化的行业风气有待提升。另外，网络技术和数据媒体的快速发展使得信息内容的传播方式更加多样化，"技术中立"还是"版权侵权""避风港"与"红旗原则"如何适用，以及网络视频信息网络传播权侵权案件，一时间成为知识产权领域热点。

得益于知识产权的法律经验和互联网的行业经验，上海一家互联网视频头部企业向唐向阳抛来了橄榄枝。加盟该互联网视频企业后，唐向阳在担任公司法务总监期间，负责主持协调办理了数百件视频版权侵权案件，这不仅为企业带来了巨大的经济利益，也给他本人赢来了事业上的高峰。

这数百件视频版权侵权案件中，多个案件在当时被学界、司法界热烈讨论。"点播""轮播"是否构成"信息网络传播行为"、如何正确理解"信息网络传播行为"、如何平衡"技术中立"和"版权保护"，相关案件也幸运地被唐向阳的北大同门师兄、著名的王迁教授写进了《网络版权法》。

担任法务总监的三年唐向阳积累了丰富的互联网行业经验，从互联网的先驱到互联网的守护者，唐向阳对如何站在企业角度思考知识产权，有了更为独到深刻的理解，这也成为他后续从事律师职业的重要优势。

三、加入盈科：知识产权律师才是王道

时间来到 2009 年，心中一直有个律师梦的唐向阳，积攒了审判和法务双重经验的他，认为实现梦想的条件已经准备就绪。此刻，唐向阳放弃年薪优渥的法务总监职位，毅然决定成为专职知识产权律师。

由于竞业协议在身，唐向阳选择南下回到广州，来到中山大学岭南学院进行了为期一年的工商管理硕士课程研修。"百战归来再读书"，他不仅学习了最新的管理学理论，也梳理总结了自身过去的管理工作经验。

2010 年，一切归零，唐向阳在广州本地老牌大所开始了实习律师之路。当时的唐向阳已经具备六七年的法律工作经验，加上在互联网行业的法务工作，他在互联网行业小有名气，也结识了不少来自腾讯、阿里巴巴、迅雷、搜狐、百度、PPS、酷 6 等多个知名互联网企业的业内良师益友。律师职业生涯伊始，唐向阳就毫不犹豫坚定了知识产权专业化和互联网行业化的发展方向。

2011 年，为了获得更大、更快的发展，唐向阳以一名正式律师的身份，毅然决然加入刚刚成立的盈科广州分所。当时的盈科，正在进行全国范围内的开疆辟土和规模化建设，唐向阳作为盈科广州分所的元老律师，与盈科广州分所、盈科全国律所共同成长。

2021 年是唐向阳加入盈科的第 11 个年头，也是盈科广州分所成立的 11 周年。11 年来，唐向阳始终坚持知识产权专业化，办理了数百件知识产权案件，担任了数十家网络游戏企业、互联网企业和高科技企业的法律顾问。

得益于独到的办案思维和扎实的专业能力，唐向阳在复杂知识产权争议解决方面具有卓越能力和丰富经验。每每遇到他人认为毫无希望的案件，唐向阳总是能够在绝望中寻找希望、在败诉风险中发现成功的机会，将不可能变为可能，为客户寻找最优的争议解决法律方案。

2015 年，唐向阳被评为"盈科全国首届十佳知识产权律师"并连续 5 年获得"盈科全国优秀知识产权律师"荣誉称号。2018 年，唐向阳律师经办的专利侵权案件实现在先技术抗辩成功，并获得广州市律协业务成果奖。

四、勇立潮头：逐浪网络游戏法律服务蓝海

2013 年被称为手游元年，在强大的知识产权法律服务能力基础上，唐向阳律师带领团队开始服务一些网络游戏企业，协助企业处理游戏侵权事宜。广东作为国内游戏重地，汇聚了腾讯、网易、多益、三七互娱、创梦天地等多家游戏企业，游戏产值连续多年位列全国第一。

2018 年，顺势而为，唐向阳带领团队，成立盈科全国体系内第一个网络游戏法律事务部（以下简称"网游部"）。唐向阳带领网游部，拟定网络游戏法律顾问的标准流程；研发"网络游戏全生命周期整体合规及风险防控"的法律服务产品（2019 年荣获"盈科全国首届十佳法律服务产品"奖项）；为网游行业举办多场盈科网游法律沙龙；服务多家网络游戏研发、发行等各类游戏企业。唐向阳团队，因扎实的法律基础和卓越的服务能力，赢得多家游戏企业的一致好评。

通过不懈的努力和钻研，唐向阳及网游团队取得了令人惊喜的成绩。

2019 年，唐向阳代理"广州互联网法院第一案：手游版权之争"，庭审网络直播获得近百万人次在线关注，并取得胜诉。同年，唐向阳代理的两件网络游戏案件入选"广州互联网法院 2019 年度十大案例"。

2020 年，唐向阳代理的手游版权侵权案件，获得"广州市律协业务成果奖"。同年 9 月，通过激烈的竞聘，唐向阳成功当选广州市律师协会电子竞技与网络游戏业务专业委员会副主任。

从法院到企业再到律所，唐向阳已经在法律职业追梦的路上走过了 18 年。虽然"爱折腾"，但始终对知识产权法治事业一往而情深，"爱得很深沉"。唐向阳将继续带着这份坚持和热爱，在知识产权专业化、网络游戏行业化法律服务的道路上不断前进，再创佳绩！

撰稿人：范晓倩

<h1>陶慧泉 | 归 来</h1>

　　陶慧泉律师，北京市盈科律师事务所中国区董事会副主任、全国体育运动中心主任，北京市盈科武汉律师事务所党委书记、合伙人管理委员会主任、业务指导委员会专业指导委员、建设工程法律事务部主任、股权高级合伙人。

　　2020 年 4 月 6 日，告别了焦虑不安的父母，带着妻子塞满一箱子的酒精棉片、口罩、一次性医用手套、84 泡腾片，还有耳畔不停回响的"不能摘口罩、戴好护目镜、用酒精棉片擦手消毒"的叮嘱，怀着一些忐忑、一些对前途的茫然未卜，我还是毅然决然地踏上了旅途。目的地，武汉——新冠肺炎疫情的中心。

　　往日熙熙攘攘的北京西站，广场上竟然看不到几个旅客，售票大厅依然关闭，进站口只有一个开着，为数不多的旅客自觉地间隔一米，默默有序地依次进入。为了不在候车厅人群较多的地方过多停留，我掐好了时间，进站后直接检票上了车。这是一趟发往广州的 Z 字头普通客车，我特意选择了一个高级软卧，避免高铁上封闭环境下人群较多。果然，整节车厢 14 个包厢，只有我一名旅客。包厢里面有卫生间，除了上车和点餐时和列车员有交流，包厢就是一个独立的隔离空间。

　　放好了行李，摘下手套、口罩、护目镜，去卫生间洗了手、脸，奔波了几个小时，终于可以坐到沙发上静静地望着车窗外面，站台上除了列车员，看不到其他旅客，虽然是晴天，却感觉有一层蒙蒙的薄雾，衬得太阳有一些惨白。伴随着火车"哐当、哐当"起步开行，我的思绪也飘向了远方……

一、隔离

2020 年 1 月 21 日，我一大早上就携妻带儿赶到了武汉站，还有几天就过春节了。回北京老家过春节，是一年一度的行程，也是提前一个月就安排好的。车站里人头攒动，进站上车的人已经排到了车站外面，彼时外界对武汉暴发新冠疫情已经传得很严重了，而武汉人却对此似乎并不太在意，甚至有些人连口罩都没有戴。过了进口闸机，看着拥挤的人群，或许是冥冥中有人指示，我做了一个后来看起来非常重要的决定，把订好的二等座换为人员较少的一等座（后来收到大数据信息，原来的二等座车厢果然有确诊感染者）。坐上车，刷手机，首先看到的是钟南山院士明确提出武汉疫情已经出现了人传人，处于疫情暴发的起始阶段，中央领导对武汉疫情防控作出重要指示。我原本放松的心情陡然一紧，突然意识到疫情可能对每一个人都带来威胁。果然，刚到北京西站，就收到了在医院工作的姐姐打来的电话："你们回到家就不要出门了，哪里也不要去，我们春节都不能回去，也不能和你们见面。如果见面我就不能到单位上班了，自己在家隔离。"那一刻，我突然觉得有些发懵，只是机械地回答，好吧。儿子则突然地气愤起来，哼，不见拉倒，我们回武汉去！孩子每年都非常渴望一大家人一起吃团圆饭，到处走亲戚拜年是一件非常快乐的事情。我拍拍他的头，但也不知道该怎样安慰他。只是意识到，目前减少和别人的接触、做好自我防护是非常必要的，不能再乘坐公共交通，于是直接联系神州租车，租了一辆小车一家三口直接开回了延庆的家，开始了漫长的居家隔离。

二、战疫

2020 年 1 月 23 日，武汉宣布"封城"。

武汉被按下了暂停键，全中国进入了"战疫"阶段。我每天看着电视、头条等新闻媒体的播报，武汉的疫情开始大规模暴发，"年"终于还原了它狰狞的怪兽面目，没有欢乐祥和、没有团圆欢聚，每天都被一串串不断攀升的确诊数字带来的恐惧所笼罩。武汉各大医院人满为患，病人为求一张病床到处辗转，而街道上则空旷冷清，整座城市一派沉寂。全国各地的医生们白衣执甲，驰援武汉；火神山、雷神山医院、16 座方舱医院迅速建立起来。为了抢救生命，人们不避风险日夜奋战，我的心情也每天在悲伤和感动中跌宕起伏。

时间转眼到了正月初七，春节假期结束，应当返回武汉开始工作的日子，可武汉显然已经回不去了。盈科北京总部成立了疫情防控领导小组，盈科武汉分所也迅速成立了领导小组，第一件事就是要求各部门主任利用微信群对全体律师进行每日安全接龙，密切关注每个律师的健康状况。同时，号召律师们在做好自我防护的前提下，力所能及地为战疫做贡献：有的律师参与社区志愿者活动，做小区值守，为隔离人员分发蔬菜；有的律师在武汉参加接送医护人员上下班的车队；有的律师在农村老家参与组织运送蔬菜、粮食等物资，支持疫区。盈科武汉分所党委的高芳、罗晓春在疫情最严峻的时刻，冒着风险，把盈科全国律师捐助的物资送到老年福利院，盈科武汉分所律师再次展现了危机时刻的责任担当。

既然疫情让我们只能待在家中，那就顺应情势。管委会、青工委等部门开启了网络课堂、线上直播、线上工作乃至线上联欢会等多种线上活动，凝聚力量，保持组织运转和律师的工作状态。学习是律师一辈子的工作，疫情防控正好给了我们安静充电的机会。我首次尝试了直播讲课，为大家进行学习最高人民法院九民会纪要合同部分的直播授课，吸引了全所 200 位律师在线收看，其后，其他律师也定期开展了讲课直播。2019 年我当选了武汉市律师协会民事专业委员会的主任。受疫情影响，不可避免地出现了许多医疗纠纷、房屋租赁纠纷、防疫物资供应纠纷、各类合同履行纠纷等，我召集民专委的几位副主任，分工合作，编写了两期近 5 万字的法律问题解答，在武汉市律师协会的微信公众号上进行连续刊发，为社会公众解决法律问题提供参考方案。

疫情防控逐渐变成了一个长期的状态，从 1 月到 2 月，再到 3 月，我们期待的 2 月复工、3 月复工，都没有实现，但情况是在逐步好转了，我回归武汉的心情也越来越强烈。盈科武汉分所 2020 年面临着原办公地点租赁到期，需要搬迁新址。同时，还因为管委会主任老李在春节前已经明确要求退休，我已被总部授命组建新一届合伙人管理委员会，即将肩负起 400 人大所的管理责任。2020 年的工作任务、律师事务所的组织调整、人员稳定和规模化建设、业务的维护和拓展等，在疫情影响下，每一项任务都是那么繁重而紧迫。于是，不顾年迈父母的担忧和反对，在武汉宣布接受旅客列车的第一时间，我预定了返回武汉的车票，踏上了归途。

三、重启

2020 年 4 月 8 日 0 时，"封城" 76 天之后，武汉宣布重启，标志着武汉抗疫之战取得了决定性的胜利。也是在这一天，北京盈科武汉律师事务所召开了股权高级合伙人大会，全体股权高级合伙人共同推选了管委会委员候选人，再通过线下和线上投票的方式，选出了第四届合伙人管理委员会，我当选为合伙人管委会主任，并带领新一届合伙人管委会委员进行了庄严的宣誓：要带领全所律师继续推进律师事务所规模化、专业化建设，让盈科武汉分所继续保持在武汉当地律师事务所的头部地位。随即，我们召开管委会第一次会议，对律师事务所的工作进行了细化分工，按照市场战略、业务指导、执业纪律、人才战略、文体发展、青年工作、党群工作、内控管理等进行了业务分工，使得每位委员对工作目标、工作计划有着清晰的思路。其后紧锣密鼓地对全所 31 个部门的年度任务进行了分解，力争抢回因疫情受到的经营损失。

搭好班子，明确目标，管委会率先行动起来，在短短 1 个月不到的时间里，把执业纪律委员会、业务指导委员会、文体委员会、青年工作委员会、品牌战略委员会、女律师工作委员会、业务内核委员会等一系列工作机构迅速地建立或完善起来，吸引了所里大部分骨干律师加入，形成了系统的工作机制，制定了各方面的工作计划和方案。

万事俱备，只欠行动。没有在武汉这个全世界瞩目的疫情中心，不会知道疫情对人们的伤害，尤其对疫情的恐惧有多么的严重。律师事务所所在大楼的周边曾经有很多的餐馆，但四五月很多都没有开门，因为没有人敢到武汉来，餐馆开了，也没有生意。律师们也一样，一方面社区、街道有要求，每天只准 10 位律师到所里办业务，来了也是办了事就走，不敢在所里多做停留。法院的法官们大部分都在下沉社区，偶有开庭也全部在网上。拜访客户，基本上小区、单位都实行严格的防控措施，多半是见不到人的状况，所有的工作几乎都在线上运转，线下基本是停滞的。

印象非常深的一件事是，因为到五月中旬健身房都没有开放，我早上去东湖磨山公园爬山，那时已经有一些市民都开始晨练了。因为天气太热，我爬山时取下了口罩，不小心鼻子里面吸进了一些樟树的花粉，于是连打了两个喷嚏，前面离我五米多远的一对夫妻听到声音后如闻鬼叫，拔腿就跑，女人嫌丈夫跑不快，还大声呵斥他"快跑，那个人没戴口罩打喷嚏"。而我身后几米远的一个奶奶推着小孩儿原本跟在后面，听到打喷嚏连忙推着孩子掉头就走，我甚至没有办法解释，只有尴尬地把口罩赶紧带上。

面临这样的状况，想组织任何活动，想通过活动把大家的心思收拢回来，让大家走出阴霾，重新回到正常工作的轨道上，无疑难上加难，空有组织、规划，却是没有办法落地。

2020 年 4 月 26 日，武汉最后一个重症病人出院，新冠患者清零！同时武汉市已经连续多日没有确诊患者，只有少数无症状感染者，办公室周边的餐饮逐步开业，虽然不能堂食，但毕竟是在逐渐恢复了。为了让律师事务所早日步入正轨，管委会研究决定，对律师进行全员核酸及血清抗体检测，同事们彼此知道健康状况了，也就可以安心上班了。事实上，武汉市也正是在集中的 10 日内进行了全市 1000 多万人的核酸检测后，才正式在 6 月全面复苏。

　　5 月中旬，武汉市气温逐步升到 30 多度，夏天就要来了，经过了全所员工核酸检测后，律师事务所进入了正常办公状态，但是，没有空调的大厦就像是一个蒸箱，光是坐在那里就开始冒汗了。大楼物业组织了工人对空调进行清洗消毒，但仍然不能开放，所里律师笑着问我："你个胖子不怕热吗？"我知道这是一种委婉的责问，于是直接给物业公司经理打电话，他们讲了一些疫情防控要求，讲到还没有取得防疫安全合格等大道理，并说，如果出了问题要整栋楼封闭的。我质问他，政府已经要求开放办公室场所了，如果大家在办公室上班时中暑了他们是不是要负责呢？虽然言辞激烈，但经过沟通，第二天大楼开放了空调，我们的办公室终于可以像往日一样正常办公了。

　　因为身兼武汉市律师协会民事专业委员会主任的职务，在做好律师事务所的防疫、复工、重启工作的同时，我一直带领着民事专业委员会的同事们积极开展各项工作，疫情期间主导编写两期《疫情防控问题解答》，4 月返回武汉后，又参与武汉市政府复工复产顾问团的工作，编写《复工复产法律问题指南》，到产业园区现场为企业进行法律咨询。6 月以后，又将工作重心转到《中华人民共和国民法典》普法宣传上来，配合电视台录制节目，为普法办创作短视频，进行以案释法的 100 件案例脚本编写，作为评委参与武汉市律师《民法典》宣传短视频大赛，并组织了疫情以来武汉市律协的第一次大型线下线上《民法典·合同编》宣讲活动，线上收看人数达到了 5 万多人次。接受一个职务，做好一线工作，彰显一份责任，我想这是一个律师最好的职业担当吧。

四、归来

　　再深重的苦难，也终将被我们努力向前的脚步甩到身后！

　　进入到 6 月，所里有了第一次篮球比赛，有了第一次模拟法庭，有了各专委会、大部门高频次的线下线上会议，我也有了在武汉海事法院和省高院两天三案的紧张开庭，有了伴随出差的多次核酸检测。全所律师都开始了正常的到岗上班，连续几个月的业务创收也恢复到了历史最好的水平。

2020 年 8 月 28 日上午 9 点 18 分，全体股权高级合伙人律师齐聚我们的新办公室装修工程现场，大家欢声笑语，举行了欢乐的装修工程开工仪式。我和执行主任高芳女士共同举锤敲响了开工的序章，一锤，平安顺心；二锤，万事顺利；三锤，开工大吉！伴随着大家的掌声和呐喊声，我们仿佛看到一个新的画卷正逐步展开。新的办公室将有上下四层近 6000 平方米，可以容纳 700 多名律师和员工办公，律师事务所的硬件设施和规模将在行业中继续保持领先地位，同时，我也坚信未来几年律师事务所的综合服务水平和市场占有量一定会有着更大幅度的提升。

开工仪式完毕回到办公室，几位律师已经等在办公室，一个银行项目的入库，大家都竞争要求作为项目负责人，管委会主任成了各方的协调人。我深深地意识到，随着律师的成长，客户越来越集中到政府机构、央企国企及大型民营集团公司等大客户。目标市场的提升，明显地带来了所内冲突和竞争的情况。但是从另一个角度来讲，也是令人十分欣喜的，说明我们律师事务所的专业能力在不断增强，我们正实实在在地成为一家高端商务型律师事务所。我强烈意识到，如何将律师事务所的制度建设进一步完善和深化，是理顺无序竞争的最重要的保障手段。律师事务所的招投标管理办法、业绩使用管理办法、大客户备案公示制度等已经摆在案头，不过只能晚上加班修改了。

下午两点半，律师事务所刑事模拟法庭正式开始，我们发挥了盈科湖北区域一体化的优势，邀请从法院法官退下来的荆州分所律师作为审判长，有检察院工作经历的律师作为公诉人，荆州及宜昌分所的管委会领导，同时也是有检察官履历的资深律师作为点评嘉宾。两个小时的模拟开庭时间，在审判长的节奏控制下，控方和辩方进行了精彩而激烈的交锋，对于全所年轻律师是一次难得的业务学习和提升机会，大家都说和在学校时组织的模拟法庭活动完全是两种情形，感觉就是真的在开庭。

晚上，结束了一天的工作，开车缓缓驶过熟悉的武汉长江大桥，看两岸霓虹闪烁，江滩公园里人们或走或坐，或歌舞欢笑，历经苦难后仍然快乐生活，大江大河的英雄城市，更有英雄的人民。想起在"盈科首届百名大律师"评选演讲时的感悟，律师并不是做大业务、大案件就可以成为大律师的，而是要有大胸怀、大责任、大奉献。

希望有一天，我能对所有盈科人说：我自豪，我为盈科拼搏过！

田宏伟 | 淬火成钢　终成大器

田宏伟律师，北京市盈科西安律师事务所管委会委员、股权高级合伙人、刑事法律务主任，陕西省法学会刑事法研究会理事、陕西省律师协会刑事专业委员会副主任、西安市律师协会刑事专业委员会副主任、西北政法大学刑事法学院实务导师、西北政法大学刑事辩护研究所特邀研究员、西南政法大学刑事辩护研究中心研究员、西安财经大学法学院实务导师、陕西渭南师范学院兼职教授西安培华学院客座教授。

2020 年 6 月 30 日，正在陕西汉中参加某重大涉黑案件辩护的盈科西安分所田宏伟律师获悉自己荣获了"盈科首届百名大律师"荣誉，他说当时内心的喜悦和激动难以言表，是这个好消息激励他出色、圆满地完成了 14 天的庭审工作。这一天，他将终生铭记。

本次评选活动从盈科律师事务所现有的 9329 名执业律师提交的数百份申请表中筛选出 245 位律师参与评选。通过为期 9 天的直播评选演讲和 2 天的投票活动，综合考虑参评律师的思想品德、专业水平、年度创收、所内贡献、社会责任、公益事业、入职条件等方面的评分，经总部管委会审议，最终确定"盈科首届百名大律师"名单。

一、他是一名有情怀的盈科律师

田宏伟律师是盈科西安分所的创始合伙人，是第一个入驻盈科西安分所办公的律师，现为盈科西安分所管委会委员，股权高级合伙人，刑事法律事务部主任。他见证了盈科西安分所的成长，为盈科西安分所的发展奉献了应有的担当和智慧。他常说"盈科待我如初见，我和盈科永相恋"。

在盈科大家庭，大家亲切称呼他"田甜哥"，不是因为他长得甜，而是因为他是一枚暖男。和他接触过的人都知道他热情、坦诚、豪放，他就是一个心存正气、作风硬气、格局大气、为人和气、富有才气的盈科律师。一个铁骨铮铮的陕北汉子，一个刚正不阿的刑辩律师……

1992 年大学毕业后，他被分配至黄陵县工商局工作，2005 年元旦休假后上班第一天，他毅然辞去公务员工作，开始了自己追逐公平正义的律师梦。回味在律师界摸爬滚打的这 16 个年头，他感慨万千，他认为优秀的律师没有捷径可走，律师工作是一份良心活，刑事律师拼的是专业，更是良心。

对于如何看待"盈科首届百名大律师"的殊荣，田宏伟律师说，入选百名大律师是自己的幸运，和其他优秀律师相比，自己还有很大的差距。一名律师，不在于他赚的钱有多少，而在于他的胸怀有多大，能帮助多少人实现公平正义。就像刑事律师一样，他们办理的不仅是案件，而是一个人的人生。

二、他是一名"又红又专"的律师

说他"红"是因为他是一名具有 24 年党龄的党员律师，他始终能保持正确的政治站位，维护党中央的权威，维护党在人民群众中的形象，对党忠诚。田宏伟律师分别于 2018 年、2019 年、2020 年荣获"盈科优秀党员"荣誉称号；2019 年、2020 年荣获"陕西省律师行业优秀党员"荣誉称号。

说他"专"是因为他一直在刑辩路上苦苦坚守。爱因斯坦曾经说过"兴趣是最好的老师"。田宏伟律师喜欢刑事辩护的唇枪舌战，喜欢刑事辩护的未知与惊喜，喜欢刑事辩护的风险和挑战。他充分认识到刑事辩护对一个人的人生、一个企业的生死存亡的重要影响，他要为生命和自由进行辩护。

2012 年，他接受法律援助案件，被指派为一名涉嫌介绍卖淫案的女性被告人提供辩护。通过会见和案卷分析，他拟定了无罪辩护的方案。当时有人劝他，法律援助就是摆个架子，走个形式，何必较真。但他还是坚持了自己的职业操守和法律底线，为被告人据理力争，被告人被无罪释放的场面至今历历在目。这个案件也入选"陕西省司法厅优秀经典法律援助案例"。

2017 年，他获得了执业以来第一个无罪判决。多年来他办理的多起案件被不予批捕、撤诉。老百姓的一句"谢谢"能让他满足好几天。

2018 年，他代理的陕西版"雷阳"案备受全国关注，网络舆论铺天盖地，代理过程如履薄冰。但田宏伟律师严格遵守律师代理重大敏感案件的规范要求，圆满完成了代理工作。

2019 年，他作为首席辩护律师成功代理陕西榆林史上涉及人数最多的涉黑案件，展示了陕西刑辩律师的良好职业形象。但案件的结果却出乎他的意料，让他久久不能释怀，刑事律师的喜与悲只有自己内心知道。

2020 年刚结束的某涉黑案件持续 14 天的庭审工作，对于首席辩护律师田宏伟来说又是一次智慧和体力极限的"马拉松"！

三、他是一名爱学习、爱钻研的律师

为了提高自己的辩护技能，他积极参加全国各地的学术交流活动。参加了中国政法大学、首都师范大学、西北政法大学、西南政法大学等学校举办的多项专业培训。

多次参加陕西省法学会刑法学研究会年会并做主旨演讲，有多篇专业论文被《陕西省法学会刑法学研究会论文集》及其他刊物收录。参与编写了法律出版社《走进盈科大律师》《盈科刑事精选案例——律师辩护的策略与智慧》《"盈"的秘密——有效辩护的 47 个制胜思维》等著作。在求学的过程中，他收获了许多宝贵的知识、技能，交了许多至诚的朋友。

四、他是一名有公益善心的刑辩律师

在大多人眼里，刑辩律师应该是一个很冷酷的形象，而田宏伟律师却是一个在法庭上充满激情，在法庭外内心豁达、富有爱心的"老男孩"。

他所做的公益主要体现在法律援助、公益普法、助残、敬老、关爱农民工等方面。他承办法律援助最多的一年达 20 余件。这些案件让他明白了法律援助是弱势群体的刚性需求，是法治文明和社会进步的体现。受邀担任陕西广播电视台"说法时间"特邀嘉宾时，他富有张力和磁性的声音通过电波传进了千家万户。他还是陕西

法网一名志愿者律师，长期为老百姓提供公共法律服务。

2019 年，他开展的公益普法讲座有 20 余场。在疫情期间，他一直心系武汉，通过各种渠道捐赠款物达 5000 余元。多年来他还在助残、敬老、关爱农民工方面做了一些力所能及的事。他说，其实公益离我们的工作和生活很近很近，只要心存善念、心中有爱，做公益其实也很简单。

在做公益期间，田宏伟律师也收获了许多鼓励。2017 年、2018 年、2019 年田宏伟律师连续 3 年被盈科总部评选为"优秀公益律师"。2017 年获"陕西普法模范"荣誉，2019 年获"陕西省十佳公益律师"荣誉。

五、刑辩之路尚远，誓将不懈求索兮

田宏伟律师说："金杯银杯是我所追求的，但金杯银杯远不如老百姓的口碑！"

刑事辩护是个苦差事，但刑事辩护对于老百姓的意义和价值很大，总得有人去坚守，田宏伟律师就是万千坚守者中的一员。

祝愿田宏伟律师刑辩事业之树常青，硕果累累，再攀高峰！

撰稿人：田宏伟律师团队

汪
晓
迅

厚积薄发　盈科而进

汪晓迅律师，北京市盈科贵阳律师事务所管委会主任。

2020 年 5 月 30 日，在贵州省律师协会第六届理事会第三次会议上，我全票当选为贵州省律协副会长，这是对我个人的充分肯定。回想过往，我始终专注于律师行业，所获荣誉均来自于律师行业。这既是我安身立命的职业，也是我为之奋斗的事业。总结自己律师执业 24 年来的经历，3 条主线清晰可见。

一、律师事业发展

我的律师经历可以用一条轴线显示：律师助理——独立执业律师——合伙人——律所管理者/团队负责人。

（一）律师助理（1995—2001 年）

1995 年大学毕业后，我进入了母校贵州大学开办的律师事务所工作。这家名为贵州光明律师事务所成立于 1993 年，律所的大部分律师均是我的大学老师，其中，包括我的哥哥汪晓谦。自然，我的律师工作从做哥哥的助理开始。6 年的律师助理经历，我从老师们那里学习和养成了严谨负责的工作态度以及求真务实的钻研精神。这期间，我独立办理的两个案件令我印象深刻、记忆犹新。一个是工矿产品购销合同纠纷，这是我 1997 年获得律师执业证后独立办理的第一个案件。庭审中，因为过于紧张，我不敢脱稿质证、辩论，甚至在回答法官问题时，不敢与之双眼对视，但在庭前我已经准备好了全部证据清单、质证意见和代理意见，虽然整个庭审我的表现堪称"照本宣科"，最后仍然获得了胜诉判决。另一个是我办理的第一个刑事法律援助案件。那是 1998 年，我接受贵州省法律援助中心指派，在贵州省高级人民法院办理一个故意杀人案。被告一审被判处死刑，我去会见他时，他对二审结果已不抱希望，反而咨询我执行死刑后如何捐献尸体的事宜。那个时候互联网还没有兴起，查找法律法规案例只能去书店、图书馆。在跑遍贵阳不多的几个法律书店后，我查找到最高人民法院一个关于农村邻里纠纷引发的命案慎重适用死刑的文件，辩护意见提交给二审法院以后，我的当事人被改判死缓。这两个案件的成功，让我深刻认识到庭审是准备出来的。年轻律师秉持认真负责、穷尽研究的态度和精神，一样能够赢得一个个成功的案子。

（二）独立执业律师（2001—2004 年）

时间来到 2001 年，一天我的女朋友（现在已是我的妻子）在报纸上看到贵阳一家比较知名的制药企业在招聘法务，就动员我去应聘。她说我离开大学校园就进入律所，都没有机会了解其他行业，缺乏社会经验，应该去试一试。在她的鼓励下，我应聘成功，成为这家药企的法务，领导一个有 5 个会计的部门。我们的任务是市场对账和催收不良债权，老板的要求是只要好的结果。一年时间，我跑遍了长江以南的各大城市，通过非诉协商谈判、民事诉讼、刑事控告等手段，帮助企业实现了目标。这一年的经历让我体会到了独立执业的压力，懂得了客户心理，也因此获得第一批客户资源。在 2002 年回到律所后，我已经可以独立执业，成为一名独立执业律师，直到 2004 年创办自己的律所。

（三）律所合伙人（2004—2015 年）

2004 年我和大学同学一起创办了一家律所，发展 10 年后，律师人数达到 20

人，在当时的贵阳也算是一家中型律所。律所模式和大多数律所一样，合伙人摊销律所成本、提取利润以后，律所几乎没有留存。律所管理采取合伙人一人一票，涉及财务支出有一人不同意也不能列支。10 年间，律所三易负责人，但均未改变合伙人之间单打独斗、吃光分光、各自为政的一盘散沙的状态。最后，大家意识到这种状况必须改变。2014 年年底，我们开启了进京求索、寻求突破之旅。经过认真的比较和考虑，最终选择了盈科。

（四）大所管理者兼团队负责人（2015 年至今）

2015 年我们选择盈科并创办了盈科贵阳分所。对我来说，这不仅仅是律师执业机构的变化，更是一次理念的改变。在盈科"品牌化、规模化、专业化、国际化"战略的影响下，很多的同人与我们一道选择了加盟盈科。至 2018 年，短短 3 年，盈科贵阳分所律师人数突破了 100 人，专业部门达 14 个。我本人带领商事诉讼法律事务部，专事商事诉讼业务。2018 年、2019 年连续两年部门创收超过 1000 万元，成为盈科贵阳分所最大的部门。对我来说，最大的变化不是数字的改变，而是发展理念和发展模式的改变。我抛弃了单打独斗，选择了团队共同发展；我放弃了自己的舒适区，从一个"万金油"律师走向专业律师；我选择了合作，把不在自己专业范围内的业务交给其他领域的专业律师。经过 5 年坚持不懈的打造，摸索出了自己的团队管理和业务操作模式，让团队更有持续性和承继性，让业务办理更有质量保障和效率，从而确保在未来的法律服务市场上保持竞争力。

二、律师行业服务

2009 年，我进入贵阳市律协联合党支部工作，先后担任党支部青工委员、副书记。2011—2015 年担任贵阳市律协党总支副书记，从事律师行业党建工作。2010 年开始在贵阳市律协参加专委会工作，先后在执业纪律惩戒委员会、律师考核委员会、律师事业发展委员会任职。2014 年 3 月，我被选为贵州省律协常务理事并被聘任为副秘书长，同时担任刑事专业委员会副主任、执业纪律惩戒委员会副主任。2017 年 5 月，我当选为中华全国律协青工委委员，参与全国青年律师工作。2018 年 6 月，贵州省律协换届选举，我连任常务理事，继续担任执业纪律惩戒委员会副主任。2020 年 5 月 30 日，贵州省律协召开理事会会议，我全票当选为副会长，分管青年律师和女律师工作，以及大数据专业委员会、破产与重组专业委员会工作。

10 余年的律师行业服务工作，让我不断加深对行业的了解，也更加热爱律师行业。参与各级律师行业的服务工作，让我有机会加强学习、扩大视野、增大格局。

三、积极践行社会公益

2008 年至今，我多次向受灾群众、贫困家庭学生、残障儿童捐款，帮助他们解决生活、就学、就医困难，践行自己的社会责任。其中，2008 年向四川汶川地震受灾群众捐款 500 元；2011—2013 年，每年出资 6000 元为贵州省正安县二中 3 名品学兼优的贫困高中生捐资助学，解决他们高中 3 年的住校生活费问题；2018 年和 2019 年，连续两年每年出资 6000 元为贵州册亨县冗渡镇冗洪小学 5 名贫困学生捐资助学，将捐助 5 名学生大学毕业；2018 年 4 月，为提供法律精准扶贫援助的贵州平塘县大塘镇旧司小学捐资购置办公用品和体育器材；2019 年 11 月，为贵州册亨县冗渡镇冗洪小学留守儿童和贫困学生捐资购买内衣裤；2018 年 10 月和 2019 年 12 月，连续两年每年出资 5000 元为"金诺 PLUS"捐款，帮助身患疾病的贫困家庭儿童就医治病；2019 年 10 月，为贵州省律师协会未成年人保护委员会的"蓓蕾绽放、法律护航"项目捐赠 5000 元。新冠肺炎疫情发生后，通过各种渠道捐赠价值 8000 元的物资，支援抗疫第一线。

自 2009 年至今，我坚持定期到贵阳市群众工作中心（贵阳市信访局）接待信访群众，解答法律咨询。2011 年 7 月 31 日，接受贵阳市司法局的安排到贵阳市群众工作中心开展信访接待工作时，受到前来视察工作的时任中共中央政治局委员、宣传部部长刘云山接见，并回答了刘部长的多个问题，当晚的贵阳新闻联播对此作了报道。

2016 年，我率领本所多名律师参与贵阳市司法局组织的"一村一居法律顾问"工作，为开阳县双流镇、花梨镇、毛云乡、禾丰乡等 40 个村居提供法律顾问工作。2017 年至今，我率领本所多名律师参与省司法厅组织的"精准法律扶贫"工作，为贵州省平塘县大塘镇及其 11 个村居提供法律顾问工作。

坚持参加各种社会公益活动，有助于陶冶自己的情操，保持向上的善心和力量。这么多年来，虽然事务越来越多，时间越来越少，但我总是参与，乐此不疲。

把律师职业作为事业去奋斗，把律师行业作为挚爱去关心，把社会公益作为新的境界去不断追求，这是我作为律师的所思、所想、所为，也因此得到了各级司法行政和律师行业协会的肯定和认可。2011 年 12 月，我获得司法部颁发的"律师行业创先争优活动党员律师标兵"称号；2016 年 2 月获中华全国律师协会颁发的"2011—2014 年度全国优秀律师"称号；2020 年 4 月获"贵阳市律师协会成立 20 周年公益奉献奖"。未来，我将继续保持"厚积薄发，盈科而进"的心态，为律师行业作出更多的贡献。

律师生涯　无悔选择

王宝钢

王宝钢律师，北京市盈科律师事务所全球总部合伙人，北京市盈科合肥律师事务所所党支部书记、管委会副主任，同时担任合肥市律师行业党委委员、维权委副主任、中国科学技术大学客座教授。

一、蓦然回首还是律师梦

1993 年，怀着一颗对律师行业无限憧憬的心，王宝钢律师投入了律师发展的浪潮，成为一名青年律师。执业初期的困窘以及层出不穷的案件难题，是王宝钢律师最初最真切的体会。一方面案源来之不易需要谨慎认真处理，另一方面知识储备不足又很难胜任，这两者形成激烈的冲突。那时候不像现在可以通过网络搜索法律法规和进行案例检索，要解决问题只有去认真研究书本法条及其内在精神，以及向他人请教。王宝钢律师也深深意识到只有不断提升自己专业能力才能胜任律师这份工作，才能不负当事人的委托。

1995 年，王宝钢律师通过国家公务员考试并进入合肥市西市区人民法院（现为合肥市蜀山区人民法院）。在法院长达 9 年的工作期间，王宝钢律师多次获得法院工作考核优秀及先进个人奖，并荣获法院系统个人三等功。王宝钢律师也因为审判工作积累了丰富的审判经验，学会了如何用法官思维去分析案件的法律关系，抽丝剥茧，解决争议，这些法律思维的形成也为王宝钢律师后期律师执业的技术娴熟奠定了基础。

2004 年，王宝钢律师毅然选择辞去公职，再度投入律师行业，只为了让心中律师梦想种子开花结果！

二、漫漫求索喜逢盈科路

"海阔凭鱼跃，天高任鸟飞。"再次回归律师身份后，王宝钢律师发现律师事业前程开阔。其凭借着丰富的实践经验、扎实的法学功底、认真负责的办案态度赢得了客户的广泛好评。执业期间，王宝钢律师先后担任解放军七四一零兵工厂、合肥市蜀山区教育体育局、肥东县人民政府等 60 多家国家机关、企事业单位的常年法律顾问。

王宝钢律师深刻地体会到律师职业是一场无止境的法律征程，随着社会的发展，面对不断更新的法律法规和层出不穷的司法解释，律师需要不断更新法律知识储备，提升自我专业水平。在传统律所执业的过程中，王宝钢律师已经深深地感受到律师新业务类型的增长之快。如果不能及时更新知识，抢占先机，一步跟不上将会步步跟不上，更不能跟上时代的步伐，在新业务拓展方面将会面临困境。同时，他深刻意识到，随着律师队伍的不断壮大，传统诉讼业务领域的竞争会日趋白热化，自己和团队都将面临困境。他知道未来律师行业发展的趋势必定是专业化、团队化、高效化，律师事务所的经营管理必定要更加注重企业文化、品牌化，走公司化经营模式。为此，王宝钢律师于 2018 年辞去了本地传统律所主任的职务，带领团队坚定地投入盈科大家庭的温暖怀抱。王宝钢律师加盟盈科合肥分所后，立即着手建立并扩大自己的专业团队，依托盈科平台，成立了盈科合肥分所资产管理专业法律服务大部门（简称"资管部"），专攻企业债、政府债发行及不良资产处置法律服务领域，带领大家一起探索创新，一起学习新业务。

2018 年，由于国家经济转型的需要，为了解决历史上地方政府无序举债的问题，国家财政部发文扩大了原先省政府专项债的发行方式和范围，将原先省政府专项债仅限于土地储备、棚户区改造、收费公路这三个标准项目进行扩容，将轨道交通、智慧城市、乡村振兴、养老医疗改善及环保治理等有一定收益的基础民生项目均纳入发债范围，并提出框架式的项目入库要求，解读为项目收益与融资自求平衡地方政府专项债券。财政部首先选择在四川省进行了发行试点，王宝钢律师敏锐观察到这一发债新领域给法律创新服务带来的机遇，带领团队成员开始着手研究财政部相关债券发行的所有规范文件，带领大家一起探索创新，一起攻克新业务。当年，王宝钢律师带领的资管部团队与四川省多地政府部门展开了第一次专项债券业务的合作，并成功协助发行债券金额 60 多亿元，其中服务的多支专项债券项目获得财政部的首肯。

2019 年，王宝钢律师再度协助四川省发行专项债券，并同时与河南省、安徽省各级政府达成合作关系，协助其发行债券 100 多亿元。

2020 年，王宝钢律师在专项债法律服务的道路上稳步前行，在与各地专项债业务群体保持良好合作的基础上，不断提升专业能力，尽可能拓宽服务领域。

与此同时，王宝钢律师与安徽省金融资产交易服务中心也达成长期合作关系，累积协助发行金融产品多达上百种。

三、狠抓党建，培养新青年

王宝钢律师作为律所的党支部书记，十分注重律所自身的党建事务以及青年律师的党建工作，他坚持贯彻盈科总部制定的"党建引领、管委会领导下的执行主任负责制、监事会监察"的基本管理制度，认真贯彻律师行业党委传达的一系列中央精神。他深信党建带所建，所建带队建，鼓励党员律师在律所管理及发展等各方面发挥先进模范作业。

在王宝钢律师的带领下，律所党支部组织不断加强与党员律师的沟通与互动，集思广益，创新工作方法，创新活动形式。他将基层党支部组织工作与律所工作、诉讼非诉工作、人才培养等各项工作相结合，将组织工作深入到律所各个层面。

青年律师是整个律师行业新的血液、新的力量，他们的发展将决定整个群体的趋向，律所及律师行业的未来需靠青年律师去肩负、去创造。王宝钢律师十分关注青年律师的发展，深入了解青年律师发展的难点、突破点，找问题想办法，将青年律师的发展与律所的发展协调一致。律师行业就是一个薪火相传的职业，在追寻法律与真理的路上，要相互学习，要相互扶持。

伴随着互联网时代的进程、人工智能的推广，律师的道路也在随之变化，革新无时无刻不在发生。作为这当中的一员，推动律师行业、法治道路的进程，我们都义不容辞。"雄关漫道真如铁，而今迈步从头越！"新的时代已经来临，王宝钢律师将继续怀揣对律师行业执着的信念探索前行。

撰稿人：郑海峰

王冠华 知责任 明责任 负责任

　　王冠华律师，民商法学博士、理论经济学硕士、国际注册高级法律顾问师、北京市盈科乌鲁木齐律师事务所管委会副主任、股权高级合伙人、业务指导与培训委员会主任、财税法律事务部主任律师。

　　律师是社会性较高的职业，其特殊性在于尽量维护当事人的合法权利，是律师这一法律群体的初心与使命。我作为万千法律人当中的一员，从踏入律师职业的那一刻开始，便深知这份责任。10年前，我辞去公司高级管理人员的职务，带着捍卫法律的公平正义之梦迈进了律师事务所的大门；6年前，我放弃了北京首善的执业环境与优渥的生活，怀揣着维护当事人权益的初心，只身奔赴边疆地区，扎根到祖国最需要的地方，以法律援助为起点，贡献属于自己的那份绵薄却又不可或缺的力量。

　　在律师执业道路中，盈科对我的影响深远。作为法律服务行业的标杆之一，盈科全球化的发展与业务范围为包括我在内的所有在职律师创造无限机会，开辟广阔的发展空间。得益于盈科平台，我能够在职业道路中更好地迎接挑战，在法律从业的道路上越走越远、越走越稳。盈科"以人为本""以客户为本"的战略目标，对于我在践行法律的道路上既是一种鞭策，更是一种潜移默化的影响。

我是一位律师，也是一名学者，同时也是一名民族语言研究专家，对通古斯语系有较为深入的研究。2010 年 10 月，我以笔名"萨蒙"出版了专著《锡伯语通论》（第一作者），该书在深入研究锡伯口语语言规律的基础上，创造性提出了全套察布查尔锡伯话的拼音方案，对锡伯口语的语音、词汇、词法、句型、句法以及锡伯文字的识读等方面进行了全面的研究与探讨；同时，我也是一名资深的法学研究人员，执业期间，先后出版专著《建设工程价款优先受偿权法律实务研究》《民商事合同中的税法介入研究》（第二作者），并发表了《民事诉讼证据操作指南》《有限公司股东资格继承的相关法律问题研究》《对赌协议的税法处理问题研究》等法学论文百余篇。

作为律师，我不仅在法律理论方面推出实务文章，释法析理；在法律实操方面，更是以无偿法律援助，普法教育，结合实地情况完善和改进相关法律等实际行动，将法律人的使命一一践行。如果说法律的责任是保障人权，使广大群众依法享有广泛权益，那么律师的责任就是以法律为武器，为广大群众争取能够意识到自身权益的机会，并根据事实和法律为广大群众自身权益的实现保驾护航。

一、知责任

2014 年 7 月，我参加了中国"1＋1"法律援助志愿者行动，远赴新疆从事法律援助工作。我认为去祖国最西部开展法律援助工作，更能体现律师对社会责任的担当，因此选择了新疆，并被派往北疆阿勒泰地区布尔津县。在这个被誉为"东方瑞士"的小城镇里，我的辛勤付出得到当地政府和老百姓的高度认可。2015 年 4 月，我获得了"2015 年最美布尔津人之最美援助者"称号；同年 6 月，我被阿勒泰地区司法局评选为"民族团结先进个人"。在原本为期一年的法律援助志愿行动即将到期时，我决定将援疆时间再延长一年。2015 年 7 月，我被改派至有"塞外江南"之称的伊宁市服务。2016 年 7 月，我又被伊宁市司法局评为"司法系统工作先进个人"。

习近平总书记在第二次中央新疆工作座谈会强调，坚持依法治疆、团结稳疆、长期建疆，是法律援助工作的基本方针和原则。新疆自古以来就是一个多民族聚居的地区，在这片广袤的土地上，共有维吾尔、汉、哈萨克、回、蒙古、柯尔克孜等 47 个民族繁衍生息，因文化背景不同、地方语言差异等，纠纷矛盾较多。我深知法律援助在依法治疆、团结稳疆、长期建疆当中所扮演的重要角色，为此，我将法律援助工作的重点放在"化解矛盾"上：免费为来访群众提供法律咨询，不再限定法律援助案件范围，实现法律援助咨询服务全覆盖。在法律援助期间，共接待法律咨询千余人次。同时适当扩大民事法律援助覆盖面，将与经济困难公民基本生产生活方面的问题如人身保险合同纠纷、委托合同纠纷等纳入法律援助补充事项范围，重点做好农民工、下岗失业人员、妇女、未成年人、老年人、残疾人和军人军属等群体的法律援助工作。在法律援助期间，我共办结案件100多件，包括刑事7件、民商事95件，涉及工伤保险待遇（工亡）案件21件，占比22.11%。在法律援助的过程中，语言障碍丝毫没有影响我对法律援助工作的坚守与热情。我克服语言障碍，积极将少数民族困难群众的疑难、复杂案件纳入受授案件的承办范围。从其承办案件之受援人民分类来看，共涉及7个民族，其中汉族68人，在全部案件中占比62.96%；维吾尔族16人，占比14.81%；回族15人，占比13.89%；东乡族5人、哈萨克族1人、满族1人、锡伯族2人，占比8.34%。

我在多年的法律援助工作过程中，时刻不忘一个法律人所肩负的责任，有效维护弱势群体的合法权益，将重大矛盾纠纷化解在萌芽阶段，为维护新疆地区的长治久安和社会稳定作出贡献。法律援助期间，我为受援人避免/挽回经济损失600多万元（不含实物和利息）。正基于此，2016年3月1日，伊宁市人民政府向中国法律援助基金会专致感谢信，对我所做的努力和贡献表示感谢，我也先后被司法部、中华全国律师协会、中国法律援助基金会等单位连续评为2014年度、2015年度"'1+1'中国法律援助志愿者行动优秀法律援助律师"。

二、明责任

我认为，法律援疆的意义并不仅在于以无偿代理人的身份解决个案，更多地在于结合当地实际情况，有目的、有方向地开展下乡普法活动。只有让基层群众了解基本的法律知识，才能让他们知道风险点在哪里，才能为保障自身利益而争取机会。在疆期间，我积极为当地群众与基层干部提供法律帮助，普及法律知识，调解矛盾纠纷，先后40余次深入服务地各乡（镇）、村，针对农村大量存在的土地（草地、草场）和宅基地争议、牲畜代牧、牛羊侵害庄稼、醉驾摩托车、农村婚姻、民间借贷等问题纠纷，结合案例开展了形式多样的"送法下乡"活动，仅举办法制讲座就达30余场。通过"送法下乡"活动，更多村民了解了与自身利益密切相关的法律知识，增强了法律意识。除进行法律知识专题讲解外，他还在现场接受村民的法律咨询，积极调解村民之间存在的纠纷，受益村民达3000余人次。

"在座诸位手握国之重器，只要以人为本、以民为本，依法行政、执法为民，布尔津县法治政府必然建立。"这是2015年4月8日，我在为布尔津县四套班子领导、乡镇人大主席、机关干部、检察官、法官、各部门（单位）主要领导、各级人大代

表 120 余人作的题为"全面推进依法治国专题讲座——宪治、法治与依法行政"讲座的结束语。这句话道出了一名法律工作者对全面推进依法行政工作的期冀。几年来，我先后为各级机关干部职工以及司法干警作了题为"依法行政，促进民族团结和社会稳定，在长治久安中实现中国梦""依法行政的基本要求""全面推进依法治国——宪法篇""全面推进依法治国——依法行政篇""党的十八届四中全会精神解读""羁押期限、量刑规范化及《刑法修正案（九）》解读"等法制讲座 20 余场，取得良好的社会效果。要全面形成党委领导、政府负责、社会协同、公众参与、法治保障的社会治理体系，打造共建共治共享的社会治理格局，就必须通过普法让习近平总书记的法治思想和中华民族共同体意识根植于基层干部的心灵深处，让全面依法治国的要求和法治精神根植于基层干部的心灵深处，让法律知识的应知应会根植于基层干部的心灵深处。

普法的难度在于，在不同的多元化民族地域，教育背景相对贫瘠的群众对于法律与情理、法律与道德的差异，以及群众对于国家规制与个体生活认知的缺乏。这些均导致普法的过程异常复杂与艰难，只有在实践后方能知晓。而普法的责任在于，只有使领导班子与基层群众都知法、懂法、用法才能推动当地经济社会的发展。基于此，一个法律人的职责便是将普法活动，力所能及地贯彻到每一个角落。2020 年 5 月 22—24 日，我受自治区党委统战部的委派，深入喀什莎车乡村，开展两场无偿法律讲座，为当地老百姓普及基本法律知识，得到自治区党委统战部和九三学社新疆区委会的一致好评。我用实际行动为法律人的职责作出了最好的诠释。

若说以法律解决诉讼个案、以个案为基石开展普法活动是法律援疆工作之中的重要责任，那么结合当地实地情况而完善和改进相关法律则是法律援疆实践中应负的责任，对于当地的法治社会建设更是一种全面的促进。

法律援助期间，在实现法律援助咨询服务全覆盖的同时，针对服务地的实际情况，我对已结案的案件卷宗全部进行了整理，对照《新疆维吾尔自治区法律援助档案管理暂行规定》以及法律援助案件质量检查考评制度等相关规定，认真检查和评估，找出问题和差距，制定了进一步完善和改进的措施；同时，与服务地的工作人员共同研究制定了法律援助工作管理措施并全面实施受援人回访制度，有效提升了服务地的法律援助案卷质量，也极大地促进了法律援助工作的质量。主要体现在如下三个方面：首先是要严格实行法律援助告知制度，即在受理法律援助案件的过程中，受理申请人应书面告知受援人在法律援助事项办理过程中的权利和义务，办案律师应书面告知受援人诉讼权利和义务，以使受援人充分知晓自己享有的权利，也便于监督办案人员是否尽职尽责和违反规定办案，更好地维护受援人的合法权益。其次是要加大办案质量检查力度，即通过跟踪办案过程、审查案卷等方式，对法律援助案件实施跟踪管理，不定期征询受援人意见，发现援助人员有违纪违行行为及时予以纠正。最后是全面实施案件回访制度，即通过向受援人征询了解案件承办律师的服务态度、依法办事情况、专业水平、工作勤勉、工作效率、办案结果、清正廉洁等方面满意程度、综合评价以及对法律服务工作过程中的意见和建议，实现对法律援助案件实行全方面监督。截至目前，由我承办的诉讼与非诉案件中，综合评价满意度100%，无一例投诉。

在疆期间，我不仅能够以一个法律人的身份，聚焦新疆工作总目标，做社会稳定的守护人，而且能够为努力减少"同案不同判"现象，以在办案例为研究样本，推出系列实务文章，释法析理，笔耕不辍，深入地与相关方进行有效沟通，先后发表了《以一则案例浅析农村建房合同纠纷的案由确定问题》《一起健康权纠纷相关法律问题的厘清与探析》《工伤保险待遇纠纷中司法鉴定意见的证据效力应作否定性评价》《以一则案例浅析劳动者单方解除劳动合同生效时间的起算问题》等实务论文百余篇，部分文章为新疆各大法院网以及中国社会科学网、中国法院网、中国律师网等较有影响力的专业网站转载，得到了当事人、律师同行以及诸多案件承办法官的认可和好评。

三、负责任

如果说做法律援助律师的初心是为了让基层群众认识到自身权益并获得保障，那么一名执业律师的使命，便是为了能够让当事人在维护其合法权益的过程中感受到公平正义的温暖。凝心聚力为法治新疆建设贡献绵薄之力，2016年7月，我决定不回北京而继续留在新疆工作，并选择了盈科。此后，在谋民生之利、解民生之忧、帮民生之需中，我在边疆地区不断努力。截至2020年12月底，我先后办理案件500余件，代理了20余起有影响力的重大诉讼案件，并先后为克拉玛依市委市政府等30余家企事业单位和地方政府或者政府部门提供改制、并购重组、PPP项目整改等专项法律服务或者担任其常年法律顾问。

我深知基层群众疾苦，始终以"加强民族团结，促进和谐发展，维护社会稳定"为首要目标。正因为如此，在普法用法过程中，无论是法律职业共同体的成员，还是曾受益于我帮助的老百姓，对我的付出都给予了较高评价，真心感谢他们。一位资深法官如是评价："这是一个有良心、有担当的执业律师，是一个值得尊敬、可以交心的朋友"。一位受援人送来的锦旗上书"敬业敬职、尽心尽力、无私无畏、善始善终"，或许这便是对我工作态度的一个写照。

"如果这个案子不交由王律师办，我就不申请法律援助了……"，一位姜姓老人在伊宁市法律援助中心审查办公室如是争辩。"他让我感受到了党的温暖和司法公平"，他"为民解忧、伸张正义"……各种信任以及誉美之词从不同的受援人嘴里进出。6 年间，我一共获得锦旗 21 幅，这既是对我为人做事的认可，也是对我律师工作的一种肯定。

在疆期间，我的先进事迹为各部门和各大媒体竞相报道，数量达百余篇。其中，中国法律援助基金会以"化解矛盾纠纷维护社会稳定——记'1 + 1'法律援助志愿者北京律师王冠华"进行专题报道，并被中国网、法制网、中国法律援助网、中国法治在线、首都政治综治网等各大媒体转载。我也收获了各种荣誉。2015 年 7 月，被新疆维吾尔自治区司法厅记个人三等功；2016 年 9 月，被司法部评为"第五届全国法律援助工作先进个人"；2020 年 7 月，荣获"盈科首届百名大律师"称号；2020 年 9 月，被九三学社中央评为"2016—2020 年社会服务先进个人"；2021 年 3 月，被乌鲁木齐市律师协会评为"2016 年至 2020 年度优秀律师"……我时刻坚守使命，努力在法律领域上践行自己的职业观，为每一位当事人的合法权益保驾护航。只有明白自己的使命，才能知道如何去选择。但无论选择什么，只要恪守职业要求，执着于初心，切实履行好自己的责任，才能让自己的选择更加有意义、有价值。

我的职业理念是，"要用法律和良心为当事人筑起一道坚强的后盾。"在律途中，利益常与工作相伴，我时常提醒自己要做个好人，经常自掏腰包救助那些极为困难的群众。在新冠肺炎疫情期间，我与本所其他 10 位股权合伙人为和田贫困大学生解决学费问题，捐款 5.5 万元，顺利使 11 名南疆贫困大学生如愿入学。在法治道路的前行中，我时刻坚守法律人的底线，充分、有效地运用法律武器，时刻以人民为中心，捍卫法律的公平与正义。从北京到新疆、从实习律师到股权合伙人，无论走到哪里、无论身为何职，我与万千法律人一样，时刻怀揣着平凡法律人的初心与使命，一步一个脚印的成长。在不断成长的过程中，将职业使命更好地践行于方土之间的那段属于我的旅程上，在祖国边疆地区不断延伸，继续前进……

王俊林 在反垄断法和知识产权法领域孤独勇敢前行

王俊林律师，北京市盈科律师事务所股权高级合伙人，盈科北京合伙人管委会副主任、知产一部主任，盈科全国知识产权专业委员会副主任。同时担任北京市律师协会竞争与反垄断法律专业委员会副主任，先后入选司法部千名涉外律师名录和北京市律师协会涉外律师人才库。两次荣获第五届强国知识产权论坛"十佳反垄断律师"称号。

一、地方小镇——律师梦想开始的地方

20 世纪 70 年代，我出生于河南信阳一个偏僻的地方小镇。这里尽管贫穷，却是"鱼米之乡"。在这个盛产水稻的小镇诞生了一家远近闻名的乡镇企业——水泵厂。其产品远销到安徽、湖北等地，是小镇的"明星企业"，也是镇政府的重要经济来源。

一天下午，正在读高中的我，在放学回家路过水泵厂厂门的时候，看见水泵厂厂长和办公室秘书陪同两个身着蓝色制服的人走出厂门，那两个身着蓝色制服的人的左胸前的衣服上戴着一个长方形蓝底的小徽章，上面赫然显现"中国律师"四个红色镶嵌金边的小字。他们的咯吱窝各夹着一个黑色的公文包，与随同的厂长和办公室秘书一边走一边交流着什么。早听说水泵厂有多起债权纠纷，此次从县城专门聘请了两

位知名律师。我呆呆地看着他们远去的背景，对这两位身着蓝色制服的中国律师肃然起敬。从那时起，我暗暗下定决心，将来要做一名维护公平和正义的律师。

二、与盈科结缘——在反垄断法领域孤独前行

2002 年，我通过了首届司法资格考试，便将自己实现梦想的目标锁定在首都北京。我先后在北京的两家律师事务所经历了 7 年最艰难的律师基础工作。在解决了温饱问题之后，也迎来了自己执业生涯的"瓶颈期"，我开始苦苦思索自己未来的律师发展之路。

2009 年 5 月底，我与盈科结缘，盈科"诚信、开放、包容、共享"的服务理念，给了我在专业领域发展的良好空间。经过对比分析欧美发达国家律师行业的发展趋势，在对自己未来的执业目标进行了一番艰难的思索和彷徨之后，我毅然选择了反垄断法这个专业领域。而此时我国反垄断法刚刚颁布不到一年的时间，国内很多律师还不了解这部法律能给律师带来什么业务。

2010 年，我在盈科北京申请设立反垄断与反不正当竞争法律事务部，开始了在反垄断法专业领域的探索之路。这是一个国内较早以反垄断与反不正当竞争法为专门法律服务的律师团队。在成立之初，包括自己才有 5 名律师，有很多同人嗤之以鼻，甚至冷嘲热讽。因为他们认为在中国谈反垄断就是在谈反央企、国企，而在当时的法律环境下，这简直是天方夜谭。

盈科的开放和包容曾经让很多青年律师实现了自己的梦想，我就是其中的一位亲历者。我顶住各方压力，孤独前行。经过 3 年多的不懈努力，使得更多的律师认同了我的专业选择和职业规划，部门成员从 5 名增加到 15 名。

2015 年，我又申请设立盈科全国反垄断与反不正当竞争法律专业委员会（以下简称"专委会"），团队随着盈科的壮大而壮大，律师成员涉及国内外 19 家分所，共有律师成员 39 名。他们大多数曾在日本、英国、韩国、美国、加拿大等国家的著名大学或律师事务所接受过反垄断法律专业教育或者培训，具备中日、中英或中韩双语工作能力。在接下来的几年中，专委会律师为来自中国本土企业及欧美、日韩等国家与地区的客户提供了优质、高效的法律服务，行业领域涵盖大型零售、机械制造、IT、食品、医药、汽车、日化、建材和能源等产业，已经积累起了丰富的专业与实战经验。

三、反垄断调查申请案——体会律师的价值与喜悦

2016 年 6 月，国内某科技公司（以下简称"国内公司"）在进行大规模海外业务拓展的过程当中，遭遇美国某科技公司（以下简称"美国公司"）的多重打击。后者先后在美、英、法、德等国家以侵犯专利权为由对国内公司发起了多起诉讼，正处于快速成长阶段的国内公司难以应对美国公司发起的多起诉讼，且一旦败诉有面临破产的危险。

美国公司是在美国某州注册从事某科技业务的经营者，其在上海、广州、成都、武汉设立的分公司皆为美国某公司在中国的全资子公司。该公司自 20 世纪 90 年代进入中国市场以来，凭借其拥有的某项技术标准及强大技术团队和雄厚财力，迅速占领了中国科技市场 50% 以上的份额，从而在中国大陆科技市场中成为了具有市场支配地位的经营者，并通过实施了一系列滥用市场支配地位的行为，打击、排挤竞争对手，获取高额垄断利润，排除、限制了正常竞争秩序，其行为背离了法律、法规及商业道德底线。

我接受国内公司委托，果断决定向中国反垄断执法机构提起对美国公司的反垄断调查申请，以遏制美国公司对其的强势打击。经过长达 6 个多月的调查取证工作后，我代表企业向我国反垄断执法机构提交了一份事实清楚、证据确实充分的《反垄断调查申请书》及 400 多页的证据材料，这给美国公司造成了巨大的压力。迫于中国反垄断执法机构近年来在反垄断执法领域的威慑力及可能面临的反垄断处罚，在相关市场占有绝对市场支配地位的美国公司不得不作出妥协和让步。最终，双方在美国达成一揽子和解协议，两家公司经过长达 3 年多的较量后终于握手言和。

我认为，在办理涉及认定被申请人滥用市场支配地位的反垄断案件中，进行必要的经济学分析是不可或缺的。在本案中，我组织团队律师在证据收集时兼顾数据的分析和统计，并在此基础上通过曲线图、柱形图、饼图等方式对被申请人在相关市场所占有的市场份额、区域分布、利润增长幅度等相关情况进行说明，增强了说服力。尤其是获取到在相关领域权威机构的数据后，增强了相关数据的可信度，为执法机关作出判断提供了良好的铺垫。

我还认为，办理涉及反垄断的案件能够充分展现律师在相关法律领域的实务经验及理论水平。在本案中，正是因为律师团队已经收集并掌握了大量的具有说服力的证据，并在此基础上进行了逻辑推理严密、论证确实充分的法理分析，才得到了执法机构的认可，同时，也让对手心悦诚服，进而使得美国公司不得不作出妥协和让步。因

此，在办理涉及反垄断领域相关案件时，律师应该把涉及认定相关市场的数据证据收集放在首要位置，只有在获取大量确实充分的证据的基础之上，律师才能根据证据展开周密的法理分析，最终才能抓住案件的核心，击中对手的要害，形成有效的打击，取得良好的办案效果。

通过本案的办理，我深刻地认识大到，中国企业在"走出去"的过程中常常需要应对其他企业在其他国家提起的诉讼。在本案中，团队律师通过在国内提起反垄断调查的方式另辟蹊径，有效遏制了美国公司对其的强势打击，取得了谈判筹码，并最终握手言和，为企业"走出去"提供争议解决的全新思路。

本案被列入司法部培训中心案例库，并被评为北京市律师协会涉外法律服务优秀案例。通过本案的办理，我获得了律师执业生涯以来前所未有的成就感。我很欣慰的是：在反垄断法律服务领域孤独前行的同时，还有时常能够体会到的律师的价值与喜悦。

四、组建知识产权部——向着"知产强国"的目标勇敢前行

在盈科大力加强专业化建设，强力推进专业大部制建设的时候，我凭借多年的专业积累，敏锐地观察到传统知识产权法与竞争法（包括反垄断法与反不正当竞争法）之间有着密切的联系。有学者形象地将这一关系表述为"传统知识产权法的三项制度——专利法、商标法、著作权法好比是浮在海面上的三座冰山，反不正当竞争法则是托着这三座冰山的海水"。

近年来，与传统知识产权法的三项制度（专利、商标、著作权）相关的仿冒、商誉诋毁、商业秘密及技术秘密、商业贿赂等传统不正当竞争案件大量涌现；滥用优势地位、专利多样化侵权、商品化权、域名注册为商标、互联网领域的新型不正当竞争行为及反垄断领域新型知识产权案件也在不断增加，且已经成为媒体关注的焦点。

这种发展趋势需要将反垄断法与反不正当竞争法纳入知识产权法领域总体看待。这样，既便于整合各方资源，形成合力，又能够充分发挥盈科大家庭的全球丰富资源，便于在大部门制下的跨专业合作。因此，我吸纳了具有商标、专利、著作权执业经验的律师共同开拓新型概念的下的知识产权法律业务。

鉴于盈科全国知识产权大部制设置及从事知识产权律师的数量，参照各大律所及高校在知识产权与竞争法的设置模式，我在盈科北京组建知识产权一部，下设专利、商标、著作权、竞争法、传媒娱乐法和涉外知识产权共6个专业律师团队。知识产权一部服务领域除了传统知识产权（专利、著作、商标）法律服务领域外，还包括但

不限于知识产权许可、交易、企业知识产权战略咨询、知识产权组合管理等与知识产权相关的综合法律服务；并服务于知识产权产业化运营和企业知识产权合规战略等业务；同时涵盖与知识产权滥用有关的反垄断和反不正当竞争法律服务领域。

2020年9月12日，在我的提议和组织下，盈科北京知产研究中心成立暨法律专家顾问聘任仪式在盈科北京成功举行。同时还聘请了多名在法学和实务领域的专家和学者担任顾问，为部门的专业法律服务提供全面智力支持。

目前，知产一部与研究中心在专利、商标、著作权、竞争法、传媒与娱乐、文创、知产与刑事、涉外知识产权共8个法律服务领域，律师团队不断壮大。截至目前团队共有执业律师30名，具有专利代理师和律师执业资格的"双证律师"10人，具有硕士学位的有15人，博士学位有5人，其中有8位律师具有海外求学经历。

知产一部很多律师具备深厚的法学理论功底和实务经验，兼具多元化的学习背景和工作能力，知产研究中心成立及法律专家顾问聘任仪式正逢盈科迁入新址正大中心，团队律师将秉承"公义、谦卑、专业、敬业"的执业理念，向着知产强国的目标勇敢前行！

以专业服务客户　以公益回馈社会

王龙兴

王龙兴律师，北京市盈科律师事务所全球总部合伙人律师，2001年7月加入中国共产党，现任盈科全国政府与社会资本合作（PPP）法律研究中心主任，北京市盈科北京管委会副主任，兼任国家财政部PPP专家库专家、北京市律师协会物权法专业委员会副主任、中国人民大学律师学院客座教授、海南师范大学法学院兼职教授、海南国际仲裁院仲裁员、淄博仲裁委员会仲裁员。

他是法庭上的辩者，为公平正义而生。在成为优秀律师的征途中，他想过成功，想过失败，但从没想过放弃。从他的言谈举止中，你永远都能感受到一种永不磨灭的激情、斗志，以及对生命与生活的热忱。他就是王龙兴。

一、敏而好学树立志向，锲而不舍崭露头角

王龙兴的父亲是一名退伍军人，对子女的要求十分严格，从小调皮的他没少挨揍，但父亲的严格要求也培养了他吃苦耐劳、乐观坚毅、耐得住寂寞的性格。在学习上，他勤奋好学，在农村小学师资力量明显落后于城市的情况下，小升初考试中以优异的成绩考入了当地重点中学，是村里当年考上重点中学的两名学生之一。读初中时，父亲去世，家里的负担陡然加重，身边人都劝他考师范学校，早日毕业出来扶持

家庭，而他却立志上高中读大学，走出去实现更高的人生理想。

那时，香港律政剧风靡内地，剧中律师的穿着都十分威风。正在读书的王龙兴深受影响，从此在心中埋下了一颗大律师的种子。为了圆梦大学，他努力说服家人，最终以优异的成绩考上全国重点大学法律专业。

1999 年夏天，王龙兴正式参加工作。刚入职时，每月固定工资很低，但思维活跃、充满干劲的他，并不仅仅满足固定工资的收入。那时，他所在的公司有很多难以收回的应收款项，特别是存在很多超过诉讼时效的应收款项，公司为此出台了一系列政策与奖励措施，对帮助公司收回应收款项的员工进行奖励。意气风发的王龙兴决心试一试。于是，他与几位同事找到欠债公司，以企业改制，需要对方配合对账为由，通过迂回的方式，让欠债公司在对账单上盖了章。加盖了公章的对账单具备了法律效力，超过诉讼时效的债权起死回生，他也因此帮公司成功收回了欠款，让公司领导对其法律敏感度和策略性刮目相看。

二、业精于勤，勤以立身；行成于思，思以智胜

为谋求更好的发展，2004 年他选择加入一家实力雄厚的房地产上市公司，工作期间处理了大量房地产与建设工程方面的法律业务，积累了丰富的房地产和建设工程行业法律经验。2010 年，王龙兴加入盈科，并一直担任房地产与建设工程部主任。在盈科执业的 10 多年，他不断突破自我，始终秉持"广学而博，专一而精"的精神，以为客户提供优质、专业的法律服务为执业理念与追求，一步步走来，渐渐用专业赢得客户的信任与行业的认可。

在房地产与建设工程领域，他带领团队先后为多个国家和省级重点项目提供法律服务，获得广泛好评。

2008 年 10 月，处于京津冀经济圈核心位置的北京丽泽金融商务区项目正式启动，该项目作为国家住建部第一批智慧城市试点项目、北京市和丰台区重点发展的新兴金融功能区，备受各界瞩目。为推动项目合法合规建设，王龙兴从 2013 年起就为该项目提供土地一级开发（土地房屋征收拆迁）、房地产投融资并购、诉讼代理等法律服务，这一干就是 7 年。期间，他付出无数心血、汗水与智慧，为项目的开发建设提供了高效率、高质量的法律支持。

2000 年，时任河南省省长的李克强亲自主持绘制郑东新区规划蓝图，郑东新区龙湖金融中心作为宏伟蓝图中重要的一部分，被赋予未来郑州市、河南省乃至中原经济区"新地标"的名号。2015 年，在项目建设之初，王龙兴就受中交（郑州）投资

发展有限公司聘请，为郑东新区龙湖金融中心提供常年法律顾问服务。他秉着高度负责、极度专注的精神，结合项目实际，全程跟进，助力项目合法有序地顺利实施。

海南博鳌乐城国际医疗旅游先行区作为中国第一个以国际医疗旅游服务、低碳生态社区和国际组织聚集地为主要内容的国家级开发园区，受到中央、海南各级地方政府及社会各界的重视。2018 年，海南博鳌乐城国际医疗旅游先行区一龄综合服务中心项目开工建设，王龙兴带领团队为项目提供项目开发建设全流程法律服务，从重要谈判到合同审查、法律意见书出具，他对客户的每一项法律服务需求都严谨以待，做到专业和高效，他也因兢兢业业的工作态度和专业严谨的法律服务，获得客户的高度认可。

2019 年年初，在王龙兴的带领下，盈科成功中标广州北站周边地块（铁路以东）国有土地上房屋征收专项法律服务项目，该项目系广东省重点项目，目前国有土地房屋征收户数量位居广东省前列，受到广东省各级领导的高度重视。法律服务开始后，王龙兴带领律师团队进驻政府办公现场，不分昼夜，不辞劳苦，尽职尽责解决法律问题，高效、高质量地完成委托人交办的法律服务工作，并坚守在法律服务工作的第一线。

2019 年年底，在王龙兴的牵头下，盈科成功竞得烟台海上世界专项法律服务项目。该项目位于烟台滨海核心地带，也是一个十分有代表性和影响力的项目，其规划建设世界级新湾区，是集"船港城游购娱"于一体的高端商旅综合体，总投资约 1500 亿元，计划打造为面向全国、比肩世界的烟台都市新核心。

所谓"术业有专攻"，正因有如此傲人的成绩，王龙兴被世界著名法律评级机构钱伯斯评为 2015 年、2016 年亚太地区房地产及建设工程领域推荐律师，被《法律500 强》评为 2018 年房地产及建设工程领域推荐律师。

早在 2017 年，王龙兴就入选国家财政部 PPP 专家库，成为首批入选财政部 PPP专家库的 32 名法律专家之一。之后在王龙兴和团队成员的努力下，盈科入选首批国家财政部 PPP 咨询机构库。在 PPP 法律研究方面，王龙兴曾几度公开发表文章，其撰写的《民法总则与 PPP 模式》《政府购买服务与 PPP 的五大区别》等专业文章，也分别被国家财政部 PPP 中心官方网站、《中国财经报》刊登。

此外，王龙兴作为盈科全国 PPP 法律事务研究中心主任，带领团队成功为慈溪新城河旧城改造一期 PPP 项目、贵阳小关污水处理厂 PPP 项目、玉溪市生活垃圾焚烧发电 PPP 项目、黑龙江省多个公路建设 PPP 项目、江苏省淮安市淮安区黑臭水体综合整治 PPP 项目等优质、有影响力的项目提供专业法律服务，带领团队成功中标国家财政部 PPP 中心（中国清洁机制发展基金管理中心）常年法律顾问项目。也因此，在他及中心其他领导和成员的共同努力下，盈科成功摘得"2015 年度中国 PPP 项目十佳律师事务所""2015 年度市政基础设施 PPP 项目首选律师事务所"的殊荣。

三、十载风雨相伴同行，砥砺奋进见证成长

在盈科执业的 10 多年，盈科见证了王龙兴的成长，他也见证了盈科的发展与壮大。2010 年，盈科第一家分所开业，至今，盈科已迅速发展为在中国大陆拥有 80 多家分所，全球法律服务联盟覆盖 82 个国家、141 个国际城市的综合性法律服务机构。业务范围也已涵盖房地产与建设工程、PPP、国际贸易、海外投资、公司、资本证券、私募、投融资与并购、刑事、婚姻家事及财富传承、知识产权、环境保护、海商海事等诸多领域。至今，盈科已连续 6 年蝉联法律界"福布斯"——ALB 亚洲法律杂志"亚洲规模最大律师事务所"，连续 5 年蝉联英国律师杂志"亚太地区规模最大律师事务所"。同时，盈科还成功与联合国合作，成为联合国南南合作全球智库五大创始机构之一。

为助力盈科青年律师的成长，2018 年 12 月 20 日，王龙兴与梅向荣主任、张力律师、闫拥军律师一起，发起成立盈科青年律师发展基金，有力推动了盈科青年律师的成长，准确把握律所的发展方向，夯实律所发展的根基。

法者，天下之程式也，万事之仪表也。法之公平与正义，很早就成为王龙兴的向往与追求。法律，是他心头点燃的一盏明灯。为梦前行，哪怕走得再慢；为梦前进，哪怕几经风雨。

王龙兴曾说："我很幸运找到了适合自己的行业。即便有低沉的时候，我也一直坚信，一个人之所以优秀，是勇于改变自己，挑战自己，不断进步，不断提升！赚钱是一方面，拥有一个广阔的平台去寻找机会，更好地发挥自身价值，是更为重要的方面。"

四、一心一德为善乐，三朝三暮助人勤

王龙兴曾说："我是律师，更是一名共产党员，律师不仅是我用以谋生的职业，更是我用以践行党员律师先锋模范作用的舞台。如果律师，尤其是党员律师能够始终秉持初心，严于律己，就一定能自尊于社会和人民之中。"

为助力社会法治建设，王龙兴始终以实际行动走在前列。身为北京市律师协会物权法专业委员会副主任的他，积极参与北京市律师协会与北京市第三中级人民法院的

公益法律服务。作为公益值班专家律师，为咨询人解答法律难题，帮助人民群众更好地运用法律维护合法权益，也因在该活动中的突出表现，他被北京市第三中级人民法院评为"北京市第三中级人民法院首届优秀公益律师"。同时，他还受北京政法委、北京市高级人民法院和北京市律协邀请，作为涉信访案件评议的专家，对北京地区出现信访情况的一些诉讼案件进行分析评议，为北京地区的公平正义、和谐稳定贡献律师的力量。

此外，行业帮扶自然也少不了王龙兴的身影。他始终积极响应律师协会、律师事务所的号召，当有困难对象需要帮助时，屡屡带头捐款，并倡导他人奉献爱心。用王龙兴自己的话来说，他希望这个社会就像那首歌唱的一样，"只要人人都献出一点爱，世界将变成美好的人间"。

同时，王龙兴还热心社会公益，情系家乡，用真情回馈故土。2017 年，为解决农村贫困学生没钱上学的难题，他在家乡海南省东方市发起成立农村助学基金，倡导更多人士关注农村教育事业。为助学基金更好发展，帮助鼓励贫困和优秀学生上学，他耗费大量时间与精力，在其个人捐款十万元的同时，号召更多人员参与其中。在众多爱心人士的共同努力下，前后共为助学基金募集善款近百万元，获得当地各级政府及有关部门的鼎力支持，也获得了当地群众的高度赞扬和支持。

2020 年，新冠肺炎疫情暴发，各地紧抓防疫工作。王龙兴响应党中央、各级政府、律协、律所的号召，积极请战防疫"前线"。由于正逢春节，已有众多乡亲回乡过年，村里人口众多，而防疫力量较为薄弱，防疫工作压力较大。王龙兴在了解家乡的疫情防控情况后，第一时间号召家乡青年成立青年志愿者协会，主动担起村口值岗、执勤任务，对来往人员、车辆进行登记检查。同时，为普及防疫知识，他与青年志愿者一起组织拍摄疫情防控宣传片，并亲自出演，以通俗易懂兼具趣味性的表达方式，号召村民重视疫情，做好防疫工作。当地的广播电视台也在其官方公众号、抖音等平台播放了该抗疫宣传片，获得了很好的反响。此外，他还积极响应律所号召，参与盈科发起的抗疫爱心捐赠活动，为抗疫捐款，驰援武汉。

不积跬步，无以至千里；不积小流，无以成江海。工作 20 载，在日积月累中，王龙兴凭借精湛的专业技能，紧跟时代步伐，做法治中国的弄潮儿，也以真挚的善举，践行了一名律师对社会的责任。

撰稿人：梁婷婷

脚踏实地　仰望星空

王明芝

王明芝律师，中国致公党党员，北京市盈科律师事务所中国区股权高级合伙人、中国区董事会副主任。盈科全国青年律师工作委员会主任，盈科第一、第二、第三届全国政府事务委员会副主任，盈科第四届全国刑民交叉专业委员会副主任，北京市盈科青岛律师事务所第二届管委会主任、第三届管委会副主任，盈科青岛政府事务与刑民交叉部主任。

她是司法公正的捍卫者，以专注、专业、专心的姿态，赢得了无数荣誉和口碑；她是中国致公党山东省委优秀党员，凭借对法律服务市场前瞻性和预见性思考，参政议政，屡创行业标杆，在中共青岛市南统战部主办的两次直播中分获一小时 24.1 万人次及 23.53 万人次的观看参与量。

为有效帮助民营企业家解决在复工复产中遇到的法律问题，防范和化解疫情带来的法律风险，2020 年 5 月 7 日，青岛市市南区委统战部邀请王明芝律师主讲并联合市南区互联网行业党委、青岛市市南区新联会举办了以"复工复产背景下民营企业家法律风险解析与防范"为主题的"新语智汇——市南区新阶层代表人士网络直播第二期公益讲座"。凤凰青岛、大众网、青岛新闻网、时尚市南 APP 等网络平台和客户端同步在线直播，吸引超过 24.1 万人线上观看并参与互动。

2020 年 6 月 26 日是第 33 个国际禁毒日，6 月 24 日，由中共青岛市南区委统战部、青岛市南区禁毒委员会办公室、青岛市公安局市南分局禁毒大队联合推出以"健康人生　绿色无毒"为主题的"新语汇智"网络直播公益讲座。王明芝律师受邀担任主讲，一小时内吸引超过 23.53 万人线上观看并参与互动。

她是中国海洋大学、山东政法学院、云南财经大学、安徽师范大学、青岛大学、山东科技大学等 10 余所高校兼职（客座）教授和研究生实践导师，在法律的道路上前行时仍旧不忘将知识散播给天下桃李，教学相长。

她还是山东省法律援助 12348 先进个人、妇联妇女维权先进个人、未成年人法律援助先进个人、青岛市反家庭暴力法律维权先进个人、青岛市军民融合律师顾问团成员，用公益的形式真正为老百姓带去帮助。

王明芝律师用实际行动诠释梦想、责任与担当的一个法律人。

一、夯实基础，在厚积薄发中脚踏实地

王明芝律师曾在某基层法院工作 6 年，2008 年辞职到了律所，从律师助理做起，实习一年，再到执业律师。王明芝律师坦言，蜕变的过程很是辛苦，特别是在律师生涯刚起步时，面对案件总会面临自身站位的心理变化，需要从另一个角度来处理和看待案件和证据，最后输出为律师思维。她在摸索中慢慢积累，在一点点实践经验中丰富和完善自己。那段挑灯阅卷的日子至今难忘，但也打下了坚实的基础。

律师是一个综合性很强的职业，不可能一蹴而就，需要不断地积累和提升自我。王明芝律师表示，所有的律师都有这样一个阶段，没有例外。她直言，其实这时正是律师熟悉各个类型业务的好机会，也是成为专业律师的必经之路。每一位初级律师应该在此阶段尝试各种各样的案件，探索自己擅长的类型，寻找能发挥自身优势的领域。王明芝律师说，其实每一个法学生刚开始都有一个律师梦，特别是现在律政剧中律师的光鲜形象、庭审辩论和总结陈词的超脱给人以职业吸引，但在经历司考、实习阶段和执业初期的困难后，很多人选择放弃律师行业。要想成为一名优秀的律师，就要坚持。王明芝律师刚开始也是从做点滴起，经历逐步积累，在厚积中等待薄发。在这个过程中，自己永远会有耐心，因为欲速则不达。而她自己也是在经历这个阶段后，逐渐发现自己很适合律师行业。

家人和同事是如此形容王明芝律师这十几年的"经典形象"：不眠不休地阅读案卷、上庭时带着大包的案卷、和助理们奔走于开庭的路上、与当事人争分夺秒地见面，以及法庭上细致甚至有些乏味的交叉盘询。王明芝律师总是在上庭前耐心认真地阅读案卷，找准突破点，然后为整个法庭盘询设计基本路线，为构造一个难以辩驳的

事实而努力，通过反复、耐心、锱铢必较的法庭盘询，将对方当事人的破绽一一暴露，进而构造属于自己的证据环，形成合理怀疑，将检控方的控告推翻。正是这种积极求胜、极其自信地路线图设计，这种常人无法理解的精细、"烦人"法庭盘询，才成就了她的今天。

二、遇见闪光平台，在巨人的肩膀上远眺

王明芝律师在基层法院工作时从书记员开始做起，从民一庭到刑事审判庭，积累了厚实的法律经验。但是她始终认为，在变化的超速时代，只有学习与合作，才能保持竞争力，也正是不断学习、不断提升自己的初衷，让王明芝律师与盈科结缘。

盈科汇集了来自国内外的律师精英和法律专家，执业律师人数在北京律师事务所前列；盈科还拥有在国内外法学理论及实务领域享有盛誉和崇高威望的专家顾问团。而大律所带来的品牌效应也是小所无法比拟的，尤其是在上市公司、政府、大型集团的招投标方面，大型律师所的资质更是一种无形的财富。这样的平台为王明芝律师的职业发展、业务专业化发展提供了强大助力。在发展中，她同盈科的各位业界同人交流学习，获益良多；在学习中，她与盈科的各位律政才俊共同进步，协助发展。

三、信仰法律，以责任铸造成就

随着我国法治建设逐渐深入，法律服务行业对律师专业水平要求越来越高，一名高层次的律师必须向专业化方向发展。

"贴专业性的标签并非难事，但要做到更精细化的发展才是核心。"王明芝律师与盈科结缘后，已过而立之年的她慢慢知道了什么才是一个真正的好律师应该有的样子。"一个好律师的标准是要有预判力和大局观，不能拘泥于一城一池，而要从客户的长远利益出发，真正着眼于客户利益，取得客户信任。"她凭借谦逊包容的气度、精益求精的专业精神，不断追求法治公平与正义，把委托人的委托铭记心间，倾力为客户排忧解难、保驾护航，将每一起案件都当成作品精雕细刻。在她代理的几百例案件中，不乏重大复杂、社会关注度高、在国内有一定影响力的案件，王明芝律师用刚柔并济的办案风格赢得行业内外的高度赞誉。

王明芝律师认为，对律师而言，处理某一案件可能只是一项很普通的日常工作，而对于委托人，很可能是一生中只遇一次的大事。因此，律师必须想委托人之所想，急委托人之所急，最大限度地维护委托人的合法权益，刚直诚信，不畏权势，不贪金

钱，坚守职业准则，绝不能出卖委托人的利益。

四、钻研、沉淀，以"工匠精神"将职业发展为专业

"律师这个职业需要不断地积累和沉淀，对于年轻律师来说，选择契合的团队是最重要的。年轻律师在一个相互帮助、互相促进、良性竞争的团队氛围中工作，能更快地成长。"胜诉只是一方面，应更关注案子处理的整体效果，把自己放到当事人的角色里面，考虑采取何种争议解决模式对自己的委托人更有利，要争取从源头上解决当事人的麻烦，这才是衡量律师服务质量最重要的标准。

王明芝律师的团队一直是按照这种标准提供法律服务，对工作的每个细节严格要求，耐心细致的工作、高质量的法律服务，不仅使团队得到了当事人的赞赏，很多时候也赢得了对方当事人的认可，口碑相传。

专业能力是律师立身之本，是否熟知最新的法律规定、裁判观点，是否穷尽一切检索途径和思维维度为当事人制定了最全面、最有利的诉讼策略，法律文书是否几经推敲修改堪称艺术品，庭审是否准确预测了争议焦点并对不利的问题进行铿锵有力的应变和回应，方方面面都考察着一个律师的专业水平，而任何一个方面的优异表现就可能使这个案件多一份胜算。

对于业务，王明芝律师有抽丝剥茧、直达核心、洞察本质的钻研精神。有全局观，但不忽视任何一个微小的细节，深知一个小小的细节，足以成为推翻法律判断的核心证据。每一篇法律文书的遣词造句，王明芝律师以严谨而细致的态度反复推敲，字斟句酌，力求完美。王明芝律师用没有半点儿马虎的专业精神和过硬的专业能力，奠定了事业上的口碑。对于业务之外的世界，也依然保有好奇心和开放宽容的心态，明白"功夫在诗外"是一种境界。

"某种程度而言，我认为律师像是工匠，需要通过不断的研究和思考来深化案件思路。"完善法律文书，寻求多元救济路径，提供最接近完美、最有可能实现委托人诉讼目标的讼诉方案，是王明芝律师认同的律师业的"工匠精神"。

五、社会公益，温暖法律人的职业道路

做人，要有社会责任感。在律师行业的十几年，让王明芝律师深深了解到律师作为"社会前沿法的代言人"的意义。

开庭的双方代理律师为各自当事人合法利益处于对抗状态，可案件审结之后，对

方当事人或者对方的律师出于对其人格魅力和专业光芒的认可找到王明芝律师要求合作的案例数不胜数，当然也不乏法庭上打对门的对方代理律师最终基于对王明芝律师专业和人品的信任而加盟盈科，成长为盈科合伙人、盈科高级合伙人的例子。

六、脚踏实地，不虚不枉的共青团山东省委选聘的未成年人"护航"专家

王明芝律师作为共青团山东省委未成年人护航专家团成员，山东"青年之声"法律服务联盟优秀专家，用自己的实际行动，用多年来自己的 70 多次公益课程，交上了答卷。

王明芝律师 2015 年受聘担任共青团青岛市委"青岛市青少年法治教育讲师团"讲师，为青少年义务普及法律知识，5 年多时间前往青岛市第 61 中学、青岛市第 62 中学、青岛市新世纪学校、青岛市市北区定陶路小学、青岛市市北区北仲路小学等送法进校园 70 余次；2015 年 6 月受聘担任共青团青岛市委"青年创客法律服务导师"，受邀参加青岛市"大学生创业节"等多个青岛市共青团公益活动，前往青岛科技大学、青岛农业大学、山东大学等做了"青年'创客'，法律同行"等多题材的主题讲座，对大学生创业中的法律风险进行分析，分享应对措施，受到师生好评。

王明芝律师为许多贫困家庭解决了困难，她认为一个好律师应不仅仅只看创收和利益，还要有社会担当，她尽全力为被援助人争取应属的权利。

七、仰望星空，做盈科全国青年律师工作委员会的领跑人

王明芝律师自 2015 年 5 月 4 日担任盈科全国青工委主任及盈科律师学院常务副院长兼教务长至今，同时担任盈科中国区董事会副主任，全面负责盈科中国区 80 多家分所（截至 2020 年 9 月底已经取得执业许可）45 周岁以下共计 9970 余名（占比约 82.3%）青年律师（包含未取得执业资格的实习律师及律师助理）的教育教导、业务培训、业务提升学习和法律服务技能教育培训工作。

在盈科内部，她十分重视青年律师的培养工作，"盈科青工委百人巡讲团"及"青工委微信课堂"均是公益、免费的。

2018 年 11 月 7 日，在新的《中华人民共和国刑事诉讼法》修正案出台之前，德高望重的樊崇义教授再次受王明芝律师邀请亲临盈科广州分所进行了主题为"刑事诉讼法修正案解读"的高校学术交流会，该教育教训活动取得非常好的效果。

2019 年完成了"青工委微信课堂"50 期。2019 年的线下论坛 10 余场，各有特色，"盈科青工委 100 人巡讲团"的讲台平台或专题高端论坛已经得到行业内广泛认可，其中具有影响力的包括"高质量法律服务实务讲座""法企同行、法治南通"企业风险疾控及权益保障高峰论坛""重大民商与刑交叉专题讲座（诉讼与非诉）"。

2020 年因为疫情，活动大部分改为线上。2020 年 5 月 4 日，盈科全国青工委受总部委派承办了《法制日报》主办的首届中国 80 后律师节，上午"青年律师演讲比赛"直播近 4 万人在线观看并参与互动，下午的"法律服务产品大赛"获得了行业内的好评。

八、大律师只以创收业绩为唯一标准吗？

在王明芝律师看来，积极主动承担社会责任是律师的职责所在。多年来，她参与办理多起法律援助案件，将法律援助案件当作是回报社会的一种方式。高质量做好每一个案子，得到了很多当事人的认可，真正实现让弱势群体走进法律，以法律维护自己的权益。"最大限度维护当事人的合法权益，这就是我做法律人的初心，无论我走多远，我都不会忘记。"

撰稿人：李伟平　任丽斯

王溪 | **把每一件平凡的事做好，就是不平凡**

王溪律师，北京市盈科长春律师事务所股权高级合伙人，盈科律师实务前沿研究院副院长，法人战略与风险防控法律事务部执行主任。

卢梭曾说："人生而自由，却无往不在枷锁之中。"每个人在社会环境中生活都会受到一定界限的限制，唯有这样才不会妨碍到他人的自由。所谓界限即为法律，而我们法律人所要做的就是去守护这条界线。

一、山河滚烫，法律是我人间的理想

我叫王溪，是盈科长春分所的一名律师。在动笔书写此文的时候，我问过自己一个问题：为什么要做律师？记得康德曾经说过："有两种东西，我对它们的思考越是深沉和持久，它们在我心中唤起的惊奇和敬畏就会日新月异，不断增长，这就是我头上的星空和心中的道德定律。"当初自己内心确定走法律这条路完全是因为一本书——它是一本由中国台湾胡适馆馆长整理的关于胡适先生的一些独特的书信

和文章，名为《容忍与自由》。其中胡适先生提到："人类的习惯总是喜同而恶异的，总不喜欢和自己不同的信仰、思想、行为。这就是不容忍的根源。不容忍只是不能容忍和我自己不同的新思想和新信仰。"那时的自己认为胡适先生追求的也是我所期望的，而当下的社会也还有很多不足。胡适先生争取的自由、民主与法治也还没有完全实现，而先生在那个战火连年、国家动乱的时代都勇于追求，作为当今的青年更是义不容辞。于是当时坐在图书馆的自己热血沸腾，立下誓言：我愿意为了心中的真理永不放弃。那时的我想到的就是要为中国的法治献出自己的力量，这是我最初的情怀。

回头看，我自 2017 年 12 月进入盈科长春分所以来，至今办理各类案件累计百余件。在律所的 3 年与律所一起度过了风风雨雨，也取得了一定的成绩。我加入盈科之后，荣幸当选为青年律师工作委员会主任、股权高级合伙人。在这个极度市场化的行业中，我倍感庆幸的是自己的每一份努力都被委托人、律所看到：曾荣获盈科律师事务所房地产与建筑工程法律事务领域 2018 年度"优秀律师"称号、"吉林省青年律师领军人才"荣誉称号等，并当选吉林省律师协会公司与投资并购法律专业委员会委员。

律师对我而言是一个极其富有挑战、带给我极大成就感的职业，这个职业所交给我的每份工作都让我觉得重任在肩，也教会了我如何在工作中控制自己情绪。在这个市场化程度极高的行业之中，我也始终要求自己不断更新知识库，以大量的知识积累提高自己的竞争力，不能低估 10 年后的积累，亦不能高估 3 年内的成就。进入律师行业以来，为荣获多项荣誉：2012 年 5 月，我荣获吉林省律师演讲比赛优胜奖，团体比赛二等奖；2012 年 12 月，荣获吉林省省直机关优秀团员称号；2013 年 8 月，荣获第三届吉林省公诉人与辩护人辩论大赛辩方第三名，团体比赛第一名；2014 年，"12·4"国家宪法日暨全国法制宣传日全市法官、检察官、行政执法人员和律师"以案释法"主题演讲比赛第一名。此外，秉持着提升所内青年律师的业务能力、专业素养，提高青年律师的市场竞争力，我陆续组织了青年律师"读书分享""主题茶话会"、娱乐比赛等活动。

选择了律师这个职业，秉承着内心的一份诚信，带着敬畏之心去做好每一个平凡的案件，不断累积专业化知识。我会在这条自我发展的道路上不断前行，不忘初心，任重而道远。

二、流水何太急，且徐徐行于法律路上

进入盈科以来，我在一些重大、复杂民商事案件领域有了一些经验的累积，如恒

大地产集团长春有限公司房屋买卖合同纠纷处理项目、吉林省天鼎旅游产业发展股份有限公司债权债务梳理项目、吉林省延房置业集团有限公司法人治理项目、长春汉森哈电房地产开发有限公司股权治理项目、黄金春与吉林省汉龙房地产开发有限公司建设工程施工合同纠纷处理项目等。我在经办案件的过程中，体现了法律服务的流程化、精细化、专业化。在不断摸索的过程，形成了可靠且默契的团队与并肩作战的良好氛围，正所谓"一花独放不是春"，我与团队之间正是一种相互促进的良性关系，只有在这样积极的环境下才能形成一系列令委托人满意的结果。如恒大地产集团长春有限公司房屋买卖合同纠纷处理项目中，在本团队及合作团队的共同努力下，该案经吉林市龙潭区人民法院审判委员会讨论作出一审判决、吉林市中级人民法院二审，均驳回了原告关于装修差价款的诉讼请求。我及所在团队通过自身专业水准切实维护了委托人的合法权益，避免了委托人可能面临的巨额赔偿。专业化、流程化的精细化法律服务更是赢得了委托人的高度认可，该法律服务方案也成为恒大集团全国法务的培训范本。

在为企业提供法律服务的过程中，我也始终秉记着自己作为一名律师，秉承着盈科的服务理念，除风险防控外，也将企业的未来发展作为服务的重点，以企业宏观战略发展为主要着眼点，突破传统律师服务的被动性、滞后性，将为企业防范经营风险、为企业发展设计规划作为主要的服务方向，使企业在生产经营过程中最大限度地规避各类风险，对于已知风险及时纠正，为企业的生产经营保驾护航。对企业风险的合理书面提示，使企业处于一个发现问题、解决问题、防范风险的良性风险规避循环中，有效避免了风险投资者对于企业不信任因素的出现，促成风险投资与企业的进一步接触和融资方案的深入谈判。

三、不仅为自己，更多的是为别人

初入律师这个行业，我认为律师是人权最后的捍卫者，但当我真正从事律师多年后才发现自己是如此的渺小，如此微不足道。自己曾经萌生过"想要改变中国法治环境，想为中国的法治事业作出贡献"的想法，如今想来，法治的进步并非一朝一夕，更多的是需要脚踏实地、砥砺前行。进入律师行业以来，我愿意代理一些法律援助案件，希望在自己的能力范围内为弱者发声。庆幸的是，深夜醒来我发现在我内心最深处，当初的那个信念永远还在，而我自己仍愿意去做那个胡适先生的追随者。

进入律师这个行业，我很庆幸自己有能力去保护别人。罗伯斯庇尔曾经说过："可以去保护同伴实在是一件幸事，因此我实在不解为何有诸多不幸的、得不到任何支持的被告。我毕生的任务就是要去保卫那些承受苦难的人们，用我的言语去征讨那些毫无人性地将快乐建立在他人痛苦之上的人。如果我的微薄之力可以获得成功，我将得到巨大的快乐，即使需要付出代价与牺牲，我的记忆也不能被迫害者的罪行玷污。"对我而言，人生始终处于一种不断体验的状态，律师这个职业更加要求我们不能停下体验的脚步。进入律师行业以来，我相继担任吉林财经大学客座教授、长春财经学院法学院实践教学特聘副教授、吉林省平安家庭志愿服务团成员、锦程街道办事处腾飞社区居民委员会法律顾问。希望自己在能够辐射的范围内发光、发热。

每一个身份所带给我的感受与体验都是不同的。在学校的时候，作为一名教师，我以理论为基础结合律师实务，生动地为学生讲解商事法律服务实务，如公司法人治理的历史沿革、理论基础及中外司法实践的对比，通过将国内外著名的案例及实践中办理的业务以可视化的方式加以展现，使学生能够掌握相应法律法规的基础理论、实务技巧。在深入参与盈科研究院、律师学院组织的共同学习、研究过程中，我积极探索。同时作为青年律师工作委员会主任，积极增加青年律师的学习机会，显著提高青年律师的业务水平，及时发现青年律师发展过程中存在的问题，为青年律师的发展提供便利，拓宽青年律师反映问题的渠道。今后我也将继续积极维护青年律师的权益，促进建立律所公平、公正、友好、温馨的执业环境。品牌的打造需要时间，良好的口碑会逐渐积累，我们这些前辈会为每一位青年律师的职业发展保驾护航，让更多的致力于律师事业的新人选择盈科作为绽放青春的舞台。

对于弱势群体的权益保护，我也同样乐于付出。在吉林省妇女联合会提供驻场法律服务时，除按时在场内为委托人解答疑问、沟通问题外，还多次到各个社区进行法律知识的宣传讲座，也到过较为落后的地区进行法律援助。让我记忆犹新的是，在吉林省妇女联合会驻场期间曾遇到一个十分令人痛心的案件——奸淫幼女案。起初受害人母亲找到我的时候，该案件处于十分艰难的一个阶段，因犯罪嫌疑人家中在当地的关系及其他因素，公安机关始终以无证据为由不予立案侦查，导致该案始终无实质进展，犯罪嫌疑人逍遥法外。该案中，被害人李某某仅12岁，犯罪嫌疑人房某某是某培训班教师的老公，当被害人母亲发现异常后曾多方向有关机关求助，但均没有得到满意的答复，最终不知所措的被害人母亲来到了妇女联合会寻求帮助，在妇联的工作大厅向我阐述了案件的前因后果。我与被害人母亲形成委托关系后，积极引导被害人固定相关证据，并与公安机关多次沟通，最终协助被害人家属收集了决定案件走向的关键证据（被害人衣物存有犯罪嫌疑人精液）后公安机关终于立案侦查。后该案经过检察院审查起诉，法院依法开庭审理后，认为被告人构成犯罪，依法判处被告人无期徒刑。

这样无偿的法律帮助，对我而言是多种生活方式的一种，积极、健康而又给我带来快乐与满足。所以我选择担负起自身的社会责任，奉献自己的爱心，做些力所能及的能帮助他人的事情。当然公益法律活动涉及广泛，它可以是集体的有组织的活动，也可以是个人性质的。形式不同，但内涵并无太大的差别，而我会坚持走在其中。

四、立志于坚不欲锐，成功在久不在速

律师是一份终身学习、终身成长的职业，10 年的执业生涯，我始终满怀着敬畏之心。在每次工作的过程中，敬畏之心让我始终保持清醒，懂得尊重所涉及的每一个人、每一件事，更为我的当事人负责，用坦诚的态度把握分寸，维护不可逾越的界限。从成为律师的那一天或者打算成为律师的那个时候，我就开始用"自律"二字去严格要求自己。选择民商事法律案件和非诉讼领域，可能与刑法相比更加贴近生活，但我丝毫不懈怠，始终秉承着职业精神、专业素养、尽全力做好每一个案件。

正所谓世界薄情，法律人不可不深情。我们要始终不渝地坚守法律底线，我们要心怀善良，留有敬畏，我认为这是法治信仰。如果连我们都放弃了坚守，放弃了期待，放弃了努力，我们如何让法律和规则成为社会的共识？如何让契约精神成为大家约定俗成的守则？如何让将来从事这项工作的小伙伴们心怀美好？至少我们可以努力让他们的处境、他们的将来、他们的成长环境比我们现在要好一些。这也是我从业至今的一些感悟。

一路走来感觉时间过得很快，静心写下之后才意识到自己跌跌撞撞也做了许多事情，也在逐渐地成长。仰望着行业前辈的背影不断前行，可能相比一同进来的同伴而言步伐较慢，但我感谢自己从未停下，始终前行。接下来前行的道路上又会有怎样的坎坷、挑战，一想到便有所期待、心之向往。即便现在的我仍旧望不到前方的尽头，但经历过的那些时光教会了我欣赏沿途的风景，已然足够。至于究竟会走到何方，我想先过好今天，其余的交给时间。

王喆 **心聚盈科而进　风好正是扬帆**

王喆律师，北京市盈科南京律师事务所股权高级合伙人、管委会副主任，青年律师工作委员会主任、资本市场法律事务部主任，盈科全国青年律师工作委员会副教务长、江苏省律师协会证券期货法律业务委员会委员，南京市律师协会青年律师工作委员会主任，南京市律师协会证券期货基金法律专业委员会委员。

一、法律生涯

（一）启蒙

从事律师行业，是我儿时立下的理想。因父辈从事司法工作，所以自小耳濡目染，自此坚定地确认：成为律师是我的唯一志向。曾经有同事和我开玩笑，因为我的星座是天秤座，代表公平正义，所以很适合从事司法工作。这种观点我也欣然接受，这也是我法律生涯的另一种解读。

还记得，父亲在我上高中的时候，给了我一本书，艾伦·德肖维奇的《最好的辩护》，当时我便为这位28岁即成为哈佛法学院教授的美国当代最伟大律师之一的个人传奇所倾倒，"法律"这个神圣的词汇，深深地吸引了我。激动之时，我便翻读父亲的书柜，用感性的认知去探触法学书籍。这就是我的启蒙。

（二）入职

2006 年，我通过了司法考试，当年即进入律师行业。15 年来，经历律师助理、实习律师、专职律师、合伙人律师、高级合伙人律师、合伙人管理委员会副主任，工作层面从检索、辅助、独立办理诉讼案件到专业化办理非诉讼项目，成长轨迹面面俱到，因而深知青年律师的发展是有着共性与个性的，这份成长历程也让我能更好地做好盈科青年律师工作委员会的工作。

遥记当年，一位资深律师对我说："青年律师，耐得住寂寞，把握住机会。"在此，与所有青年律师，尤其是刚走上律师工作岗位的青年律师共勉。

（三）诉讼

我的律师生涯前 6 年，办理了大量的诉讼案件。我对其中某些案件印象尤为深刻，而这些案件都留下了我办案的烙印：责任！

2010 年，我办理了某干部受贿案。办理刑事案件既要注意策略方法，也要做到事无巨细，悉心对待。当时，我针对案情的特点，对侦查机关的多份讯问笔录做了拉伸式对比，这可能就是现在可视化办案的一种雏形。我逐条提炼疑惑点，大量的基础工作成为辩护策略强有力的底层支撑，多次的会见工作、30 多页的辩护词，这些点点滴滴的工作归集，最终给当事人一个最优良的结果。该案办理异常出色，荣获2011 年度"江苏省十佳刑辩案件"。

2012 年，我办理了某医疗纠纷案件。针对当时医疗纠纷责任区分难、专业程度较高、索赔难度较大的现状，我与合作律师做了大量细致的庭前准备、庭中应对、庭后沟通的工作，尤其在调查取证、媒体监督、法院沟通、诉讼策略等下功夫。其中，取证及媒体监督的实务操作难度最大，但也对该案的导向产生了深远的影响。我们跳出固有办案流程，以创新的视角为当事人做到立体化的维权。该案最终赔偿额度达到了同类案件赔偿额度的 5 倍之多，也因为我们的努力，该案荣获 2013 年度"南京市十大经典案件"。

上述案例，无关标的额大小，但都能体现我办案的核心：责任！只要心中有责任，办法总比困难多！只要心中有责任，才能无愧当事人的委托！只要心中有责任，才是一名称职的律师！

（四）转型

2012 年，我一直在思考专业化发展方向。"万金油"不可取，律师行业都知道。可是如何选择适合自己的专业方向，这是每一个律师都将面临的问题。选择的方向、选择的时机、选择的坚定，是最终自身专业化成功的重要因素。对此，我进行了细致的思考。

① 社会背景、专业兴趣、成长经历是选择专业方向的重要因素，但不是唯一因素，坚持才是最重要的因素，因为坚持中必有沉淀，沉淀中必有提炼，提炼中必有转化，转化中必有衍生，衍生中必有布局。

② 决定专业化的时机，最好在有一定的工作基础上展开。例如，多年的诉讼经验，或者曾经的工作经历和富有个人发展色彩的专业优势等。当时机具备的时候，就要当机立断开始专业化的转型。当然，选择专业化时，对国家政策和时代趋势的关注，必不可少。

③ 当作出专业化转型的时候，或多或少都会面临着原有业务架构的调整，会有固有案源的流失、当年计划收入的减损，这些都会困扰着转型中的自我。转得越彻底，影响越剧烈，此时是考验战略定力的时候，可以选择平衡，可以选择调整，也可以选择破釜沉舟。我选择了最后一种，经历了 3 年"阵痛"，最终迎来创收专业化完成比例接近 90% 的结果。

二、我与盈科

（一）理念

2012 年，对于我而言，是一个重要的年份。这一年，我开始了专业化转型；这一年，我结识了盈科。我在对盈科的初步了解中，就被盈科"诚信、开放、包容、共享"的理念所吸引，对盈科的制度深深认同。

盈科取得如此好的业绩，业内外通常看到的是人员规模、分支机构、创收等外在表现，深层次原因其实是盈科建立了科学和完善的发展制度。

盈科创始合伙人、全球合伙人、主任、全球董事会主任梅向荣曾说过，坚持规模化、分支机构直投直管、聘用职业经理人、搭建庞大的支持团队，都是盈科充分认识到律师产业化和专业化发展大趋势的因需而为。上述管理模式学习了国际先进事务所的管理经验，同时也适应中国律师行业的发展特点和发展阶段，让优秀的律师人才、市场人才、管理人才能够充分发挥各自所长。

盈科坚持"党建引领、管委会领导下的执行主任负责制、监事会监查"的基本制度，盈科始终坚持"以客户为导向、以人为本、可持续发展、政府和社会满意"的发展原则，全体盈科人低调务实、团结奋进，向幸福出发、向未来出发，为将盈科建设成为一家政治正确、专业过硬、有品牌影响力、让党和人民放心的律师事务所而不懈努力！

（二）管委会工作

2018 年 11 月，经选举，我成为盈科南京分所管委会副主任，这是一个新的起点。曾经的我只是专心做业务，现在的我既然参与了盈科南京分所管理事务，必须要有新的视角、新的格局、新的方向。当时我设立的目标可以用以下词汇来涵盖：创收、进取、团结、发展、分享、责任。任期内，我与管委会成员以创收为引领、以进取为精神、以团结为氛围、以发展为主旋律、以责任为担当、以分享为基调，引领全所同人共同发展，协调进步，紧紧抓住盈科南京分所在盈科江苏一体化中的发展战略机遇期，我们把方向、谋大局、定政策、促发展，以实现盈科南京分所的业务由高速增长向高质量发展这一阶段性目标。

近年来，在盈科总部的政策指引下，我与盈科南京分所管理层及全体同人共同努力，持续巩固现有业务领域，同时也把握引领业务发展的新常态。盈科南京分所进一步拓宽服务领域、加深服务层次、创新服务方式、优化服务布局、提升服务质量，注入新动力、增添新活力、拓展新空间，打造了服务品牌，增强了核心竞争力。

（三）青年工作

青年兴，法治兴！青年兴，盈科兴！青年律师是律师行业的未来，盈科青年律师是盈科的新生力量。我在盈科的 9 年是我迅速发展的 9 年，在盈科对青年律师的培养层面，我有着衷心的感谢、真诚的感恩、深刻的感受。所以，我在管委会青年律师工作中积极贡献自己的力量。

对于青年律师的发展，在总部的关心关怀下，在盈科全国青工委的政策指导下，在盈科南京分所管理层的支持关爱下，在盈科南京分所青工委全体小伙伴的共同努力下，我们在方向上做到正确引领、在专业上做到科学培养、在发展上做到有序支持、在规则上做到言传身教，既鼓励青年律师有自己的独特创见和睿智思考，也关注青年律师在执业中需要面临的社会规则和执业规范，增强青年自信，规范执业纪律，综合塑造青年律师健康、积极、正向以及共性与个性兼备的正确执业价值观，给青年律师更广阔的舞台，为每一位青年律师的优秀而喝彩！

三、新的征程

（一）发展特色

盈科一直以来注重专业化建设，在律师人才培养与储备、服务领域深化与拓展、管理信息化与制度化等方面不断加强专业化发展的脚步。

我在 2012 年坚定选择了金融资本证券及商务领域法律事务的专业化方向。我在做业务领域转型的时候，一直在思考一个问题：如何在业务领域中做到具有不可替代性。我认为，唯有抓住金融资本领域的核心规律、底层逻辑才是正确的途径。在我看来，因为市面上的金融工具在不断变化中，窗口指导也是跟着国家政策方针在调整，所以，核心规律的重要性不言而喻。金融资本产业链的核心规律是政策导向，所以我与团队紧密关注前沿信息，在开年的第一个月就要确定当年上半年适用的金融工具，然后做好对口专业工作。近年来，我和团队成功办理了多起政府平台、上市公司公募债券、私募债券，企业绿色债券，上市公司 ABS 资产证券化业务，上市公司收并购业务，中国企业海外发行美元、欧元高级债券业务，特定资产债权项目，信托项目等。以上项目，都是当年最适合的金融工具的配套法律服务。这就是专业化的奇妙之处，越专业、越深入、越精准、越能成功地完成业务细分领域的法律服务项目。

梅向荣主任说过，唯一不变的就是变化！我们团队现在还在探索金融资本业务领域的架构式方向、嵌入式工作、衍伸式拓展。我任职部门主任的盈科南京分所资本市场法律事务部多年来创收稳居全所前列，我们不仅荣获了多项"优秀部门""最佳创收部门"表彰，还荣获了"南京市律协商业交易非诉讼团队集体奖"。

（二）走出舒适区

2020 年，因为疫情，律师行业同许多行业一样，受到了影响。丘吉尔说过："永远不要浪费每一次危机。"与其担忧，不如担当，如何提升抗风险能力，是我们从危局转变局，由变局焕新局的关键。为此，团队勇于创新，走出舒适区，引入了"水库式经营"思维，把业务范畴的刚性变成弹性。法律业务就像河流，建设水库就能够转化旱期风险，调控汛期的储备。

部门在业务细分领域的精度上，坚持以甲方思维读懂金融证券市场及商务市场业务生态链，致力于向产业链的上游攀升。部门多年来以行业为视角，以规律为脉搏，以商业为思维,以专业化合作与分工为引领,以行业化合作与分工为目标,以产业化合作与分工为切入点,创新地做多元化、多层次、多样性的金融资本市场业务及商务法律服务。

部门在业务细分领域的广度上形成多品牌战略,各品牌的发展,同频共振、板块配套、分组协作,发挥政策、平台、资源的叠加效应,多品牌之间形成并联、串联双向流动的法律服务业务矩阵新业态。

部门在业务细分领域的深度上坚持以"产业优先"为核心策略,以"产品引领、链式发展"为方向。在金融资本证券市场和产城融合的结合中,为企业、产业、城业做新增资源赋能,融入产业链,布局创新链,部署服务链,拓展业务链,搭建服务创新、展示交易、互动体验、场景应用的服务平台载体,进一步提高法律服务的附加值。

我在此,引用任正非的两句话来概括部门发展的指导思想:"我们认为,要研究技术,但是不能技术唯上,而是要研究客户需求,根据客户需求来做产品,技术只是工具""要打破自己的优势,形成新的优势。我们不主动打破自己的优势,别人早晚也会来打破。"

四、社会责任

近年来,我持续担当社会责任,坚持公益慈善事业。

我在任职江苏省律师协会、南京市律师协会的职务期间,履职尽责,兢兢业业,完成组织交办的任务。

无公益,不盈科!"法治公益"是连接法律和社会生活的最温暖的纽带,"爱心尚德的慈善文化,是立人之本,也是立所之本,是兴业之道,也是兴所之道"。

律师的发展,既需要符合实际的业务发展,也需要有"仰望星空"的情怀。自2017年起,我个人担任若干社会组织、慈善机构的监事、理事,认真履行社会职责,积极参加社会公益活动,以实际行动展现盈科律师的社会责任和公益担当。

我们的征程是星辰大海,新时代要有新气象、新作为,新的指标是我们的奋斗目标。我们将依托新形势,关注新情况,抓住新机遇,不为风险所惧,不为干扰所惑,把道路走得通、走得对、走得好。

我有信心、有决心、有恒心与全体盈科人团结拼搏、力争上游,在律师界展现盈科的精彩,在各专业领域挥发盈科的多彩,在新时代的法律服务领域留下盈科的色彩,让社会各行各业为盈科喝彩!

心聚盈科而进,风好正是扬帆!

王志强 **专业为本　客户至上**

王志强律师，北京市盈科律师事务所全球总部合伙人，北京市盈科深圳律师事务所管委会副主任、工程与房地产法律事务中心主任。

很荣幸入选"盈科首届百名大律师"，自 2012 年加入盈科，已有几年，可以说，在盈科的平台上，我才真正地成长起来。

一、业务起步

我 2002 年从厦门大学法学院毕业，毕业当天晚上就坐着大巴直奔深圳这片热土。

和很多到深圳的人一样，我对未来充满梦想，希望能在深圳开创一片自己的天地。我的律师之路是从 2004 年在建纬深圳分所开始起步的，这是一家以工程房地产业务见长的律所。我非常荣幸被师父陈律师录用，并在陈律师的指导下工作了 4 年，一直到 2008 年我独立执业。期间，我办理了大量的工程房地产纠纷案件，为后续成为一名专业的工程房地产律师打下了坚实的专业基础。

二、加入盈科

2009 年，我作为合伙人与陈律师一起创办了广东泛城律师事务所，该所发展迅速，在开业很短的时间里就出版了数本专业书籍并在业内建立了一定的口碑，业务前景一片向好。到 2012 年的时候，陈律师基本停止律师执业，转向商业经营，这时我开始考虑加入一家新的律所。

盈科在这个时间点恰好进入深圳，其新颖的经营模式吸引了我，在新的办公场所还是一片装修工地的情况下，我就签约进入了盈科。

在盈科 9 年，我发挥自己的专业优势，一直担任盈科深圳分所建设工程部门的主任。自 2019 年开始，又继续担任房地产部和建设工程部合并后的工程与房地产法律事务中心主任。在盈科的平台上，我建立了自己的职业声誉，并累积了一批优质客户。

三、团队组建

进入盈科后，我和我的老搭档胡玉芳律师，将我们原来较为松散的团队改建成了盈城律师团队。在团队成立之初，根据之前的执业经验及客户积累，我们就明确要专注工程房地产方面的法律服务。我们深信，随着法律服务市场的深化，只有专业化才能让我们立于不败之地，也只有专业化才能真正为客户创造价值。

在盈科的 9 年，我们办理了包括工程款纠纷、工程质量纠纷、工期纠纷、土地房产纠纷等在内的各种类型的工程房地产案件，经手的案件诉讼标的数十亿元，同时也为数十个项目提供了非诉法律服务。

我们在中国建筑工业出版社出版了《项目经理的法律课堂》《开发商的法律课堂》等书，在法律出版社出版了《建设工程纠纷诉讼实务指南》等专业书籍。基于我们在业内的影响力，胡玉芳律师在 2014 年获得《建筑时报》"中国建筑业年度人物"奖项；我本人则担任第八届深圳市律师协会房地产与建设工程法律专业委员会副主任、第九届深圳市律师协会建设工程法律专业委员会主任等职务。

四、业内首创

在我的职业生涯中，还有一个值得一提的成绩。我们团队在 2014 年 9 月发布了国内第一份基于法院公开的裁判文书制作的大数据报告，也就是"2013 年度最高人民法院建设工程纠纷案件审判研究报告"。该报告发布后，因体例新颖，在没有任何推广的情况下阅读量在短时间内达到数万，后续的众多法律大数据报告很多都受到我们的影响。

到今天，我们仍在制作最高人民法院建设工程纠纷案件的审判研究大数据报告，这已经成为我们团队的传统和标签，也是我们对于法制建设的一点小小的推动。

至 2020 年 12 月，我已执业 15 年了。从一名青年律师到现在青年律师眼里的资深律师，这些年一直在奔跑，未曾停歇。我的律师职业生涯还很长，未来会继续走在律师专业化的道路上，为盈科的发展、为律师业的发展，尽自己的一份心力。

你是一颗星，才会有人循光而来

韦霄云

韦霄云律师，北京市盈科南宁律师事务所高级合伙人、管委会主任、民事法律事务部主任。

当总部告诉我入选"盈科首届百名大律师"的时候，我内心竟然是一种忐忑，感觉自己离大律师的称号太遥远。我认为我目前还不能归入哪一类人，我的简历没有动人之处，唯有一双清亮的眼睛。但我回过头来想一想，小草也有小草的理想，那就是努力在大树的旁边给大树添色，给春天带来生机。没有了星星的夜晚，夜空也会很寂寥。因此壮着胆子，写写我这棵小草的故事。

一、名字与理想

我叫韦霄云，这是父亲给我起的名字。我的父亲是个具有浪漫主义理想的乡村教师。我父亲说"燕雀安知鸿鹄之志"，父亲给我起这个名字就是希望我志存高远，壮志凌云。从小父亲对我们兄妹要求非常严格，希望我们像晋代的祖逖一样，闻鸡起舞；像汉朝时的匡衡一样，凿壁偷光、勤奋学习、好好做人做事。高中毕业的时候，我考取了中央民族大学法律系，那年法律系在广西只录取一名考生，我应该是都安高中第一个考到北京读法律专业的女生。都安县是个国家级贫困县，我能够考上北京的大学，在这九分石头一分土的土地上还是掀起了丁点儿尘土，给母校的学弟学妹们树立了榜样。我之所以立志要考到北京，有两个缘由。一是我们村有一个哥哥的父亲在北京当兵，每两年他都要去北京探亲。有一次回来后告诉我们说他去了中南海，毛主席还把他抱在怀里，我们全村的小朋友都羡慕极了。伟大的首都，伟大的北京，伟大的领袖毛主席，都是我们心中的渴望。我们都希望北京不只是书本中的概念，不只是一个地理名词，渴望着也能去中南海，也能让毛主席抱在怀里。二是我哥哥考上清华大学的时候，我爸爸送他到北京。我就问我爸爸："啥时候我也能去北京一趟啊？"爸爸说，他没有能力送我到北京旅游，要去北京唯一的途径就是考取北京的大学。就这样，向往北京的种子再次发芽。为了天安门，为了心目中的首都，我发奋读书。我到北京的第二天，就去了天安门广场，去毛主席纪念馆瞻仰毛主席的遗容。为了能够从左边、右边都能看到毛主席的遗容，我排了两次队，了却了我要从整体上瞻仰毛主席遗容的愿望，了却了我小时候的念想。

二、专业与靠山

"不积跬步，无以至千里；不积小流，无以成江海。骐骥一跃，不能十步；驽马十驾，功在不舍。锲而舍之，朽木不折；锲而不舍，金石可镂。"虽然我本人不够聪慧，但是遵循着荀子的劝学思想，一步一个脚印地钻研业务。每一个案件的处理，都以专业取胜。我来自一个小山村，不认识什么人，也没有什么人认识我。刚入行的时候，也特别担心自己没有饭吃。记得大学刚毕业，某建设银行（简称"建行"）起诉某贸易公司欠款240万元，在当时是个大标的额的案件，由南宁市中级人民法院作为一审法院受理。建行委托的律师是当时南宁比较有名的一家律所的律师和一位刚从中级法院副院长岗位退休的老干部。贸易公司的某员工恰好是我同乡，把我引荐给了贸易公司老板。老板曾经是法卡山的战斗英雄，是个团长，是第一批摸着石头过河的人。他话不多，闲聊几句就决定委托我。他后来告诉我说委托我是认为我受过专业的法学教育，有一双明亮的大眼睛。最主要的是他因为做石油生意亏本了，资金比较紧张，只能委托我这个刚大学毕业不久的学生，也想用我的专业来赌一把。

在应诉的过程中，我发现了借款过程的重大漏洞。建行款项是转入到贸易公司合作伙伴的个人账户，而且建行在借款时，贸易公司尚未成立，贸易公司的营业执照记载成立的时间晚于借款的时间。因此，我提出建行出借款项之时被告尚未成立，不具有民事权利能力和民事行为能力，建行应当向实际借款人主张权利，而不应当向贸易公司主张权利的抗辩意见。恰好主审法官是北大民商法的硕士毕业生，专业水平比较高，采纳了我的抗辩意见，作出了驳回建行全部诉讼请求的判决。至今我还记得我在领取判决书的时候，主办法官说了一句"希望你在专业的道路上越走越远"。由于建行在起诉的时候，查封了贸易公司的铺面、润滑油，导致了润滑油过期无法销售。我又代理贸易公司向人民法院提出保全错误的侵权损害赔偿之诉，法院判决建行赔偿了贸易公司4万元。两个案件的胜诉，对于刚刚大学毕业的我来说，就如打了一针强针剂。初次出道，就尝到了专业的力量。这样的开端，应当说为我在专业的道路上奠定了基石，也让我找到了方向。

培根说，知识就是力量。我认为，知识只有化为生产力的时候，才是力量。为了让自己在专业道路上能够有所提升，我利用工作间隙到广西大学法学院深造。在研究生学习期间，感谢孟勤国教授的严格要求，让我们手抄《法国民法典》，研读谢怀栻教授的著作。研究生毕业后，我又到广西政法管理干部管理学院教书。为了不误人子弟，我认真备好每一节课，上好每一节课。在教学的过程中，自身的理论也得到了升华。10年的教学工作，除了再次研读多个法学家的著作外，还涉猎了哲学、文学等作品。希望通过不断的学习，扩大视野，提升自身解决问题的综合能力。希望自己不仅要有理性的思维，还要让自己所说的每一句话和书写的每一个文字都有其应有的温度，希望自己成为一个有着文艺的灵魂和理性思维的人。因此，在2015年加入盈科以后，我仍然专注于专业的道路，不敢在这方面有所怠慢。

2018年，我代理某房地产公司与某市国土资源局的国有用地使用权纠纷一案，国土资源局认为房产公司违约，要求支付9400万元的违约金。广西发行量最大的《南国早报》在头版头条用"一根天线杆和天价违约金"全程跟踪报道该案，法院最终驳回了国土资源局的诉讼请求。这个官司的胜诉，无疑为客户创造了近一亿元的资产。当专业价值最终体现为客户的经济价值的时候，才是最为振奋人心的。

我一次一次地收获，一次又一次地总结，坚信只有在专业上不断地深耕，才可以成为更好的自己，才能给客户提供物有所值甚至物超所值的服务。自2015年加入盈科以来，我每年都获得优秀民商事诉讼律师奖、公益诉讼律师奖，所带领的民商事部门也获得优秀部门奖。2019年与盈科乌鲁木齐分所、盈科福州分所律师合作某电网公司境外电力工程风险库的研究，获得了中国法制日报社举办的第二届"一带一路"优秀案例奖。然而所有的过往，皆为序章。昨天的成绩不代表着未来，昨天的成绩只能成为明天的动力，不断鞭策和激励着我前行。我深知只有足够强大，这个世界才会对你和颜悦色。而专业就是我的大树，就是我的靠山。在专业的道路上，不遗余力，铿锵前行，赢得属于自己的勋章。

三、操守与信仰

勤勉、尽责、忠诚是一个律师应有的执业操守。既受人之托，就应忠人之事。因此，接受委托以后，不管遇到多大的困难，都要给自己鼓劲，不轻易放弃。每处理一个案件，最大的担忧是无法满足客户的需求，担心自身的知识不够用，担心自己的疏忽会导致当事人的利益受损。因此，每代理一个案件，我都对证据不断地梳理，庭前推演，发现矛盾点，发现不足的地方，寻求救济途径。穷尽事实、穷尽证据、穷尽法律、穷尽案例，了解法官的审理思路，打有准备的仗。即使身经百战，依然把每一次都当成第一次，让客户感受到专业的魅力、感受律师服务过程的魅力。因此，即使官司最后不如当事人所愿，客户也会因为我的勤勉、尽责而对我竖起大拇指。除了勤勉、尽责，我认为我是个有理想、有信仰的人。你戴着荆棘的皇冠而来，你握着正义的宝剑而来。追求正义应当是一个律师终身的信仰。也许有人认为理想、信仰都是虚的东西。我不这样认为。在我看来，理想和信仰是融入我们处理的每一个案件中，融入我们的为人处世中。我曾经给一个因为无法忍受丈夫的长期家暴，把丈夫杀死的当事人提供法律援助。从她遭受家暴的长期性、恶劣性以及法律赋予的救济途径等方面为她提供辩护，法院最后采纳了我的观点，判处其有期徒刑9年。庭审的时候，检察院系统带领公诉人员参加旁听，庭审结束之时，带队的检察官上来跟我握手说"这就是一个律师应有的样子"。当我把这个故事告诉给某个妇女培训班的学员时，她们都泪流满面，说在这个案件中看到了律师的执着，看到了正义的力量，也看到了信仰的力量。

四、成长与平台

一个人的成长，离不开平台。只有在平台上，才可以不断地迭代和更替。2015年盈科入驻广西南宁，让我有了新的蜕变。盈科是一个卧虎藏龙的地方，让我的视野更加开阔，让我有了更多的学习机会，让我能够与更多的优秀伙伴一起学习，让我更能实现自身的专业价值。盈科犹如一个舞台，让你尽情舞蹈。盈科这个平台利用得好，就如阿基米德所说的那样，"给我一根杠杆，我能撬起整个地球"。因此，我对盈科饱含着深情，我的执业生涯也已和盈科联系在一起；每一个盈科人，都是盈科的移动名片；每一个盈科人，都应该像鸟儿珍惜自身的羽毛一样珍惜着盈科的名声。我希望盈科与广西的青山绿水一样，在律师行业中成为一颗璀璨的明珠。而你我在盈科这个舞台上，各美其美，美美与共。

律师的工作，终究是法律服务。用心做事，用心服务，才可以根植客户。因为只有你是一颗星的时候，才会有人循光而来。

魏存仪 | 以匠心致初心，做有温度的法律人

魏存仪律师，北京市盈科兰州律师事务所股权高级合伙人、建设工程业务部主任，兰州仲裁委仲裁员，兰州市律师协会青年律师工作委员会副主任。

他从一个律界新人，到今日的熠熠生辉，坚实地走过了律途的 17 载春秋。回首过往，他感慨万千：行动，才是破解迷茫焦虑的唯一法门，没有坚持、坚韧和热爱，我们到不了任何想去的地方。

一、踏踏实实做律师，辛勤劳作，默默耕耘

从自考法律专科、本科一直到攻读法律硕士，他总是一步一个脚印，勇敢攀登自己心中的一座座"山峰"。非科班出身又一次通过了国家首届司法考试，庆幸的同时也给了他极大的信心。2003 年在面临选择的十字路口，他坚定地告诉自己，"我要成为一名律师"。如愿以偿做了律师后才发现是真的很难，一切都得从零开始，他再一次发扬了从困难中奋起的生命特质和积极主动、坚忍不拔的精神，"不知道干什么，

我就多问，多主动，免费帮忙根本无所谓；写不好法律文书，我每天都会去书店看大概一个半小时的书，看最高院的案例，看判决，不断地去看、不断地去读，反复琢磨研究他们是怎么写、怎么论证的。3个月后，非常骄傲我已经能够为师父做事了"。他将所有的迷茫、纠结转化为行动，踏踏实实地做，以一颗虔诚的心，辛勤劳作，默默耕耘。最初的5年艰辛，为日后的超强专业素养打下了坚实的基础。

回忆起那段艰难的时光，魏存仪律师若有所思地感慨："经常迷茫，迷茫是走向正确的必由之路。迷茫之后，不要过多地去思考、去纠结，而是去行动。在我所走过的路上，如果过多去纠结要不要去学法律、要不要出去做律师、要不要坚持往下走、要不要专业化、要不要花这么大的代价去带团队……但凡我对任何一个点想得比做得多，我可能走不到今天，也不会有今天的成长和收获。我的心路也再一次告诉大家，'成大事者，不纠结'。专注于当下，就是破纠结最好的法门。我们无论做大事做小事，都应该少一些纠结。因为很多事情，当你纠结于其中的时候你已经失去了机会。一边思索一边行动，只有行动才能化解所有的迷茫，也只有行动才能带领我们到达想去的那个地方。当我们不知道要做什么的时候就坚持做现在的事情，当我们找到方向的时候就勇敢地往那个方向奔去。"

"天道酬勤"是魏存仪律师的座右铭，办公室几经搬迁，这个牌匾始终高悬。在我们看来，或许其只是形而上的仪式感，对魏存仪律师而言，"天道酬勤，自强不息"早已镌刻于心并转化于行，流淌在他的血液里。晚睡早起，数十年如一日，坚持每天凌晨五点起床研究案件，学习法律法规，写材料，将自己最好的年华岁月全贡献给了热爱的律师事业。

二、一丝不苟做案子，初尝收获

永靖县小川农村信用社诉某公司870万元担保合同纠纷案，是最值得他骄傲和自豪的案件。在这个案件中，他利用深厚的专业知识和功底，为当事人挽回了870万元的损失。在接受委托前，该案已经在临夏和永靖两级法院经过了4次审理。魏存仪律师接受委托后，通过仔细阅看案卷发现，在前四次审理中，原、被告双方的争议焦点主要集中在作为被告的保证人是否知道借款是借新还旧，如果知道，则担保人承担责任；如果不知道，则担保人不承担责任。而原告用于证明被告知道的证据是4个证人，被告也同样提供了4个证人来证明不知道这个事实。对这8个证人证言的认定成为案件不断发回重审的因素。作为原告方，如果不能证明担保人事先知道该笔贷款系借新还旧，根据相关法律规定，被告就不承担保证责任，在主债人已经破产的情况下，原告就可能面临 870 万元的损失。魏存仪律师在阅看双方合同时发现，保证合同有"乙方（银行）与借款人协议变更主合同的，除展期或增加贷款金额外，无须经甲方（担保）同意，甲方仍在原保证范围内承担连带保证责任"的约定。魏存仪律师跳出《最高人民法院关于适用〈中华人民共和国担保法〉若干问题的解释》（简称《担保法司法解释》）条文范畴，利用诚实信用原则提出：即使该贷款属于借新还旧，那么合同中贷款用途由"流动资金"变为了"偿还旧贷"，属于贷款用途的变更，但既然保证人在签订保证合同时允许变更主合同借款用途，事实上已经放弃了对借款用途变更的抗辩，因此，即使原告与主债务人未将贷款用于归还旧贷款这一事实告知保证人，亦不能认定此对保证人构成了欺诈，故其不能再援引《担保法司法解释》第三十九条第一款的规定，以其不知道贷款的真实用途系借新还旧为由抗辩。该观点提出后，经两审，最终得到最高人民法院终审判决的支持，结束了长达 5 年的诉讼，得到了业界一致好评。

"受人之托，忠人之事。"不管是大事小事，魏存仪律师只要接受了客户的委托，总是以一己之力，穷尽手段，一丝不苟，千方百计为客户着想，寻找所有能够维护客户利益的方法。

三、深耕专业能力，精研团队建设，践行社会责任

"穷则独善其身，达则兼济天下。"魏存仪律师在深耕自己专业领域的同时，积极践行律师社会责任。为了让甘肃律师比学赶超，他通过创办组织微讲座、线下交流等，邀请国内优秀律师与全省同行进行分享交流，促进甘肃律师的对外交流和相互合作。自 2015 年 8 月以来，他举行了 30 多场线上讲座和交流活动，内容涉及青年律师成长、律师技能培养、律界新鲜资讯的交流与传播；自己开展各类培训、讲课、青训营等超过 60 余次，受众高达 1 万余人，每年保持 10 余次的频率。发扬无私奉献、开放交流精神，将自己持续不断学习的成果，结合自己对律师行业、律所管理的思考通过各种形式进行分享、交流，带动团队、青年律师甚至整个甘肃律师同行对标先进、比学赶超的热情和信心。他以自身魅力，与国内顶尖律所、一线律师保持较好的沟通和协作，参与各种行业交流、研讨活动。为缩小差距，学习业内先进经验，营造了良好的氛围。

在团队管理方面，要求团队"外树形象，内强素质"。整齐的职业装和超高的精神风貌，是他团队给人的第一印象，可视化、标准化服务流程成了他团队的标签。通过技术手段，积极学习锐意进取，将案件通过诉讼流程、案件事实梳理、大事记等各

种可视化的方式展现出来，用大数据穷尽可能，用可视化说服法官，对外打造了技术派律师团队的崭新形象。

除此之外，他可以说是在青年律师的培养方面为数不多的、下了"血本"的律师。青年兴则律师兴，他坚定地推行模拟法庭、复盘、内训制度，以各种手段、资源和精力投入，提升青年律师技能和改善执业环境，甚至自己为此作出了非常大的牺牲和奉献。每案必模拟、周周要复盘，为此需要投入非常多的时间，而律师的时间就是最大的成本。马南，来到团队不到半年的实习律师，通过模拟法庭训练，已然做到熟悉庭审流程，能够独立完成举证、质证和辩论。"目前，我已经着手庭审技巧研究和实践了"，他有点儿小傲娇地在介绍他的成长。史明红，执业尚未满一年，通过模拟法庭、复盘等训练，在魏存仪律师亲自监督和无数次的"暴虐"下，被大家称为"史老""史师父"，戏谑的同时，更是对其成熟、稳重的专业风格的肯定……看着团队的年轻人一个个以不可想象的速度成长、成熟起来，魏存仪律师倍感欣慰，也感慨万千。"团队化、专业化是我的宿命，再苦再累我也会一往无前。我不够聪明，我愿意下最笨的笨功夫，用最笨的方法去做事。一直以来，我也以同样的方式要求团队，我的团队也是，深深地扎根，慢慢地成长。"

总之，他在追求法治梦想、成就律师事业之路上，以坚韧不拔的创新精神和诚信务实的执业风范影响和带动着团队一起前行。"路漫漫其修远兮"，对于他及一个年轻的团队来说，要走的路还很长，但他们始终坚信"梦想，不在一万米的高山，就在我们的信念与汗水之间"。

撰稿人：孟霞

魏镇胜 | **专业成就梦想**

　　魏镇胜律师，北京市盈科律师事务所全球合伙人、中国区董事管理委员会副主任、盈科全国法律风险与合规管理专业委员会主任，北京人民广播电台特邀法律评论专家，北京市律师协会交通管理与运输法律专业委员会副主任，中华全国律师协会专家律师讲师团讲师，盈科律师学院院长。

　　首先让我们在脑海里问自己一个问题：诉讼律师不打官司行不行？可能很多人会哑口无言，但在魏镇胜律师的理念里，不仅行，而且很行。魏镇胜律师可能是少有的不愿意打官司的律师，但这也是他在诉讼领域深耕 27 年的成果。

　　魏镇胜律师，一位已经执业 28 年的"老律师"，自 1993 年进入律师行业便热忱不减，直至今日还是一个"老小孩"。魏镇胜律师来自贵州黔东南，那里有美丽的千户苗寨、镇远古镇、舞阳八峡，是歌的海洋、酒的海洋。魏镇胜律师从小生活在民风淳朴、热情的地方，也成就了他对工作的执着势不可当。

　　在北京的 20 多年，满负荷运转是他的日常工作情况，吃饭的时候都在写课件、分析案情。魏律师在企业法律风险管理、合同动态风险管控方面有非常独到的见地，且善于把自己的办案经验总结成完整的理论体系。执业 20 余年，他先后担任多家国家机关、企事业单位团体的常年法律顾问，承办了民事、经济、刑事、行政等各类诉讼及非诉讼案件近千件，积累了丰富的诉讼和非诉讼实务经验。尤其擅长法律风险管理，主张把法律服务的重心放到预防阶段，所以他给企业讲法律风险防范的课程经常提到扁鹊，经常用的宣传语也是"不要到打官司时才想起律师"。他自创了企业"三式风险管理"理论，擅长查找法律风险点，做风险评估，风险预警，全程、动态管控法律风险，为企业建立风险防控体系，还为企业、律师做了上千场培训。

当然，魏镇胜律师优秀的案件处理能力和培训热情不是凭空而来的，天才的成功99%来自努力，只有1%来自天赋，何况魏律师自认为不是天才。答案很简单，那就是坚持不懈的努力。他刚到北京的时候，拿出了拼命的劲头，10个月办了90多起案件，一天最多的时候开三四次庭，现在回想起来仍觉得颇为精彩。那时候，魏镇胜律师每一次回家都固定坐一条线路的公交车，合适时会跟身边的乘客聊聊生活中的法律小常识。几年下来，连售票员和司机都认可他这个公交车上的义务普法宣传员了。在宣讲过程中，魏镇胜律师从法律层面上给乘客答疑解惑，解决诉讼矛盾与纠纷，甚至还帮售票员和司机代理过案件。正应了那句商业界的金句，"最好的商业模式就是利他"。当你不纠结于眼前的利益，从利他的角度出发，先去付出，终会有应得的回报。同时也应了那句佛系的话：世界是圆的，爱出者爱返。

可能是出于最初的普法习惯，在魏镇胜律师执业渐入佳境后，他对全国的律师同行也乐于付出。作为全国律协专家讲师团的专家讲师，这些年来，他免费给全国律师义务培训上百场，毫无保留地将自己的经验、技能分享给律师同行。有许多年轻律师听了他的讲座，满怀感激之情，给魏镇胜律师很高的评价和赞誉。对于他的无私，用他的一句话可以很好解释："全国的律师是一家，认识了就是终生的朋友。"

魏镇胜律师的头衔之一是北京市律师协会交通与运输法律专业委员会副主任，凡是交通立法等相关事件需要采纳意见或伸出援手的，他都会协助政府和相关的部门去妥善处理，提供法律上的解决方案，或者是分析论证意见。在魏镇胜律师看来，律师职业既不是简单地帮别人打官司，也不是机械地当顾问，更多的时候需要参与公共危机处置，提出立法建议等。2014年3月8日，"MH370"事件让全世界为之震惊与担忧。从3月8日开始，陆续有大批乘客家属来到北京，向马来西亚航空公司讨要说法，焦急地等待亲人的下落。马来西亚航空公司将近300名乘客家属安排在北京市朝阳区的丽都酒店。市律协抽调各专业委员会的资深律师组建律师团，为家属提供法律服务，魏镇胜律师作为第一批律师团成员之一抵达丽都酒店。在应急指挥部工作最繁忙的时候，他24小时与情绪激动的家属进行沟通，了解家属的诉求，同时从法律角度解答家属的问题。

　　魏镇胜律师在"MH370"事件应急指挥部工作了30天左右，他推掉了这段时间的所有业务，不计个人得失，把精力完全投入公益服务上。在解决问题的过程中，个别家属由于亲人下落不明非常痛苦和焦虑，有时会把情绪发泄到律师的身上，但是，魏镇胜律师从未表现出反感和不快，总是予以耐心的解答。魏镇胜律师如此评价这段经历："作为一名律师，社会责任感和勇于担当永远是第一位的，尽管从业20余年中提供过无数次法律服务，但毫无疑问，马航失联事件的法律服务，必将是我律师职业生涯中最难忘的经历，也让我在公益服务中实现了自己的职业价值和人生价值。"

　　正因为他执业范围广泛，对律师同行执业方向和范围，他常说："无民不全，无非不新，无顾不稳，无刑不名，无经不活。"他解释说："做律师没有办过民事案件，你办的案件就不全面；做律师没有办过非诉讼案件，你的业务领域就没有新颖性；做律师没有法律顾问单位，你的业务就不稳定；做律师没有办过刑事案件，你就不会在律师界有名气；做律师你没有办理大标的额经济案件，你的经济收入就不会高。"

　　这当然不是与生俱来的感悟。魏镇胜律师做了几年律师后发现，大部分律师的思维还是停留在诉讼当中，而且都过得累、过得苦。无论办理诉讼案件还是提供常年法律顾问服务，都承受着巨大的压力，也经常听到有律师猝死在法庭上或在出差的途中。与此同时，企业也是等到有纠纷的时候才想起律师，就如同人生病的时候才想起到医院看病。但现实中，随着时间的推移和依法治国的推进，日益增多的企业逐渐意识到，在设立公司、生产运营、发展壮大的过程中无时无刻不涉及法律，正确的法律介入可以助力企业迅速成长。魏镇胜律师在察觉到律师业务可以有更大作为后，马上开展了当时并不热门的企业风险管理业务，潜心研究如何将诉讼法律服务做成产品。在研究过程中发现，即使是一些标准化的流程，简单的模板化的诉讼法律文书，与律师头脑里面加工出来的还是有较大差距，无法满足个性化需求，要批量生产和复制比较难。研发的过程痛苦且漫长，但魏镇胜律师没有放弃，组建团队进驻企业，走访、座谈、调查、了解，发现并确认了企业其实特别渴望法律服务能在预防阶段介入，给予他们更多的保护和提醒。魏镇胜律师和团队经过大量实践，锲而不舍地耕耘，最后总结出简单易用、通俗易懂的法律风险防控秘诀，研发了大量知识成果，如《模块化法律风险管理体系的建设》《公司治理法律风险管理实务》《合同法律风险管理策略》《诉讼与仲裁法律风险管理》《应收账款法律风险管理体系》《涂料企业法律风险管理》《商业秘密保护体系的建立》《企业并购法律风险防范》《劳动人事法律风险管理》《银行贷款法律风险管理》，让完全不懂法律的人通过他们设计的模板、自检表等也能有效地管控法律风险，把企业里面常见的一些潜在风险找出来，有效地消灭在萌芽阶段。

　　这条路仍然很漫长，但魏镇胜律师带领一部分中国律师一直在前行。他深信，在当今互联网与人工智能高速发展的时代，律师的办案流程、思路、方法、成果等，包括为客户服务的方式，都在发生着前所未有的改变。因为风险管理业务具有可复制性的特点，一定大有作为，一定会为我们法治中国添砖加瓦。他想方设法引领着中国一批志同道合的律师朝着法律服务产品化的道路走去，将律师从出卖劳动力的低效服务中解放出来，让低价高质量的法律体检、法律治疗变得唾手可得，这是魏镇胜律师永远不会变的情怀和目标。

撰稿人：丛骏嘉

奚玮 "奚" 水长流　汇聚成 "盈"

奚玮律师，北京市盈科芜湖律师事务所管委会名誉主任、刑事辩护中心主任。

犹记得 20 多年前，时任中学英语教师的我，工作之余常抚心自问：什么才是更有价值的生活？如何才能更好地实现自己的人生价值？在这种持续思索的驱动下，我自学法律，于 1995 年以 282 分的成绩通过律师资格考试（当年合格线为 240 分），并于 1997 年进入西北政法学院攻读硕士学位研究生，开启了法学学习之旅。当时的我当然未曾想到，这会是数年后我与盈科相遇的起点。2000 年，我进入安徽师范大学担任法学教师，随后顺利实现了讲师、副教授、教授的进阶。与此同时，我也一直兼职从事自己热爱的律师工作。此后，我先后加盟、创立了三家律师事务所。"学者中律师业务最好，律师中学术成就最优"是本地同行给予我的评价，但我仍然认为自己在律师行业中的发展还有提升的空间。因此，当盈科在芜湖布局时，我毫不犹豫地选择了加盟。一切都更为明朗，内心亦越发从容，"源泉混混、不舍昼夜、盈科而后进、放乎四海"。一切都是最好的安排，在合适的时间遇到合适的平台，以平台之力助力个人发展，以个人发展的成果反哺平台，相互成就，相得益彰。"好风凭借力，扶摇九万里"，盈科平台昭示着方向和机遇所在，更是个人展现能力和风采的绝佳舞台。于我而言，社会各界的信任源于卓越的专业能力和精益求精的敬业精神；专职教授兼职律师构筑的立体执业场景能够让我更好地行于学术与实务间，实力则在学术研究与日常办案中得到进一步彰显；团队化律师作战的方式也使得办案更加精细与高效；积极投身公益和普法活动，努力践行社会活动也是我应有的责任与担当。

一、信任加持，源于专业与敬业

我的学业与职业的起点均非法律。学历的第一站是英语专业，第一份工作是中学英语教师。怀着对美好生活的向往及实现自我价值的渴求，学习法律的热情与恒心一直伴我左右，故而自学法律考入西北政法学院，硕士毕业进入安徽师范大学工作四年之后，我考入中国政法大学攻读法学博士学位，而后进入北京师范大学刑事法律科学研究院从事博士后研究并顺利出站，这也使我成了盈科体系内学历最高的律师之一。学历精进的同时，我也一直未曾放下兼职律师的业务，学历的提升使我更加乐于且善于研究疑难复杂的法律问题，而这也极大地促进了我对重大疑难复杂案件的处理能力。

作为安徽乃至长三角地区知名的刑辩律师，我办理了以经济犯罪和职务犯罪为主的数百起刑事案件，其中不少案件在区域乃至全国产生了较大影响。例如，徐某合同诈骗、非法吸收公众存款案被收录在"北大法宝司法案例"，陶某某行贿、对非国家工作人员行贿案收录在"中国法学多用途教学案例库"。仅以2020年职务犯罪案件为例，我先后担任了中国科技大学深圳研究院原常务副院长张某涉嫌贪污、挪用公款案，马鞍山中加双语学校原校长郑某某涉嫌非国家工作人员受贿罪、职务侵占罪案，马鞍山市人民检察院原副检察长刘某某涉嫌受贿罪案和砀山县公安局原党委委员王某某涉嫌受贿、贪污、徇私枉法、玩忽职守罪案的辩护人等。职务犯罪案件辩护的难度与挑战毋庸置疑，这不仅是对辩护律师经验、技能的考验，更是检测辩护律师运筹帷幄、权衡利弊能力的炼金石。所幸，我亲办的这些案件大多取得了预期的辩护效果，也在维护法治权威和保护当事人权益之间找到了关键的平衡点。

学术方面的进阶不仅带来了专业能力的提升，还使我有幸认识了许多法学界德高望重的师长，并结识了一大批著名的学术与实务界朋友，仅盈科体系内就有胡忠义律师、王汉波律师、赵春雨律师、王明芝律师等，我与这些诤友在业务开展、团队建设及专业实力构建等方面进行过颇多探讨，与胡忠义律师在书籍的编纂等方面也进行过深入合作，并于 2019 年在法律出版社出版合著《胜诉之门》。

这样的学历背景和执业经历使得当事人对我非常信任，而这种信任于我而言意味着更大的责任，意味着案件的办理需要付出更多的心力。口口相传的社会评价带来的绝不仅仅是案源，诸多案件的完满解决当然会与社会影响力正相关。欲戴桂冠必承其重，我会以更大的热忱与勤勉投入每一个案件的办理中，不辜负当事人的期望与嘱托。

二、社会兼职，构筑立体的执业场景

作为一名兼职律师，我的本职工作是安徽师范大学法学院教授，同时兼任安徽师范大学诉讼法研究所所长，并负责诉讼法学硕士学位点。回想起来，在高校任教之初我便从事兼职律师工作。作出这种选择，当然是职业本身的特性使然，书斋案牍的思索若缺乏实践则会成为空中楼阁，而对司法实践中的实然现象的解释如果缺乏理论的滋养则会显得干瘪无力。事实上，这种选择造就了我理论和实践两翼齐飞的自信与坚实，也正基于此，我才博得业界的广泛信任，并受聘担任诸多具有社会影响力的兼职。

（一）高校及研究机构的兼职

高校是传统意义上对专业性要求较高的机构之一，故在高校内任职十分考验专业功底。我在安徽师范大学法学教授任职之外，还同时兼任中国政法大学刑事辩护研究中心研究员、西北政法大学证据法学研究所研究员、安徽大学法学院兼职教授暨刑事辩护中心研究员、安徽省高级人民法院法官培训学院兼职教授及安徽省人民检察院兼职教师。与通常观念中的"虚职"不同，上述部分兼职工作会不定期地开展一些学术沙龙活动或讲座，与会者都是在某一法律领域具有相当实力的学者或实务专家，这在一定程度上迫使我不断接触并学习最新的法学前沿知识，也使我结识了更多的全国各地理论和实务界的朋友。事实上，我在芜湖地区以外代理和辩护的某些案件及部分外地律师与我合作的案件便是这些朋友出于信任介绍来的。

（二）学术研究会的兼职

曾经有朋友打趣说，我是他在参加各种研讨会时"逃"不过的授课身影。起初我一直将这当作笑谈，直到最近为参加"盈科首届百名大律师"评选活动而对兼职进行梳理时，我才真正明白朋友打趣的原因：仅在研究会这类的社会团体中，我担任的兼职就有相当数量。

我是国际刑法学协会中国分会会员、长三角地区典型案例评审专家库专家、中国刑事诉讼法学研究会理事暨少年司法专业委员会委员、中国法学会法律文书研究会常务理事暨学术委员会委员、中国民事诉讼法学研究会理事、安徽省法学会学术委员会委员、安徽省法学会港澳台法律研究会常务副会长、安徽省律师协会刑事法律专业委员会副主任、安徽省律师协会教育培训工作委员会副主任、芜湖市公益诉讼研究中心副主任以及芜湖市人民检察院专家咨询委员会委员等。助理在帮我梳理兼职时一直感叹我所取得的成绩，但我明白，所谓的成绩，背后都是沉甸甸的责任，因此我曾多次教导团队的年轻人，要忍得了独自学习的枯燥，并拥有打破桎梏的勇气，让盈科这个巨大、优质的平台，成为大家展翅翱翔的天地。

（三）专家库成员及监督员等兼职

我的业务来源已经远超芜湖市范围，而我本人也是安徽省律协的刑委会副主任，所以经常有人问我为什么会选择一直在芜湖执业，大家觉得于我而言似乎在更大的城市执业才符合常理。事实上，这个问题我不是没有过考虑，但我觉得江城有更大的城市无法比拟之处——生于斯长于斯，芜湖是我的家乡，秉着强烈的使命感，我认为自己有义务为家乡法治事业的建设贡献我自身的力量。这一点，从我担任专家库成员等兼职中便能明显体现：芜湖市人民检察院专家咨询委员会委员、芜湖市人民检察院刑事申诉案件公开审查听证员、芜湖市案件评查专家库组成人员、芜湖市涉及产权纠纷的中小企业维权法律服务团成员、芜湖仲裁委员会仲裁员以及芜湖市镜湖区法律援助刑事辩护专家律师团成员等。

稳扎江城、立足安徽、辐射全国，这既是我执业现状的写照，也是我对家乡和自己的承诺。

（四）党政机关、企事业单位的常年法律顾问

除了上述公益性的兼职之外，我目前还同时担任中共芜湖市委、芜湖市人民政府、宣城市公安局、长江航运公安局芜湖分局、中共无为市委、芜湖市公安局经济技术开发区分局、奇瑞集团、安徽天航科创发展（集团）股份有限公司、安徽水韵环保股份有限公司、芜湖市富鑫钢铁有限公司、芜湖市傻子瓜子有限总公司等多家党政机关、企事业单位的常年法律顾问。不论是党政机关还是本地知名企业，担任常年法律顾问，一方面是他们对于承办律师专业能力的认可，另一方面也是律师自身的责任与担当。我组建的分工明确、各有所长的律师团队能够及时、专业、全面地响应顾问

单位的法律需求，这也是顾问单位信任我的根本之所在。

三、办案实力，以专业能力为基，以业务数量为体

在坚持走兼职律师的道路之初，我便逐步制订并完善了学术与实务并肩前行的策略，事实证明，此种策略不仅符合开拓律师业务的要求，而且对深化专业水平大有裨益。专业性需要有两个维度的逻辑支撑：一是学术研究成果，二是所办理的案件，只有将两者无缝连接起来，才能达至"专业卓越"的从业目标。

（一）承接法学课题，发表专业论文，增进理论研究深度

能够主持部级以上的课题是法律从业者的荣耀，其不仅是深厚专业理论功底的体现，也是对法律从业者能力的巨大肯定。粗略数来，我主持过的部级以上课题有：①中国法学会部级法学研究课题"疑罪不诉研究"；②最高人民检察院检察理论研究课题"职务犯罪特殊侦查措施研究"；③最高人民检察院检察理论研究课题"职务犯罪违法所得没收程序研究"；④最高人民法院 2014 年审判理论一般课题"裁判文书说理研究"；⑤国家社科基金项目"错案责任追究与司法人员心理危机相关性研究"等。

此外，我公开发表学术论文 60 余篇，单独或合作出版著作 7 部。仅在近 3 年，我在学术和实务刊物上发表的论文就有近 10 篇：①在《中国律师》发表《拒绝执行传染病防控措施的行为如何定性》；②在《法律适用》发表《审判视域下"套路贷"案件的甄别及罪数认定——基于涉"套路贷"裁判文书的实证研究》；③在《南京社会科学》发表《中国法院刑事司法业务考评指标改革的现状、问题与完善进路》；④在《人民法院报》发表《理性应对错案责任追究中的心理压力》《辩护律师否认犯罪事实是否影响被告人坦白情节的认定》《一二审衔接期间辩护人阅卷权保障》；⑤在《检察日报》发表《优化侦诉沟通渠道　提高退回补充侦查质效》；⑥在法律出版社出版合著《安徽法院案例参考（第 2 辑）》和《胜诉之门》。⑦《非法集资案件中集资参与人诉讼地位研究》荣获"第五届鹭岛刑事法论坛主题征文"二等奖。上述论著不仅紧跟时事热点，而且对法学问题的分析鞭辟入里，因此广受理论和实务界的关注。

（二）展现理论水平，收获广泛赞誉

党的十九大报告指出："全面依法治国是国家治理的一场深刻革命，推进法律职

业共同体建设仍是我国法治建设的一项重要任务，对于法治的发展有着重大的影响。"法律职业共同体的建设，既要求我们充分认识到其发展的必要性，又要求我们准确把握其建构的标准及重点。在我国，长期以来，法官、检察官属于体制内的法律职业者，律师是体制外的法律职业者，三者基于职业的不同，不可避免地会产生观点碰撞，但我一直认为这是职业性质和职业活动的内涵所决定的，而非职业本身的对立。因此，无论是庭上还是庭下，在观点冲突的过程中，都需要法律职业共同体各方基于法律进行充分的交流并保持良好的专业沟通。

基于这一理念，多年来，我一直在为构建健康、良性互动的法律职业共同体献言出力，曾多次受邀赴安徽省高级人民法院、安徽省人民检察院、安徽省政法委、芜湖市人大常委会、芜湖市人民政府、芜湖市人民检察院、芜湖市中级人民法院、铜陵市中级人民法院、宣城市公安局、长江航运公安局芜湖分局、芜湖市公安局经济技术开发区分局等多家党政机关举办各类专业讲座，多次受邀在安徽省高级人民法院、安徽省人民检察院、芜湖市中级人民法院、芜湖市人民检察院担任各类业务竞赛评委，并获得了各单位的一致好评。近期受安徽省人民检察院邀请，于 2020 年 6 月 17 日担任"第十四届全省优秀公诉人业务竞赛活动"评委；受芜湖市人民检察院邀请，于 2020 年 7 月 31 日担任芜湖市首届案件管理业务竞赛"现场汇报答辩"环节主评委；此外，受芜湖市人民政府邀请，于 2020 年 8 月 11 日在芜湖市人民政府第 70 次常务会议前作"民法典对依法行政的新要求与新保障"专题学习辅导报告。

（三）集结各方面优秀人才，打造刑事辩护的梦之队

完美的庭审离不开控、辩、审三方共同的努力，完美的辩护与代理更需要律师、检察官、法官、公安的多维视角。为了打造刑事辩护的梦之队，我倾力集结了一支多背景、高学历、专业强、业务精的核心律师团队，目前成员有 20 余人。这其中既有浸沉业务多年的法检离职精英，也有深耕专业理论的专家学者，这样的团队结构使得我们在处理疑难复杂案件时尤为游刃有余，我们既有来自一线实务的经验养分，更有专家学者给予团队的理论加持，这些正是我们的自信和底气所在。

我始终认为，一个律师团队要想长久发展并形成品牌效应，必须进行专业化分工并注重人才梯队的培养。目前我的团队有 2/3 以上的律师是"80 后""90 后"，除了我本人亲自带帮教部分核心成员外，还全面推行团队负责人主导下的带教制度，并在当事人接待、阅卷技巧传授、法律文书撰写及庭审应变等方面进行全方位指导。同时我还在律所内倡导成立了辩论队，并通过开放式培训和内部训练的方式提高青年律师的专业知识和实务技能，给他们的茁壮成长营造良好环境。

四、广开公益与普法活动，努力践行社会责任

（一）主持和开展公益性讲座

也许是教授身份使然，又或许是我自知得到过很多人的帮助和支持，故在办案之余，为了将自己的知识和经验反馈给社会，我经常到高校、党政机关及企业等单位开展线下或线上的讲座。仅以 2020 年为例，我开展的讲座就有：①担任安徽省律协第八届刑辩沙龙"青年律师发展论坛"主持人；②在尚权刑辩学院云课堂名师进行线上直播分享"证据规则在刑事辩护中的运用"；③在盈科刑辩学院进行线上分享课程之第一专题"基础素养"第三讲"证据理论在质证中的运用"；④受芜湖仲裁委员会邀请为芜湖仲裁委员会全体仲裁员作"仲裁法及其司法解释解读"讲座；⑤受宿州市律协和宿州仲裁委员会邀请，为宿州市全体律师和宿州仲裁委员会全体仲裁员作"新民事证据规定实务解读"讲座等。

（二）开设公众号，践行普法宣传

我和团队共运营了"奚玮刑辩团队"和"民商事判例研习"两个公众号，在两个公众号中，我们保持每天都发布原创或者转载文章，并时时跟随热点，且经常收集、整理、撰写并发布有关法律评论。我经常向朋友开玩笑称，如果你关注了我的公众号并认真阅读里面的文章，不到半年，你就可以称得上半个法律专家了。因此我认为，普法宣传的工作不在于讲出多么宏伟的口号，而在于是否愿意一点一滴地积累和前进。虽然每天编辑文章会耗费不少精力，但只要能为法治进程和普法进程的推进添砖加瓦，这一切的付出也就都具有了特殊并美妙的意义。

加盟盈科之前，我曾联合其他律师先后成立过两家律所，并均做到了相当规模，但个人对自我发展的追求仍在继续。机缘巧合结识了盈科胡忠义律师后，双方在律师业务与团队发展等方面进行了深入的交流和探讨，此后，我的同门师妹赵春雨律师又出任盈科全国刑委会主任，于是"盈科"这个词愈发频繁地进入了我的生活，而盈科的品牌、活动等对我也愈发具有吸引力。本已情深，又伴缘至，各种铺垫之后，2019 年我联络众律师在梅向荣主任的带领下顺势在芜湖设立了盈科芜湖分所，并使盈科芜湖分所自成立伊始便跻身芜湖的强所之列，日后我们也必将把握机遇，在与盈科的这份缘分上继续书写佳话。

回顾过往，我清楚地记得自己的来路。前路漫漫，我在上下求索中有幸遇到了不

断崛起和突破的盈科，由此我的律师道路上更多了一份希望和憧憬。遥望未来，此次获得"盈科首届百名大律师"的荣誉，是对我专业和成绩的肯定，我感恩每一份支持和厚爱，这是我在盈科的一个新起点，也意味着我要带领团队成员一起，用更加严谨、细致的态度对待每一件法律事务，用更加规范、先进的团队工作模式来对接盈科这一凝心聚力的广阔平台。而后，我和盈科芜湖将开启一段新的征程，我仍会发挥"前浪"义无反顾、披荆斩棘的精神，带领身边盈科的"后浪"们昂首阔步，勇往直前。

　　作为一名专职教授、兼职律师，我本无意报名参与"盈科首届百名大律师"的评选活动，但经不住律所同人的劝说，毕竟兼职律师也是盈科的一分子，参与评选本身也是对盈科的一种认同，遂恭敬不如从命。当选之后，在总部胡忠义老兄的再三要求之下撰写此文，算是我对盈科全体同人的工作汇报吧。

肖才元 | 缜密进取的"诉讼工匠"

肖才元律师，武汉大学理学学士、法律硕士，现为北京市盈科律师事务所全球合伙人，北京市盈科律师事务所中国区董事会副主任，北京市盈科深圳律师事务所管委会主任、争议解决中心主任，深圳市福田区人大代表。

一、先后驰骋在三大诉讼领域的跨界怪才

肖才元律师在其执业生涯中，先后在三大诉讼领域即刑事辩护、行政诉讼，特别是近15年以来专注的民商事诉讼领域，均取得了引人注目的成就，赢得了业内和社会的高度赞誉。

由于肖才元律师主办了唯冠与苹果争议的 iPad 案及"非诚勿扰"这两起轰动国内外的知识产权案件，故不十分熟悉肖才元律师的人士，仅仅记住了这两起轰动性的案件，而将其视为是只做知识产权案件的大律师，殊不知，iPad 案件看似是知识产权案件，其实是融合同法、公司法、商标法为一体的复杂案件，其核心争议焦点乃合同法中的表见代理之争，仍可谓重大商事诉讼案。肖才元律师曾在多个场合数次表明：他的第一强项是"争议解决"，知识产权只是其第二强项。

肖才元律师在公司商事诉讼领域连续数年获得国际大奖。例如，连续 7 年被全国著名的法律评级机构钱伯斯评为公司及商事法律领域的"领先律师""顶级律师"。2016 年，获"ALB 2016 中国十五佳诉讼律师"大奖。

二、弃理从文走向律途：任性源于天赋和热爱

肖才元律师 1982 年毕业于武汉大学物理系，获理学学士学位，毕业后被分配到湖北省黄石市的大冶钢厂担任研究工作，他所在的研究组，包括他在内共有 4 位科研人员，有两名毕业于清华大学、一名毕业于北京钢铁学院。而那时候，他对法律、对思辨的热爱就已经充分地焕发出来了，而这种热爱最初源于中小学时代的电影及小说。这微不足道的星星之火，成了他后来选择律途的重要指引。

1986 年，司法部发布了《关于全国律师资格统一考试的通知》，国家第一次组织律师资格统一考试，但此次并未对社会公开，报考者限于已在司法岗位上的人员。而时隔两年的 1988 年，第二次全国律师资格统一考试举行，这才是国家参照国际律师行业惯例举行的首次真正对社会公开的统一考试，考试内容全部都是法学理论和律师实务。考试的满分为 500 分，合格线为 325 分，而肖才元律师以 372 分的成绩在湖北省名列前茅。这种成绩，对于一个并非法律专业出身的科技工作者来说，实为罕见，充分显示了肖才元律师在逻辑思维方面的过人天赋。

通过律考后，肖才元律师憧憬着工程师和兼职律师双料职业的美好前程，但紧接着 1989 年年底，国家司法部发文，除了大学法学教师等人员可以担任兼职律师外，其余人员均不得担任兼职律师，即只能保留律师资格，却不能作为兼职律师执业。因此他既做工程师又做律师的美好愿望落空了，他必须作出选择。他遵从了自己内心的指引，放弃了大学所学的理科专业，进入了需要自己重新开拓的全新领域，从一个物理学工程师转身而为执业律师。

三、早期刑辩战绩辉煌并闪亮转身

肖才元律师执业之初把主要精力放在了刑事辩护上。刑事辩护事关公民的自由与生命，当时也是律师的主打业务。刑事辩护又最富有挑战性、最能体现专业水平与律师的社会形象。

他代理的刑事案件，既有普通刑事案件，抢劫、杀人、伤害、强奸、流氓等，也包含贪污贿赂、职务侵占、文物走私、金融诈骗等职务犯罪或经济类犯罪案件，而后

期他则重点代理经济犯罪及职务犯罪。他曾经有过 4 次无罪辩护成功的记录。

1999 年他辞掉公职，和其他律师同人创办了广东正翰律师事务所，重新踏上了自由执业律师之路。2005 年因不愿分散业务精力而卸任律所主任，将正翰律师事务所并入广东广和律师事务所。2014 年，又加盟到盈科律师事务所。这一路肖律师在行政诉讼、民商诉讼领域披荆斩棘，纵横驰骋，直至今日。

四、870 万元——中国最大的行政诉讼及国家赔偿案获胜，历史性的突破

1995 年 5 月，百胜珠宝（深圳）有限公司（简称"珠宝公司"）以其持有的"深房地字第 0059524 号"《房地产权证书》，将其上梅林工业大厦一二层及适用范围内的土地作为抵押物，向原告深圳市有色金属财务公司（简称"财务公司"）抵押贷款人民币 870 万元，双方于同月 30 日向被告深圳市规划国土局申请办理了"（95）深房押字第 0244 号"抵押登记手续。

因珠宝公司逾期未还借款，财务公司提起民事诉讼。同期，因珠宝公司的另一债权人申请珠宝公司破产，珠宝公司遂进入破产程序。财务公司遂向深圳市中级人民法院（以下简称"深圳中院"）申报抵押优先受偿债权，然而此时发现，早在 1992 年 7 月 23 日，深圳规划国土局曾就同一地块的土地使用权，另行向珠宝公司颁发有"深房地字第 0080978 号"《房地产权证书》，并且珠宝公司早在 1992 年 8 月 18 日就将此地块的使用权抵押给了农业银行深圳嘉宾路支行，并在规划国土局办理了抵押登记手续。

深圳中院据此在珠宝公司破产程序中裁定，财务公司"所主张的有关上梅林工业大厦一二层及相应土地的抵押无效，所申报的 870 万元人民币为无抵押债权"。同时，因珠宝公司的破产财产不足以支付破产费用，破产程序终结。

财务公司债权未得到任何清偿，委托肖才元律师团队代理。肖才元律师他们遂以规划国土部门违法重复颁发房产证并重复办理抵押登记为由，以深圳市规划国土局为被告，向深圳中院提起行政诉讼和行政赔偿，请求确认被告深圳规划国土局重复颁发《房地产权证书》的行为违法、撤销被告深圳规划国土局重复办理的抵押登记手续、判令该被告赔偿原告本金 870 万元人民币及相应的利息损失。

由于财务公司并非房产证颁发这一具体行政行为的行政相对人，只是与该行政行为有利害关系之人，而当时《中华人民共和国行政诉讼法》第二十七条规定，"同提起诉讼的具体行政行为有利害关系的其他公民、法人或者其他组织，可以作为第三人

申请参加诉讼，或者由人民法院通知参加诉讼"，司法解释也没有利害关系人可以作为原告起诉的规定。也就是说，财务公司不能作为原告起诉而只能作为诉讼启动后的第三人，若如此，该行政诉讼根本就无人启动、无法启动。故财务公司的起诉受阻，深圳中院不予受理，也就是说无法立案。

然而，肖才元律师锲而不舍，向深圳中院书面及当面反映，力陈其对行政法立法精神的理解及司法前沿动态，赢得深圳中院的高度重视，将其作为一前瞻性的重大新型案件受理。

同时鉴于双方律师专业素质较高，观点又针锋相对，听起来均是言之有理，深圳中院将其作为全市行政审判业务指导的公开庭进行审理。鉴于当时深圳中院尚无特大审判庭，深圳中院选取新建的福田法院办公楼第一法庭进行公开审理。开庭当日，深圳中院及各区法院行政庭均不安排其他开庭，由各法院主管行政审判的副院长带领全部行政审判法官，齐赴福田法院第一审判庭，观摩深圳中院对该案的审理。该案合议庭法官极富经验的庭审把控和双方的激辩，使整个庭审在庭下观众井然有序、全神贯注的过程中，一直从上午九点持续到下午一点半，肖律师代理的原告一方，明显占据优势。而肖律师因为庭上的出色表现，给诸多到庭观摩的行政审判法官留下了极为深刻的印象。

然而，并非庭上战胜了对手，就一定可以如期拿到胜诉判决。鉴于该案确属重大的新型疑难案件，涉及深圳特有的房地产权证书与房地产权代用证两种证书颁发的现状，涉及国土规划部门管理的普遍规范性问题，是否属于重复颁证、重复抵押的技术性确认问题，国土局颁证是否违法，特别是该违法行为与原告财务公司的损失是否存在直接因果关系的问题，当事人自身存在过错是否应自行承担责任的问题，最终的损失是应当彼此分担还是当事人自担还是国土局全赔的问题，尤其是可否突破当时法律与司法解释的字面含义而适用的问题等，该案并没有如期判决，而是一再延期。

针对这一窘局，肖才元律师请求将行政诉讼及赔偿案件一案拆分为行政诉讼、行政赔偿二案审理，化繁为简，先确认国土规划局的具体行政行为违法，再来审理行政赔偿。

经过不停地阐述、艰苦地努力，以及肖才元律师多次向深圳中院合议庭反映、陈述与解释，历经近5年时间，深圳中院及广东省高级人民法院法官彰显出精湛的业务水准和开拓的胆略，经法院系统的内部请示呈报，两案一审、二审先后均大获全胜：870万元贷款全部认定为国土局给财务公司造成的损失，由国土局进行赔偿。随后，又历经一年多时间，经肖才元律师代理原告强烈要求并提供银行账户线索，深圳中院进行了强制执行，将深圳市规划国土局银行账户870万元资金扣划给了财务公司。该案历经行政诉讼、行政赔偿诉讼，获得空前成功，并对行政机关强制扣划了 870 万元人民币，历经 6 年。

虽然肖律师深知该案的意义重大，然他却仍未料到，该案被誉为实际获得赔偿成功的中国国家赔偿的第一大案。

在民商事案件中，870 万元并非特别引人关注，但该案是国家赔偿案，并且是最典型的国家赔偿，并不是海关等部门退还罚没款类型的赔偿，是由国家实际替自己的行政行为"买单"，实际拿出真金白银来进行赔偿。870 万元可是惊人的数目，国内此前还从未出现过的。《南方周末》于 2003 年 7 月 10 日以《870 万：最大的国家赔偿案尘埃落定》为题作了整版专题报道："据广东高院一位负责人称，这是国内目前实际执行的最高金额的国家赔偿案。"

其实，说该案新型，也并不新型，这类情形当时非常普遍，只不过由于法律规定适用的限制与传统理念主导的原因，诉讼方案无法推进而不了了之，当事人的利益就此消失，没有人获得突破。而肖才元律师却凭着一股水滴石穿的劲头，坚定地推进该案，并最终获得突破与成功。

该案不仅成为中国行政诉讼史上特别引人关注的经典案例，同时也成为多家经管学院、行政学院及商学院 MBA 教材案例，至今一些资深的行政审判大法官对外授课时，仍不时地以该案为例。深圳行政审判历来是走在全国的前列，2019 年公布的"深圳行政审判 30 年 30 件大事"中，该案仍是最耀眼的案件之一。

肖才元律师也因为这例经典案例，奠定了他在行政诉讼领域中的地位，先后被推举为深圳市第六届律师协会行政法律专业委员会主任、广东省第八届律师协会行政法律专业委员会副主任。

该案之所以经典，除了以上所述，还在于其结束了此前深圳国家赔偿基金未曾动用过的零纪录历史，并直接导致了深圳市房地产权代用证制度的终止。国内外媒体，如中国新闻社、南方周末、美联社、法新社等均广为报道，称其为"对中国法治产生巨大影响的历史性案件"。

五、肖才元律师为何能够一次又一次斩获成功？

如果只能用一个词来形容肖才元律师的职业风格或者职业成就，这个词就是"突破"。在 30 多年的律师职业生涯中，他实现了各种突破，包括程序与实体的突破、法律字面限制的突破、常规惯例的突破。他通过自己的坚韧不拔和缜密进取，把他人通常认为的不可能变成了可能。他喜好代理重大、复杂、疑难、新型的纠纷案件，当初被一些同行认为必输无疑或胜算极低的案件，他硬是用自己顽强的意志、超常的天赋及不拘一格的任性，实现了一个又一个奇迹。他擅于在错综复杂的表象中发现本质，擅长诉讼方案的策划与诉讼技巧的运用。他如痴如醉地代理案件，力求将当事人的案件当作艺术品去塑造，追求极致，力求回首时无怨无悔。他就像金庸先生笔下为精进武功而练习左右手互搏的老顽童周伯通，不但武功过人，而且低调谦逊。他始终不愿自称"律师大咖"，却也毫不谦虚地自认为是一位缜密进取的诉讼"工匠"。

与诉讼律师同人们分享诉讼思维与技巧，他往往是津津乐道，毫无保留。他曾应一些省市律协和盈科各地分所的邀请，先后安排了20余场题为"重大疑难案件中的诉讼风格与思维"的专场讲座。

老子曰："天下大事必作于细，天下难事必作于易。"肖才元律师在其职业生涯中，一直孜孜不倦，没有丢弃过"细"和"易"，从未放弃知识经验的更新与升华。30多年来，我们的经济发展已经翻天覆地，多少法律法规也已经"面目全非"，但是他面对新的法律法规，面对新的知识和新型案件，却仍然能够游刃有余。他不断精进，总是能在面临新问题、新领域时快速熟悉。同时他细致缜密，做到极致，对于证据的举证、质证，他力求滴水不漏，无可辩驳，力求穷尽一切不同的解读，也不放过证据中的瑕疵、疑点。对于似是而非的问题，他都力求将正反两方面观点准备到极致，全方位考虑案件的影响因素，甚至政治等非法律层面因素都应在视线之中。

肖才元从事律师职业30多年，仍然亲自代理案件，几乎每日都要去律所上班、会见客户，研究琢磨疑难案件的突破，从未停止过自己的创新。尽管带领了一支直属的商事诉讼律师精英团队，但对于重大复杂商事案件，他一直都是亲自策划诉讼方案并主办及出庭。执业30多年来，从声名渐起到蜚声业界，他收获的赞誉无数。但是，他却顽固地拒绝"当老板"，他没有利用自己的知名度招揽案件，然后交给其他律师操刀。对案件质量始终都是精益求精，直至今天，从诉讼方案策划到出庭，重大复杂案件主要环节，他都是亲自挂帅。

他十分珍惜自己的执业信誉，讲求诚信、一诺千金。他对委托人认真负责，毫无半点浮夸和忽悠，执业30多年，至今无一例当事人投诉的记录——这一直是其自鸣得意的诚信记录。他的实力和品格，完全当得起德艺双馨的赞誉。

他奉行的观念，就是固执地、旗帜鲜明地认为，律师职责定位有别于法院、有别于公证处，律师的责任就是追求委托人合法利益的最大化。

肖才元律师对律师职业倾注了极大的热爱，也始终以案件胜诉而自豪，其在获得"*ALB* 2016中国十五佳诉讼律师"大奖时的一句话感言为："诉讼律师用诉讼手段定分止争，如同外科医生用手术刀治病救人。"他始终认为，刑事辩护、行政诉讼、民商诉讼，知识点是不同的，但思维方法是一致的、原理是相同的，从未认为三大领域诉讼之间有迈不过去的门槛。

当今，在知识大爆炸的年代，遇到复杂的问题、跨学科的问题，用狭义的专业化面对它，往往显得苍白无力，捉襟见肘，甚至束手无策。那么，律师各实务领域之间有没有相通之处？思维方法、行为模式、技能技巧，肖才元律师认为这就是它们的共性，他称之为诉讼风格。

肖才元律师虽然是理学学士、法律硕士，但固执地认为自己一直就是理科思维，他始终都感谢武汉大学物理系给了他系统的思维训练。从知识的角度，物理学与法学没有衔接点，物理学的知识也难以在律师职业中直接运用，但是物理学的方法论，却成了他做律师的宝贵财富。"触类旁通"这句话，作为跨界怪才的他感受最深。

目前社会上真正引人关注的大案往往是非常复杂的案件，甚至是民事、行政、刑事相互交叉衔接的案件。而复杂疑难案件的处理方法，最讲究缜密的思维逻辑，而理科思维恰恰具有此优势，这也许就是肖才元律师成功的重要因素之一。

大道至简，肖才元律师对成功的要点归纳为：思维＋激情＋知识＋口才，如果硬要选出其中最核心的要素，那就是思维！

撰稿人：王宁　杨秦

肖东升 | 搏击海事海商，荣登钱伯斯榜

肖东升律师，中华全国律师协会海商海事专业委员会委员，湖北省律师协会海事海商专业委员会主任，中国海事仲裁委员会仲裁员，中国航海学会内河驾驶专员委员会委员，中国长江海商法学会理事、副秘书长，湖北省法学会律师研究会理事，北京盈科律师事务所海事海商专业委员会主任，中国保险监督管理委员会湖北监管局社会监督员等社会职务。

一、学习是专业化成长之基石

肖东升律师在国内律师行业执业已经 27 年，这些年来，他深耕海事海商法律服务领域，为广大航运企业、船东、保险公司、船厂、货代、物流、船员等提供专业法律服务，担任众多航运企业法律顾问，代理大量海事海商案件，拥有固定的法律服务客户。与此同时，在办理一件件法律事务中逐步成长，经过长久的磨炼，他成为一名拥有丰富资历的海事海商专业律师。就律师如何专业化成长，他分享了自己的成长经历。

第一，主动学习。律师行业是服务业，不仅要扎实于律师专业的法律知识，同时还要不断学习了解、更新航运业客户的专业知识，努力成为一名航运法律人。

第二，广泛学习。时代在与时俱进，闭门造车很难学到最前沿的知识，特别是在海事海商领域。因此需要积极参加专业的海商法协会、律师协会、航海学会、保险协会等专业组织、协会进行学习与交流。通过优秀同业间前沿思想的碰撞，学到更专业、更前沿的航运知识，也一并扩展自己视野，提高自己法律思维能力。

第三，深度学习。没有什么压力比得上在社会公众面前曝光，如积极参与社会重大热点案件，站在专业角度进行法律点评，就专业法律观点进行媒体宣传。而聚光灯前客观、全面阐述法律见解，对社会问题用法律的视角进行深度的分析，都要求你有深厚的法律知识储备。

肖东升律师执业以来，80%以上法律业务及客户是与航运物流有关联，其代理了几百件涉及海上货物运输、船舶碰撞、船舶建造、海上保险、提单、船舶扣押、船员劳务合同、船员人身损害、船舶拍卖、船舶融资、港口码头作业纠纷等众多海事海商案件，如重庆某航运公司与某知名财产保险股份有限公司湖北省分公司海上、通海水域保险合同纠纷案，武汉某海运公司与某外运分公司海上、通海水域货物运输合同纠纷，重庆市某信用合作联社与重庆市某集团股份有限公司兼并纠纷案，淮北某航运公司与宁波某海运公司、浙江某船务公司海上、通海水域三船连环碰撞案，郎溪某运输公司与钦州某海运公司、某保险公司航运中心海上、通海水域船舶碰撞案，武汉市某船务有限公司与某保险股份有限公司海上保险合同纠纷案，某纺织有限公司与某国际货运有限公司海上运输合同纠纷案，武汉某国际货运公司与某保险公司武汉分公司、某湖北有限责任公司通海水域保险代位纠纷案，池州某轮船公司与辽宁某航运公司、南京某航运公司、上海某大型国有轮船公司四船连环碰撞案，山东省某航运有限公司与某物流公司申请保全扣押船舶错误赔偿纠纷案，三名船员硫磺附加气体中毒死亡，助力法院推翻海事事故结论的船员侵权损害赔偿案，重庆市某船务公司与某财产保险股份有限公司海上货物运输保险纠纷案，常州某航运公司与大连某船务公司、大连某物流公司、某保险公司上海分公司海上保险代位纠纷案，重庆某船务公司与福建某发展公司海上、通海水域船舶连环碰撞案，某船务公司与某财产保险股份有限公司船舶保险纠纷案，湖北某海运有限公司与江苏某船舶燃料供应公司船舶燃油供应合同纠纷案，某造船有限公司与日本国某船务有限公司船舶建造合同纠纷案，某海运公司与某船务公司、某海港船务公司定期租船合同纠纷案等。上述案例中有些成为经典案例，被专业媒体广泛报道。

二、专业化是成功的阶梯

肖东升律师在自己律师执业发展过程中体会到："律师专业化是发展方向，全科律师在未来法律服务这个行业是不适合的，做专业化律师在成长初期确实有难度，但在特定的领域内刻苦钻研也有利于提升成就的高度。随着社会发展，律师专业化是社会对法律工作者的要求。"

一名有追求的现代律师，如果没有扎实的专业化方向，没有丰富的专业法律实战经验，想要轻易得到业界认可是不切实际的。作为一名海事海商律师不仅要对国际公约、法律法规、诉讼程序精通，同时也要对航运业、物流业、船舶驾驶、港口运营、保险业、船舶建造、船员合同、国际货代、进出口贸易等众多相关专业知识需要广泛的涉猎、研究。只有建立在以法律为核心的海事海商体系，全方位掌握海事海商专业知识的律师，才能为客户提供最好的法律服务及法律服务产品。

20 多年来，肖东升律师正是通过不断对法律及海事海商专业学习及积累，并运用在法律服务工作中，成功办理了一批复杂疑难的航运物流案件，既维护了法律的公平公正，保护了当事人合法利益，为航运市场健康发展作出有益探索，也被广大航运业客户认可。20 多年来，其团队服务客户包括中国长航集团总公司、华中航运集团公司、重庆农村商业银行、武汉中远物流公司、武汉中远海运公司、武汉外轮代理公司、民生轮船运输公司、中国人民财产保险有限公司、天安财产保险公司、中华联合财产保险公司、大地财产保险公司的子公司及大量民营航运企业、船东、船舶修造厂、船员等。

也正是源于 20 多年始终如一日地在海事海商法律服务领域耕耘，基于其办理大量海事海商法律服务案例及行业内的影响，经专业机构严格评选，2016—2020 年肖东升律师已经连续 5 年荣登国际知名法律机构钱伯斯海事海商（中国东部）领域排行榜，其在海事海商法律服务业绩在深受服务客户认可的同时，也荣获国际知名专业机构认可。

三、凭专业及认真赢得委托人、法官的认同

2016 年在承办一起 3 名船员硫磺附着物中毒死亡案件中，肖东升律师作为死亡船员家属诉讼代表，全程参与该案的起诉准备、一审、二审阶段。他恪守律师的职业道德、尽职尽责，不向权威低头，将法律规定与船舶状况的行业知识相贯通，通过大量的证据最终促成法院推翻海事管理部门出具的水上交通事故调查结论书中的责任认定。

在该案一审中，肖东升律师拿到当事人收到的事故调查结论书，该结论书认定死亡船员一方承担全部责任。一般而言，海事事故调查结论被海事法院采纳概率基本在

99%以上。但肖东升并没有就此放弃，而是通过自身对船舶状况的深入了解，对行业知识、指导规范的纯熟掌握，最后结合法律规定，提炼出专业的法律见解，以"行业＋法律"民事赔偿责任法律分析打破了海事部门行政层面的海事事故责任认定，协助一审、二审法院推翻了海事事故调查结论，为死亡船员的家属争取到了应有的合法权益。

四、著作与公益

肖东升律师在律师执业活动中，注意在工作之余对相关案件进行总结及归纳、分享，合著《内河海商法律实务》，参与海事海商《律师业务操作指引》编写，先后在《中国水运报》《内河海事》等发表论文，宣传航运法律专业知识，并发表多篇专业论文。

2013年肖东升律师受聘为楚天公益律师团律师，为更多无助的民众提供法律援助。

2020年新冠肺炎疫情期间，肖东升律师带领其团队，参加湖北省律协组织的抗击新冠肺炎法律问题汇编工作，提供海事海商行业法律问答；后参与编写盈科律师事务所关于抗击新冠肺炎疫情问答（交通——海事海商篇）。

肖东升律师体会到，专业化法律服务的未来充满曙光，在这样一个飞速发展的时代，中国律师未来会继续向着专业化道路高歌猛进，一大批专业化律师会脱颖而出，他们会成为时代的强者。

撰稿人：戴佳辉

执业的反思与职业的定位

谢文辉

谢文辉律师，北京市盈科惠州律师事务所党支部书记。

盈科体系评选百名大律师，虽然是体系内的评选，但作为亚太地区最大、超万名执业律师的律所，百名大律师的评选也是百里挑一，并历经多重精挑细选的遴选程序，还是具有一定的代表性的。

为了表彰百名大律师，也为了给盈科体系内律师树立标杆，总部又决定编辑出版《盈科首届百名大律师》。作为后进者，拜读并欣赏了诸多优秀盈科律师的供稿文章，发现绝大多数优秀律师都在自述或被记述律师执业生涯的心路历程，在倾诉艰辛之余，往往又洋溢着代理大要案、新奇特案，或坚守专业领域而取得良好经济效果、社会效果的成就记述。虽然成为大律师必须具备办理大要案、新奇特案所带来的社会效益、经济效益的支撑，但绝大多数未来即将成为"大律师"的律师缺乏的可能不是办理大要案的能力与担当，缺乏的可能是资源与平台及展现能力的机会，上述成长经历不一定具备复制条件。

鉴于有幸成为"盈科首届百名大律师"之一，赢得少许赞誉之余思量着如何能为盈科另外 9000 名律师作点启迪。因为在当前及相当长的未来，全国律师队伍的不断壮大带来的竞争加剧，法律服务需求的精准化、专业化带来的提升压力。律师、律所的发展已跨过粗放式发展的模式，每一位律师都到了既应仰望星空，更要脚踏实地、沉思反省的时候，故选此题目，以求对盈科同事们以明志，甚至警醒。

一、执业的反思

（一）专业化发展与专业化标签

专业是律师的立身之本，专业化是律师发展与提升的必由之路。律师的专业能力不强、无法生存，专业化方向选择不准则难于发展。这个道理似乎大家都懂，但深谙并能因时因地作出正确选择，又能持之以恒的不多，原因大致有：一种是刚入行缺乏"大律师"指点或提携，为求生存而疲于应对业务，醒悟之时又已是有心无力，行为模式、思维方式、案源社交圈子已定型、固化，重新选定专业化的成本与难度太大；一种就是跟错"师傅"，走弯路，入行时的指导律师本来就是"全科医生"，自身又突破不了格局、独立不起来，只能一直囿于其中；还有就是法律服务市场的客观因素，特别在二三线城市，法律服务市场总量不大，同质化业务量不多，如太过于强调专业化分工反而不能做强做大，而身处传统小律所的则更加难上加难。

不管如何专业化，必须加强法律知识与审判业务学习、夯实基础，注重技能的历练与积累，做真正的专业人才。此外要因时因地选择专业化方向，并持之以恒地坚守选择，按专业化方向与领域不断历练与学习，努力培养匹配专业化的社交圈、客源渠道。青年律师即使因法律服务市场的客观因素而不能专业化，或经努力后无法专业化，也不妨为自己贴上专业化的标签，一专多能，提高在当地律师队伍的美誉度和在当事人面前的认可度。

（二）顺应时势，正确处理法官与律师的伦理关系

当下热衷于讨论如何构建新型法律共同体，不过从实体上观察，法律共同体只是从法律行业而言，因从事法律行业而有着共同理想、价值追求，一起为改善社会的法治环境、国家法治大局而成为共同体。但职业不同则角色各异，利益的相同性少，冲突时常发生，甚至不可调和。律师是公检法司共同体中弱势的一方，在共同体建设中几乎没有话语权，因此认清形势，正确定位共同体建设，特别是正确处理法官与律师

的伦理关系非常重要。

律师与法官之间的传统伦理关系受权力因素、人情因素甚至交易勾兑主导，律师与法官可以在工作时间、场所内外无限制地交流交接，一切皆可商议，一切尽在不言中。而今，司法改革的各种措施，廉政建设的各种压力，律师与法官之间的交流几乎限于法庭内，对于追求通过传统模式获得高胜诉率的律师必将事与愿违。大量新法官、新律师因为没有了 8 小时外的接触交流，导致案件的审理、裁判越来越趋于证据与事实的较量。因此，当下律师如不能心随势转，仍热衷于旧时，或会累战累败，或会惹祸上身。

也许有律师会认为律师执业不以胜败诉论英雄，不能以胜诉承诺揽业务，对胜诉败诉随缘随案件事实。但没有胜诉率，何来的经济效益与社会效益？标榜专业的自信从何而来？所以追求胜诉率是执业王道，不应忌讳，只是转变取胜方式与渠道已是必由之选，正确处理律师与法官之间的关系势在必行，所以应在实践中参悟与摸索。

（三）职业道德与执业纪律的自律与他律

根据当前国际国内的形势，综合各类资讯，律师制度创立至今，从未有哪个时期比当下更加强调律师职业道德与执业纪律的建设，对律师遵守职业道德与恪守执业纪律的要求，查处违法违纪的力度与惩戒力度都是空前的。

同时在知识与技能类服务行业中，也没有哪一行业比律师的法律服务更加注重口碑与信誉。现实的个案证明，所有不注重客户满意度、诚实守信的律师都没有走得更高更远。

来自行业协会、律师主管机关、国家纪检监察的监督是遵守职业道德、执业纪律的强大他律压力，我们无法避免。为树立良好个人信誉以推动自身的发展提高是遵守职业道德、执业纪律的动力，我们应主动为之。

所以奉劝所有的律师，在执业中遵守职业道德、恪守执业纪律无法避免，不应回避，应主动为之，不要把纪律当成约束我们发展与自由的障碍，而应成为保障执业环境，保护律师个体健康成长的必要措施，既要践行也要深谙其中道理。

二、职业的定位

（一）职业观

律师行业是一个神圣、艰辛的职业。设立律师制度的初衷、社会责任与公众期望值要求律师必须神圣，以维护社会公平正义，维护法律的正确实施，维护当事人的合法权益为己任。但当下法制环境面临秩序重建，律师博弈对手之强大、服务对象之复杂，造成律师的职业又是艰辛的，甚至因为充满诱惑而风险环生，每一位律师同行应以律师为职业，而非为生存生活的就业。

以律师为职业，追求的往往是律师神圣性的境界，自觉践行律师的三大社会责任，推动社会法制建设。或许有人认为这是假大空的口号式自我标榜，但应该看到格局越高的律师同行，越具有社会责任感、使命感，其视野更开阔，思维更灵活且缜密，越能成事；格局与境界越低的往往长期囿于低层次打转。

把律师作为就业，追求的往往是律师的执业技巧运用与收益的提高，实际上以就业的思维与心态相比于以律师为职业的心态去面对执业的得失、坚守的恒毅会更加辛酸，一方面会因所代理案件的不可预期变化而事与愿违、而失落；另一方面可能又因注重经济效果、忽视社会效果而失去了各相关方面的满意度，甚至带来风险。

或许可以这样描述：视律师为终生职业的会以整个执业生涯的职业历程、执业经历来评衡自己；而以律师为就业的可能会如同上市公司那样每半年、一年做一次财务、业务总结报告，患得患失就在所难免了，当然这仅还是以一时一事的评衡得失还是以终生的历程评衡得失的区别，更多的区别远不止于此。

（二）财富观

据广东省司法厅通报，最近一深圳律师一边执业一边开设法律咨询公司，代理某案件时约定风险收费，再以该咨询公司名义收取律师费，后被举报查处，最后因私自收费、违规兼职而被司法厅吊销执业许可证，执业生涯戛然而止。其实在当前法律服务市场、法治环境下，大部分律师只要践行诚实守信、勤奋好学的准则，经过努力而达到社会财富中产阶层的目标是可期的，大富大贵只有在庞大的法律服务市场环境、又有出众才干的少数律师中产生。

每一位律师要谨记：一要确立准确、理性且切合实际的财富目标定位；二要谨慎财富积聚过程的合法、和谐的前提，取之有道。切莫盲目追求与攀比，定位过高或无序追求要么身心疲惫、要么欲速而不达，甚至身陷囹圄，断送一生前程！

（三）荣辱观

律师制度是政治法律制度的重要组成部分，政治法律制度又是举国体制的核心，这也决定了律师的执业行为会对社会治理、人们的行为模式、价值取向的重要影响和潜移默化的引领。诚如《民法典》被通过后，中央层面倡导学习的决定中就这般指出："要充分发挥律师事务所、律师等专业机构、专业人员的作用，帮助群众实现和维护自身合法权益……"充分肯定了律师群体的社会重要性。

但我们的许多同行却往往把律师作为党政体制外、社会定位与会计师、审计师、医生等同的专业技术人员，实则是对律师群体的自我矮化思维，没有充分认识律师在整个政治法律制度建设、社会治理、社会公平正义维护、人们思想价值取向等方面与纯技术服务的区别，缺乏历史发展的维度、社会高度看待律师的职业荣誉。

律师又是思维活跃、行为积极的群体，正以自己的奉献、努力、专业专注获得各种社会认可和荣誉身份，当前大量律师成为各级党代表、人大代表、政协委员，还有仲裁员、监督员、行业协会任职等。这充分表明律师在社会、政治生活的重要性，参与的积极性，对律师群体肯定性的确认，这是律师群体荣誉的一面。

另一面是律师对各荣誉身份的获得要以理性的角度和切合实际的心态去争取，并不是没有相关荣誉身份就没有为律师行业、律师群体作出贡献。

更重要的是警醒各位同行，因为律师作用的重要性决定了律师有同样的破坏力，律师违反职业道德、执业纪律的行为，违法追求财富的行为，破坏社会公平正义、错误引导价值观的行为不但会对行业荣誉带来损毁，也是对自己的耻辱性葬送。

律师的荣辱观就是珍惜荣誉、谨防耻辱，荣誉须日积月累、耻辱可一念损毁！

本文对律师的执业反思、职业定位不一定正确、准确，但旨在警醒盈科同事对此的思考与探索，以求不断正确、不断进步，由盈科大律师成为中国大律师。

徐成军 做个勇敢捍卫法律精神的人

徐成军律师，北京市盈科律师事务所全球总部合伙人，北京市盈科合肥律师事务所管委会主任、大要案法律事务部主任，安徽审计职业学院兼职教授，安徽警官职业学院兼职教授，安徽铜陵学院校外讲师。

一、具有法官思维的律师

法院工作是徐成军律师法律职业生涯的发轫之始，5 年人民法院工作经历造就了他独特的法律思维，对其律师生涯产生深远、持久的影响。

在诉讼中，律师最渴望了解的恐怕就是法官究竟为何会作出这样的裁判。作为一名律师，只有洞察法官如何思考，掌握裁判如何形成，知晓"裁判背后的故事"，才能拥有说服法官的底气。律师和法官都属于法律职业共同体，但双方在职业角色及立场上的差异，使双方既有共通之处，又存在较大差异。

徐成军律师深知，好律师和好法官是惺惺相惜的，好律师不会让法官难做，好法官不会让律师难堪，法官从来不是站在律师的对立面，律师心中应放下"假想的敌意"，通过自己的专业素养，在职责范围内，竭尽全力完成自己的代理责任。

在办理具体案件的过程中，徐成军律师经常会反问自己："如果我是主审法官，我会如何裁判？"徐成军律师说："法院工作经历带给我的不仅仅是司法实务经验，更让我真正了解审判人员这个群体，这对于我日后从事律师工作非常重要。"正是这样的视角和工作态度，让徐成军律师在大量案件的代理中，能较为准确地理解法官在裁判过程中的逻辑推理方法，能够以法官的逻辑推理方法为对照充分预备自己的诉讼策略，并运用自己的庭审辩论技巧，利用各种技能点充分展现观点并获得加分的机会，最大限度地实现诉讼效果，最大限度地维护当事人合法权益。

二、关注青年律师成长的律师

一个国家最好看的风景是这个国家的年轻人，徐成军律师非常关注青年法律人的成长和培养。他用一场场身体力行的高校讲座与授课，践行着自己对青年法律人的关怀。2018年盛夏，徐成军律师受苏州大学王健法学院邀请，为法学院大学生以《辩护程序中与法官的沟通》为主题，进行了精彩的讲授。如何让这些年轻人在短短几小时内获得最大的收获，徐成军律师有自己的"技巧"。他擅长结合自己的亲身经历，以实例占七分、理论占三分的比例布局展开讲授。他认为年轻的他们，目前的法律实践和实务经验还很有限，过于理论性的论述可能会让他们一头雾水，不妨以自己的实践经历把知识点串起来，不仅生动有趣，而且有利于他们真正吸收内化，在一定程度上实现对青年法律人的指引与启迪。

自成为盈科合肥分所管委会主任以来，徐成军律师在青年律师成长上的诸多想法得到更大的施展和发挥。他是盈科合肥分所"青年律师培养计划"的牵头人，他积极主导"谨慎执业与专业培养""律师执业风险防范"等一系列讲座，为无数青年法律人答疑解惑。"在我的法律工作生涯中，得到过很多前辈、同行的指引与帮助。我希望在自己开始有一点点能力的时候，可以把这一点力量传递下去"。律师行业一直以来都是师徒制，传帮带早已形成传统。不能把年轻律师当负担，要对年轻律师严管厚爱，教育引导年轻律师正确认识世界，全面了解国情。时代的大潮奔涌，后浪推着前浪。他认为在格局上要做个"大律师"，要有点气度，不要怕被后辈超越，如果后浪足够强，那前浪就靠边，给后浪们让路，这是传承，更是趋势。

三、重视律所建设的律师

徐成军律师认为律所工作做得好不好，主要看合伙人、大律师，看他们能否依靠自己的号召力和影响力，做到团结大部分人。而拥有号召力和影响力的前提，是合伙人、大律师有没有奉献精神。合伙人、大律师、老律师们，应当在律所建设上下功夫，律所氛围要健康向上，要确保大家心情舒畅，志同道合，具有较强的归属感和荣誉感，带头做到依法执业，诚信执业，行业评价好，同事评价高。

律师行业的竞争如同历史中国家之间的战争，每一个卓越的历史人物都是依靠平台才能名垂青史，借用平台方能成功。徐律师一直坚信自己只有与平台共同成就才是真正的成就，并希望通过自己的言行影响身边的人。徐成军律师认为，合伙人尤其是管理合伙人，除了做好律师业务工作外，也要对律所工作多上心。这并非大话空话，而是在早已解决温饱基础上让自己多一份使命感，在律所建设中成就他人，其实也是在成就自己。他说"我们这一行不缺名律师，不缺专业律师，缺的可能是多一点点奉献精神的律师"。

四、什么案件都做的律师，什么事情都自己做的律师

每天通过朋友介绍来找徐成军律师的当事人很多，不管大小案件，徐成军律师都会耐心分析解答，从来不说自己是律所的主任、已经执业十几年了，基本的回答都是围绕案情。很小的案件，徐成军律师都能做到亲自接待，一一解答；有的标的只有几十万但是争议很大的案件，当事人要求徐律师亲自做，徐成军律师也能做到自己做。在整个办案过程中，起诉状、证据、开庭、代理词、分析报告等事无巨细徐律师都亲自上阵，投入巨大精力，从不问得失，所收的律师费用寥寥无几，但徐成军律师从无怨言，只是为了不辜负当事人对律所和律师的信任。答应当事人的事情，再难徐成军律师都能做到迎难而上，有始有终。团队的成员律师很多都外派至司法局做法律援助工作，徐成军律师常对团队成员说，只要认真办案，对得起自己，对得起当事人，律师职业的成就感不是来自你多高大上，能挣多少钱，担任什么职务，而是来自你能不能把你手头上的每一个案件都做好，对得起客户的信任，对得起自己律师执业领证时的宣誓，是不是大律师只有委托过的当事人心里最清楚。有很多朋友和当事人都劝说徐成军律师不要什么案件都接了，都是主任律师了，应该选择一些案件做，或者把案件谈下来以后交给团队的律师做，这样创收才会更好，徐成军律师总是笑一笑说好像

没有拒绝的理由。徐成军律师在办公室的时间越来越少，整日匆忙，因为他是一个什么案件都做的律师，什么事情都自己做的律师。

五、敢啃"硬骨头"的律师

徐成军律师扎实的理论功底及二十多年的司法实践经验，使其成为盈科合肥分所大要案事务部主任，很多重大疑难的二审、再审案件当事人慕名而至，希望案件能由其牵头并主办。徐成军律师说，诉讼程序走到这一步，能明显感受到当事人的诉求非常急切，尤其是再审作为两审终审外的"法定救济途径"，客户欲"抓住最后一根救命稻草"的救济心理也给律师带来巨大的心理压力和动力。

民商事再审案件具有审级高、影响大、操作程序精细的特点，争议双方针尖对麦芒，呈现出更强的对抗性。代理再审案件使徐成军律师不断去收集、学习最高法院大法官、主审法官的司法观点。徐成军律师已经把吸收经典裁判观点作为日常工作习惯，极大地提高了自己判断法律问题的精准性和认知法律观点的精确度，这对其代理各种类型的案件都助益良多。徐成军律师认为硬骨头总要有人啃，在这个过程中，也是自我提升，倒逼自己提高专业能力的契机。

六、工作之外爱阅读、爱垂钓的律师

徐成军律师每天都要阅读各种书籍，办公室堆满了各类书籍，有互联网、历史、管理、科技等类别，涉及我们工作生活中很多领域。徐律师常说："腹有诗书气自华，读书万卷始通神，阅读可以改变人生的宽度和厚度，'不敢妄为些子事，只因曾读数行书'。通过阅读，丰富了自己，完善了自己，理解了自己。"

徐成军律师喜爱垂钓，闲暇时间，他常常天未亮就背上装备出发，水边一待就是一整天。垂钓是他最放松的时刻，在这个过程中专注比技巧更重要。这漫长的等待是徐成军律师最放松的时刻，他会利用这段时间复盘过往工作，总结经验和需要改进的地方。回顾自己的法律人生，徐成军律师觉得律师生涯好比一场垂钓，静静地等待只为鱼儿上钩的一刻，正如律师"台上一分钟，台下十年功"，庭审会议、证据目录，各种程序和细节上的准备，只为了庭审那一刻。有时惊喜突至，有时失望而归，都是法律人的人生。

七、做个勇敢捍卫法律精神的人

"维护当事人合法权益"这9个字看似平淡无奇，作为律师制度的核心内容，徐成军律师用自己默默无闻的行动诠释律师的九字真谛。徐律师常说，从制度层面上说，能做到维护当事人合法权益的律师就是好律师，为当事人提供帮助和保护不亚于那些以战斗和生命拯救祖国和战友的人，律师也是战士，受托捍卫荣耀之声，保护忧虑者的希望和生活。

最后引用徐成军律师对律师事业的信仰，结束全文。"特定的环境下，为了公平，律师头破血流地争取，但最后得到是妥协的公平；为了正义，律师忍辱负重地去斗争，最后得到的是部分的正义，但不可否认那即使取得了成功与进步，以卵击石，绝非愚者所为。勇者当矣，致敬那些敢于以卵击石的人们，致敬那些坚守正义与信仰，通过奋战最终改变了世界的人们。必须深层认识到律师换取的不是金钱和权益，而是用一生的牺牲，用一代人又一代人一生的牺牲，维护社会公平和正义，直到最终下庭的那一刻，通过一生热情的付出去捍卫法律精神，去换取人类文明在冰冷法律条文上的完善与进步，坚信天真的正义必胜！"

撰稿人：盈科君达团队

徐军 **不忘初心　与法同行**

　　徐军律师，北京市盈科福州律师事务所管委会主任、股权高级合伙人，福建省律师协会第七、第八、第九届副会长，福州市破产管理人协会会长，福州市律师协会副会长，福州、厦门、泉州仲裁委员会仲裁员，福建省高级人民法院涉侨纠纷特邀调解员，福州市中级人民法院知识产权纠纷特邀调解员，福建省知识产权研究院研究员，福建省福州市工商业联合会常务理事，福州大学法学院法律硕士研究生校外兼职实践导师，福建工程学院法学系知识产权专业政学研合作教育指导委员会委员、兼职教授。

一、政治坚定，坚决拥护党的领导

　　从事律师工作以来，我最大的感触就是，要获得个人发展，必然离不开改革开放以及中国社会的发展。因此，在从事法律行业的 30 多年来，我在政治理论学习方面从不松懈，坚决贯彻党的路线、方针、政策，提高党性观念和政治觉悟。

　　我认为律师在工作中应该准确定位自身：在职责定位方面要维护当事人的合法权益，维护法律的正确实施，维护社会公平正义；在队伍定位方面要明确律师是社会主义法治工作者中的重要组成部分，不是自由职业者，更不是商人；在管理定位方面要提升行政管理和行业自律两结合的管理方式。作为法律人应当严以修身、严于律己，培养自身谋事要实、做人要实的处事风格，提高自身政治素养，时刻把维护人民群众的合法权益放在心中，用自己的法律知识为人民群众提供法律服务。非常感谢中共福建省司法厅直属机构委员会对我的肯定，在 2000 年、2007 年两次授予我"优秀共产党员"称号。

作为福州市律师协会党委委员，我严格按照上级党组织的要求，落实党建工作安排。走访福州市多家律所，深入调研福州市大小律所的党组织建设及党员情况，推进福州市律师行业党建工作。同时，我很重视事务所的党建工作，严格遵循上级党组织安排，带领支部成员深入学习党的十九大和习近平总书记系列重要讲话精神，并将学习的内容落实实际工作中去。2017 年，我有幸被中共福州市司法局机关委员会授予"2016—2017 年度优秀党务工作者"称号。

二、文明规范执业，树立专业口碑

作为一名法院系统出身的党员律师，我一直秉承着严于律己的行事作风，对自身高标准、严要求，努力加强政治学习，不断提升政治素养，认真学习、切实运用其中的方法论解决工作中的实际问题，树立正确而坚定的职业观。

在执业过程中，我严格遵守《中华人民共和国律师法》《律师事务所收费程序规则》《律师执业行为规范》等法律法规的规定，严格坚持"以事实为依据，以法律为准绳"的原则，坚持以诚待人，依法执业，将维护当事人的合法权益当作自己的职责和使命。

多年的诉讼法律实践经验使我深刻体会到，作为一名执业律师，不仅要全面、客观地了解各领域法律事务，更需要着重培养自身在特定领域的诉讼事务处理能力。细节决定成败，我认为"受人之托，忠人之事"，对当事人委托的法律事务无论标的大小、案件难易、程序繁简，都要认真对待、勤勉尽责，为其提供专业、细致的法律服务。更要恪守律师的职业道德和执业纪律，尊重事实、信仰法律，遵从正当的法律程序，实现法律的公平和正义。

业精于勤，一直以来我都致力于知识产权、建筑房地产领域的相关法学理论研究和法律实务操作，在知识产权领域承办过在福建省乃至全国都有一定影响的案件。

2018 年度中国法院十大知识产权案件之一"稻花香"商标侵权案。该案涉及注册商标专用权与品种名称之间的关系以及通用名称的判断标准等问题。最高人民法院从法定及约定俗成的通用名称两个方面对通用名称的判断标准问题进行了论证，提出在约定俗成的通用名称认定上一般以全国范围内相关公众的通常认识为判断标准；对于相关市场内较为固定商品的通用称谓，可以认定为通用名称。涉案商标名称与审定公告的名称不同，不能被认定为法定通用名称，且被诉侵权产品已销往全国，相关市场超出五常地域范围，亦不属于约定俗成的名称。对于在相关市场已经成为特定商品名称，但在全国范围内并不构成商品通用名称的商品，最高人民法院认为在该相关市场中使用该名称并无攀附的恶意，由于稻种与大米之间的特定关联，在销售大米时可以以描述性的方式表明该大米商品是以"稻花香2号"种植加工出的大米，以表明品种来源，但该标注方式仅限于表明品种来源，不得突出使用。

最高人民法院提审该案后认为，农作物品种审定办法规定的通用名称与商标法意义上的通用名称含义并不完全相同，不能仅以审定公告的名称为依据，认定该名称属于商标法意义上的通用名称。审定公告的原代号为"稻花香2号"，并非"稻花香"，在涉案商标权已在先注册的情况下，不能直接证明"稻花香"为法定通用名称。且被诉侵权产品已销往全国，相关市场超出五常地域范围，且"稻花香"不属于约定俗成的名称。五常公司、大景城分店、新华都公司未经许可使用的行为，侵害了涉案商标专用权。在代理该案的过程中，我详细论述了该案所涉及的知识产权领域的"通用名称"问题，并围绕"稻花香"是否属于通用名称组织、完善证据，我的代理意见最终得到了法院的采纳，通过努力成功维护了当事人的合法权益，该案也入选"2018年度中国法院十大知识产权案件"。

除上述案件，我参与办理的2018年度福建省律师协会评选十大知识产权案件之一福建老酒酒业有限公司知名商品特有名称包装装潢不正当竞争案、2018年度福州法院十大知识产权案件之一江苏苏美达商标侵权案等具有重要影响的代表性案件，均取得了令委托人满意的诉讼效果，树立了较好的专业口碑。

在非诉讼业务方面，我担任十几家政府机构、大型国企及上市公司的常年法律顾问，为多家企事业单位、组织等提供法律实务讲座。在企业管理、知识产权法律事务方面，具有一定的组织协调能力和实务经验。2000年共青团福建省委、福建省司法厅等授予我"福建省优秀青年律师"荣誉称号，2004年福建省司法厅授予我"优秀律师"荣誉称号，对我的业务能力作出肯定。

2016年，我作为福建省律师代表参加了全国律师代表大会，结合社会热点问题与自身业务实践经验提出建议，为律师行业建设贡献自己的一份绵薄之力。2017年我荣获福建省人力资源和社会保障厅授予的"全省司法行政系统先进工作者"称号。

此外，本着学无止境的理念，我一直坚持对法学理论及法律实务操作的研究，不仅经常参加学术交流活动，如第十届中国破产法论坛、2018年福建省知识产权法学研究会年会、2019年福建省知识产权司法保护主导作用研讨会暨2019年知识产权法学研究会年会等活动，还非常注重理论研究和创新，结合律师实务撰写论文，撰写的论文也获得了一定的成绩。

三、以专业为目标，用温度凝聚人心

《孟子·尽心上》有言："流水之为物也，不盈科不行；君子之志于道也，不成章不达。"这句话包含了两个方面的意思：一方面，立志要高远，胸襟要开阔；另一方面，基础要扎实，要循序渐进，逐步通达。我认为，这句话非常契合我的执业理念和职业理想，我真诚地希望同朝气蓬勃的有志青年、经验丰富的执业律师一道，共同加强事务所的专业化和团队化建设，担负起律所核心文化的传承与发展。因此，我自加入盈科福州分所以来，一直十分重视律所管理体制的完善，重中之重便是专业化部门建设，以及强调通过团队化合作提高事务所整体业务水平，增强事务所成员凝聚力。

同时，为进一步加强事务所专业化建设，我发起盈科福州分所专业化部门建设的动员令，请每位律师根据自身专业领域选择主部门与辅助部门，调整专业部门的设置及人员构成，推动事务所专业化建设。

"独木难成林，百川聚江海"，我常以此自勉，也勉励所内同行顺应盈科发展的大趋势，理解盈科"开放、包容、合作、共享"的律所文化，共同打造一个温暖的律师之家，让盈科福州分所成为一家有温度的律师事务所。

2020 年，我推动通过了《盈科福州律所专业律师"带头人"计划实施方案》《盈科福州律所暖心活动方案》，通过管委会成员与青年律师的一对一暖心交流，了解律师思想动向和在执业过程中所遇到的困惑。同时，通过各专业设立"带头人"带动青年律师成长，使两者相辅相成，开拓出各专业部门协力奋进的发展之路。

四、完善律协制度，勇担社会责任

我在担任福建省律师协会副会长期间，主要负责纪律委员会工作。根据省律师代表大会的要求，我在全省各地开展律师职业道德和执业纪律教育的巡回讲座，努力降低律师执业风险。此外，我还组织修订了《福建省律师协会纪律委员会工作规则》《福建省律师协会省直分会及设区市律师协会纪律委员会工作规则》《审议规范实习律师实习期间违规行为及申请复核程序》等纪律委员会工作指引文件。2016 年，我负责领导福建省律协纪律委员会为《福建省律师协会规章制度汇编》配套出版了《律师行业惩戒案例选编》，辑录了福建省律师协会纪律委员会历年来处理的典型投诉案件 16 件，同时附录了《2012 年全国律师行业惩戒案件选编》的 50 个案例，更形象、更直观对律师执业出现的一系列违纪违规行为查处惩戒起到警示作用。

在担任福州市律师协会副会长期间，我主要负责教育委员会工作，尽职尽责地完成自己所分管的各项工作任务，统筹策划落实了许多亮点工作，包括建设福州律师学院、福州律师人才库，培养律师行业领军人才；与教育委员会诸多会员共同开展了大量工作，如参与开展扫黑除恶案件辩护代理业务指导专项工作、律师行业党建工作、筹备设立福州市破产管理人协会等。

在协会工作之外，我也积极投身于教育事业，致力于为社会主义法治建设队伍培养更多的优秀人才。我担任福建工程学院法学系知识产权专业政学研合作教育指导委员会委员、兼职教授，常为福建工程学院的学生授课，热心解答大学生们对法律职业的疑问与困惑，强调法律职业道德，引导年轻人树立正确的法治理念，鼓励大学生们毕业后投身社会主义法治事业。2019 年，我有幸被福州大学法学院聘为法律硕士研究生校外兼职实践导师，希望能以自身多年从业经验为莘莘学子进行实践教学指导，提升其法律知识实践应用、法律实操方面的能力素养。

五、关注公益事业，服务回报社会

我认为，作为社会主义法治工作者，在为当事人提供法律服务的过程中除了要坚持法律底线，还要考虑社会效果。我在执业之余也不忘投身公益事业，在地震救灾、抗疫时期积极捐款，伸出援手。

除此之外，普及法律知识、提供法律援助更是我时刻关注、不遗余力的领域。我曾被解放军某部队特聘为法律顾问团成员，为军人和家属提供法律服务，开展普法活动，讲授常用法律法规，解读典型案例，帮助解决涉法纠纷。2020 年，我积极响应福州市司法局推动新冠疫情后企业复产复工的举措，作为福州市律师协会的副会长参与组织建立了以党员律师为骨干、专业律师为依托的福州市百名律师公益法律服务团并担任副团长，通过线上服务的模式接受企业法律咨询，提供法律意见，为新冠疫情暴发后在榕企业复产复工提供助力。

作为知识产权领域的专业律师，我还十分关注传统艺术的知识产权保护问题。2016 年，我受聘成为"景德镇陶瓷艺术知识产权保护法律顾问团"顾问，以专业的法律知识为保护景德镇陶瓷艺术的知识产权提供服务，致力于以现代化的知识产权运营战略为中华民族传统文化的传承发扬提供助力、保驾护航。

福建是我国重点侨乡省，有着丰富的侨乡文化。既然常驻于福建，在维护华侨利益、为华侨提供法律服务等涉侨事宜上我理当奉献出自己的一份力量。我曾被国务院侨务办公室聘为"侨资企业服务法律顾问团"特邀律师，为福建省归国华侨联合会、福州市归国华侨联合会提供法律服务。我以侨务法律服务为抓手，积极承办涉侨案件、处理涉侨法务，便捷高效地维护侨益，多次参加福建省侨联、侨务部门组织的为海峡两岸华侨华人牵线搭建的交流平台，如海峡两岸华侨专家研讨会和企业家研讨会，积极参与海峡两岸的法律交流。2009 年，中华全国归国华侨联合会授予我"全国侨联系统先进个人"荣誉称号。

回顾我这几十年的法律生涯，从踏入校门时求知若渴的青葱学子，到掌握了基本的法学理论，培养了基础法律思维，敲开了法律人的大门；到踌躇满志踏入法院，用 5 年的时间夯实自身法律实务基础；到进入外资企业担任法务工作，最终选择从事专职律师从业至今，一步步实现自身职业价值。不忘初心，与法同行——我从来没有忘记自己的初心是源自对法律的信仰，无数个伏案疾书的不眠之夜，无数次据理力争的对簿公堂，是身为共产党员的那份初心、那份责任、那份热情、那份荣耀支撑我谱写了一曲党员律师无愧党和人民的乐章。

严亮奇 **仗义行人间**

严亮奇律师，北京市盈科金华律师事务所管委会主任、中国法学会会员、中国犯罪学研究会会员、中华全国律师协会行政法专业委员会委员、民盟中央法制委员会委员、金华市律师协会副会长、金华市人大立法咨询委员、金华市政协常委、婺城区政协常委、浙江师范大学兼职教授。

一踏入严亮奇律师的办公室，映入眼帘的除了柜墙上各式的奖牌和奖杯，还有柜子里满满当当不下百十个的荣誉证书。这些荣誉，见证了他 26 年的历程。

但是，你可能并不知道，每一个荣誉背后，都耗费着他无数的精力和心血。因为专注与敬业，身兼数职的他，虽然身为多年律师事务所的主任，但他坚持每天提前上班，给年轻律师做表率。

他用"如履薄冰"四个字来形容面对每个案件的心情。"我们办理的每一个案件，都可能影响别人的一生。律师的一个小疏忽，都可能导致客户不可估量的损失，所以律师必须在日常生活中养成严谨的习惯。"不难看出，严亮奇律师天生就是块做律师的料！即使在聊天中，他的每句话都条理清晰、无懈可击。

"我相信一个人如果能花三年时间专心做一件事，就一定会成功。"

在 2015 年，严亮奇律师又开始了自己的下一个人生规划，他不满足于仅仅做一名三线城市的个人所主任律师，他需要更大的舞台来施展自己的抱负和理想。于是2016年严亮奇律师果断决定放弃自己经营了20多年的浙中律所，毅然决然地加入了盈科律师事务所，并进行一系列分所的筹备工作。

筹备初期，他也曾受过质疑，好友问他，为什么放着打拼好的舒适生活不过，要这么折腾自己？对此，他总是笑而不语。他有着自己对律师行业的深刻理解，那就是未来律所发展的趋势一定是专业化、规模化、产品化的大所。

凭着这份信心和毅力，果不其然，他成功了，盈科金华分所从一开始的名不见经传，到如今的初具规模并且小有名气，都离不开严亮奇辛苦的指引和谋划。

正因为严亮奇律师的执着和专注，一路下来，严亮奇律师头上的光环已经很多，他还被有关媒体誉成为专家型、专业型、公益型、参政议政型的"四型"大律师。

一、专业型律师——他以匠心铸就卓越，精心打磨每个案件细节

在中国律师界，较多的是"万金油"律师，专业型律师数量极少，比例约为5%左右。一个律师如果没有长期的积累、没有勤勤恳恳扎根于本职工作是很难成为专业型律师的。严亮奇律师执业迄今已有27年，数十年如一日办理各类案件、协调各类纠纷近万件。在这些案件中，严律师通过学习摸索，总结了一套行之有效的专业服务技巧，如流程化会见、产品化服务、重大疑难案件"三纲一书"，图表化法律分析等。

严亮奇律师尤其擅长政府法务、刑事辩护、企业公司法律风险防范三大领域，在这三类案件的诉讼和非诉服务中颇有建树。他先后办理过金华市某重大涉黑刑事案件、某重大突发事件应急处置、金华市某重大环保纠纷案件、某部委直属企业特大工程款纠纷案件。此外严亮奇律师及其团队还是金华市政府数个行政机关常年法律顾问，服务单个行政部门最长的已达20多年，获得了所服务单位的极大肯定和支持。他先后被司法行政部门授予"百名优秀人物提名奖""浙江省优秀律师""法律服务特殊贡献奖""个人三等功"等荣誉称号。

严亮奇律师始终专注于法律服务项目的标准化、专业化、产品化，在全国率先研发推出《企业法律健康体检专项服务》。参照医学健康体检的概念，对企业中存在的违法隐患、法律漏洞等问题进行全方位检查，再根据存在的问题对症下药，流程规范、处置对路、方案对症。在所服务企业、行业中，严亮奇律师的这套服务方式广受关注，形成了良好的口碑。

严亮奇律师以他创新和解决复杂问题能力在业内可谓独树一帜。在过去的20多

年里，他凭借对法律的深刻理解和运用，创造性地完成了许多堪称"第一"的案件和荣誉。先后被有关媒体誉称为"共和国税案第一辩护人""中国电信消费维权第一人""中国教师维权第一人""律师法律援助进监狱第一人""中国律师公司法律健康体检第一人"。

近年来，律师行业讲得最多的一个话题便是专业化。严亮奇律师认为评判专业型律师，标准还应该看客户。从客户需求出发，严亮奇律师不仅专业技术强，面对疑难复杂案件能够迅速判断问题性质，厘清核心问题焦点，然后快速匹配相应依据，最后给出有效的行动意见。而且懂业务，不光懂律师基础业务，还精通股权并购重组、建设工程等专业性很强的旁支业务。最为关键的是严亮奇律师做到了细致周到的服务。把复杂的专业问题，用客户能听得懂的方式说清楚。做好客户服务是成就严律师专业型律师形象的关键。

二、专家型律师——他是"依法治国"道路上的追梦人

严亮奇律师，一位资深律师，一名法学学者，一个矢志不移走在"依法治国"梦想之路上的最基层的法律人。

他说，实现中国梦，需要法治来保驾护航。他是这么说的，他也是这么做的。他说，党的十八大的春风吹来了法律人的春天。他是这么感知的，也是这么全情投入的。所以，在 2015 年 4 月象征着他践行法治梦想和感悟法治春天的专著——《政府法律风险防范》成功问世，它记录的是政府法律事务的现实，表达的是时代法治现状的思维理念，解读的是现在和未来如何依法行政的忠告警示。

众人拾柴火焰高，他觉得要把他多年的实践和思考分享给大家，引领更多有志于"法治国家"建设的社会各界人士助燃"以法治国"梦想。因此，长期担任浙江师范大学兼职教授、浙江省社会主义学院精品课程教授的他，还创建了《法治政府十大法律服务产品》，衍生开发了《公务员职务法律风险防范》《行政诉讼证据规定的司法认定》《领导干部行政决策中的法律风险防范》等"十大法治政府"系列课件。近十年来，开发课程已在有关省市各级政府、党校、高校举行了百余场大型演讲，受课群体达 10 万人以上。

"不以善小而不为"，他希望，多角度、多渠道发挥律师功能。在多年的法律工作实践中，严亮奇律师有着基层一线的法律实务积累，同时也有很多着眼于未来的总结思考、理性分析和未来展望，他把 20 多年的律师执业实践和 2000 多件案件办理的经验，汇集成大大小小的案例、论文以及法律服务产品，至今他已撰写论文 200 余

篇，其中 80 余篇论文在"中国律师论坛""中国法学青年论坛"等国家、省级以上论坛中获奖。那份对专业的执着与认真，不禁让我们肃然起敬。

三、公益型律师——他高举正义之剑，仗义行人间

小时候，严亮奇律师家里的生活很艰难，经常断粮，靠邻居接济。他有不寻常的人生经历，所以喜爱胡乔木为全国第一次律师代表大会写下的诗句："你戴着荆棘的王冠而来，你握着正义的宝剑而来。"他说这两句诗说出了他的心里话，20 多年来，一直感动他，激励他！

严亮奇律师童年的生活经历，让他对弱势群体特别同情。他始终记着中国政法大学原校长、终身教授江平先生的一句话："做律师，首先要做好人。"他在自己的律师事业蓬勃发展的同时，没有忘记运用自己的法律知识，维护广大消费者、老百姓应有的权利。在这些维权工作中，他不仅不收当事人一分一毫，还自己贴上调查费和资料费。10 年维权路，严亮奇律师留下了深深的足迹。

2001 年，严亮奇律师带领所内律师为金华监狱服刑人员提供法律咨询，解决困扰犯人们的心理疑惑，保障服刑犯人的合法权益。这一活动被有关媒体誉为"全国首次律师法律援助进监狱"。此次活动由国务院新闻办公室推荐而被列入"中国人权状况白皮书"。

多年来，严亮奇律师热心公益，义务承办和接待很多消费者投诉及咨询，积极维护民工合法权益，先后荣获"金华市十大维权人物""浙江省维权先进个人""浙江省优秀公益律师"等荣誉称号，并荣获"个人三等功"一次。

四、参政议政型律师——他践行社会责任，彰显时代担当

随着我国民主法治进程的推进，律师作为一名职业法律工作者，在参政议政方面发挥着越来越重要的作用。作为执业十几年的资深律师，严亮奇律师很早就意识到律师在政治活动中应肩负的责任。2004 年年底，他加入中国民主同盟（简称"民盟"），走上参政议政之路。虽然他入会时间不长，但他认真学习，提高自己的政治素养，以法律方面的专业知识积极参政议政，为党和政府出谋划策，给大家留下深刻的印象。

加入民盟以后，严亮奇律师利用业余时间，以调查研究、走访座谈等各种形式向政协机关、各民主党派、学校及相关人员虚心请教。

民盟中央法制委员会委员、金华市政协常委、婺城区政协常委、民盟金华市开发区主委……严亮奇律师现在已是身兼数职，但他仍在以律师敏锐触角和专业知识，在参政议政方面亲自躬行。

如今，严亮奇律师参政议政已在当地小有名气，2019 年 5 月，在各级领导的支持下，经浙江省政协批准，他又牵头成立了"婺商司法服务政协委员会客厅"，并且在盈科金华分所策划指导成立了金华首家律师党校——北京盈科金华律师事务所党校，金华首家律师参政议政研究院——盈科律师参政议政研究院。目前，盈科金华分所已成为当地有名的"网红"律所，获得了各级领导的高度认可和赞赏。

"仗义行人间"是严亮奇律师的信条。对他来说，"义"就是"捍卫社会的公正"。从学徒工到律师，他曾经为一己的"公正"卧薪尝胆；走过 10 年维权路，他为部分人的"公正"废寝忘食；现在，他正积极参政议政，为全社会的"公正"贡献力量。

撰稿人：夏秋婷

杨鸣 | 星海横流　岁月成碑

杨鸣律师，北京市盈科律师事务所中国区董事，北京市盈科重庆律师事务所合伙人管理委员会副主任、执行与不良资产处置法律事务部主任，重庆市律协保全与执行专委会委员、中国国民党革命委员会党员、重庆市优秀律师、重庆市九龙坡区首届十佳律师。

一、初出茅庐，不洗尘沙

他，土生土长的重庆崽儿，骨子里特有的"干燥"使他的性格真诚、直率、爱打抱不平。他爱憎分明，对自己不喜欢的事情坚决说"不"，而对喜欢的事情就一定会坚持到底，不达目标决不罢休！性格使然，让他最终选择了律师这个职业。

1996 年，他以优异的成绩考入西南政法大学国际经济与贸易专业。环境可以改变一个人，也可以成就一个人，大学时代彻底"颠覆"了他的人生轨迹。在校期间，一场场法学大咖的专题讲座让他如沐春风、如痴如醉。在浓厚的法学氛围熏陶下，他开始热爱这个极具正义感、荣誉感和社会责任感的专业，决定攻读法学双学位。最后以高分通过首届国家司法考试，获得律师从业资格。

执业伊始，初入律所的他没有案源、没有人脉，微薄的薪资让他每月都捉襟见肘，本以为律师是一个体面的职业，没想到现实却让自己如此狼狈不堪。相较同期考上公务员、进入国有企事业单位的同窗，入不敷出是当时最真实的生活写照。那段时间，他开始迷惘与彷徨，甚至一度怀疑曾经的选择。但他凭着骨子里对这份职业的执着与热爱，始终坚信"没有做不成的事，只有做不成事的人"。那时，一本《荒野呼唤》对他影响颇深，他希望自己也可以像狼一样适应各种复杂的环境，能忍受孤独，勇敢机智，面对困难决不退缩，拥有必胜的信心。他要做一名具有"狼"性的律师！经过两年多的"摸爬滚打"，他意识到想要打破职业瓶颈的唯一方法是进入优秀的律所，接受正规系统的执业训练。

2004 年，他有幸拿到了当时重庆区域某顶尖律所的 offer。在那里的三年，他深刻地感受到了优秀律所成熟的运营管理模式、系统的专业化培训，以及顶尖律所的远见与格局。他慢慢褪去初入行时内心的浮躁，渐渐清楚地认识到律师的立身之本就是专业。他花大量时间专攻专业知识，认真细致地办好每一件案子。持续努力之后，换来的是专业的提升、客户的认可、业绩的提高。有时候看似逆境却蕴藏着无数机会，消极的人受环境所限制，而积极的人却会尝试着去改变环境。他，永远是那个态度积极的人。案件量与实务经验日渐累积，随之而来的使命感、挑战感也越发强烈。

2007 年，骨子里不安分的他为了尝试职业生涯的另一种可能，告别区域大所的优越与安稳，与他人合伙成立了自己的律所，组建自己的团队。创业初期的艰辛不言而喻，但他对目标的追逐，就像狼群对猎物的追逐一样，永不言弃。一分耕耘，一分收获。2010 年，他的个人年度创收第一次突破百万元。随后三年，他每年的业绩都以近百万的增速迅猛发展。"世异则事异，事异则备变。"随着国家大量新法出台，集团类客户法律服务需求变得多样化与精细化，高端客户日趋注重律所品牌化、规模化与律师团队专业化。

2014 年后，个人及律所业绩逐渐停滞不前，小所在发展阶段上的劣势日渐显现。如何破局？发展问题再一次摆上议程。而此时，整个国内律所环境悄无声息地发生着变化，地处政治中心与经济前沿的北京顶尖大所们开始陆续向重庆这个最年轻的直辖市布局。这些大所有几个共同优势：①成立时间长、品牌影响度广，律所运营管理模式相对成熟；②有一大批各业务领域专业程度高的优秀团队；③全国各地分所多，在目前国内看重律师地域化的实务环境中，跨地域协同办案合作程度高。

他突然意识到，此时如果再不拥抱大所，未来的团队发展环境将日趋恶劣。必须强强整合！

二、源泉混混，不舍昼夜

拥有梦想是每个人的权利，但有多少人可以为了实现梦想而粉身碎骨，拼尽全力？他相信，"当周围都是一群狼的时候，最好不要做那只羊。只有站在行业的顶端才能俯瞰整个世界。"

2016 年，综合考察了在渝布局的几家北京大所后，他最终选择加入盈科重庆分所，正式签约成为盈科重庆分所股权高级合伙人。盈科区别于其他北京大所的优势在于：一方面，全国分所均由北京总部直投、直营、直管，管理模式是"管委会领导下的执行主任负责制"，这个制度的好处在于直营所不同于加盟所，律所发展决策权高度统一，避免很多事项久拖不决，律所发展速度一定很快。同时全国盈科一盘棋，跨地域办案协同合作能力强。另一方面，分所执行主任均是北京总所在律师中遴选的职业经理人，负责地方分所运营，有效解决了律所管理者既要办案，又要负责律所运营管理、对外联络等大量行政事务的分身乏术问题，可以让律师专注案件本身。但如何在盈科这个高手如林的大所里脱颖而出，他认真思考，全面布局，静待机遇。

2017 年，盈科在全国成立超过 30 家分所，执业律师人数已近 6000 人，已经连续两年成为亚洲地区规模最大律所。此时，盈科创始合伙人梅向荣主任提出"盈科不止于大"，在规模化目标初步完成后，开始专业化系统建设的战略发展理念，以总所牵头，盈科全国分所开始建立专业大部门，重庆分所的股权高级合伙人们基于自己的专业方向和团队也开始组建专业大部门。瞄准时机，适时而动。他经过细心观察和敏锐判断，牵头成立了盈科重庆分所诉讼保全与执行法律事务部，这是当时在盈科全国分所乃至重庆区域 700 多家律所中第一个专业从事诉讼保全与执行的法律事务部门。究其原因，他总结了三点。

一是随着国家法治建设的深入发展，法律服务市场对律师专业化、精细化分工的需求日趋明显，诉讼类案件大都需要判后执行，没有执行加以保障的判决形同一张白纸，而执行难是全国性的司法瓶颈，市场对专业执行律师服务需求大。

二是重庆乃至全国范围内鲜有专注从事保全与执行的律师。当时国内的实务环境对执行律师的地域性要求非常高。随着大量有关执行的司法解释、法规以及省级高院地方性规定的出台，需要律师持续系统地研究相关法律规定。

三是在传统领域的专业化建设方面，内陆团队很难与北上广深等政治经济中心以及沿海发达地区团队抗衡，也容易陷入与重庆其他律所的非良性竞争之中。而盈科的特色就是分所广、人数多，异地分所在重庆区域执行案件也多，同时重庆客户在处理异地执行难的案件也可通过异地分所协同合作的方式达到重庆本土律所无法企及的效果。引用他的原话就是，"敏锐判断法律服务市场发展趋势后，充分利用盈科特有的平台优势进行差异化竞争"。

"不走寻常路、敢为天下先"是头狼所必需具备的基本素质之一，"要么不做，要做就要做到最好"也是当初他在心里暗下的决心。方向既定，剩下的就是有效实现。为此，他用了三年时间做了三件事。

（1）组建了一个有着共同目标的狼性团队。团队中的每一位成员都是专业领域中的精英，他们聪明、睿智，同时又野心勃勃。喜欢独立思考是他们的职业属性，擅长团队作战又是他们的专业特征。他们每个人都有自己的位置，不可或缺；每个人又都有自己的优势，不可替代。工作中，他们每人不仅可以独当一面，更能为了统一目标迎难而上，面对困难群策群力，面对挫折永不言弃。盈科给他们提供了一个足够大的舞台，而他们要在这个舞台创造无限可能。

（2）持之以恒地提高团队专业化程度、完善内部规则。部门成立伊始，他便给团队定下了第一个三年目标——致力于成为重庆区域律所中最专业的诉讼保全与执行法律服务团队。专业过硬是实现该目标的保障，因此他在专业化建设方面坚持"兴趣是最好的老师"的理念，提倡团队律师们选择自己感兴趣的专业方向；同时要求团队律师学会做减法，坚持"1（专业主向）+1（专业辅向）"的发展方向，真正做到"专而精"，强调案件办理的团队协同合作化。同时，不断制定与完善部门的案件办理流程、考核细则、透明公平的分配规则。认真细致地做好每一个案件，以过硬的专业、完美的结果、优质的服务赢得客户的信赖和尊重，以口碑赢得案源。

（3）打造锐意进取的狼性团队文化。腥风血雨的草原，只有片刻的宁静，没有永远的安逸。狼站在食物链的最顶端，在危机四伏的环境下，必须时刻保持头脑清醒，把结果提前，过程必须时刻服务于结果。优胜劣汰成为职场游戏里永恒不变的规则，不进则退，团队向着既定的目标抱团前行。一个优秀的团队管理律师，一定是具备商业思维能力的律师。因此，在团队文化建设中，他注入稻盛和夫先生思想中的"思利他"以及华为"狼性"的经营理念，确定团队自有的"一个中心、两个基本点"，即以市场为中心，以客户与结果为导向的两个基本点。同时，凭借对部门专业优势的精准定位，充分发挥和利用部门就执行案件在本土的地域化优势、盈科独有的大平台优势，带领部门成员拜访全国异地分所进行积极宣传推广，让同行变成潜在的重要客户资源。

"内陆遇见沿海"，走出去，方知天多高、路多远。每一次拜访都是缘分的遇见，每一次拜访都是思想的碰撞，每一次拜访都是一粒种子的播种。与困难正面对峙，把自己逼近极限。既然形势所逼，我们就笨鸟先飞，勤奋精进。用脚步丈量未来，用行动实现承诺，我们一直在路上。

三、盈于专业，执诚而行

所有的成功没有偶然，只有必然。就像《三傻大闹宝莱坞》里的那句经典台词，"学习是为了完善人生，而非享乐人生，当你追求卓越的时候，成功就会在不经意间追上你……"星光不问赶路人，机会总是留给有准备的人。回首过往，队友们不分昼夜、通宵达旦工作的场景历历在目。他们为了共同的事业，兢兢业业、彼此信任、勇往直前。时光不负有心人，当年种下的种子都逐渐有了收获。

4 年来，团队成功办理了百余件诉讼保全案件，通过摸排财产线索、协调法院联动等方式迅速冻结被申请人银行存款数亿元、查封车辆及房产若干，保证了生效法律文书的顺利执行。其中，代理某银行金融借款诉前保全一案，团队从接受委托到全额冻结被申请人银行存款仅用了 5 小时；代理重庆某国有融资担保有限公司追偿权纠纷诉前保全一案（涉案标的 4000 万元，涉及 10 余位被申请人），法院从立案受理 2 个工作日内出具保全裁定，3 个工作日内异地保全被申请人的 10 余个银行账户及部分股权，促成当事人和解，全部收回债权本金；代理重庆某融资担保集团有限公司与某公司追偿权纠纷进行诉前保全，法院在立案受理 3 个工作日内，成功冻结被申请人银行存款 3000 万元。

4 年来，精准的市场定位、专业化的逐步加强，让他带领的部门开始陆续获得了国家开发银行重庆分行、重庆银行总行、浙商银行重庆分行、华夏银行重庆分行、浦发银行重庆分行、民生银行重庆分行、微众银行；三峡担保、重庆进出口担保、兴农担保三大国有融资性担保公司；信达资产、浙商资产、渝康资产等一大批泛金融类客户。

2018 年，团队基于丰富的执行案件实务经验以及泛金融类客户的大量积累，以在重庆区域强大的债权清收与不良资产处置能力为基础，将触角衍生至不良资产处置领域，协同金融机构、投资方等各类资产处置平台及中介机构，致力于将团队逐步打造成为就不良资产在重庆区域范围内的优秀服务商，部门也因此正式更名为"盈科重庆分析执行与不良资产处置法律事务部"。

2019 年，他参加了泛美商务之旅，拜访了多家美国顶尖律所，同时与他们建立长期合作关系。目前执业领域已经延伸到我国法院生效判决在海外申请承认和执行、外国法院生效判决在国内申请承认和执行、离岸财产的海外查询和追溯等。

2020 年，为进一步加强团队专业化建设，团队协力完成了《保全与执行法律法规汇编（全国·重庆地区版）》。同时，随着重庆破产法庭的成立，他基于团队强大的传统诉讼、执行与不良资处置能力，敏锐地发现传统诉讼、执行、不良资产处置与破产业务的高度关联与业务融合，开始继续团队专业化升级改造，将部门细分为传统诉讼团队、执行与不良资产处置团队、破产业务团队，团队业务逐渐形成传统诉讼、执行与资产处置、破产业务的闭环式良性循环，团队业绩也呈现螺旋式上升趋势。

与此同时，盈科这个大舞台给他及团队带来的机遇与荣誉也是前所未有的。团队在他的带领下连续两年获得"盈科全国优秀大部门"，连续三年获得"盈科重庆优秀部门"，2019 年度团队新收案件数量排名盈科全国第八名。他个人凭借不懈的努力也于 2017 年晋升为盈科全球总部合伙人，2019 年晋升为盈科中国区董事，创收每年以倍数增加，连续四年荣获盈科"创收之星"称号。

四、不忘初心，乘风破浪

在法治文明的新时代，我们选择反思过去、相信现在、敬畏未来，但并不意味着丢掉自己用时光换来的心量。"单丝不成线，独木不成林。"在日积月累中，逐渐找到了团队真正的意义。

一个人真正的魅力，是明亮而不刺眼的光辉。而人最大的对手，往往不是敌人，而是自己。时间让人成长，经历使人蜕变。近 20 年来，"冷静睿智、不畏艰难、执着坚守、勇于挑战"这些词汇仿佛已经逐渐成为他的职业标签。

对于团队，无论前路如何充满荆棘，他势必要带领他们努力翻越，登上行业的顶峰。

对于个人，他将始终保持着法律人的初心，把专业能力当作武器，用时间和业务去践行一名优秀律师的责任与担当，继续做好团队的"头狼"。

撰稿人：张城甜

杨天斌 | 一位低调前行的法律精英

　　杨天斌律师，北京市盈科律师事务所高级合伙人，中亚法律事务部主任。获得"一带一路"十佳律师称号，入选司法部全国千名涉外律师库、全国律协涉外领军人才库律师，中华全国律协讲师团讲师。

　　有的人想做一名律师，是从少年时就树立的远大理想；有的人是遍观社会现象之后，身怀正义信仰开始学习法律；有的人是环境熏陶，从而潜移默化，逐步接近了法律。对于杨天斌来说，他则是因为法律推理的逻辑思维与自己所学的数学专业比较接近，因此产生了些许兴趣。业余时间他喜欢观看法律案件类的影视剧，或翻阅相关书籍，沉浸在情节曲折的文章中，随着案情的发展，运用自己理科生的逻辑思维去暗自推导，而要想令案件取得圆满结局，需要专业方面的法条以及相关法学理论。杨天斌在这样的爱好中，乐此不疲地进行着他一个人的"游戏"，直到原单位派他到中国政法大学去学习进修，他才真正地走进了法律。在时代召唤中，优秀的杨天斌投身法学研读，自此成为一面民主的镜子，外照人民与经济，甘做默默无闻的守护者；内照个人身心，恪守职责，公平正义。没有天生的律师，只有后天努力的国家子民的管理维护者，而杨天斌就是这么一位低调前行的法律精英。

也曾想会在这样或那样的道路上，从事着自己喜欢的工作，做着自己喜欢的事情，一路前行。然而，走入律师行业，初期杨天斌感受到的氛围并非想象中那般完美，只有一些司法圈内人士对律师行业有所认知，而大多数人对这个行业只是模糊的认识。好在杨天斌一直是一个但行好事、莫问前程的人。作为一名律师，他专心致志地办理案件，注意力从未因为琐碎虚无的外界影响有所转移。且不论职业的层次，只从个人角度来讲，杨天斌从不抱怨，只感欣慰，每天能将自己所学于工作中得以致用，并从中运用逻辑思维，还公平正义于当事人。对现在的他来说，这早已不是"游戏"，而是身在其中的职责所在。

多年以来，杨天斌热爱祖国，热爱人民，拥护中国共产党的领导，具有良好的政治素养，愿意积极投入祖国的建设事业中。他主动加强对政治理论知识的学习，同时注重加强对外界时政的了解，提高自我政治敏锐性和鉴别本事，坚定立场，坚定信念，在大是大非面前，能够始终保持清醒的头脑。在工作方面能够始终坚持一种进取向上的心态，努力开展工作。作为中亚法律事务部的负责人，在复杂烦琐的日常工作面前，要始终保持清醒的头脑，坚持严谨、细致的工作作风。要带领团队，克服种种困难，同时又要有一个平常心，学会坚持，在哪里跌倒就应当从哪里站起来。在学习方面，时刻将学习作为第一要务，本着虚心好学、不断进取的原则充分发挥主动学习的优点，与时俱进。在生活方面，有严谨的生活态度和良好的生活作风，为人热情大方，诚实待人。

2013年，在"一带一路"倡议下，为更好地为中资企业服务，杨天斌结合自身优势，不顾众人反对毅然决然地走出国门，将法律服务投向中亚地区的各个国家。2013年杨天斌在中亚的哈萨克斯坦阿拉木图设立了 Nurly Zhol 律师事务所，2016年在吉尔吉斯共和国比什凯克设立了 Ak Zhol 律师事务所，2014年在塔吉克斯坦杜尚别设立了 Jibek Zhol 律师事务所，2019年在乌兹别克斯坦塔什干市设立了 YINGKE NUR YOLI 律师事务所，并分别聘请当地知名律师和当地懂中文的员工担任内勤。同时，在国内成立了中亚法律事务部，与境外律师直接沟通、对接，这样就组建了一支中外律师相结合、由中方律师投资的律师团队，具备了为中资企业"走出去"提供中亚各国法律服务的条件。

在外人眼中，法律业务如一座繁重大山，每一个被"压"在山下的人，都在无穷无尽的压力下，尽量寻找间隙逃脱。可这是一件"冤案"，身为"当事人"的杨天斌以自己20多年如一日的行动，印证了一位法律工作者"愚公移山"的不朽精神。因为热爱，他埋头案件之中，牺牲了休息的时间，摒弃了节假日的休闲。亲情是"毫无底线"的包容，反过来给予了杨天斌无穷无尽的力量与支持，让他在日复一日的忙碌中得以了无牵挂，更好地投入为人民服务中去。舍小家为大家，说来似乎是一句平淡无奇的口号，但经过 20 年的风雨兼程，20 年后的事业有成，杨天斌成功的背后有着无法言说的遗憾与愧疚。儿子此时已成为一名品学兼优的高中生，他们也曾畅谈未来理想，新时代的年轻人有思想有追求，一直视父亲为榜样的儿子如果有一天选择了律师职业，作为过来人的父亲，他在呵护疼爱中还是会给予儿子最大的支持。

一朝为律师，时间归他人。所谓的他人就是杨天斌为之服务的群众与当事人，他的时间计划自此后随时都能被删改。但作为律师他从未烦恼过，职业的天职就是要为人民解忧，当事人只有在认为事情无法解决的情况下，才会寻求法律援助，他不能因为一己之私而令渴望庇护的心失望。从自身的角度去观望，当事人关注的也许只是一件简单的案件，但解决不好，就有可能影响他一生的命运。杨天斌认为，律师不但要具有基本的正义感，还要胸怀悲悯之心，只有心存善念才会感同身受当事人的忧虑。为了大家的心安，杨天斌选择了"日夜不安"。每当接受棘手的案件他都会在解决问题的思索中夜不能寐，有时片刻的入睡后会突然在深夜里醒来，脑子就开启"工作模式"再也停不下来。

人非草木，孰能无情。为当事人办理案件的同时，杨天斌的内心不断地经受着冲击。在处理法与情、人与法之间的微妙关系上，不能存在任何模棱两可的概念和偏差，唯有以有度的法律准绳，恰到好处地束缚着人性上的道德认知。在这个处理与行使的过程中，作为社会上的一名公民，杨天斌也从中受到一定的震撼。而对于如何正确引导观念和处理结果，受到当事人的认可与鼓励，都是他从事律师行业以来，一直在学习并努力进步的方向。虽然在广大人民面前他是个法律方面的专业人士，但在这个行业中，他永远保持着谦卑的姿态，一直以学生自居，不断学习才能永远走在前面。要知道随着国家经济日新月异的发展，律师业越来越受到国家与民众认可，其地位也愈加重要。从当初身兼数职，到如今的专业化分工越来越精细，社会对律师专业要求越来越高，用杨天斌的话来讲，相当于精雕细琢的工程。只有在一个领域中做到极致，才能赢得大家的尊重。

撰稿人：胡颖

袁光华　以梦为始　不负韶华

袁光华律师，北京市盈科库尔勒律师事务所高级股权合伙人、专职律师，中国法学会新疆法学会会员，中国法学会陕西建筑法学会会员。二级建造师，中级金融经济师，国家企业法律顾问等。

马云在 2015 年当选浙商总会首任会长的演讲中提到：荣誉首先是一种责任，要有一种担当的精神，要有一种感恩的心态，把大家团结起来。马云关于荣誉的表述，本人非常认同！

为了用实际行动感恩回馈"盈科首届百名大律师"荣誉称号，本人结合 19 年执业经验发表以下观点，与盈科家人和各界朋友分享，为盈科争光！为盈科添彩！

一、与盈科不解之缘

我对盈科闻名已久，只是西北边陲小城——梨城库尔勒离北京太远，千里迢迢只能远望！近距离了解盈科的机会很快来了，我的老主任田占厚律师 2016 年从珠海市回新疆省亲，给我们介绍分享了其对盈科运作模式、理念、文化的理解，我心之神往！

我一直在想，若是我的家乡库尔勒能够成立盈科分所那该有多好呀！经刘涛律师举荐，原新疆首邦律师事务所全体律师众志成城，在各方的支持下，历尽艰辛，2017年盈科终于落地库尔勒。

我 2003 年执业，至 2018 年已有 16 年，因为缺乏好的平台及先进的执业理念，律师业务一直难有长足的发展。常听人说，律师不仅要有生活的苟且，还要有诗歌及远方。我的诗歌及远方在哪里？加入盈科后，盈科以客户为导向，以律师为本，律师事务所可持续发展，政府和社会满意的发展原则；规模化、专业化、品牌化、国际化的方针；建设全球领先律师事务所的发展愿景；诚信、开放、包容、共享，盈科用律所文化凝聚每一位盈科人；以及为全球客户提供"一站式"商务法律服务等为我指明了律师的诗歌及远方！2018 年虽然遭遇了创始合伙人的突然离场，但我以开放、共享的互联网思维，在律所人才培训及团队建设上深耕，业绩上有较大的突破。库尔勒分所盈科元年，我"破茧重生"！

二、何为大律师？

> 你戴着荆棘的王冠而来
>
> 你握着正义的宝剑而来
>
> 律师，神圣之门又是地狱之门
>
> 但你视一切险阻与诱惑为无物
>
> 你的格言：
>
> 在法律面前人人平等，
>
> 唯有客观事实才是最高的权威。
>
> ——胡乔木《律师颂》

这是常常被我国律师界引为座右铭的《律师颂》，是原中国社会科学院院长胡乔木在 1986 年创作的，形象而生动地描写了律师这个行业的形象，在褒奖了律师的同时，也对好律师做了画像！

知名作家金庸在其名著《射雕英雄传》中提到，"为国为民，侠之大也"，为"大侠"作出了一个精准、广为人传诵的形象！

何为"大人"？甲骨文中的"大"，形似一个张开两只胳膊，叉开两条腿，雄赳赳、气昂昂地站立着的人，象征着一个顶天立地的人。

《易经·乾卦·文言》上说："夫大人者，与天地合其德，与日月合其明，与四时合其序，与鬼神合其吉凶。先天而天弗违，后天而奉天时，天且弗违，而况于人乎！况于鬼神乎！"

大律师者，不在于技巧之熟练，不在于口舌之善辩，不在于经验之丰富。有律师者，一心志于法，一生叩正义，于天地之间，以利他之心，以维护权益立身，以匡扶正义处世，谓之大律师。

大律师者，以其爱人之心，人恒爱之，人恒敬之。

三、强化人才培养、团队建设，建设全球领先律师事务所

要建设全球领先律师事务所，核心的问题有两个：人才，业绩。人才是基础，业绩是保障，同时二者又是双向互动，相辅相成。

一名盈科的大律师，应当遵循盈科的发展原则、愿景、文化，带领盈科人共同实现建设全球领先律师事务所的目标。

本人在执业生涯中一直非常重视律所人才的培养、团队建设、理论学习及实践，现在能够借助盈科大平台，我将继续在人才培养、团队建设方面深耕不辍，努力做好库尔勒分所的建设工作，为实现建设全球领先律师事务所砥砺前行。

（一）青年兴，则盈科兴

律所是青年律师人才的"孵化器"和孕育律师人才的摇篮。盈科专门成立青工委，以实现青年律师收入倍增并持续成长为己任，并提出了"青年兴、盈科兴，青年兴、法治兴"发展口号，让青年律师与律所共成长，同发展！通过全国律师巡讲团、青训营、青年律师研修班、微信课堂、案例分析会、案例研讨会、"盈科未来之星评选"等活动，强化青年律师社会责任感和历史使命感，激励青年律师为实现"中国梦""盈科梦"以及自我梦想而努力奋斗。引导、带动盈科体系超过75%的青年律师快速成长，提高归属感，让所有的青年律师都能不负年华，踏踏实实做事，不断创新，努力让盈科的下一个10年更加辉煌。我在库尔勒分所加强青年律师培养的具体做法如下。

1. 以党建促所建，引来"金凤凰"

在律所的发展过程中，盈所科始终坚持党组织在律所的政治引领地位，着重发扬党组织在律所的战斗堡垒作用，不断探索在律师事务所开展党建工作的新方法，与时俱进地创建了"党建带所建，所建促党建"的律所工作方针。

传统律所的业态形式使得律师习惯于单打独斗或小团队作战，因而律所和律师的

关系并不紧密，且青年律师在执业之初就对未来茫然、没有归属感，而实行党建可以使这些问题得到有效化解。因为党建可以在盈科内部植下优秀的文化基因，使得全体成员形成统一的价值取向，进而吸引大批优秀青年律师加盟。对此，盈科党委书记郝惠珍律师笑谈："我们栽下了梧桐树，自然也就吸引来了金凤凰。"

2. 用文化凝心聚力，建造青年律师的"九感"

你要短期获得利润，就去种花；你要长期获得利润，就去种树；你要追求永续的利润，就去播种思想。律所建设需要人，而文化是魂。律所建设想怎么引导，年轻律师就会怎么去践行这种文化导向。

管理大师德鲁克说过，一个企业的战略再好，但是如果没有好的文化去匹配，也是会有问题的，文化会吃了战略。也就是说，律所建设的战略做得再好，如果没有很好的律所建设文化去支撑，去匹配律所建设战略落地，战略也可能会走偏。

一家律所要发展成为强所，绝非只是规模上做大，它从大到强还有很长的一段路要走。我们认识到，要想发展成真正意义的强所，还必须有丰富的文化底蕴予以支撑，还应当在内部探索构建律所的精神文化，提供让全体律师共同奋斗的目标和认同的价值理念，只有这样才能保障律所运行有序、高效。

第一，目标感。不想当将军的士兵不是好士兵。我在与年轻律师交流的时候，多次强调要看清律师行业发展的趋势，建议他们考虑自己的专业化发展方向、律师职业规划。雷军说，"站在风口上，猪都可以飞起来"。每个人都有能力成长为更好的自己，不要浑浑噩噩地去工作。只有真正好好去做自己的职业规划，而不是随便想想，你才能真的有所成长。否则，日子一天天过着，你可能依然待在原地。

第二，责任感。李奥贝纳说："我所享有的任何成就，完全归因于对客户与工作的高度责任感。"责任感是取得任何成就的基础，责任感对律师来说更是重中之重，没有责任感的律师永远不可能成为一名好律师、大律师。一点一滴的言行引导，让年轻律师明白以客户为导向、以问题为导向、以结果为导向的责任感。

第三，归属感。通过制度建设、党建活动、团队拓展活动、业务培训、案件合作等让年轻律师在思想、心理、感情等方面对律所产生认同感、使命感和成就感，这些感觉最终内化为年轻律师的归属感。虽然归属感的形成是一个非常复杂的过程，但一旦形成，年轻律师会在内心深处形成强烈的责任感，从而充分调动自驱力，真心诚意为律所建设服务。

第四，仪式感。法国童话《小王子》里说，仪式感就是使某一天与其他日子不同，使某一时刻与其他时刻不同。我们非常注重仪式感，比如年轻律师作出成绩或者进步巨大时，会进行公开表彰甚至给予荣誉、鲜花和掌声，并予以证书以资鼓励。仪式感会增强人和人之间的认可，从而让人难忘。在我们律所建设文化的过程中，仪式感越强，文化感越高，律师就越难忘！

第五，安全感。年轻律师的安全感一方面来自较为稳定的收入及持续增长的业绩预期。本人同时带了 6 名实习律师及助理，保证其收入不低于当地律师行业实习律师平均薪酬水平，并提供免费、营养丰富的午餐，初步保障了实习律师的安全感及身体健康。另一方面，安全感来自律所在建设过程中对年轻律师是否信任、尊重。如果年轻律师在律所建设里不能被领导认可，没有话语权，那么在律所建设中的安全感就会很低。并且会觉得没人认可自己、没人帮助自己，自己在这家律所建设中可有可无。一旦出现这种情况，这些安全感低的年轻律师如果有机会找到认同自己的律所，很有可能就跳槽。所以，年轻律师流失不仅仅是薪资问题。管理大师赫茨伯格对留住员工的因素进行排序：信任、尊重、理解、认可、薪资，第五位才是薪资。

第六，成长感。律所建设要通过培训、授权让年轻律师不断成长，给年轻律师提供一个从基层年轻律师到合伙人的成长平台。

我正在借鉴宝洁等知名企业的员工手册，携手盈科库尔勒分所的全体合伙人探索年轻律师培养的路径，并结合律师职业生涯规划，制定分所律师的培养机制及律师手册，让年轻律师成长路径清晰、目标明确。

第七，荣誉感。律所要搭好平台，激活年轻律师的表现欲、表演欲、成就欲。"国家兴亡，匹夫有责"，让每一个律师都能对律所的建设建言献策，实现律所与律师个人共同发展、共同进步！任何年轻律师都愿意在盈科平台上展现自己，如果年轻律师合理化建议被认可，更会产生荣誉感。

第八，获得感。获得感就是要让年轻律师在工作中有所得，不仅能够解决眼前的生存问题，还要为诗歌及远方的发展夯实基础、指明方向。

第九，幸福感。快乐、幸福是每一个人的终极追求！在前八感能够逐步实现的情况下，律师的幸福感也会逐步、稳健提升！

3. 以时间管理为纽带，大幅提高律师的时间效率

（1）时间管理对律师的重要性

律师做任何事情都需要时间、精力、货币三大成本，而最重要的时间成本又可以分为机会成本、沉默成本、边际成本三大部分。如何提高律师的单位时间含金量，让律师的时间更有价值，就是我们律所建设最大的诉求之一。

让律师的时间更有价值的办法就是让律师的工作产生时间复利，同时减少时间的试错成本。说得白一点，就是让律师在业务端可以实现分工交换，彼此成就，让专业的人干专业的事。

（2）时间管理的理念

苏格拉底也讲过一句话："没有反思的人生不值得过！"时间就是当下，过去心不可得，未来心不可得，只有当下我们能感受到。

一个忙碌的人和一个穷人，他们有一个共同的特点：忙碌的人，他的时间带宽总是被眼下的紧急事件占用；穷人，他总是赚完这笔钱想着下笔钱，因为挣钱对他来说很重要，吃完这顿饭想着下一顿饭，所以他没有时间带宽去想未来。

赫胥黎说时间最不偏私，给任何人都是 24 小时；时间也最偏私，给任何人都不是 24 小时。时间是公平的，给每个人都是 24 小时，是指实际的时间，它对每一个人都一样。时间是不公平的，给每个人都不是 24 小时，这是一个相对概念，因为每一个人对时间的利用是不一样的，有的人 24 小时是浑浑噩噩过的，有的人 24 小时是精打细算着过，让每一分、每一秒都活得有价值意义。

（3）养成时间管理的好习惯，成就一生

亚里士多德也说过这样一句话："优秀是一种习惯！"我们管理的不是时间，而是自己。管理自己人生的目标，管理自己的习惯，而管理每天的行为跟目标的关系才是很重要的。我们先养成习惯，然后习惯造就我们！

（4）时间管理的实践

本人在时间管理方面学习践行了 5 年，取得了较好的效果。现在带领团队成员及律所有志于通过时间管理提高自己生命质量、提升业绩的小伙伴按照下面的规则实践。

① 如何处理高价值的活动。让高价值活动充实每一天，剩余的时间再用于做琐碎的小事；坚持重点，排除外界干扰，头脑中始终有最终的结果；设定最后期限，合理安排事情的进展；将大项目分解，逐步完成；高效运用自己的黄金时段；奖励自己，始终保持积极进取的态度。

② 如何处理低价值的活动。授权或分派出这些活动，节约自己的时间；降低自己的标准，不要追求完美；学会放弃既没有价值，又浪费时间的事；将它们汇总，集中时间处理；做正确的事比正确地做事更重要；通过一年多的时间管理的培训导入以及日总结、周（月、季度、半年、年）计划、反馈等具体的实践活动，逐步取得成效。

青年律师是律所发展的核心竞争力，是整个律师行业的未来。培养一支优秀的青年律师队伍，需要律所长期的坚持和系统的投入，需要律所给予青年律师持续的锻炼机会、宽裕的成长时间和必要的生活保障，需要律所不断探索管理方式，建立起有效的绩效激励机制，制定多层次、持续性的培训制度并有效实行。

律所培养青年律师，不是培养赚钱机器，而是要培养秉持公正、为民谋福、担当正义守护的法律人。律所要全力襄助青年律师树立正确的成功观，协助他们摒弃

"重表面而轻实质，重名气而轻品质，重短期利益而轻长远成就"的不良风气，取得真正长久的成功。青年律师应当铭记违背法律的事情不为、违背律师伦理的事情不为，谨记律师界老前辈张斌生"守道而忘势、行义而忘利、修德而忘名"的谆谆教诲，并终身践履不懈。

"十年树木，百年树人。"教育培养青年律师，律所责任重大，责无旁贷。唯有兢兢业业，像父母关心子女那样呵护、关爱他们，传授他们执业技能，教会他们做人做事，引导他们将聪明才智用于正途，才能服务社会大众，增进全民福祉。

（二）合众为一，力出一孔，利出一孔，强化律所团队建设

没有完美的个人，只有完美的团队！我从单兵作战的律师业务发展模式中疲惫地走出，这是我的痛，是我发展的瓶颈，也是律师行业发展的阵痛！团队合作是律师业务发展的必由之路，如何开展律师团队合作，我有以下几点思考及做法。

1. 科学的选择团队伙伴

全球知名的商业调查、咨询公司盖洛普公司经过 40 多年的研究，总结出人类最常见的 4 类才干和 34 种天赋。才干具体包括：执行才干，指具体操作事情的能力；思维才干，指思考问题的能力；关系才干，指与人相处的能力；影响才干，指影响他人作出决定的能力。

根据以上科学依据，优先选择认同盈科的使命、愿景、价值观、团队发展理念，有合作意愿、有专业才干和天赋的年轻律师加入律所、加入团队。

2. 建立健全适合团队发展的薪酬分配机制

薪酬分配是所有团队建设中的永恒话题。我认真学习研究了很多国内外律所薪酬分配机制，我个人认为 ICOURT 提供的"金点薪酬制度"这一团队薪酬分配的模板很好，并给律所全体成员也分享了这个模板。但这种团队薪酬分配操作，对我们目前的团队来说还缺乏核心事业合作人、相对稳定的业务创收及详细落地实际操作的细节，还需要通过进一步学习考察成功团队的落地薪酬分配方案来修改完善。

我个人认为薪酬制度应该体现出各个成员各自的贡献、支持团队的长远发展、能够解决公共事务的参与问题等多个维度，考虑得越多，落地越困难。我个人现在是按照律师同行提出的"水至清则无鱼"的团队哲学进行相对模糊的团队薪酬分配。我们达成的共识是，信任比猜忌快乐，开放比狭隘快乐，分配上的"绝对公平"的追求应该为快乐合作、共同发展的大局让道。我们团队目前暂时将收入分配模糊化处理，先做起来再说，团队收入基于成员之间的绝对信任，由团队领头人根据自己的认知进行分配。

我将根据团队的业务发展逐步向 ICOURT "金点薪酬制度" 团队薪酬转换。

3. 建立科学的团队培训制度，引导团队成员快速成长

律所在团队化建设中应当更加看重新人的培养，只有新人的技能提高，团队化效率才能提高。在具体培养新人中，我们正在实践"三阶段团队新人培养"模式。

第一阶段，以熟悉律师业务环境、融入团队为主，通过带领新人学习各项办公技能，协助整理装订案卷资料等，使新人积极地融入集体，适应工作氛围。

第二阶段，以积累常规法律事务经验为主，通过培养新人专业技能，如协助起草各类法律文书，学习接听法律咨询电话，参与客户会议、公益活动之类的方式，让新人了解如何以专业角度考虑问题，辅助团队，提高效率。

第三阶段，压担子、独立担当为主。通过之前大量的经验和实践的积累，让新人在参与庭审，熟悉各项程序的基础上独立推进案件以及独立开拓案源等，将新人的能力提上一个新的台阶。

4. 吸收非律师的专业人员，补强律师团队发展的短板

专业分类的明细越来越多、越来越细，让律师去学习这些专业知识既不现实，也无必要。很多法律服务辅助业务也不是一定需要律师来做，非法律人员经过一定培训也是完全能够胜任。基于以上两点，考虑到法律服务复杂性及多样性，我们正在吸收引进计算机、财务、税务、市场营销、外语等专业人员，做团队的知识管理、客户管理、顾问单位服务优化、"一带一路"国际业务开发等工作。逐步形成律师团队中专业律师与其他专业人士、律师助理、其他辅助人员 1：3 的比率，或者更高的比率，从而进一步提高专业律师时间效率。

5. 团队建设要有求共心，要无我

我的团队建设经验，就是团队要做大做强，团队核心事业合伙人要有求共心，要无我。格局大，成就才能大。每一个人都看着自己一亩三分地的利益，每一个都只看到眼前的利益，团队是做不起来的。要为团队的发展多付出，看得长远一点，要有求共心，团队才会有未来。我一向自费为团队成员提供力所能及的便捷服务，感恩团队每一个成员的真诚付出。

李嘉诚说过：有钱大家赚，利润大家分享，这样才有人愿意合作。假如自己拿 10% 的股份是公正的，拿 11% 也可以，但是如果只拿 9% 的股份，就会财源滚滚来！

团队不能搞"一言堂"，不能用个人的权威替代团队的集体意志。只有模糊自我、无我，才能有团队自由，才能充分调动团队成员的积极性，才能发挥团队成员的主观能动性，积极为团队的发展建言献策，为团队的发展奉献力量。

做专业法律人，铸匠心品质，在沉淀下发光

张锋平

张锋平律师，北京市盈科杭州律师事务所管委会副主任、工程建设与投融资法律事务部主任，盈科全国建筑与房地产运管中心杭州分中心主任，杭州市律师协会PPP专业委员会委员，杭州市西湖区人民法院特邀调解员，杭州市中级人民法院律师调解员，浙江省法学会工程建设法学研究会理事，杭州市建筑业协会特聘培训师资，浙江省律协房地产专业委员会委员，浙江省律协建设工程专业委员会委员。

作为一名律师，没有比得到客户的认可更重要的了，因为客户是"衣食父母"；作为一名律师，没有比得到同行的尊崇更骄傲的了，因为同行是"冤家"。所以，他是幸运的，因为他既得到了客户的认可，也得到了同行的尊崇。

他，就是盈科杭州分所工程建设与投融资法律事务部主任张锋平律师。

2008年开始执业，从跨出象牙塔的那天开始，他便立志于脚踏实地、勤勤恳恳、无怨无悔地从事律师这份神圣而艰辛的职业。

作为一名长期专业从事工程建设与投融资业务的专职律师，张锋平律师注重培养自己的专业特长，努力以精专的业务水准服务于客户。13年的执业生涯，让他在自身长期深耕的领域颇有建树。

2019年，张锋平律师被评为《工程新闻记录》《建筑时报》"2019年最值得推荐的中国工程法律60位专业律师"。荣誉与肯定的背后，是被隐藏了十几年的不懈努力

和远超常人的勤奋，因为他深知"人生在勤，不索何获"。律师工作，不同于其他，不希冀"灵光乍现"，但苛求"孜孜不倦"。法律工作耍不得小聪明。杭州律师圈的"小江湖"中早已流传张锋平律师勤奋的传说。自 2008 年以来，从小学徒到大律师，需要外部的时代机遇，但若没有自身的勤奋打底，机遇再好，怕也无法成就辉煌。13 年来，在张锋平律师的言传身教与影响之下，勤奋几乎已经成为团队内每一位律师的"遗传基因"。成功来源于不懈的努力，根植于对事业的无尽热爱。对张锋平律师来说，律师工作不只是谋生的职业，而是一项必须全身心投入的高尚事业。

一、学与思，让理论与实践融合

张锋平律师在建工领域具有非常深厚的理论功底和深入的学术研究，已成功代理众多影响力重大的建工案件，其出色的服务能力深受客户们的信任。律师的核心竞争力是专业，张锋平律师一直以此鞭策自己，始终追寻并践行作为法律人的"工匠精神"，那就是对于法律事业的一份执着，对公平正义的一份坚守，对律师工作的一份责任。

执业期间，他始终坚持专业化发展和做专家型律师的理念，忠于事实、忠于法律，以扎实的法学理论功底和锐意进取的拼搏精神，探索出了一条法学理论和律师实务相结合的路子。张锋平律师参与多部图书的编纂工作，如《房地产开发法律服务操作实务》（法律出版社 2010 年版）、《2013 版〈建设工程施工合同〉（示范文本）操作指导》（法律出版社 2015 年版）、《建筑商之孙子兵法Ⅲ》（法律出版社 2018 年版）等。

工作之余，张锋平律师撰写了多篇专业文章并发表于国内权威、专业、主流媒体，还获得省市各类奖项。2007 年，撰写的《交房请求权能优先于工程价款优先受偿权吗?》在《建筑时报》《中国律师》杂志上发表。2010 年，在浙江省律师协会、全国律协民事业务委员会联合主办的"房屋租赁合同法律实务研讨会"上，他撰写的《非强制招投标工程，是否一概以备案合同为准》一文获得了三等奖。他撰写的《建设工程施工合同中"擅自使用"的认定标准探析》获浙江省省直律师协会 2013 年度律师实务论文三等奖。2020 年，团队所撰写的两篇论文分获杭州市律师协会建设工程分论坛二等奖、三等奖。此外，张锋平律师还参与中华全国律师协会多个操作指引的撰写和统稿工作，如担任中华全国律师协会《律师为买受人办理商品房买卖合同法律服务操作指引》《律师为开发商办理商品房买卖合同法律服务操作指引》《律师提供房屋租赁合同非诉讼法律服务操作指引》《律师提供房屋租赁合同诉讼和仲裁法律服务操作指引》《律师办理保障性住房为主的房地产投融资非诉讼法律业务操作指引》等操作指引的主执笔人，参与了《律师办理建设工程法律业务操作指引》的撰写工作。

二、精与专，靠专业驱动建工法律

张锋平律师自执业以来，一直深耕于建筑工程、房地产领域，尤其在建筑施工领域积累了丰富的经验，有目共睹。学识与经验的积累，修养与使命的润泽，使他以坚实娴熟的法律功底、条分缕析的思辨能力、心定气闲的胸襟素养而备受推崇。他用法律之手支撑了企业快速发展的动力，繁华都市的车水马龙中有他不知疲倦的身影。作为一名建工法律人，张锋平律师将业务付诸脚下，将经验凸显于笔端，将汗水挥洒于全国，将身心奉献于行业。做到了想当事人之所想，言当事人之所言，急当事人之所急，忧当事人之所忧。作为一名优秀的律师，张锋平律师曾先后被评为盈科杭州分所"优秀房地产与建设工程律师""2019 年度领军人才奖"以及在盈科全国建设工程专委会、盈科全国建房运管中心优秀律师评选中获得 2019 年度"盈科全国建设工程优秀律师十强"等称号。

有些人在取得一定的成就之后，会选择躺在过去的辉煌中止步不前。在大家看来，张锋平律师已经功成名就了，似乎可以放缓脚步，享受荣誉。但是在他看来，今天所获得的这些荣誉不仅仅是个人的光荣，更是律师的一种责任，是社会对律师的期望。张锋平律师是个不服输的人，也是个闲不住的人，他的目标永远都在前方。中国的法治建设方兴未艾，正是律师大有所为的时候。张锋平律师牢记律师的神圣使命，坚定信仰，和律界同人们一起为推动中国的法治建设而努力。

三、忠与守，维护当事人的合法权益

由于对律师事业的热爱与执着，张锋平律师练就了一身过硬的执业技能，从而演绎了一个又一个成功的案例。他深知，作为一名律师，一定要忠于法律，正确运用法律知识，最大限度地维护当事人的合法权益，努力追求社会公平正义。张锋平律师的工作非常多，他也愿意多做一些事情。他认为，多接一个案子，就多帮一个当事人解决了烦恼，也就为社会多尽了一份力。社会的公平和正义、平衡与和谐，不是一句空话，而是要靠每一个人实实在在的努力和付出。律师之道在于扶危济难，承担社会道义，心中常怀感恩之情，积极回馈社会。美国联邦最高法院首席大法官伦奎斯特曾说道："律师是一种商人和神职人员所组成的微妙的混合体。前者以追求利益的最大化为目标，而后者则完全漠视经济上的诉求。换言之，律师职业本身包含着自身利益和公共利益的冲突和调和。"在他眼里，律师这个职业一方面要在符合法律与职业底线的前提下为自己赚取最大的价值，另一方面又要兼顾社会道义和公共利益，律师要在二者之间找到一种巧妙的平衡。张锋平律师还认为，我们应将自己的生活节奏"慢"下来，多去发掘人性中的美，在力所能及的范围内去感受帮助他人的快乐，做一个对社会有责任、有担当的人。律师应当积极承担社会义务，多参加法律援助工作，运用自身所学帮助弱势群体、调和社会矛盾、化解纠纷、实现自己的社会价值。尤其对于律师而言，以法律为信仰，以维护社会公平正义为己任，应当在职责范围之内多做一些事情。

　　他代理了一大批重大疑难复杂案件，不放过任何一个有利于当事人的案件事实，庭审中言辞缜密有度，驳斥对方有理有节，以"重事实、重法律"的执业方式，获得委托人的充分信赖，也得到了法官的充分尊重。他为浙江上虞某项目建设工程提供全程法律服务，在服务过程中，为施工单位有效控制了工期违约风险，并成功索赔700余万元。他代理的浙江某建设有限公司诉安徽某置业有限公司建设工程施工合同纠纷案，成功地为施工企业实现了"以送审价为准"的胜诉判决。他代理的浙江某建设有限公司诉杭州某实业有限公司建设工程施工合同纠纷案，不仅成功实现了建设公司的全部工程款诉请，还成功驳回了某实业公司2000余万元的工期逾期反请求。他代理的江苏某建筑公司诉杭州某房地产公司建设工程施工合同纠纷案，成功为杭州某房地产公司争取了合法权利，驳回了施工企业的全部诉讼请求。他代理的上诉人杭州某某城建工程有限公司与被上诉人陈某某、原审第三人蒋某某建设工程分包合同纠纷一案，委托人杭州某某城建工程有限公司在一审中败诉，后来找到张锋平律师，经过张锋平律师对案件整体的分析研判，认为仍有希望可以扭转困局，反败为胜。张锋平律师接手该案以后，本着对当事人负责的态度，本着对律师职业的那份信仰，查找了大量的判例，与多位建工领域专家探讨其中的法理，并多次亲身前往现场向施工班组、劳务班组及分包人调查取证。没有会计专业背景的张锋平律师，为了找出对当事人有利的点，对复杂又烦琐的账单一笔笔核对，不放过任何对案件有帮助的蛛丝马迹，正是这抹忙碌的身影使得奇迹出现。经过努力，在大量的准备工作和调查工作的基础上最终成功在二审阶段法院撤销原判，并依法改判支持上诉请求，维护了当事人的合法权利，挽回经济损失近300万元。再如代理的某某工程局有限公司诉某某置业有限公司建设工程施工合同纠纷一案，在张锋平律师的努力之下，法院成功支持了某某工程局有限公司的全部诉讼请求，赢得当事人的高度认可。当事人的认可程度，就是衡量律师是否优秀的标尺。严谨的办案风格、精湛的办案水平、对待每个代理的案件极其负责的工作作风，是张锋平律师赢得当事人的信任和良好的口碑的重要保证。在我们身边，认识或者不认识的，耳闻或者没有听说过的大律师不计其数，有人以挣钱居多被封为"大律师"，有人以服务于大客户自诩为"大律师"，有人以因在某些机构兼任要职称为"大律师"，有人半推半就地被某些机构评为"大律师"。但是张锋平律师，执业 13 年来，几千个日日夜夜，近百场培训讲座，数不清的大大小小的案件，始终默默耕耘，他是用脚步和汗水评出来的大律师。也许他不是挣钱最多的，但他一定是为企业、为律师做培训传经送宝最积极的；也许他不是社会头衔最光耀的，但他一定是为律师在建筑与房地产行业的业务发展献言献计的积极分子。

四、开放、包容、专业的盈科，让专业的人做专业的事

2019 年 1 月，张锋平律师携团队正式加入盈科杭州分所。在访谈中，谈到为什么选择盈科，张锋平律师指出，除了授业恩师林鲁海律师、领航班同学吴晓洁律师的真诚召唤，以及被杭州分所执行主任刘春晓的真诚和敬业精神所吸引外，更重要的是深深体会到盈科的职业经理人制度、专业化建设的远大战略，可以让专业律师在此有更好的发展。

盈科设立专业的行政运营团队，执行主任专职负责律所整体运营，不代理具体案件，把全身心投入律所的发展和日常工作当中。而运营团队还设财务部、行政部、文化品牌部、人事部、风控部、客户管理部、市场部等各环节的服务部门，由专业行政团队为律师提供 360 度服务，让律师专心于做好业务。在盈科，律师只负责具体的法律事务服务，无须再为行政琐事操劳，确保律师把服务精力全部投入为客户的服务中去。

盈科在向规模化、专业化、品牌化、国际化的道路迈进的同时，也十分注重律师专业的培养。盈科不仅设立盈科专业委员会，还通过开展各类研修班，让全国律师积极加入自己喜欢的专委会，为律师走专业化道路贡献大舞台。另外，通过盈科律师学院开展各类直播与培训活动，拓宽律师学习的渠道。在专业化方面，盈科始终以专业化为导向，在各分所设立大部门，让专业的人做专业的事是盈科一直秉持的理念。以杭州分所为例，2020 年主要设立了并购投资与重大工程法律事务部、工程建设与投融资法律事务部、房地产法律事务部、刑事法律事务部等 16 个大部门，由具有丰富实践经验的资深律师担任各个大部门的主任，并依托盈科在全球的法律服务网络一体化优势，整合资金、项目、渠道资源，为客户解决法律纠纷，提供商业机会，促成交易，创造价值。

盈科所秉持的"诚信、开放、包容、共享"的律所文化，让律师在律所无等级观念、无新旧人员之分，可以让律师更好、更快地融入其中。加入盈科杭州分所两年多以来，张锋平律师所带领的工程建设与投融资法律事务部，已经从最初的 10 人发展到现在的 40 余人。成员之间通力合作，目前已顺利进入多家大型建筑公司、房产公司的专家律师库。前景可待，未来可期！

撰稿人：金敏

张 刚 **你想要一个什么样的人生**

张刚律师，北京市盈科上海律师事务所管委会委员、业务指导委员会主任、规范发展委员会主任（兼）、建设工程法律事务部主任。

一、少年不知愁滋味

高二暑假，我在村头的路边等公交车时遇到一个高大英武的人，从那一天起，我开始思考人生。

他是我小学的同学，是我们的班长，上中学后我们各奔东西。两三年不见，突然邂逅，着实吃了一惊，他还是那么高大、绅士，谈起话来像个干部。当时，他有一句话深深地震撼了我，他说："你想过未来干什么吗？我感到前途一片渺茫！"

"渺茫！"我在想，我使劲地往后想，这个词很新鲜，我一头雾水。我也不知道以后干什么，以前都是无忧无虑的生活，从未考虑过前途和出路，现在是不是该提到日程上了？

公交车还未停稳，人们蜂拥而上，大包小包堆在门口，像旧时逃荒的人群争抢最后一班列车一样，车门终于被人使劲地踹了一下，关上了。我站在路边，看着公交车扬长而去，扬起的尘土遮蔽了我，而我在风尘里开始思考人生。

二、35 岁以前是别人的人生

高考报志愿时我选择了师范院校。有人问我："为什么选择师范？喜欢当老师吗？"我嘴上说是的，其实心里在想：师范院校有补贴，家里穷，我没得选择。

关于专业，我填了中文系，可是却被稀里糊涂地送进了历史系。开学后，有人问我："你为什么选择历史系？喜欢学历史吗？"我无奈地说："不是我选择了历史，而是历史选择了我。"

你如果想说，既然我大学学习了历史，我肯定对历史非常熟悉了，那就大错特错了，除了高考前死记硬背的一点历史知识外，几乎没有任何增加，大学丰富的课外活动把这点历史知识也还给了高中课本。

暑假里，夜幕降临，我们喜欢聚在大伯的家门口听他讲故事，什么《隋唐英雄传》，什么《封神演义》啊，他讲得头头是道。突然他用蒲扇拍打我的肩膀问："托塔李天王李靖是哪里人？"我支支吾吾说"不知道"。他又问我："李元霸是李世民的弟弟，排行老几？"我支支吾吾说"不知道"。他生气地说："你在大学里学的什么历史啊，这个还不知道？"我说："历史老师没教！"大伯不理解，我也很迷茫。

毕业前，虽然我曾经试图冲破"历史"的束缚，改变一下命运，但均以失败告终，只好服从国家分配，回到老家的县城当了一名教师。

后面的故事我在《平凡之路》有详细的描写，写了我在学校的遭遇和反抗，终于抓住机会考取了法律硕士，离开了学校。其实我在学校教书期间也有过辉煌时刻，那是一次教工篮球比赛，比赛非常激烈，还剩 5 秒比赛结束的时候，我们队落后 2 分，最后篮球到了我的手里，我必须投一个 3 分才能反败为胜。关键时刻，我在 3 分线外出手，结果没进，但是对方防守队员被吹了犯规，罚球 3 次。也就是说，我罚进 1 个我们就输，罚进 2 个打平，如果罚进 3 个，就是赢 1 分，反败为胜。

在凝固的空气中，我站在罚球线上，看了看篮筐，突然觉得好远啊！原来我没有戴眼镜，我赶紧招呼观众席上的同学们，帮我拿来眼镜。我戴上眼镜，才看清楚篮筐的边沿。黑压压的观众围满了球场，我深吸了一口气，努力使自己放松下来，轻松自如地投出去。刷，刷，刷，3 个全部命中！全场欢呼："乔丹，乔丹，乔丹！"

那晚我喝多了，吐了，吐完反而清醒了，半夜起来开始思考人生：这难道是我想要的生活吗？我毕竟不是乔丹！

其实备考法律硕士的时候，我心里盘算的未来的理想工作是，毕业后进一个不入流的高校，当个老师，然后兼职做律师，有进，有退，旱涝保收，多好！然而，人生不如意之事十有八九，无论我怎么努力，多么渴望进高校，结果一点边也没有沾上：毕业后进了律所，当了律师，那年我 35 岁。

做律师，不是我的计划，不是我的选择，多少有点不情愿。

三、你会选择什么样的人生

有多少人站在人生的十字路口徘徊迷茫？有多少人面对生活的艰辛后悔来到这个世上？还有多少人走投无路选择死亡？出生不是你的选择，那是爱的结晶；死亡也不是你的选择，那是因为"身体发肤，受之父母，不敢毁伤，孝之始也"。那么，我们可以选择什么？我们可以选择人生的道路和生活方式。

尼采认为，生命的意义在于不断挑战自我，超越自己，不断进步，才能实现人生的价值和目的。他还认为，生命本没有意义，需要我们赋予意义。他承认悲观主义，肯定生命的痛苦，同时提出要做一个强者，"高唱战歌征服一切痛苦"。

从传统观念上看，尼采的一生是一个悲剧。生前他的思想不被人接受，被视为另类，孤独终身，最后精神崩溃，悲惨地死去。但是他死后西方文化界和哲学界逐渐认识到他的伟大，他甚至被认为是 20 世纪最伟大的哲学家，并影响了大批的思想家和文学家，他的著作也成为畅销书。

我想起一个作家：卡夫卡。卡夫卡英年早逝，只活了 41 个春秋，生前是一名银行职员，默默无闻，经历过三次失败的婚姻，下班后一个人挑灯写作，很多作品没有发表出来。但他死后被整个世界膜拜，被认为是现代派文学的鼻祖、表现主义文学的先驱。

我又想起一个画家：凡·高。他把 37 年的生命都献给了绘画艺术，在当时人们都认为他是一个疯子，没人买他的画。他一生穷困潦倒，靠自己的弟弟救济，最后还是崩溃自杀。他死后，人们才发现了他的价值，被公认后印象派的代表，表现主义的先驱。他的画最高卖到 8000 多万美元，曾经他经常去作画的麦田，如今成了旅游胜地，当初歧视他的人为此都发了财。

我突发奇想，如果假设有两个这样的人生道路，你会如何选择？第一种，生前穷困潦倒，生活凄惨，死后享誉世界，万人膜拜。比如尼采、卡夫卡和凡·高这类人。第二种，生前默默无闻，平平淡淡，平安幸福过一生，死后无人问津，淹没在历史长河里。

如果让我选择，我不会选择第一种，为什么？第一，我自知没有这个天赋；第二，这是一种冒险，万一死后没有成名呢，岂不是连起码的平凡生活都失去了机会（瞻前顾后所以我错过很多成功的机会）？第二种虽然默默无闻，却是人类社会不可缺少的主要组成部分，但是总感觉有点缺憾，我也不甘心选择这个。如果是你，会如何选择呢？

四、人生只有一次选择的机会

既然成为普通大众不可避免，那就做一个平凡的人。但是芸芸众生，也不都是一成不变的生活模式，我们完全有机会让平凡的人生变得更加精彩。

美国诗人弗罗斯特写过一首诗——《未选择的路》，大意是：黄昏的树林里有两条路，你选择一条，留下一条待日后再走。可是你一旦选定，就不能返回，从此决定了你的人生道路。所以，人生只有一次机会，不可能重来，暂且不考虑生命轮回和虚拟世界的存在。作为普通大众，我们该如何选择呢？

1. 用耐心沉淀自己，珍惜大好时光

有些年轻人找工作，好高骛远，眼高手低，老板训几句受不了就想走人，那是因为你的工作还有欠缺；有的人嫌工资待遇太低，心理不平衡，那是因为你还没有吃到足够的苦，没有体现自己的价值。当你频繁换工作的时候，人家在默默进步；当你开始工作的时候，人家已经晋升，成长为单位的顶梁柱。沉下心来好好工作，你的时代迟早会来。

2. 不要后悔你走过的路，这个世界没有白走的路，每一步都为你的未来做铺垫

虽然当初历史系稀里糊涂选择了我，我在大学里也没有学到多少历史知识，可是潜移默化培养了我对历史的兴趣，现如今我从大量的历史故事和人物中学习了很多做人的道理。在学校教课时我的业余爱好是看书写作，后来做了律师，以为文学离我远去，没想到有一天写作与律师业务相得益彰，成了我的特长。我把文学与律师生活结合起来，形成一种独特风格：律师文学。每年在智合与律新社发表大量文章，阅读量少则五六千，多则三四万，后来集结成书《律师之道——一个合伙人律师的心路历程》，在青年律师中反响颇好。

3. 人生没有预设，需要不断调整和修正，才能找到适合自己的方向

人生具有太多不确定性，不可能按照你最初规划的轨道一成不变地走下去。正是因为有不确定性，人生才有魅力，不是吗？如果你的人生道路一眼就能看到头，早就预知了结果，生活是不是就失去了乐趣和意义？如同你找到一部电影大片，准备开始

欣赏时，身边有人给你剧透，你愿意听吗？

我从教师改行到律师，从北京转战到上海，从"万金油"律师到专业律师，就是一个不断修正的过程。在律师执业的前5年，几乎所有案件都做过，后来我发现必须找一个专业方向才是正道，于是我选择了建设工程领域。我坚持这个专业领域，抵制住其他案件的诱惑，有当事人来找我做其他案件，我介绍给律所的其他专业律师。宁可没有案件做，我也要抽时间学习建设工程法律业务。

熬过艰难的时刻，经历涅槃，我终于成功走向专业化道路。在律所，我连续三届进入管委会，担任建设工程法律事务部主任。因为部门业绩突出，又担任业务指导委员会主任，兼任规范发展委员会主任。自进入盈科以来，我每年都被评为盈科全国优秀律师，2018年被评为盈科上海分所首届"领军人才"，2019年担任盈科上海分所首批青年律师导师，2020年被评为"盈科首届百名大律师"。

在所外，积极参与对外交流和社会活动。2019年第一次入选上海律协第十一届建设工程与基础设施业务研究委员会，在未竞选主任的情况下，被推选为副主任，并在会长会议通过，继而担任了上海律协专业律师评审委员会委员，负责上海市专业律师的评定工作。3年前，因为文章的影响力，被上海律协领导在会上点名邀请进入上海律协宣传委员会，负责上海律协微信公众号的组稿、审稿和写稿工作。同时连续两届担任上海律协实习律师面试考官，负责实习律师转正前的最后考核。最近被最高人民检察院聘请为民事行政咨询专家，负责全国重大疑难复杂案件的解答咨询工作。

五、好像找到了自己的人生方向

当然，人生有一种最理想的方式，可以用李清照的诗句概括："生当作人杰，死亦为鬼雄。"也就是那种生前风光无限，"振臂一呼应者云集"，死后就是臧克家的诗句"有人死了，他还活着"，万人敬仰。

我们不求大富大贵，不求青史留名，我想我们可以退而求其次，百折不挠地活着，活出自己的价值，然后将自己的奋斗历程记录下来。百年以后有人在寂寞的角落发现了我的书，能像哥伦布发现新大陆，惊呼起来，争相传阅。为此我将不懈努力，鞠躬尽瘁，乐此不疲，死而后已！

我曾在西藏的夜晚寻找星空，有一次在日喀则看到满天繁星。只有在那一刻，你才可以想象宇宙是多么的浩瀚，人类是多么的渺小，人生是多么的短暂。即便在银河里做一颗星星，默默无闻，毫不出众，但在逝去的那一刻，却划出一道漂亮的弧线。哪怕只是稍纵即逝，至少留下了光和热，给在夜晚中孤独的人们以信心和勇气。

博学多才的追梦法律人

张桂春

张桂春律师，北京市盈科福州律师事务所党支部书记、管委会副主任、民商诉讼法律事务部主任、股权高级合伙人，同时兼任福建省律师协会理事、福建省律师协会民商诉讼法律专业委员会副主任、福建省法学会民商法学研究会常务理事、福建省法学会财税法学研究会理事、福建师范大学法学院兼职副教授、福州仲裁委员会仲裁员。

　　第一眼见到他，你很可能会从他略显清瘦的脸庞上读到一种学者的温文尔雅与法律人的干练沉稳。在与他逐步接触的过程中，你会真切地感受到他充盈的自信以及他纯真笑容里写满的对工作、生活的热爱。

　　他，成长在福建山区，而今，他的人生已与福州这座日新月异的滨海滨江大都市结缘渐深。儿时生息相伴的峰峦叠嶂之大气磅礴养育了他开朗豁达的性格，而立之年立足的江海之滨之气势如虹造就了他清澈宽广的心胸。山水交融，他的家国情怀纯净而丰满。

　　张桂春律师，这位从大山深处走出的法律人，曾经长期且仍将继续用他的热情与执着认真谱写平凡而又绮丽的追梦诗篇，诠释共产党人信仰坚定、正气浩然的精神风貌。

一、业务精湛，一专多能

20 世纪 70 年代初出生的他，在从事律师工作前，曾在 22 岁时同时担任闽东某县乡镇人民政府团委与司法办两个部门的负责人，是当时县里一颗璀璨耀眼的年轻后备领导干部之星。1993 年，他首次参加全国律师资格考试即以高分顺利通过。1995 年，怀揣维护法律正确实施、维护社会公平正义的纯真抱负，他毅然离开在旁人看来前程一片灿烂的仕途，开始从事热爱的律师工作。2001 年，他为了追寻更大的理想，离开家乡到省会福州，全身心地投入律师工作。

张桂春律师的主要业务范围是刑事辩护、民商事诉讼代理以及担任法律顾问。执业以来他共办理各类案件 1900 多件，成功处理了 200 多起在省内有较大影响的刑事、民商事疑难复杂案件。曾为福建省多家大型国有企业以及上海世纪华创文化形象管理有限公司、北京网尚文化传播有限公司、网乐互联（北京）科技有限公司等众多企业处理过大量的法律事务。张桂春律师现为福州市人民政府法律顾问智库成员、福州市国有企业法律顾问智库成员、福州市律师协会优秀专业律师人才库成员，曾担任过行政机关、金融机构、汽车销售公司、实业发展公司、贸易公司等多种类型单位的常年法律顾问。基于 20 多年的法律服务实践，张桂春律师在处理刑事、民商事重大疑难案件以及防范和化解企业经营管理过程所遇的法律风险，帮助企业建立和完善法律风险防范机制诸方面，均积累了丰富的实践经验。

张桂春律师才思敏捷，具有较强的文字组织能力、语言表达能力与逻辑思维。曾获首届"福州律师辩论赛"第一名，连续获第一届、第二届福州市检察官—律师辩论赛"优秀辩手"称号。

在刑事辩护领域，他曾连续担任盈科两届全国刑事诉讼法律专业委员会副主任，后转任盈科第三届全国刑民交叉法律专业委员会副主任。他所撰写的辩护词曾参加"律云杯"盈科全国辩护词大赛并被评为"十佳辩护词"，其还先后荣获盈科"刑辩金牌律师""十佳刑辩律师""刑事诉讼法律专业领域优秀律师"称号。

随着律师行业专业化建设的推进，张桂春律师的研究领域和业务重心渐渐转移至商事诉讼领域并担任企业法律顾问。他通过履职福建省律师协会民商诉讼法律专业委员会、福建省法学会民商法学研究会、福州仲裁委员会等机构，积极参与相关事务，深入研究，融会贯通，学以致用，经过多年的理论与实务高度结合，在商事诉讼领域已颇有建树。先后被盈科评为"2018 年度民商事法律事务领域优秀律师""2019 年度优秀争议解决律师"，被福州市律师协会评为"2017—2018 年度优秀民商诉讼律师"。

张桂春律师遵守宪法和法律，认真践行社会主义法治理念，具有较高的专业素质和深厚扎实的法学理论知识，爱岗敬业，多年来从事刑民交叉案件辩护代理的积淀，他已具有全面办理新型业务及处理疑难复杂法律事务的能力和经验。且由于长期置身于管理岗位，他具备了倍于常人的细腻、敏锐的职业敏感和强烈的职业使命感，他将对正义、公正的追求转化成不变的执业信念。他认真对待每一案件，无论繁简程度及收费高低，从不敷衍应付；他所承办的案件，都力求精益求精，不留遗憾。因此，他付出了比常人更多的精力和时间，从而逐步成长为专业领域侧重于商事诉讼，同时具备办理其他类型案件等多种能力的复合型专业律师。

二、理论提升，笔耕不辍

张桂春律师自 1992 年从福建司法学校毕业后，多年来坚持深造学习，先后就读于厦门大学、南京大学法律专业以及中国政法大学民商法学在职研究生，还曾钻研福建师范大学汉语言文学专业本科。

他还常年致力于合同法、公司企业法律、建设工程与房地产法律、刑事法律的研究和探索，注重知识更新和理论研究。执业至今，共有 14 篇论文参加福州市律师论坛、福建省律师论坛或海峡法学论坛，其中有两篇论文获优秀论文二等奖。2010 年撰写的一篇典型案例分析文章入选中华全国律师协会组稿的、法律出版社出版的《未成年人维权典型案例精析（二）》；2013 年作为福州铁路运输检察院检察理论"羁押必要性审查工作机制"课题组唯一律师成员参与课题研究。

三、热心公益，彰显担当

张桂春律师坚守座右铭"勿以恶小而为之，勿以善小而不为""海纳百川，有容乃大；壁立千仞，无欲则刚"，并长期身体力行。

张桂春律师热心公益事业，先后开设公益讲座数十场，受众范围涵盖中学生、大学生、国家机关干部任前培训、企业界精英等，还多次为灾区、贫困群体、慈善机构捐款捐物。

张桂春律师曾多年在福州市广播电台律师热线栏目上接受咨询、提供专业的法律意见；曾多次担任福州电视台"法眼"栏目、海峡卫视电视台"直击新三板"栏目、福建电视台新闻频道"律师在现场"栏目的嘉宾；曾受聘担任福建省人民政府台湾事务办公室台商投诉协调中心法律专家、福州市中级人民法院组织的信访重大案件专家评议组成员、中华人民共和国第一届青年运动会福州市执行委员会法律顾问；他还积极参加福建省信访局、福州市信访局、福建省高级人民法院、福州市中级人民法院、福州市鼓楼区人民法院涉法涉诉信访值班接待；积极履行法律援助义务，执业至今，认真办结各级法律援助中心指派的法律援助案件共计29件。

在新型冠状病毒肺炎防疫期间，他积极协同律所管委会发起"盈聚力量 共抗疫情——抗击新型冠状病毒肺炎疫情募捐"行动，呼吁为坚守一线的广大医护人员和防疫工作者送去温暖，动员包括党员在内的律所同人捐款捐物。还先后由福建省司法厅、福州市司法局、福建省律师协会选派，分别作为福建省疫情防控律师公益法律服务团、福州市新型冠状病毒肺炎疫情防控法律咨询服务专家组、福建省企业复工复产律师公益法律服务团成员，积极参与提供疫情防控法律咨询服务。

四、热爱生活，乐观向上

张桂春律师热爱工作，也热爱生活。他兴趣广泛，生活态度积极乐观。工作之余，爱好书法、绘画、运动、诗歌、唱歌等。2009年，他的书法作品荣获中华全国律师协会"庆祝新中国成立60周年中国律师书画摄影作品展"三等奖；2016年，他的绘画作品获盈科书画比赛三等奖；2019年，他的书法作品入选福建省老区建设促进会玉田分会与红土地杂志社联办的"讴歌强国盛世 传承老区精神——庆祝新中国成立七十周年书法美术摄影展"，并在福建省老干部局展出。他还曾在报纸、杂志发表诗歌多篇。

张桂春律师一直认为，坚持适当地参与文体活动，有助于陶冶情操、修身养性、培养专注与耐心，从而对于迎接并胜任高强度、高压力的办案工作不无裨益。

五、内外兼修，成绩斐然

张桂春律师具有高度的事业心、责任感，在依法维护社会稳定和当事人合法权益中工作成绩突出。曾先后被福州市律师协会、福建省律师协会或福建省司法厅评为"福州市律师协会行业管理先进个人""福州市十佳律师""福建省优秀律师""福建省文明诚信先进律师""福建省履行社会责任先进律师"；曾被中共福州市司法局机关委员会评为"优秀共产党员""优秀党务工作者"。

张桂春律师以扎实的法律功底、高度的职业责任感和良好的办案效果获得当事人和社会各界的广泛好评，先进事迹于2016年1月被收录于法律出版社出版的《中国当代优秀律师》中。

"但行好事，莫问前程。"我们相信，张桂春律师将心存高远，脚踏实地，继续沿着阳光大道砥砺前行！

撰稿人：刑福乐

张谨星 | 格物致知，上下求索，行契于时，非常之观

张谨星律师，北京市盈科律师事务所全国青工委秘书长，北京市盈科深圳律师事务所管委会副主任、争议解决法律事务中心主任。

一、初识重生，缘起于心

张谨星律师出生于黑龙江，少年时在山东肥城求学。学生时代的一幕场景深深印在张谨星律师的脑海里，如年轮一般，随着年岁的增长越发厚重。那是一个清晨，学校组织全校师生在操场上参加了一场特别的法治教育课。之所以特别，是因为授课者并非资深法律专家，也并非法律从业者，甚至并非自由之身，而是3名从监狱里押解而来的表现优异的服刑人员。其中一位祖籍青岛的因流氓罪被判处无期徒刑的服刑人员的报告，深深打动了他。30年过去了，报告的内容依旧记忆犹新："……刚刚被抓的那年春节的年夜饭，妹妹不小心把我的碗筷也摆上了，爸爸妈妈看到后，泪如泉涌，妹妹赶紧将那副碗筷收起来。妈妈说，别拿了，摆在那里吧，就当你哥哥还在跟我们一起过年……"那一天，张谨星律师感受到了重生的力量，一颗法律的种子，

在他懵懂的心里深深扎根。法律是庄严、神圣、不容亵渎的，却也是如水般滋养万物，如日般普照众生的。对法律的热爱一直伴随着他的一生，从未衰退，一腔热血奔流向心不复回。

二、格物致知，上下求索

1997 年考取律师资格证后，张谨星律师便和所有初入法律行业的年轻人一样，找到了一家律所开始执业。初入世，混混沌沌，一切实则运行在正常轨迹上的事对于他而言似乎有些不知所措，但他是不会让自己长期处于这种状态的，他明白"万物相宜而安，诸事皆有规律可循"。很快，他的心不再是招摇的枝丫，而是静默的根系，不断向下延伸，执着地汲取养分。所里的资深律师们接待当事人法律咨询时，他就在一旁边观摩学习，边思考边记录；资深律师们研究案件需要查找资料时，他就埋头在浩如烟海的法律书籍中检索，那个年代律所尚未配置电脑，律师个人更没有电脑，有时候还要去图书馆、档案室待上几天几夜。除了这些工作，他还有各种各样的杂活要做，如去外面的打字社打字复印，去法院递交资料，甚至去车站排队买票等。张谨星律师说，那个年代的实习律师是没有工资的，当时的家庭条件也是异常艰难，有过囊中羞涩没钱饱腹的日子，也有过自我怀疑徘徊不前的日子，但最后都咬咬牙坚持下来了。每谈到这段经历，张谨星律师都会感慨：路漫漫其修远兮，上下而求索。

三、以法济世，历久弥坚

在张谨星律师的执业生涯中，有一份荣誉是他最为珍惜的——司法部于 2004 年授予的"全国法律援助先进个人"荣誉称号。一颗仁爱之心、一双援助之手、一面法律之盾，张谨星律师一直秉持着"为天地立心，为生民立命，为往圣继绝学，为万世开太平"的理念，将法律援助事业作为自己一生的追求。

1998 年夏季，黑龙江省鸡西市发生了 VD$_3$ 中毒案，引起了国家有关部委的高度重视。这起中毒事件是因当地妇幼保健站宣传婴幼儿补钙工作的方式方法不到位，导致家长给自己两三岁的孩子过量服用 VD$_3$ 引起的，受害儿童多达几百名。孩子因过量补钙导致骨骼过早钙化，已经停止或者极度延缓发育。有些孩子的眉骨外凸，眉骨与眼睛之间甚至可以容下一根成人手指；有些孩子的尿液颜色像米汤一样，且含有较高糖分……当时，在世界范围内没有此类医学先例，包括协和医院专家在内的医学专家组都没有研究出更好的解决患儿骨骼钙化的方案，在法律上如何妥善解决，更是一道难题。为此，由司法部指导，司法部法律援助中心、北京大学法律援助中心牵头，与黑龙江当地律师共同组建了鸡西市 VD₃ 法律援助律师团。张谨星律师有幸作为法律援助律师全程参与了该案的处理。在医学没有解决办法的情况下，律师团经过反复推敲、沟通，最终提出几条可行性方案：①当地政府负责患儿终生医疗救治；②为每名患儿家长支付陪护费用；③为患儿家庭开放二胎指标……令律师团非常欣慰的是，当地政府对此事非常重视，采取了非常积极的态度来解决这起事件。回想该起法律援助案件，张谨星律师说，看到患儿遭受成人都无法承受的苦难和家长们揪心的面容，他心痛不已，只恨自己无法减轻他们的痛苦。他暗下决心，无论如何，都要尽自己最大的努力帮助这些不幸的家庭争取最大的权益。在这起事件的解决过程中，他深感自身责任之重，真真切切地感受到法律援助对于有需要的人而言是多么重要。

2002 年夏季，"法律援助龙江行"活动首发大庆，在活动现场，李氏姐妹的遭遇引起了法律援助律师团的重视。李氏姐妹一家 7 人居住在大庆采油一厂五矿家属房，那是一排连脊房。1976 年的一个冬夜，埋在房子地下的天然气管线突然破裂，天然气泄漏到李氏姐妹家里。半夜开灯时，火花引爆了泄漏的天然气，李氏姐妹的父母及两个姐姐在大火中丧生，年仅三五岁的李氏姐妹和更小的弟弟幸存于世。姐妹俩身体 85% 面积的瘢痕，汗腺及皮肤组织受到了严重的创伤，奇痒无比，到了夏季皮肤表层还会长脓疮，轻轻一碰就会裂开，如果不用药就会化脓溃烂。身体的治疗与恢复需要高昂的医疗费，而姐妹俩所在的集体企业解散后，医疗费没了着落，走投无路之时，黑龙江省法律援助中心向李氏姐妹伸出了援助之手。张谨星律师受黑龙江省法律援助中心指派，担任李氏姐妹的代理律师。张谨星律师经过梳理发现，案件的法律适用是最大的难题。事故发生于 1976 年，当时《民法通则》还未颁布，赔偿的依据及时效等问题界定不明，这些都可能成为案件审理的障碍。经仔细研究，张谨星律师采用"旧事故、持续损害"等思路，向法院提起诉讼，主张赔偿请求。最终，在法律援助中心和张谨星律师的不懈努力下，2003 年 10 月 5 日，三姐弟终于收到法院送达的胜诉判决书，获得伤残赔偿费及继续治疗医药费及精神抚慰费共计 783 415 元。由于案件在当地受到广泛关注，黑龙江电视台对该起案件进行了全程报道。

2001 年 10 月 14 日，张谨星律师代理的一起 80 岁赵王氏老人起诉 10 名子女赡养纠纷法律援助案件在中央电视台《今日说法》"法律支撑贫弱者天空"系列栏目播出，当天正值《今日说法》开播第 1000 期。

一如当初，张谨星律师在法律援助的道路上一直坚持着，每一次坚持都更加坚定了他的决心，以法济世，历久弥坚。

四、一腔孤勇，从头再来

2010 年 1 月，张谨星律师出差深圳，一下子就爱上了这座城市。一瞬间，一个想法涌上心头：来深圳执业。他迫不及待地打电话给妻子："我们搬到深圳吧！"回想起给家人做搬家动员工作时，家人说，在哈尔滨工作生活这么多年了，去了一趟深圳回来就要搬家，乍听起来就是笑话，谁都没有当真，重申了好几次，谁都觉得无法理解。好在，一个有爱的家庭，最终总会奔赴同一个远方。张谨星律师给家人设想了美好生活：那里环境好，气候好，每天下班回家吃饭，没有烟没有酒，饭后就去公园走走。

2013 年的一天，随着一架普通航班的降落，张谨星律师一家正式搬到深圳。虽然此时他在这座城市，仅仅认识 7 个人——两个家庭和一位单身朋友。走在人潮拥挤的十字路口，他发现，一切是那么陌生，却又是那么似曾相识。没有一丝顾虑是不可能的，毕竟在哈尔滨已执业 16 年，积累了一定的客户资源和口碑，而这些都不能带到深圳，此时的他是一腔孤勇穷追一个梦。"昨天所有的荣誉，已变成遥远的回忆。勤勤苦苦已度过半生，今夜重又走入风雨。我不能随波浮沉，为了我挚爱的亲人。再苦再难也要坚强，只为那些期待眼神。心若在梦就在，天地之间还有真爱。看成败人生豪迈，只不过是从头再来……"他挚爱的这首《从头再来》时常在耳边响起，是啊，只不过是从头再来。

时光飞逝，眨眼间就在深圳度过了迷茫的一个月，张谨星律师最终选择了自由度、开放度都比较高，平台更加广阔的盈科深圳分所继续执业。这是一家坐落在莲花山下、市民中心旁的大型律师事务所，当时的执业律师接近 200 人。怀着对未来的无限憧憬，他义无反顾地走进盈科大家庭。

未来是美好的，现实是痛苦的。初来律所的几个月，偶尔在律所能够做些简单的上门咨询业务，算是能够充饥，根本谈不上挣钱。但是，既然做了选择，便只顾风雨兼程。张谨星律师的心里，每天都是阳光灿烂的。这次从头再来的心境和在哈尔滨初入律师行业时还是有很大不同的。虽然代理的案件不多，好在温饱已不成问题，张谨星律师明白，达到理想本不易，自信能以打不死的心态活到老。在 20 多岁，还没有足够经验和沉淀的情况下，自己都能够顽强地挺过律师生涯前期艰难困苦的日子。如今，已是经历千锤百炼，又有何惧？

五、相时而动，行契于时

"我曾踌躇在某个树林的岔路口上，走上了人迹较少的一条，从此，一切都不同了。"每当面临人生选择之时，就会想到罗伯特·弗罗斯特的《那条未走的路》。张谨星律师与保理结缘便如诗所言。

2012 年，国家在天津滨海新区开始商业保理的试点工作。2013 年，商业保理在深圳雨后春笋般发展起来。这一切，当时并未引起法律界的注意。2014 年春天，一位商业保理公司的副总裁致电盈科深圳分所，表示希望聘请一位具有保理实务经验的律师担任企业的常年法律顾问，并留下联系方式等候律所回复。面对上门寻找法律顾问的机会，律所客管部异常欣喜，连续一整天在工作群里询问，有没有哪位律师接触过商业保理业务？律所同事们也都在调侃，什么是保理呀？保险理赔吧？不对，是保险理财吧？虽然你一言我一语调侃地很热闹，但并没有人勇敢地站出来承接这个业务，也没有人去探究保理为何物。当天快下班的时候，客管部工作人员只得无奈回绝客户，表示律所目前还没有接触过商业保理业务的律师。本来一个回绝的电话，短短几句就可以结束了。但那一天，那位保理公司的副总裁也饶有兴致，和客管部工作人员聊了好久。通话结束后，客管部工作人员自言自语，到底什么是保理呀？刚刚那位副总裁和深圳排名靠前的十几家律所都联系了，居然都没有了解保理业务的律师。

说者无意，听者有心。保理，整个深圳律师界没有人懂？真的吗？如果现在开始研究保理，我会不会是深圳律师界最早开始开拓保理业务的律师？这个业务有没有发展空间呢？在接下来的日子里，这些问题一直萦绕在张谨星律师心头。日有所思，夜有所梦，每至夜深，辗转反侧，久久难以入睡，甚至在做梦的时候，他也在思考这些问题。当时正是 2014 年年初，新三板业务如火如荼，私募基金遍地开花，这些都是看得见摸得着的、实实在在的现实业务，张谨星律师也刚刚开始从事新三板业务且已经承接了几个项目。在接下来的两个月里，张谨星律师一直在思考如何选择与取舍，一边做着新三板的业务，一边思考着保理业务的开展。一天，张谨星律师突然意识到，这个问题不能再拖延了，必须当机立断。在途经莲花山公园时，他停下脚步，凝视莲花山顶的邓小平雕像许久许久，在心里默默对自己说，我对保理难以割舍，但一切未知。两年，我用两年时间潜心研究保理业务，如若成功，我感恩今天的决定；如若失败，也不过是再一次从头再来，有何不可？

既然做了决定，就要坚决执行。张谨星律师开始搜集各类有关保理的资料，结合相关法律规定进行解读，并检索业内知名专家学者的著作文献。很快，在保理界的各类法律文章中，一个频繁出现的名字映在屏幕前——林思明。张谨星律师颇有高山流水遇知音之感，立即与其联系，并经常请教、研讨遇到的业务难题，渐渐地，张谨星律师对保理的法律问题有了更加深刻的认知。随着 2014 年 11 月林思明律师加入盈科上海分所，双方之间的沟通、交流越来越频繁，与此同时，商业保理也陆续在天津、上海、深圳等地蓬勃发展起来。林思明与张谨星律师都意识到在盈科体系内组建一个专注于商业保理业务跨分所专业律师团队已是大势所趋。双方一拍即合，即刻完成了盈科保理律师团队的组建，共同为全国各地的客户提供优质的法律服务。如今，盈科保理律师团队是国内律师界唯一一支专注商业保理的律师团队，而盈科保理律师团队这个名字也逐渐为法律界和保理界所周知，得到了同人的广泛认可。截至目前，团队累计为国内 200 多家保理公司担任常年法律顾问，其中，不乏一些国内大型保理公司，包括 TCL 保理、康佳保理、华西保理、鑫科保理、联合保理、宝凯道融保理、天翼保理等。

深耕保理业务的期间，张谨星律师还担任深圳市商业保理协会副秘书长，法律和风控专委会常务副主任兼秘书长、监事，全国保理专委会学术委员，广东省商业保理协会监事，天津市商业保理协会特聘专家讲师。同时，张谨星律师连续 4 年在广东省商业保理协会与广东金融学院联合举办的"保理与供应链产业学院"担任讲师，为保理行业培养专业人才贡献力量。2015 年至今，广东省商业保理协会、深圳市商业保理协会每年度都为张谨星律师颁发"行业贡献个人"荣誉称号。张谨星律师非常珍惜这些荣誉，这不仅是对他个人贡献的认可，更是对盈科保理团队的认可，也是对当年那个站在莲花山顶，曾踌躇在人生岔路口的青年律师的认可。在张谨星律师的办公室背景墙上挂满了他参加历次保理、供应链研讨会议的证件。他经常笑着说："这些证件见证了我在会议上，从后排的普通听众，陆续坐到前排，直到走上讲台的历程。我会一直保存这些美好的记忆，坚守在保理这块阵地。"

六、青蓝相承，冬去春来

张谨星律师不止一次地向身边人言说："我对盈科始终怀有一颗感恩之心，没有盈科这个大平台，张谨星就不会在最适当的时候遇到保理；没有盈科这个大平台，张谨星就不会和林思明律师一起组建盈科保理团队，也就不会在今天作为盈科首届百名大律师，讲述自己一路走来的经历与感悟。"还记得 2018 年盈科深圳分所管委会竞选演讲，张谨星律师言短意切地说："我对盈科的感情，可以用三句话来总结——平时能看出来，有事能挺起来，关键时刻能站出来。"张谨星律师竞选为盈科深圳分所管委会委员后，分管青年律师工作。在工作期间，张谨星律师除延续惯例，组建盈科深圳分所第三期、第四期"青年律师研修班"外，还针对深圳实习律师考核现状，组建了实习律师培训班，对实习律师进行系统的实习考核辅导。在公益方面，盈科深圳分所与松岗中学合作，青年律师走进学校课堂，为学子讲解法律知识，指导模拟法庭竞赛。许多参加法治课堂的学子表示，大学一定要学习法律，毕业也来盈科做律师。

从一名怀揣梦想的法科学子，到一名优秀的执业律师，其过程定是融合了难以忍受的困苦、日复一日的重复与万籁俱寂的挣扎。张谨星律师当年也是和广大青年律师一样，迷茫过、怀疑过、踌躇过，但最后都坚挺过来了。黑夜漫长而短暂，但总会有一缕阳光刺破黑暗，那便是灿烂的开放时刻。在谈到对青年律师的寄语时，张谨星律师只说了一句话："无论多难，不做逃兵；冬天来了，春天还远吗？"

撰稿人：耿协琪

张力 | 我从不觉得自己是靠运气

张力律师，北京市盈科律师事务所全球合伙人、全国风险投资与私募股权法律专业委员会主任，北京市盈科北京律师事务所管委会副主任、金融证券法律事务部主任。

初识张力，他颇具光环的简历令我眼前一亮。一位年轻的"85"后律师何以在盈科中国区近万名律师中脱颖而出，跻身盈科仅20人的全球合伙人行列？又何以在人才济济的盈科兼具金融法律业务领头羊和律所管理者的双重身份？这种强烈的疑问与好奇，促成了我与张力结缘，并认识了一个实力与雄心兼而有之的律师。

初见张力，在国贸附近的一处高档小区。疫情肆虐，张力选择让团队十几位成员在他的这套房子中临时办公。

尽管之前对律师团队的样子有过一些想象，但看到张力团队成员的工作状态，还是感叹于律师这个群体极强的专业性和职业性。律师们需要更精准高效地帮助客户解决问题，这要求他们时刻保持着敏锐的洞察力和一针见血的沟通方式。他们当时正在准备一个百亿项目的谈判，彼此沟通过程中的谨慎和细致始终让整个房间充满着紧迫感，尽管大家都热情地向我问好，但这种气息让我始终觉得有一种微妙的距离感。

阿姨的一声"开饭了"融化了这一切，这是张力一天中最幸福的时候。团队成员间一改工作时的严肃认真，大方地开着彼此的玩笑，气氛轻松融洽，丝毫没有因为我的到来而变得拘谨。这种氛围也很快让我变得放松，融入他们的欢声笑语中。

"律所里每天人来人往，疫情期间大家的安全和健康风险很高，正好我这边房子空着，面积也足够，再请阿姨照顾一日三餐，也能让大家远在家乡的父母放心。"张力笑着说。

团队的氛围最能体现"大家长"为人处世的风格和"领导艺术"，团队轻松愉快的氛围，也让我对张力有了最为直观的第一印象。

"你觉得你作为一个"85"后，事业上取得了现在这样的成绩，是否你的好运气帮了你很大的忙?"

"我从来不觉得自己是靠运气，我只相信一分耕耘一分收获。"

"但至少你的努力都得到了相应的回报，而大多数人的努力往往并不能产生收获，这是不是也是一种运气?"

"那说明他们还不够努力，或者想得到的太多，人只能得到和他的努力相对等的收获。"

一、坚守：赤子之心

锋芒毕露是他这个年纪应有的色彩，但张力的锋芒却不具攻击性，每一寸锋芒的背后尽是善良和正直的底色，是理想主义，更是赤子之心。

"他像夏日骄阳，总是一片赤诚。"一位和他合作多年的合伙人这么评价他。

2016年9月20日上午，北京市大兴区人民法院对邱少云烈士的胞弟邱少华诉孙杰、加多宝（中国）饮料有限公司一般人格权纠纷案作出一审判决，两被告向原告赔礼道歉并连带赔偿原告邱少华精神损害抚慰金1元。至此，这场轰动全国的案件终于告一段落，英雄的名誉得以捍卫。

"'你代理了这个案子为你带来不少名利吧?'有朋友听说我要代理这个案子，曾劝我不要代理，一是这种案子很难有直接的收益，二是我一直专注于金融领域法律服务，做这个案子对日后的业务拓展不会有什么实质性帮助，还有很重要的一点是这个案件影响很大，需要投入巨大的精力和时间，且不能有任何微小的瑕疵，案件做好了不会给我带来大量的金融业务，但稍有差错会被无限放大，甚至影响我未来的执业生涯。

"接到这个案子时我就没想过收律师费，我觉得人生在世，名利之外有些东西需要坚守。邱少云代表的是在朝鲜战争中牺牲的战士们，英雄的尊严和名誉应当被捍卫。"

张力生长于内蒙古，从小听着有从军经历的长辈们讲述祖国大地上的峥嵘岁月以及历史长河中在脚下这片土地上金戈铁马的故事，也有"文能提笔安天下，武能上马定乾坤"的英雄梦，这也让他对于军人、对于英雄有种根植于内心的尊崇。而生逢治世，这种家国情怀、英雄情结就需在工作、生活中找到实实在在的出口。经过与另一位委托代理律师胡忠义律师的多番努力，这个案子取得了最终的胜利，没有辜负已缠绵病榻的邱少华老先生维护胞兄荣誉的决心和期待，也没有辜负自己内心的一片赤诚。

令张力意外的是，该案被最高人民法院选为保护英雄烈士人格权典型案例，被评为"2016 年度人民法院十大民事行政案件""2016 年推动中国法治进程十大案例"，也被写入 2017 年最高人民法院工作报告。新闻联播、人民日报、新华社、中央电视台、解放军报、中国青年报等中央级官方媒体均进行了报道。张力在家人朋友们的贺电中才得知自己在法庭上的身影已经在各大官方媒体中刷屏。

正所谓"无心插柳柳成荫"，张力以 0 元代理该案件，只为维护英雄名誉，却意外收获了荣誉和掌声，这让这个步入而立之年不久的年轻人第一次如此强烈地体会到这份职业的荣誉感。

"社会各方的认可让我真切地感受到对法律和制度的捍卫只是人们对律师的最低要求，我想找到一支与我并肩作战的队伍，一起在合适的战场上，用法律守心灵之纯净，昌法治之文明。"

那次采访因为他们客户的突发情况而提前结束。我坚信创建团队对张力来说是一次蜕变，因为带领团队成长像极了羽化成蝶的过程，相较于之前自己带助理做案子的状态，组建团队意味着更高的管理成本以及在组织打造过程中投入更多的心血。缺少了这最惊艳的部分，我想我笔下的张力会变得不真实，匆匆结束的采访让我深感遗憾，我对张力和他的团队还充满好奇。

让我惊喜的是，半个月之后张力主动联系了我，对上次匆匆结束的采访表示歉意，并再次邀约。这一次我们是在他位于北京 CBD 核心区俯瞰"大裤衩"的办公室。刚见到我，张力一脸兴奋地告诉我，上次采访中提到的那个具有挑战性的项目，他们已经成功签约。

"上次我们说到哪儿了？"

"你说你需要一支队伍，然后找到合适的战场。"

二、选择：突出重围

团队成立初期，全都是年轻人，与其他的团队相比，不仅资历浅，获取案源更是非常不易。"起初大家办案经验不足，接手的案子太杂，办案质量没有保证，与其他有经验的律师相比我们完全没有竞争力。"张力意识到，这种状态下，年轻人加年轻人一定还是只等于年轻人，必须想办法改变了。

"2014 年，我第一次听到私募基金，就去请教所里的资深律师，意外的是他们对这一领域都很陌生。我意识到这或许是我的契机，和传统民商事领域的资深律师相比，我的资源和经验都比不上，只有找到专业门槛高且资深律师们较少涉足的低频领域，才能突出重围。"

出于对金融业务的敏锐度，张力从合伙企业法、私募基金的运营模式入手，着手对私募基金领域进行研究。几个月后在一个私募基金领域的案件中，虽然对方当事人聘请的律师资历更深，但张力仍然凭借充分的准备取得了案件的胜利。案件的对方当事人更是在案件结束后开出高达百万元的律师费聘请张力担任其私募基金事务的专项法律顾问。

"这笔收入能保障团队的基本运行，我可以有精力在一个领域里钻研和打磨，着力走私募基金律师这条道路。"经过一年多对市场及业务的潜心研究及沉淀，张力终于找到了执业方向的突破口和精准战场："做门槛较高且资深律师较少涉足的金融领域。"

2015—2016 年，大量基金公司退出市场。在市场不景气的大背景下，张力选择继续研究基金行业细分领域。

两年后股市"跳水"，随之而来的大量资管计划纠纷解决业务，使得张力前期积累的专业知识有了用武之地。张力抓住了这次机会，带着跨区域金融大资管全产业链的法律服务精英团队，开始驰骋在以私募基金为核心点的金融领域。张力及团队成员队用他们的专业为大量金融机构提供全方位法律服务，服务的资金规模超过千亿元，赢得了多家银行、基金管理公司、资产管理公司、上市公司客户的信赖，进入了团队化发展、专业深耕的新阶段。

三、突破：组织打造

团队组建之初便发展得如此快是张力始料未及的，他把自己这时的团队状态比作一艘疾速航行、乘风破浪的快艇。

　　"过去我们这艘快艇乘着东风顺势而为，但我深知这艘快艇快而不稳，我们随时都有被浪打翻重新再来的风险。团队虽然不大，但是背后是他们每个人的家庭、父母、妻儿，我需要做个合格的'大家长'，让大家心里踏实。"于是，他开始谋划把自己的团队打造成一艘航母。

　　航母在大海上航行首先需要明确方向。经过近一个月的开会讨论，张力他们在高度凝练团队意见后，最终确立了自己的愿景、价值观。愿景：传承百年，做中国最顶尖的金融律师团队；价值观：重信守真、精谨至极、怀德感恩、合众为一。字里行间都是他势在必得的决心，更是他对这个团队饱含的期望，和他对自己肩上责任的诠释。

　　"有了团队的核心文化，就需要配套的制度来让文化落地，这里我一直坚定地认为在文化和制度之间，一定是文化更重要，制度是用来强化文化的。"张力说。因此在这个团队内部，张力作为"大家长"，牢牢把控着团队文化的方向。

　　团队的薪酬制度初步方案是经过多方借鉴、探讨，用了 8 个月的时间打磨、推敲出来的，他说绝对是最适合他们团队的独一无二的薪酬制度。这个制度囊括了团队成员从入职到退休的每个阶段，也包括了专业晋升的每个环节。

　　"跟着我的都是我的兄弟姐妹，一定程度上我已经实现了财务自由，所以只要是愿意和这个团队一起走下去，愿意一起奋斗的人，我希望他们在北京能过得体面，我也愿意给大家更好的成长空间和条件，哪怕我自己损失一些。我更希望我们的团队真的能传承百年，真的能成为金融领域的最顶尖，在我能够给大家带来更好的经济收入的同时，我们更是一起筑梦的同行者。"

四、业务：产品思维

　　"再强大的团队都是为客户服务的，我们的改革最终必须落实到业务中来。"张力团队一直认为新时代的律师必须懂法律、懂场景、懂业务、懂科技，以适应行业发展模式和价值观的变迁，满足客户的本质需求。张力凭借对行业特性的准确判断、对金融业务的深刻理解以及对法律技术的深入应用，带领团队在金融资管法律业务领域逐渐站稳脚跟，并不断赢得金融机构与客户的信赖与认可。

　　而张力团队所从事的金融资管法律服务领域是一个尚存在大量空白、亟待法律和案例填补的新兴业务领域。在此类争诉案件中，由于法律体系及案例尚待完善，金融行业的专业知识又较难理解，因此代理律师、客户对案件的判断往往无所依从，甚至法官都可能还未形成成熟的审查规则。在这样的现实状况下，没有足够的沉淀，会使团队在办案过程中经常出现"重复造轮子"的情况。

如果想要再进一步，拿下资管业务这个巨大的增量市场，团队的专家化、精英化、体系化升级是团队突破瓶颈亟待落地的关键问题。面对这一问题，用系统、科学的运营方式提升团队专业水平，使服务更为优质、专业、高效，是解决团队瓶颈的根本。而通过标准化流程输出服务、体系化沉淀业务经验，是实现前述目的的必要方式。

张力认为，服务流程的标准化建设既是他所带领的团队发展的必经之路，也是法律服务行业变革的必由之路。在张力这一思路的指导下，他和他的团队按照"以点成线，以线建面"的原则，以办案经验为基础，以知识管理为手段，结合主流的律师业务管理科技成果，通过统一录入分析经办案件，梳理现有案件业务类型，分析总结过往案件优秀实践经验，分离出业务中可以结构化、标准化的部分。在此基础上，形成团队案件业务体系，优化、升级类型化案件的业务流程，建立团队业务管理系统，积累团队知识管理库，从而同时解决"对内"和"对外"两个层面的痛点。

对内，服务标准的细化程度决定了流程的落地和执行程度，而关键在于对细节的掌控，将细节做到极致，否则将影响整个团队的内部工作效率及基础服务品质。对细节的极致掌控，不仅能够达到通过技术手段在线积累更多数据和专业知识，为业务发展提供坚实数据与经验储备的目的，也能用数据实现团队律师工作过程与成果的展现，更能有效赢得客户的信任。

对外，当这部分的服务内容经过标准化提炼打造成系统化的法律服务产品后，首先，在对外宣传中，可以通过产品体系的形式，向客户直观地展示团队处理各种金融法律纠纷多样化的成熟经验；其次，在办案过程中，可以凭借业务体系和知识管理的数据优势，做到在最短时间内出具最专业的方案；最后，在遇到新的法律问题时，团队可以结合既往其他业务中的相似情况，对新的法律问题重新研究，重新解构，将经过多方论证的方案重新标准化，然后形成新的法律服务产品，将业务体系迭代。这样，面对复杂的金融业务法律问题，团队才能游刃有余；也只有这样，才能在最短时间内让客户的损失尽可能地降低。

张力认为，只要对法律服务产品进行不断的更迭、升级，团队的业务水平才能得到提升，他和团队才能离顶尖业务水平越来越近。通过法律服务产品更迭及升级，可以达到团队经验迅速积累沉淀、新老律师经验传承、团队规模稳步壮大的目的。

所以，张力坚信，法律服务产品是团队的灵魂，只有坚持做好法律服务产品，才能真正实现做中国最顶尖的金融律师团队、传承百年的团队愿景。

　　2019 年，34 岁的张力成为盈科的 20 位全球合伙人之一，盈科北京管委会副主任，盈科北京金融证券法律事务部主任，盈科全国风险投资与私募股权法律专业委员会主任，2020 年"盈科首届百名大律师"之一。他离梦想又近了一步。

　　临走之前，我再次问张力："你的努力，有运气的成分吗?"他说："我的努力可以为我创造好运。"

撰稿人：石顿

张群力 | 诉讼仲裁专业化的践行者

张群力律师，工学和法学双学士、法学硕士。北京市盈科律师事务所中国区董事会副主任、盈科北京管委会主任、盈科北京商事诉讼仲裁部主任，同时兼任全国20多家仲裁机构的仲裁员。

一、践行和推进诉讼仲裁专业化

张群力律师多年深耕于民商事再审、仲裁领域，在最高人民法院及全国各地法院，北京仲裁委员会、中国国际经济贸易仲裁委员会及全国各地仲裁机构成功代理了大量复杂疑难案件，其中在最高人民法院反败为胜案例10起以上。

对案件关键点的敏锐度和判断力，是张群力律师专业能力的积淀和体现。厚积薄发，张群力律师正带领着自己的团队致力于打造全国领先的诉讼仲裁团队，致力于在证据实务、庭审实务、法律文书和流程管理等领域参与推动律师行业的专业化提升。

在这个过程中，张群力律师不断深入研究总结，出版了多本图书，《最高人民法院新证据规定与证据实务——民事证据制度的完善与阐释》已正式出版，该书将证据理论研究与实务经验相结合，将横向比较与纵向深入相结合，受到业界广泛好评。

张群力律师还研究总结了民商事诉讼案件的流程管理并深入实践，在推动民商事诉讼案件标准化管理的路上更进一步。

二、关心律所发展，用心做公益

张群力律师认为，一名优秀的律师应该拥有法律情怀，而法律情怀表现在专业情怀、行业情怀、社会情怀三个方面。

在对业务领域精耕细作的同时，张群力律师还参与律所管理。作为盈科北京管委会主任，其秉持谦卑、合作、负责任的理念为大家提供服务。

繁忙的工作之余，张群力律师每周六下午都会参加公益法律服务项目，以自己的专业回馈社会，这样的公益服务他已经坚持了4年。

三、张群力律师代理的部分案件

1. 张群力律师在最高人民法院再审胜诉的部分案件

（1）代理江苏省南京某建设工程有限公司与葛某某居间合同纠纷申请再审案，被最高人民法院裁定再审并最终在江苏省高级人民法院再审胜诉，成为人民法院对转包工程的认定和对居间合同效力的认定的典型案件。

（2）代理某图像技术有限公司与中国某运输有限公司侵犯著作权纠纷申请再审案，被最高人民法院裁定提审并在最高人民法院再审胜诉，有力地推动了涉外图像版权在中国大陆地区的保护，被最高人民法院评为当年典型的知识产权案件。

（3）代理湖北荆州某机电制造有限公司与中国某资产管理公司武汉办事处借款担保合同纠纷申请再审案，被最高人民法院裁定再审并最终胜诉。

（4）代理上海某电气（集团）股份有限公司与叶某某财产损害赔偿纠纷申请再审案，被最高人民法院裁定提审并在最高人民法院再审胜诉，成为人民法院认定举证证明责任转移的典型案件。

（5）代理武汉某建设集团公司和河南某房地产开发有限公司合同纠纷申请再审案，被最高人民法院裁定提审并在最高人民法院胜诉。

（6）代理福建泉州某制品有限公司与王某某合作纠纷申请再审案，被最高人民法院裁定再审并在福建省高级人民法院再审胜诉。

（7）代理山东某建筑设计研究院与济南某建筑设计有限责任公司侵犯著作权纠纷申请再审案，被最高人民法院裁定提审并在最高人民法院再审胜诉，成为人民法院认定建筑工程图纸著作权保护限制的典型案件。

（8）代理湖南某餐饮有限公司在最高人民检察院申请法律监督案，由最高人民检察院向最高人民法院提起抗诉，成为最高人民检察院行使民行法律监督权的典型案件。

（9）代理泉州某实业公司与国家工商行政管理总局商标评审委员会和温州某洁具公司商标异议复审行政纠纷申请再审案，被最高人民法院裁定提审并在最高人民法院再审胜诉。

（10）代理北京某化学工程公司与重庆某工业公司专利实施许可和专有技术转让合同纠纷申请再审案，被最高人民法院裁定提审并胜诉。

2. 张群力律师代理的部分商事仲裁案件

（1）代理浙江某科技公司与武汉某集团公司国际贸易合同争议仲裁案，案件标的1.2亿元，胜诉。

（2）代理吉林某房地产公司与某国际商贸公司商业房产租赁合同争议案，涉及合同格式条款、免责条款和公平原则等方面的法律适用，涉及中美合同法的对比，案件标的5000万元，代理工作取得了良好的效果。

（3）代理江苏某影院公司与某电影股份公司股权转让合同争议案，案件标的2000万元，胜诉。

（4）代理香港某矿业公司与宁波某贸易集团有限公司买卖合同争议案，胜诉。

（5）代理广东某能源投资公司与某油气集团销售与买卖合同争议案。

（6）代理某省电视台与北京某广告公司代理合同争议仲裁案，案件标的1.6亿元，胜诉。

（7）代理北京某建设公司与陕西某实业公司建筑施工合同争议案，案件标的6500万元，胜诉。

（8）代理内蒙古某物流股份有限公司与某车辆公司合同争议案，案件标的合计1.2亿元，取得了良好的代理效果。

（9）代理北京某建设集团公司与上海某文化公司建设工程施工合同争议案，案件标的3250万元，胜诉。

（10）代理王某某与北京某科技公司股权转让合同争议案，案件标的7000万元，胜诉。

3. 张群力律师代理的部分合同纠纷案件

（1）代理中国某矿业集团公司与新疆某物流公司仓储合同纠纷案二审，胜诉。

（2）代理福建林某某借款合同纠纷案二审，是最高人民法院当年受理的最大的一起民间借贷纠纷案，调解结案。

（3）代理山西某煤矿企业合同纠纷案二审。

（4）代理天津某投资公司与天津某太阳能公司房地产项目转让合同纠纷案二审，胜诉。

（5）代理伊犁某房地产开发有限公司与熊某某商品房买卖合同纠纷案，二审反败为胜。

（6）代理某粮食储备库上诉洛阳某光电公司买卖合同纠纷案二审，取得良好的代理效果。

（7）代理某冶金建设集团公司与湖南某水泥有限公司建设工程施工合同纠纷案二审，胜诉。

（8）代理某钢铁集团公司诉陕西宝鸡某钢管公司买卖合同纠纷案，胜诉。

（9）代理某钢铁集团公司诉太原某机械股份公司买卖合同纠纷案，胜诉。

（10）代理中国某股份有限公司与西安某科技公司技术合作合同纠纷案，胜诉。

4. 张群力律师代理的部分知识产权案件

（1）代理北京某汽车连锁经营有限公司与美国某公司商标纠纷上诉案，二审反败为胜。

（2）代理某图像技术有限公司著作权纠纷系列上诉案件，二审反败为胜。

（3）代理北京某生物科技有限公司与法国某公司商标纠纷案，胜诉。

（4）代理美国奥托恩姆公司软件著作权纠纷系列案件，胜诉。

（5）代理某文化创意公司与上海某文化传播有限公司、百度在线等单位不正当竞争纠纷案，胜诉。

（6）代理某科技有限公司与北京某软件园发展有限公司技术合同纠纷案，胜诉。

（7）代理北京某网络公司与广州某文化公司喜洋洋动漫形象侵权纠纷案，胜诉。

（8）代理湖北某股份有限公司垄断行政处罚听证案，取得了良好的效果，该案最终作撤案处理。

（9）代理美国磊诺公司软件著作权纠纷系列案件。

（10）代理上海富昱特图像技术有限公司著作权纠纷系列案件。

撰稿人：苏艳

张绍飞

站在巨人的肩膀上，乘风破浪，放飞梦想

张绍飞律师，北京市盈科烟台律师事务所管委会主任、公司与资本法律事务部主任、财税部主任。

蓝天白云之下，水草丰美，绿树成林，置身其中，神之怡，心之美。如果把盈科比作一片绿洲，那每一名律师都是这片绿洲上的常青树，茁壮成长。伟人牛顿曾这样形容自己："如果我比别人看得更远些，那是因为我站在巨人的肩膀上。"而这句话也正表达了我的心声。原本的我不过是律界中一名普通律师，正是因为我站在了盈科这个巨人的肩膀上，才成就了今天的我。我是来自盈科烟台分所的张绍飞，很高兴借这个机会和大家在这里介绍自己，谈一谈自己从事律师行业的一点感悟。

感恩是盈科烟台分所鲜活的清泉。工作在盈科是我们的福分与缘分。它激发的不仅是生命旺盛的本身，更多的是旺盛生命对感恩的反哺，是众多生命融合、集结形成的强大力量。

努力凝聚出文化自信的力量。"国际视野、本土智慧"这一盈科文化理念我体会得更深。2020 年是盈科专业化建设开展的第 11 年，我本人的业务更是从传统诉讼业

务逐渐展开，实现多元化业务发展，积极开展非诉业务，在盈科烟台分所的业务已开创了多个第一。第一单市政府重点工程非诉项目：烟台市三大重点项目之一"烟台海上世界建设项目"就是我的团队与王龙兴律师团队一起合作的；第一单上市公司非诉项目：烟台一上市公司非公开发行股票（拟融资 26 亿元）项目，我作为签字律师全程参与并完成律师工作报告和法律意见书，证监会已经受理；第一单银行总行非诉项目：恒丰银行总行对全国各分行、支行的闲置资产处置项目，我又成功中标。今后，资本市场、投融资并购、重大建设项目是我重点服务的领域。以前这些与我擦肩而过的业务随着盈科烟台分所的落地，正开花结果。盈科让我变得更高大。

不断探索，加强团队建设。"一木不成林，众木立青天"，携手共进，合作共赢是盈科团队文化建设的浓缩。要想成为一名大律师，我的理解是除了要有强的专业能力，更要有大的格局、大的胸怀；除了要自己变强，还要让团体变强。盈科落地烟台，让我有实现梦想的机会。盈科烟台分所从无到有，从有到大，从大到强到更强，我正努力践行自己的诺言，带领盈科烟台分所管委会团队与盈科烟台分所全体同人一起，让盈科烟台分所做到当地乃至半岛地区 NO.1。

擎法制光芒，行人间正道。依法辨曲直，仗义论是非。律师群体是建设法治国家的一支重要力量，而律师执业犹如航行在大海上的帆船，时时可能面临着不可预测的风暴、暗礁和漩涡，如果仅仅懂得像律师一样思考和行动，而没有"救生衣"防身，迟早会被大海无情吞噬。职业操守也许短时间并不能给我们带来成果，确是我们执业中的"救生衣"，是不可或缺的一部分。

学习是干事创业的源泉和动力。十年磨一剑，专业铸辉煌就是这个道理。律师行业是一个需要坚持学习的行业，需要每个律师坚持不懈的努力，当你按下暂停键时，将被时代无情抛弃。而盈科拥有近万名律师，在做好商业拓展与挖掘差异化品牌价值的同时，注重多元包容与团队协作。盈科国际学院每天的专业课程安排也是干货满满，这便为我之后的业务开展奠定了专业基础。"我待盈科如初恋，我愿始终热恋中"，这句源于盈科青年律师的话语，也表达了我们盈科人对盈科的热爱、对整个律师行业的热爱。党的十九大报告把"法治国家、法治政府、法治社会基本建成"纳入 2035 年基本实现社会主义现代化的奋斗目标，刑事全覆盖、个人财务增长产生私人财富管理增加，人工智能、金融科技、区块链技术、智能设备等产业不断发展，大量企业合规市场新兴领域更是给律师同人的兴奋剂，更多业务等待我们去开拓。

"莫言下岭便无难，赚得行人空喜欢；正入万山圈子里，一山放过一山拦。"探索无止境，机遇与挑战同在，充分的认知和百倍的努力，一定会让我们站得更高，看得更远。

最后在此祝愿每一个即将或正在执业的律师都能选择适合自己的平台，站在巨人的肩膀上，让我们一起乘风破浪，披荆斩棘。

张伟 | **浮云百名　流水百年**

张伟律师，云南大学法学硕士，北京市盈科昆明律师事务所股权高级合伙人、管委会委员。曾担任多年法官，律师执业后长期为政府单位、知名建筑企业提供常年法律顾问服务。

一、她履正道，秉志宜专攻

张伟律师 2011 年 7 月来到盈科。多年来，她一直专注于建设工程为主的重大民商事诉讼及破产重整领域，2013 年到 2019 年个人创收持续保持在盈科昆明分所前列。

她具有大量诉讼服务经验，办理数起诉讼标的过亿元的建设工程案件；她非常擅长动态清算，极具维持破产企业生产经营稳定的经验，在华龙公司清算案中，全权负责管理经营 15 座水电站的企业近 22 个月，参加 132 场谈判，解决华龙公司股东长达 15 年的股东纠纷，保障了怒江的城乡供电安全和近 300 名职工的工资收入，最后股东和解，圆满成功地完成企业存续清算。

虽然她承办的案件总量不多，但 90% 的案件都成为精品，同时也积累了极其值得借鉴与思考的经验与教训。

她似流水，"愿意是一汪水一缸水一碗水"，不必奔腾入海，能给嘴唇干裂的旅人解渴，就很好。

二、她爱不贵浓而贵长

正如罗兰所言："只要还有能力帮助别人，就没有袖手旁观的理由。"2012 年，张伟律师代理了一个道路交通人身损害赔偿的案子，这也是她执业生涯中代理的唯一一起道路交通人身损害案件。受害人是一名还未满 6 个月的男婴佐佐，他的母亲带着他骑电动车，不幸与公交车相撞，最终小佐佐的生命保住了，可是双腿却从大腿根部截肢。

由于孩子的母亲须承担事故的主要责任，公交集团便摆出一副公事公办的样子，要严格按照赔偿责任大小来进行赔偿。如此算来，费用还不够佐佐 5 年最基本的康复费用。同为母亲的张伟律师，心如刀割，彻夜难眠，怎么办？法律之外还有人情吗？她无偿代理了这个案件，还执拗地一次次找公交集团领导，一次次吃闭门羹，最终公交集团被感动，开了从未有过的先例，不仅按照全责进行了赔偿，还号召整个公交集团员工为小佐佐捐款 117 400 元。

拿到款项后，她陪伴着懂事坚强的小佐佐度过了 8 年，看他日渐长大，虽然这个小男孩可能终身在轮椅上度过，但是他也不曾对生活失望，依然充满热爱。这样的一次经历让张伟律师感慨道："他的坚强和乐观就是我职业生涯中的一束光，照耀着我不断勇敢前进，不断接受挑战。"

三、 她知行合一

张伟律师作为一名有 20 多年党龄的老党员，热心公益，共资助了 8 名学生完成了从小学到高中的学业。2020 年当选党总支副书记，得此信任，她表示愿意投入更多，以不辜负重托。

同时，她认为无论赢了一场漂亮的诉讼，还是赢得了法官的赞扬和尊重；无论是获得了客户的高度认可，还是获得了这样或者那样的荣誉，从获得的那刻起，也就成为了历史，就如同浮云一般，必将消散。

但我们仍然在不断奔跑，在追寻下一个绚烂的云彩。不为别的，只为了在人生百年里，能够听到生命之水奔腾不息的声音。

撰稿人：张焕鸾

张炜红 | 与盈科携手同行　不负梦想与韶华

张炜红律师，北京市盈科昆山律师事务所股权高级合伙人、管委会主任、刑民交叉法律事务部主任，盈科全国港澳台法律专业委员会副主任。

人生太短，要做的事太多，想乘风破浪，便要争分夺秒。积极引进盈科律所品牌在江苏创建首家县级市分所，并建设成为中国县级市中第一家"百人律师事务所"就是张炜红律师执业生涯中一件意义非凡的大事。

张炜红律师在了解盈科运营模式后，心向往之。他感叹道："人与人之间，最大的差距不是地位、学历或者美丑，而是思维方式。思维不同的人，在看待同一件事时所得出的结论不同。盈科设立县级市分所如果能够落户江苏百强县之首的昆山，无疑是最好的选择。"

一、想法决定做法，做法决定活法，所有的成就均与改变有关

在创建盈科昆山分所之前，张炜红律师在昆山创办了一家走精品化路线的小型律

师事务所。作为该律所主任，一路而来的经济成果和光环已经很多。他先后荣获了2017—2018年度昆山市优秀律师、2017—2018年度昆山市司法行政系统先进个人、2019年度昆山市政府法律顾问库成员。也担任了苏州市律师协会房建委委员、昆山市律师协会财税委副主任、昆山市律师协会副秘书长。在事业风生水起之时，张炜红律师却感受到了昆山本土律师事务所发展的局限性。

他认真分析昆山法律服务市场。2019年昆山全市律师事务所共有59家，其中属于"小而全"的中小型律师事务所占很大比例，约93%的事务所人数在20人以下，而律师人数不足10人的事务所有42家，占71%。律所人员规模小、基本没有专业化发展、人均创收能力偏低、高级人才缺乏、律所管理不规范等问题制约了昆山律师行业的发展，昆山律师法律服务能力与昆山强大的经济发展速度和需求严重不对等。本地律所低层次单一的发展也导致昆山的律师事务所无法与苏州、南京、上海等周边地区的规模所、专业所、品牌所相抗衡。如何将律所做大做强，成为昆山现有律所发展和管理中一个重大难题。

2018年6月，张炜红律师在一则新闻报道中了解了盈科全球化的发展战略，以及将在全国百强县级市前十的城市进行布局，"全球视野、本土智慧"的盈科理念直击张炜红律师渴望发展的急切内心，经历了极大的煎熬和取舍，张炜红律师带领他的团队毅然决然注销自己一手创办的律师事务所，筹建盈科昆山分所。

二、"富人"思来年，"穷人"思眼前——从小律所的大律师到大律所的小律师

在创办盈科昆山分所的初期，张炜红律师每天都面临着来自周围朋友的不解和疑问：放着打拼好的江山和舒适的生活不过，为什么还要折腾自己？

其实，张炜红律师有自己的想法，"穷人思维"不是说穷人的思维，而是指一种"让人变穷"的短视思维，贪图眼前的利益，错失更好的发展。他不想走这样的生存道路。

对律师行业，张炜红律师有着自己的理解："律所做大做强，不仅是我国律师行业发展的一个普遍趋势，更是我国律师充分参与国际国内法律服务市场竞争的重要基础。盈科昆山分所的发展模式，从长远来看可以激发整个昆山律师行业的发展，服务昆山的经济，发展昆山的律师。这样想来，我情愿在盈科做一名小律师。"

"看似寻常最奇崛，成如容易却艰辛。"从事务所选址到装修，从人才引进到律所制度架构，张炜红律师都亲力亲为。张炜红律师从自己最为熟悉的民商事业务出

发，积极与盈科总部的大咖律师沟通合作，不断尝试、不断突破，竭尽所能为盈科昆山分所的发展贡献智慧，努力为盈科昆山分所的建设发展添砖加瓦。昆山律师界的律师们都玩笑道："张律师，你绝对是昆山律师界最爱盈科的人了。"

"弱者互撕，离心离德，路越走越窄，终会害到自己；强者互帮，惺惺相惜，路越走越宽，终会助到自己。"真正厉害的人，能和对手做朋友，能够牵线搭桥最终获得共赢。张炜红律师正是抱着这种心态去建设盈科昆山分所，担任律所青年律师导师、昆山律所公益基金发起人，积极为昆山律师搭建一个更大、更广阔的执业平台贡献力量。

三、慈善只有起点，爱心没有终点

在昆山律师界，张炜红律师很有名气，不仅因为他有着精湛的业务水平，还缘于自执业以来，对公益事业的关注和弱势群体的帮助。

一直以来，张炜红律师希望在追求公平和正义的同时，能够让更多的人知法、懂法，学会用法律维护自己的权益。在张炜红律师看来，律师不只是商人，还是法治精神的宣传员。释法、普法是一份义务，更是一份沉甸甸的责任。

2015年，张炜红律师前往贵州省石阡县办案途中，与当地的朋友走访了一个普通山区家庭。一进入房屋张炜红律师就觉得这家庭并不富裕，房屋很小，屋里的东西也很少，只有一张床和几床被子、几件衣服，但却摆放得整整齐齐，墙上贴满了各种各样的奖状。山区孩子纯净的眼神里充满了对山外面世界的渴望。读书能够改变山区孩子的命运，贫困儿童对于学习的渴望不应该被辜负。自那次走访后，张炜红律师就将解决贫困山区孩子上学难的问题放在心上，并积极联络当地政府、村委会以及昆山律师同人及各界精英，为贫困山区的55名正在上中学的孩子建立更为直接的"一对一六年帮扶捐助计划"，6年来直接捐出助学资金30多万元，支助了一批贫困但学习优秀的学生进入了理想的大学。

这些学生在考上了理想的大学后，常常会在微信上与张炜红律师联系并表达真挚的感谢。每次与这些学生交流，张炜红律师都会感叹："律师执业生涯越长，我便越有一种体悟：真正的律师不但要熟练掌握法律武器，更要了解人情、世故、风俗、社会的现实情况。只有看过世间万千冷暖，才能真正懂得生活的意义。"

四、心之所向，玉汝于成

"每一群人中都有英雄，每一个人都有梦想。人们总是被那些风云际会的弄潮儿激励着，总是在对他们的指点评说中倾诉着自己的梦想与希望。"这段话放在律所这个正义布道者、法治推进者身上，也非常契合。

"只有互相扶持，才能彼此成就。"张炜红律师要让每一个渴望在盈科这个大平台上发展的律师都能实现梦想！他自从筹建盈科昆山分所以来，仿佛每一件工作都必然与发展壮大盈科为核心，夜以继日地为律所引进人才、引进律师。据统计，到目前为止，他一个人已引进了近 60 名律师加入，以后还会有更多认同盈科发展理念的律师在张炜红律师的引荐下不断加入。

盈科不仅仅是律师事务所，也是法律服务全球化的平台。越是参与其中，越能切身感受到盈科的魅力。无论是更多地参与盈科的发展建设，还是提供更专业的法律服务，盈科昆山分所的新平台都给张炜红律师提出了更高的要求。唯有改变旧规则，新的价值才能诞生。在顺应大趋势的前提下，张炜红律师愿背向西方，披上曙光的色彩，不断创新，不断探索，不断前进。

而这一切，才刚刚开始。

撰稿人：张硕

郑英超 | **以梦为马　不负韶华**

郑英超律师，中共党员，西南政法大学法律硕士，北京市盈科律师事务所全球总部合伙人、盈科全国青工委副主任、盈科言智律师团队负责人，北京市盈科上海律师事务所管委会委员、股权高级合伙人。

"80后"的他，阳光、干练、沉稳；工作中的他，专业扎实，辩才出众；生活中的他痴迷摩旅，钟情摇滚。曾经他是一名头顶光环的"明星"检察官，如今他是亚太地区规模最大律师事务所的全球总部合伙人。从检察官到律师的成功转型，变化的是职业身份，不变的是"爱折腾"。他的故事有很多，他还在"折腾"更多的故事……

一、勇敢的追梦者

2003年7月，郑英超律师以优异的成绩考入浙江省某基层检察院，如愿完成了儿时的职业梦想，成为一名正式的法律人，一干就是11年。这11年是他成长的11年，是他磨砺的11年，也是他成功蜕变的11年。从反贪到公诉，再从公诉到职务犯罪预防，每一个岗位的锻炼都给他的法律职业生涯增添了浓重的一笔色彩。而在这3个岗位中，8年的国家公诉人生涯，则为他步入律师行业奠定了扎实的法律专业基础。8年期间，郑英超律师从一名行业新兵，迅速成长为全国级的公诉业务尖子。2005年下半年，为备战全市十佳公诉人比赛，当时在检察院反贪局担任侦察员的郑英超律师临危受命，从反贪局调任到公诉部门，全力备战。当时参赛的选手来自各基层院、市院的资深公诉人，而郑英超律师还是一个不折不扣的公诉新兵，但他就是凭着一股子不服输的劲，经过一年多的理论和实务方面的刻苦钻研，一战成为2006年全市最年轻的十佳公诉人。在此期间，他法庭辩论的天赋和法律功底逐渐显现。此后，他的赛事不断，从全市、到全省、再到长三角地区、再到全国级的各类法律论辩对抗赛，我们都可以看到郑英超律师参赛并获奖的身影。2011年是郑英超律师公诉生涯的最后一年，也是他获奖最多的一年。2011年8月，郑英超律师荣获"浙江省第二届公诉人与律师法律论辩对抗赛"一等奖和优秀辩手，同年9月代表浙江省出战，荣获"全国首届公诉人与律师法律论辩大赛"三等奖。在各种专业大赛的不断磨砺中，郑英超律师的专业知识、庭审技巧、法律圈人脉在迅速地积累，各种荣誉也接踵而至，"十佳检察官""十佳政法干警""十大杰出青年"等不胜枚举。同时，靠着过硬的法律业务技能，郑英超律师的仕途也一片光明，两次提任都是当时单位里最年轻的干部。

然而就在此时，他开始选择急流勇退，积极谋划另一个职业梦想——律师。因为相比于体制，他觉得律师行业的氛围和环境更适合其个性的发展。当时他的这一决定也在圈内引起了不小的风波，9家来自不同地区的律师事务所以高薪向他抛出了橄榄枝，最终他受聘于浙江某律所并担任副主任一职。执业的第一年，郑英超律师就以过硬的业务素质和独到的办案思维，吸引了诸多优质客户的青睐，轻松跻身百万级律师的行列。但很快他就发现传统律所的模式，无形中会成为青年律师成长的瓶颈，所以他又开始"折腾"，寻找更适合他的平台。

在很多人眼中，郑英超律师真的太爱"折腾"：司法改革浪潮来临之前，他放弃所有的成绩从检察院辞职时，有人说他"疯"了；之后他又放弃过百万的稳定年薪选择新平台从零开始时，有人说他"傻"了。但郑英超律师坚持不走寻常路，他总是淡淡地回应："任何人在选择之初无所谓正确与否，只有你将来够努力，才能让当初的选择变得正确！"

二、盈科而后进

2016年7月，当郑英超律师第一次接触盈科时，他就有一种相见恨晚的感觉，他惊喜地发现盈科的理念和模式就是他想象中的国际化大所的模样。之后，从下决心到转所手续完成仅仅用了一个月时间，为此他还向老所支付了一笔提前解约金，这是怎样的一种激情和魄力！因为他深信，来盈科不会错！

加盟盈科后，从检察官到律师的成功转型让郑英超律师又在思考：依托盈科的强大平台，律师业务该如何拓展、如何提升。在盈科实行大部制改革、倡导走专业化道路的背景下，郑英超律师果断抓住机遇，组建了一支跨区域的专业化商务律师团队——盈科言智律师团队。

可能因为是温州人的关系，郑英超律师的商业思维尤为敏锐，他有一套成熟的"以商业化思维做专业化律师"的理念和模式，目前其组建的盈科言智律师团队在盈科体系内已崭露头角。"年轻新锐、富有激情、积极创新，温馨融合、乐于合作、怀抱梦想"是言智团队的典型标签。言智团队依托盈科全球化的服务网络平台，倡导"以商业化思维做专业化律师"的理念，积极践行"商务＋法务"一站式的配套服务模式，创新打造五大前沿领域的法律服务产品，以在外温商为切入口，彻底打破业务的区域限制，团队已迅速拓展北京、上海、天津、湖南、广东、江苏、吉林、浙江、福建等多地的客户群。

在 2017 年的业务考核中，言智团队于 2017 年 5 月已完成全年的业务指标，为大部制改革的探索树立了样板和典型。团队在快速推进专业化建设的同时，团队核心成员的创收能力较大部制改革前均有了 100% 以上的增长。在蝉联盈科温州分所个人及团队创收冠军以后，郑英超律师便带领团队转战盈科上海分所。到上海的第一年，团队便顺利实现了业务辐射全国的愿景，郑英超律师个人也跨入了千万量级的律师行列，其所在的公司法律事务部全年创收近亿元，成为当年的创收冠军。目前，言智团队已建成言智业务、言智生活、言智养老、言智投资四大板块项目，并以团队为投资主体，对外完成多笔投资项目，为团队律师生活品质的保障和团队养老计划的实施奠定了良好基础。同时团队内部制度健全，积极打造"言智家"文化，以增强团队成员的凝聚力和归属感。郑英超律师对于律师团队建设的独到之处正迎合了当下律师行业变革的特性和趋势，相信在他的带领下，言智律师团队会取得更长足的进步和发展！

郑英超律师也因为突出的业务能力逐步从盈科分所的普通律师成长为股权高级合伙人，2017 年的 10 月 1 日，37 岁的他更是晋升为盈科全球总部合伙人，而这期间他用了仅仅 14 个月！用他自己的话来说：喜欢盈科不仅仅是因为盈科平台本身的优势，更是因为盈科内在的晋升机制阳光透明，这是一个论实力不论资历的国际化大所，非常适合想做事并能做成事的青年律师。

三、摩旅、摇滚，让生命不停摇摆

郑英超律师戏说自己是一个喜欢"折腾"的人，工作如此，生活亦是如此。生活中的他有两个最大的爱好，摩旅和摇滚乐，某种程度上大家可以想象他对自由是何等向往和推崇。

郑英超律师是一个非常资深的摩托车"发烧友"，每年再忙他也都会给自己一个假期去骑行、去放飞。因为在他心中，摩旅对于一个男人而言是一件非常有挑战、非常有征服感的事情。

目前国内的经典线路比如新疆、内蒙古、云南、青海、敦煌、东北大环线等他都跑遍了。近年来，郑英超律师欣喜地发现盈科的法律服务联盟已经覆盖海外 80 多个国家的 140 多个城市，于是他给自己的摩旅确立了新目标——每年至少深度骑行一个国家并拜访盈科当地的联盟律所。2016 年他和国内的 4 名车手一起穿越了澳洲东部，驾驶摩托车从墨尔本历经 8 天 7 夜一直到达目的地悉尼；2017 年，他和来自中国香港地区、澳洲的车手一起，从新西兰北岛出发骑行 12 天，顺利完成北岛至南岛的穿越之旅；2018 年他参加德国摩旅机构"雪绒花"的骑行项目，从欧洲出发，跨越直布罗陀海峡骑行至西非摩洛哥。

或许很多人都会觉得这样的旅行很苦，是没事找罪受，但这恰恰是摩旅的魅力所在。郑英超律师说："每一段摩旅就像人生每个阶段的历程，不管一路上有多少困难，我们也要学会享受骑行在路上的那份自由和不羁，在这个喧嚣的世界里释放自己，勇往直前，一路上收获友谊，收获阅历。"

旅行的目的地有时候只是一个借口，更多的是为了享受那份用车轮丈量生命厚度的快感，而这种感觉跟他喜欢玩摇滚乐的原因如出一辙。

在他看来，摇滚乐是最有深度、最能震撼人心、最能给予人力量的精神药剂。从学生时代郑英超律师就开始参加乐队并担任主唱，喜欢把玩各种乐器，参演过诸多音乐节，还曾受邀参加 CO-ART 亚洲青年艺术节。在观众看来，他是专业的歌手，不曾想过他的主业竟然是一名出色的律师！虽然现在律师业务越来越忙，虽然岁月磨平了很多棱角，但他的内心一直有一团火在，他的内心一直在摇滚！

加盟盈科以后，郑英超律师欣喜地发现盈科是一个非常有斗志、非常有正能量的大家庭，近一万名的律师同人正如一群满怀摇滚精神的骑士，聚是一团火，散是满天星！选择盈科其实就是选择了一种全新的工作和生活方式，更容易找到生活和工作的平衡点！

四、归来仍少年

国内的各大城市都留下了郑英超律师忙碌工作的足迹，每个月他总有一大半的时间在各地出差，被同事们戏称为"空中超人"。根据软件统计，2019年他的飞行次数达到90次，穿梭在39个城市之间，飞行里程达到12万多公里。他说他喜欢行走，因为可以遇见不一样的风景，这也是他喜欢律师职业的重要原因。

在工作中，他有处女座的严谨认真、有清晰缜密的逻辑思维、有不甘于现状的壮志雄心；哈雷的奔放、摇滚的狂野，每一段摩旅、每一次弹唱，更是他人生的狂响，赋予他热情乐观、勇往直前的精神。等他老了，把自己"折腾"的这些故事讲给孩子听，即便留下了岁月的痕迹，也掩饰不了他少年般的心境。"惟愿以梦为马，不负韶华；走出半生，归来仍少年！"

五、业务联动及代表案例

在竞争激烈的律师行业，要实现弯道超车一是要找对平台，二是要有自己独有的路径。平台方面，盈科的服务网络够大，中国大陆已有80家分所，同时盈科全球法律服务联盟已覆盖海外80多个国家的140多个国际城市，近一万名盈科律师的业务联动为青年律师的业务拓展提供了坚实的基础。郑英超律师说："只要你的专业过硬、能力够，就可以参与到全球的律师业务联动中，这也非常契合我们盈科'全球视野、本土智慧'的工作理念。"此外，对于郑英超律师而言，他的独有超车路径就是8个字：商业思维、专业定位。在郑英超律师看来，传统刑事辩护业务是刑事法律服务的红海，刑事非诉业务则是法律服务的蓝海，我们要学会的是在红海中厮杀磨砺，在蓝海中畅游拓展。但凡大的刑事业务必然是刑事非诉和刑事辩护的结合体，刑事非诉业务和刑事辩护业务在某种程度上是相辅相成、互为切入端口的。

近年来，郑英超律师带领团队牢牢抓住律师行业的业务风口，专注于金融领域刑事非诉与辩护业务，颠覆传统单一的辩护模式，深耕于P2P领域和现金贷等领域，借力盈科这个大平台，组建团队承办了多个在全国有影响力的行业大要案，并取得良好效果。

对于"大律师"这个称谓，郑英超律师满怀敬畏。他认为这不仅仅是一份荣誉，更多的是一份使命和责任。近年来，在做好忙碌的本职工作的同时，郑英超律师活跃在多个全国性的大型律师活动中，有时当嘉宾，有时当主持人，有时当一名默默无闻的后台工作者。因为郑英超律师深知律师行业的发展需要每一名律师以主人翁的姿态去奉献自己的力量。

同时郑英超律师也非常热心于公益事业，法律的刚性和冰冷让我们有义务做一名有温度的法律人，去温暖需要关爱的弱势群体。郑英超律师长期结对一名贫困生，连续捐资助学 10 余年；积极参与律所及社会机构组织的各类公益募捐；积极组织、推进公益法律服务进社区常态化工作；组织、参与司法义工进法院工作，为弱势群体提供免费法律服务，为群众提供诉讼引导服务；积极引流法律援助案件进团队，培养青年律师的公益心。

郑英超律师在谈及此次能获评"盈科首届百名大律师"这个荣誉时，表示这既是对自己律师职业生涯的一次阶段性的总结和回顾，也是今后自我鞭策的最好方式！

撰稿人：刘琼怡

周军 千淘万漉虽辛苦　吹尽狂沙始到金

　　周军律师，1992 年毕业于南京大学法律系，中国政法大学经济法法学硕士。北京市盈科律师事务所中国区股权高级合伙人、监事会副主任、盈科战略委员会副主任，北京市盈科南通律师事务所管委会主任。

　　1992 年，周军律师大学毕业，并以律师资格考试南通市第一名的优异成绩获得了法律从业资格证，开始了他的律师职业生涯。作为律师行业发展的参与者、见证者，周军律师承办了数不清的大案、要案和疑难复杂案件。但不论面对何种类型的案件，不论面对什么样的当事人，周军律师一直牢记作为律师的使命：对当事人负责，忠于事实，忠于法律，经得起社会的评价，经得起良心的拷问，经得起历史的检验。

　　他担任人大代表、政协委员，参政议政，关注民生，推动社会法治进步；他担任律师协会和律所负责人，为律师行业和律所的发展呕心沥血；他关心和关注青年律师的成长和发展，是年轻律师的良师益友和榜样；他公道正派，伸张正义，使很多陷入困境的委托人的合法权益得到维护；他专业能力精湛，业绩突出，是众多客户信任和尊敬的大律师；他热心公益、捐资助学，善举义行使他成为有温度的公益代表人士。这些都为他赢得了无数的荣誉和社会各界的广泛美誉。

一、建言献策，参政议政

敏锐的洞察力和敢于谏言的品质，使周军律师得到了律师行业和各级组织的重视和厚爱。他现担任江苏省人大代表（主席团成员）、南通市政协常委、民建南通市委常委、江苏省律师协会常务理事等众多社会职务，但周军律师深知身上的光环越多，肩上的责任也越大。

作为一名人大代表，周军律师时刻牢记自己的职责，为人民请命，为百姓发声；作为民主党派的政协委员，他积极参政议政、建言献策，广泛参与民主监督；作为律师行业协会和律所的负责人，他时刻关注行业发展，积极为解决律师行业的各种问题呕心沥血。为了更好地履职，充分反映社情民意，提出高质量的人大代表建议案和政协委员提案，周军律师在担任省人大代表和南通市政协委员的这些年中，经常深入基层调查研究，参加各种调研活动，了解民意、倾听民声。每一次的人大代表建议案、政协委员提案，周军律师都深入群众，切实了解社会实际问题和人民群众的真实诉求并予以深入研究，提出真知灼见。周军律师至今累计提交有深度、有影响的提案、建议案 30 余份。2012 年提交的《大力发展志愿服务》、2015 年提交的《积极发挥律师在政府法律顾问中的作用》的提案均被南通市政协评为优秀提案。2018 年年初在江苏省第十三届人大一次会议上提出的《防范打击非法集资，保护民众财产安全》的建议案被江苏省人大常委会列为主任督办重点建议案，得到江苏省省委、省政府、省人大的高度重视，并被江苏省人大常委会表彰为 2018 年度省人大代表优秀建议案。

二、不忘初心，牢记使命

从业近 30 载，周军律师已经从初出茅庐的小律师成长蜕变为有行业地位、有社会影响的大律师，但这些都没有改变他进入律师行业时那颗对当事人负责、对社会负责的初心。除了承办具体案件为当事人排忧解难，面对群访、群诉等重大、复杂、疑难案件，周军律师也积极参加各级政府组织的相关活动，利用精通法律的专业优势，为化解社会矛盾做了大量卓有成效的工作，得到了党委政府、社会各界的广泛赞誉。周军律师在一次接待几名前来法律咨询的企业员工的过程中得知，该企业在改制时，企业领导利用手中的职权采取种种不法手段，将该企业资产通过改制据为己有，致使企业职工利益受到严重侵犯。此事虽向有关上级部门反映多次，但由于种种原因，问题一直未能得到解决。当时群情激愤的员工称，如果没有切实有效的方法和途径，他们将集合全部数百名工人去市政府、省政府乃至中央上访，危情一触即发。针对此情，周军律师一方面热情接待，详细了解情况，耐心、细致做事实、法律分析，另一方面及时向上级有关部门作紧急汇报，通过与有关部门进行协调、沟通，最终使事态得到有效控制，矛盾得到有效化解。

周军律师经常在广播电台、电视等媒体为百姓义务咨询法律问题，主动深入基层为普通老百姓举办法制讲座，宣传法律，普及法律知识，得到了众多基层百姓的欢迎和广泛赞誉。讲政治、顾大局、察民情、伸正义，是中国特色社会主义制度下中国律师的使命。律师工作除了在个案中要秉持公平正义，更需要站在国家和全社会的高度和视野，将维护社会稳定、国家长治久安的大局观铭记于心，而周军律师正是深刻理解并在实践中认真做到了这一点。不忘初心、牢记使命的高尚情怀，使他得到了各级组织的信任和认可，得到了社会各界的好评，得到了当事人的信任和尊敬。

三、匡扶正义，扶助弱小

执业这么多年以来，周军律师承办的案件不胜枚举，而总有那么几起案件至今使他铭刻在心。周军律师刚踏入律师行业不久时，一次偶然的机会，他得知了一个不到5周岁的小女孩由于被非法行医者误用违禁药物，双耳失聪的恶性事件。但由于非法行医者在当地势力大、财力大、社会关系复杂，以及受害者家长不懂法律被诱骗签订了严重不公平的赔偿协议，要维护小女孩的合法权益非常困难。周军律师了解详细情况后挺身而出，主动提供法律义务服务。通过多方艰难取证，向有关专家、专业人士求教，了解相关医学知识，运用与新闻媒体的良好关系，发挥南通《江海晚报》、南通电视台《城市日历》等主流媒体、名牌栏目的影响力进行舆论监督，最终在南通中院开庭审理之前，迫使肇事方重新与受害方协商了赔偿数额，支付了受害方应得的赔偿款。在此过程中，肇事方也曾威胁过周军律师，也曾托人说情并给以重金，但他不为所动，最终使法律的尊严得到维护，受害者的合法权益得到了保护。事后，有人问周军律师，在这个案件上你为什么如此执着认真？为何敢办理如此困难的案件？他平静道："小女孩的年纪和我女儿差不多大，看到这么小的孩子因为非法行医者的非法用药而失去听力，特别震惊。如果是自己的女儿遭受如此严重的伤害，还要面对非法行医者的恶劣欺压，做父母的该有多痛心、多愤怒、多无助？！"

周军律师曾为一起广受社会关注的出国劳务人员被不良中介蒙骗，导致数十人打工不成流落国外的重大群访案件提供法律援助。该案受骗打工人员数十人，绝大多数属于在农村家境差，希望通过出国打工、辛勤劳作来改变家庭贫困状况、增加家庭收入的社会底层普通民众。之前，他们听信某出国劳务中介公司的夸大、不实宣传，每人东挪西借数万元交给了中介公司，但出国后方发现，实情与出国前中介公司的描述、介绍大相径庭，相去甚远，最终打工不成，流落国外。这些受骗人员后通过我国有关使领馆帮助，历经千难万险回到祖国。回国后虽多次到政府有关信访部门群访，但均无结果。为了维护这些弱势群体的合法权益，周军律师与所内其他两位同事共同为这些打工者提供法律援助，代理诉讼。通过收集大量的证据材料，认真研讨法律规定，多次认真听取数十名打工人员的反映意见，最终通过法院判决维护了这些受害打工者的合法权益，最大限度地挽回了他们的经济损失。这些正义的伸张无不凝聚着周军律师的无私奉献。

正是有了这样的情怀，这样的宅心仁厚，他始终把当事人的事情当作自己的事情，急当事人所急，想当事人所想，对当事人的遭遇感同身受，对承办的每一起案件都兢兢业业，追求极致。多年来，周军律师赢得的无数赞誉和掌声，受到的无数奖励和表彰，都是对他高尚情操、高贵品质的最好回报。

四、热心公益，关爱民生

或许热心公益很多律界同人都曾经做过，但像周军律师几十年一直坚持做公益的可能并不多。20 多年前，他就在律所发起为希望小学捐助的倡议，其后 10 多年资助希望小学近百名学生完成了学业。1998 年长江流域水灾有他捐款的身影，2008 年汶川地震有他捐款的身影，每年高考结束给当地贫困学子捐助也有他的身影。10 年前他创办了一家合伙制律所，即以公益法律服务为事务所文化建设的重要载体，他带领全所律师承办了大量法律援助案件。在最近 10 多年集中对一所学校贫困学生捐助的过程中，他不仅个人捐助了几十万元，每年还邀请品学兼优的贫困学生到律所参观座谈，他用自己少年丧父但励志奋发图强的亲身经历鼓励和影响这些学生，使很多孩子燃起内心的希望，树立正确和远大的理想，走上了完全不同的人生道路。此外，周军律师积极发挥民建基层组织负责人和律师协会行业领导双重影响力的作用，发动和带领包括 10 名省、市、区人大代表、政协委员在内的 25 名民建律师会员与南通市残联开展为残疾人免费法律咨询、维权的公益活动，每月安排一名民建会员律师至南通市残联全天值班，为全市残疾人免费提供法律帮助。该活动开展 3 年多来累计为残疾人服务已超过 500 多人次，取得良好的社会效果，得到了广大残疾人的热烈欢迎，也得到了各级党委政府的高度肯定。目前该共建活动已成为省市残联、民建、司法行政、律师协会关爱社会弱势群体、化解社会矛盾、建设和谐社会的重要品牌和有较大社会影响力的公益活动。

五、立足本职，深根专业

虽然周军律师有很多的社会职务和社会活动，但他始终未曾忘记律师这个职业的立身之本——专业能力。无论工作多么繁忙，常年不懈地坚持学习，不断提升业务能力是他成为优秀律师的成功所在。从事专职律师工作以来，周军律师学习了大量与法律服务实务工作有关的诸如财税、金融、行政管理、外贸等方面的专业知识，并通过刻苦学习，于 2013 年获得中国政法大学经济法学硕士学位。律师职业所涉专业庞大复杂，周军律师深知一名优秀的律师一定要走专业化道路，将业务做精做透。早在 10 多年前，周军律师就将自己的业务领域和业务重点转向公司法律和建筑法律。为了提升专业能力，促进理论与实务融合，周军律师笔耕不断，撰写发表了很多优秀专业文章，包括《有限责任公司少数股东权益保护》《有限责任公司股东退出机制研究》《中小规模合伙制律师事务所规范化管理》《政府法律顾问工作研究》等专业文章。由于在公司法律和建筑法律、金融法律突出的业务能力，这些年周军律师成功办理了一系列经典案件，其中不乏在省高院、最高院胜诉的经典案件。周军律师业务能力强、工作勤勉敬业，获得了很多优质客户的信任和青睐，这其中包括众多大、中型企业集团，世界五百强企业，上市公司等。周军律师以其优质的服务能力和深厚的专业功底获得了众多客户的充分肯定和好评，他领导的盈科南通分所公司法律事务部专业能力强、业绩突出，已成为盈科南通分所最重要的部门之一，获得盈科总部 2019 年度优秀部门的表彰，为盈科南通分所的发展培养了一批优秀的人才，也奠定了未来坚实的发展基础。

六、心系盈科，做强做大

为了更好适应时代的发展，满足法律服务市场和客户的需求，2018 年周军律师放弃了自己一手创办的律所，带领团队加入盈科组建南通分所。周军律师的这次转身引起了行业内广泛关注，如何用好盈科品牌和平台优势，如何整合好市场资源，如何将自己的发展理念和思路在南通分所得到实践和发扬，如何通过盈科南通分所的做强做大引领南通律师行业、盈科地市级城市分所的发展，从决定加入盈科的那一天开始，他一直没有停止自己的思考，也没有停止追求的步伐。律师行业的竞争和发展，说到底是人才的竞争、是专业的竞争、是业务和客户的竞争，但最重要的还是人才的竞争。如何吸引和引进优秀的人才，如何克服传统的合伙制律所的弊端，如何将盈科的规模化、专业化、品牌化、国际化做好，如何落实好盈科的全球视野、本土智慧的发展理念，如何将盈科的执行主任职业经理人制度优势发挥好，周军律师带领盈科南通分所管委会一班人解放思想、群策群力、勇于实践，走出了一条南通地方律所、盈科地市级城市分所不同的发展之路，并取得了令人瞩目的业绩。

为克服传统分所专业性不强、同质化竞争的弊端，周军律师带领业务骨干去盈科兄弟分所、同行律所调研学习，引进、借鉴、吸收他人的优秀成果，制定和出台了一系列文件制度，在盈科南通分所成立的不长时间内就组建了 12 个专业部门，并以部门为单位，落实业务指标、人才培养、专业提升、执业纪律、学习培训等各类律所、律师发展要素，真正使律所、律师的专业化能力得到了快速有效提高。盈科南通分所在设立仅一年多的时间即发展成为超过百名执业律师，各项工作在南通律师行业和盈科地方分所均走在前列，这些无不倾注了周军律师的心血、汗水和智慧。

为扩大盈科的影响力，2019 年 10 月，周军律师以盈科全国公司法专业委员会主任的身份在威海参加民营企业法律保障高峰论坛，作为主讲嘉宾做了"民营企业股东权益保护"的演讲，深受参会企业家嘉宾和律师同人的欢迎和认可，也得到盈科总部领导的充分肯定。2019 年 11 月参加盈科青工委全国巡讲团福州站的活动，作为主讲嘉宾作了"合伙企业的合伙人财产份额转让与司法执行"的专题讲座，得到了很好的演讲效果，扩大了盈科的影响力。

从业近 30 年，这一路，周军律师历经酸甜苦辣，看过悲欢离合，也收获成功快乐。无论走多远，也无论走多久，周军律师一直未曾忘记维护当事人合法权益、维护社会公平正义、促进中国法治进步的初心。"千淘万漉虽辛苦，吹尽狂沙始到金。"周军律师正往他心中的律师之路砥砺前行，昂首奋进！

撰稿人：周军律师团队

朱皖昱 **以诚立信　精铸匠心**

朱皖昱律师，北京市盈科贵阳律师事务所监事会主任、高级合伙人、民商合同法律事务部主任，贵阳市律师行业党委委员，贵阳市律师协会副会长，贵阳仲裁委员会仲裁员，贵州省法学会理事，贵州省司法厅规范性文件审查专家库成员，贵州内陆开放型试验区律师服务团成员，贵阳市涉法涉诉信访案件评查专家库成员，《中华人民共和国民法典》贵州省百名法学专家学者资深律师宣讲团成员。

一、 初心不改

朱皖昱律师，1998 年毕业于贵州大学法律系法学专业，毕业当年便以贵阳市第一名的成绩通过全国律师资格考试。每次谈起这个考试成绩，他总会自嘲道："毕业那年赶上国务院机构改革，公检法都不招人，没有办法只能在家备考。"似乎这 20 几年的专职律师的人生经历只是时运不济罢了，但只有他自己知道，律师职业一直是他的人生理想，否则高中文理分科时他怎会不顾家人、老师的反对毅然选择文科了。成为一名律师，是他坚定无悔的抉择！

成为一名律师或许不算太难，只要能通过资格考试。但想要成为一名优秀的律师，对于任何一个刚刚大学毕业步入社会的年轻人来说，都会显得无比困难。没有经验、没有阅历、没有人脉、没有案源，不少青年律师就是在执业初期没有解决这些困惑不得不另谋出路。朱皖昱律师也遇到过这些执业过程中的困难，却并未对此有过太多困惑，因为他知道，相对于律所里的其他资深律师，年轻是自己最大的短板，却也是自己最大的优势。优秀从来就不是一蹴而就的，而是一个水到渠成的过程。只要自己初心不改，认真学习，假以时日终会有所成就。

二、信念坚定

朱皖昱律师在大学时期就光荣加入了中国共产党，在成为一名律师后，作为一名中共党员，他不仅在政治立场、政治方向、政治原则、政治道路上始终同党中央保持高度一致，而且能够充分发挥党员先锋模范作用。特别是律所成立了党支部，朱皖昱律师被推选为律所党支部第一任书记，他更加坚定了拥护党的领导的信念。在律所党员的共同努力和全所律师的支持下，律所党建工作开展得有声有色，形成了以党建促所建，以所建促发展的良好成效。2009—2014年，朱皖昱律师先后五次被贵州省司法厅机关党委评为"优秀共产党员"，2012年被司法部表彰为"全国律师行业创先争优先进个人"。

有了正确、坚定的政治信念，律师在埋头苦干过程中，才会始终保持清醒头脑，不会迷失方向；才会有全局意识和大局观念，明白办案的法律效果应当与政治效果、社会效果结合统一起来；才会明白作为一名优秀律师，除了要维护当事人的合法权益，还要履行中国特色社会主义法律工作者的社会责任。在当地义务法律咨询、法律"六进"宣讲、村居法律顾问、抗灾捐款捐物等活动中，总能看到他积极踊跃的身影。

三、专业精湛

精湛的专业技能是优秀律师必不可少的素质。执业已经20余年的他，只要一有时间就会研习最高人民法院公报上的案例，学习新的法律条文规定。朱皖昱律师经常会与青年律师交流"什么是法律"，在他看来，法律就是每一个法律条文的规定，作为一名法律工作者，在自己的擅长领域应当深谙每一个法律条文，从这些法律条文中也可以看到中国法治进程从"有法可依"到"科学立法"的进步。如果法律是一座山峰，那么站在山巅的一定是这个国家的立法者，他们代表着整个国家的立法水平，就算自己不能和他们比肩，也应该看着他们的背影前行。

改革开放的中国日新月异，作为社会经济发展各项规则规定的法律规范，也是不断推陈出新、日益完善。为了不断更新自己的法律知识，朱皖昱律师选择了合同法、公司法作为自己的主要研究方向，专注于公司治理、房地产开发、建设工程领域的民商法领域。撰写了《不真正连带责任的思考》《合同解除的基础性和实务性问题16条》《深度精解民间借贷司法解释（实体法23个法律问题)》《深度精解民间借贷司法解释（程序法18个法律问题)》《物权法司解（一）13个法律问题分析》等多篇实务性专业文章，分别被贵州律师论文集、审判研究微信公众号刊登。因专业优秀、业务突出，朱皖昱律师2013年被贵州省律协评为"2008—2011年度全省优秀律师"，2018年被评为"2016—2017年度全省优秀律师"。

四、团队优秀

随着律师行业发展，越来越多律师业务仅凭师父带徒弟的单打独斗模式已经无法完成。为了拓展业务能力，朱皖昱律师选择加入盈科贵阳分所，开始组建自己的团队。因为一名律师再优秀，也比不过一个优秀的团队。就这样，朱皖昱律师带着自己的团队，团队成员从最初的7人稳定发展到现在的10人，他领衔的民法合同法律事务部也因为业绩突出多次被律所嘉奖。

当初之所以会选择盈科，一是盈科是中国规模最大的律所，有着很强的包容性；二是因为盈科独有的执行主任管理行政模式可以让合伙人把更多的精力投入业务当中，更好地为当事人提供优质的法律服务。盈科作为国际化的律师执业平台，不仅提供了与更多同行交流的机会，还可以成为一个向北上广深等发达地区律所学习的窗口。一名优秀的律师，需要一个优秀的团队，更需要一个优秀的平台。

撰稿人：张光燕

朱文雷 | 从法官到律师再到"准法官"

朱文雷律师，北京市盈科南京律师事务所第一、第二届管理委员会主任，重大疑难案件中心主任、政府与行政法律事务部主任，中国区股权高级合伙人，中国区董事会董事，规章制度委员会副主任。

一、法院干得好好的，说辞职就辞职了

朱文雷，1990 年毕业于四川大学法律系法学专业，当年被分配到江苏省南京市中级人民法院工作。20 世纪 90 年代初，正值全国高校法律院系恢复不久，法院系统里法学专业的本科生凤毛麟角，因此入职之后朱文雷备受重视，不到三个月，就开始独立办案。由于身份是书记员，按照规定是不具备办案资格的，因此主要办理书面审理的二审案件。从阅卷笔录到结案报告直至判决书，均是一个人独立完成，只是最后在判决书上署审判员的姓名。

1994 年，社会涌动着一股下海经商的热潮，很多政府官员停薪留职，试探着在商海中实现自己在机关无法实现的抱负，窗外的五颜六色也同样吸引着朱文雷的目

光。可法院系统没有停薪留职这一说，要么留要么走。按照其学历、资历、能力，朱文雷都有很好的上升空间，但他觉得自己不适合按部就班的机关生活，一时兴起也辞职了。辞职后回家突击看了 2 个月的书，信心满满地参加全国律师资格考试，一次通过，顺利地当上了律师。

二、律师的路是自己选择的，事实证明也走对了

大学毕业后就从事司法实践工作，距今 30 多年，做一名职业律师也已 20 多年。作为一个主要从事诉讼业务的律师，朱文雷办过的案件已破千件，有些案例也有较大的影响。举几个案例，其办案风格可见一斑。

（一）杨某诉钱某返还财产纠纷案

这起案件和日后闹得沸沸扬扬的"彭宇撞人案"如出一辙，只是原被告掉了个个。原告杨某诉称：某日出门买早点，见到钱某被人撞倒在地，她好心扶起钱某，送其去医院，还垫付了 2000 元医疗费，事后钱家却倒打一耙，称是杨某撞的人。为了证明自己的清白，杨某诉至法院，要求钱某返还代垫的医疗费 2000 元。

当时还没有互联网，但这起案件也已经在全国传开，舆论一边倒地谴责钱某。中央电视台派出报道组来南京拍摄庭审情况，并且定下的宣传基调就是弘扬助人为乐的正气，谴责忘恩负义的行径。作为被告钱某的代理律师，朱文雷没有被舆论所影响，通过对案件证据材料的仔细分析，加上对当事人和证人的询问，逐渐发现了该案中的疑点，然后有针对性地收集证据工作，到开庭前，已经找到了该案的突破点。在开庭时，面对众多媒体，包括中央电视台的摄像机，朱文雷以充分的证据和逻辑分析，得出杨某的证据不足以证明自己的主张，因此其诉讼请求不应得到支持的结论。最终这个观点被一审、二审法院采纳，判决驳回了原告的诉讼请求。顶着社会舆论的压力，逆着中央媒体的意向，朱文雷成功地使这一原本一边倒的案件得到了公正的处理。

（二）瑞典某国际知名工具公司诉南京某五金工具公司侵犯商标权纠纷案

瑞典的这家公司在中国拥有多项五金工具的注册商标。2005 年 12 月，南京某五金工具公司在生产的同类产品上擅自打上了该公司的注册商标，成品在仓库内被工商局、质监局当场查获，经鉴定侵权产品价值 62 万元。该案正处于中国加入世界贸易

组织（WTO）不久，在知识产权领域正在开展多项整治活动，加上瑞典大使馆也出面要求中国政府"对如此恶劣的侵权行为予以高度关注"，因此处理得非常严厉：首先对该公司进行了行政处罚，随后在 2006 年 12 月，该公司和公司的法定代表人也因侵犯注册商标罪被判处刑事处罚。2007 年 6 月，该公司法定代表人出狱后，瑞典公司又立即再次起诉，要求该公司赔偿侵权损失 50 万元。

朱文雷接受南京某五金工具公司的委托，作为被告的代理律师参加诉讼。在侵权事实非常清楚的情况下，通过对《中华人民共和国商标法》和相关司法解释的仔细研读，朱文雷在法庭上提出了自己的观点：根据法律规定，只有侵权造成对方损失或者己方获利，才应予以赔偿，而该案侵权产品系在仓库内被查获，尚未流入市场，因此并不符合赔偿的条件。朱文雷的这一观点被法院接受，法院仅判决被告赔偿原告为制止侵权行为所支付的合理开支 2 万元，驳回了原告的其他诉讼请求。

（三） 曾某（同案被告人卞某、王某、许某）等侵犯通信自由罪案

曾某开办一"调查公司"，为帮助委托人查找配偶有"第三者"的证据，于2007年 6 月到 2008 年 6 月，向移动公司员工王某、联通公司员工许某以及卞某购买多个手机号码密码。这是江苏第一起因为窃取出售手机密码而被提起刑事诉讼的案件，各方面都很重视。开庭当日，移动公司和联通公司组织了大批员工到法院旁听，上级法院也派人旁听了审理全过程。

当时全国人民代表大会常务委员会《关于维护互联网安全的决定》中，提出对于非法窃取 QQ 密码、电子邮箱密码的，依照侵犯公民通信自由罪处理，由此看来该案似乎没有什么可辩的，其他被告人的辩护人从被告人平时表现、犯罪情节、造成后果、认罪态度等方面进行了常规的辩护。出人意料的是，朱文雷为最后一个被告人曾某辩护时提出了和其他辩护人完全不同的观点：该案的被告人无罪。其理由是：上述决定中提出对于非法窃取 QQ 密码、电子邮箱密码的，依照侵犯公民通信自由罪处理，并没有提到手机密码，也没有用"等"这个字。而手机的出现和普及是在 QQ 和电子邮箱之前，因此该决定并非疏忽遗漏手机，而是排除了手机。即只有非法窃取 QQ 密码、电子邮箱密码才构成犯罪，窃取手机密码的行为是不构成犯罪的。对此朱文雷进一步解释，这是因为 QQ 密码和电子邮箱密码被窃取，行为人可以直接进入被害人的 QQ 或者电子邮箱，从而直接得知被害人联系对象以及联系的内容；而手机密码被窃取，行为人打印出手机通话账单，只能得知被害人的联系对象，但无法获悉具体的联系内容。该决定排除手机，说明刑法所保护的公民隐私权的范围是指公民和他人联系的实体内容，而不是联系的对象。

这一观点是所有人，包括法官也没有预料到的。经过短暂休庭，合议庭宣布案件休庭，择日继续开庭。可没想到这一等就是三年多，直到 2012 年 2 月，法院才重新开庭审理该案，认定朱文雷的辩护意见成立，该案不构成侵犯通信自由罪。此前的 2009 年 2 月 28 日，全国人大常委会已经通过了《中华人民共和国刑法修正案（七）》，其中规定："国家机关或者金融、电信、交通、教育、医疗等单位的工作人员，违反国家规定，将本单位在履行职责或者提供服务过程中获得的公民个人信息，出售给他人，情节严重的行为构成出售公民个人信息罪。"这一新增加的罪名，才使得买卖公民个人信息的行为有可能构成犯罪。

三、担任人民法院特邀调解员，从律师又回归到"准法官"

随着年纪的增长和阅历的丰富，朱文雷慢慢感觉到自己的精力应该放到更有意义的地方去。他经常给政府机关、企事业单位举办讲座，又担任了多所大学的校外硕士生导师、兼职教授等职，把自己的经验传授给有志于法治事业的年轻人。在党的十八大召开之前，朱文雷应人民网邀请，录制了一个"宪法发展史"的视频课件，从宪法的起源、英美宪法的比较、中国宪法的历程等各个方面系统介绍宪法知识，为宪法修改提供了舆论准备，成为第一位走上人民网讲堂的专职律师。直至今日，该课件仍然由中央权威媒体向全国推荐。

2016 年 7 月，一个偶然的机会，朱文雷被江苏综艺频道的一档家庭情感类节目邀请，担任了《为爱转身》节目的嘉宾。这个节目的收视率不仅在江苏非常高，版权还交易到全国 20 个省级电视台和香港地区，覆盖人口超过 8 亿，在海外华人中也有一定的影响，还有观众特地从西班牙、日本到现场观看录制，甚至受到了新华网、人民网等国家级媒体的点名表扬。

当前案多人少，人民法院的审判压力非常大，为了深化民事诉讼改革，最高人民法院在 2020 年 1 月 15 日下发《民事诉讼程序繁简分流改革试点实施办法》，确认了新的"特邀调解员"制度。与以往的人民调解员等不同，根据新的规定，在诉前委派特邀调解员调解的案件，可以通过司法确认程序直接获得与法院民事调解书同等的法律效力，而在诉中委托特邀调解员调解的案件，直接出具人民法院民事调解书。由于特邀调解员相当于准法官，对其任命的审核也更为严格。朱文雷现已被南京市中级人民法院和南京市玄武、秦淮、建邺三个主要城区的基层人民法院任命为特邀调解员，从某种程度上说，又回到了法官的道路上。

从法官到律师再到准法官，一个完美的闭环，正体现了法律职业共同体的一致初心：维护国家法律的正确实施，维护当事人的合法权益。在这条道路上，朱文雷将一直走下去。

撰稿人：徐英蓉

左锋 **慎始敬终　行稳致远**

　　左锋律师，北京市盈科南京律师事务所管委会主任、股权高级合伙人，二级律师（高级律师），法律硕士。还任江苏省律协惩戒委委员，南京市律师协会环境资源与保护委员会副主任，民盟南京市委法制工作委员会委员，江苏国际商会法律委员会委员。

一、律师在政治上应具有一定的高度

　　律师作为国家社会法律的维护者，必须在政治上与党和国家的政策保持高度一致，才能通过为社会、当事人提供优质的法律服务，促进社会主义法制建设和依法治国进程，体现律师的社会价值。我平常就注重学习和领会党和国家的各项方针政策，特别在扫黑除恶的专项斗争中，进一步提高自己的政治站位，加强自身和全所的学习培训。通过组织律师参与"律师办理涉黑恶势力犯罪案件相关制度"专题培训会、中华全国律师协会发布的《关于律师办理涉黑恶势力犯罪案件辩护代理工作若干意见》文件精神的专项讲座，贯彻执行扫黑除恶代理制度规范律师执业纪律培训会议，深刻领会习近平总书记关于扫黑除恶专项斗争的重要指示和党中央、国务院决策部署精神，并积极深入贯彻落实，进一步完善组织管理和健全规章制度。为此，盈科南京分所于 2018 年 3 月制定了《律师办理涉黑恶势力犯罪案件收案审查制度》《律师办理涉黑恶势力犯罪案件报告备案制度》《律师办理涉黑恶势力犯罪案件指派律师办理制度》《律师办理涉黑恶势力犯罪案件主任负责制度》《律师办理涉黑恶势力犯罪案件集体研究制度》《律师办理涉黑恶势力犯罪案件检查督导制度》，指导律师严格依法办理涉黑涉恶势力犯罪案件，充分发挥律师在扫黑除恶专项斗争中的重要作用，得到了省市律协领导的肯定和表扬。

作为民主党派的民盟成员，我全力支持律所的党建工作，积极参加盈科南京分所党支部的党建活动和统一战线工作，并为党建工作献言献策。自"不忘初心、牢记使命"主题教育开展以来，以党建促所建，通过所里党员律师的模范带头作用，带动提升了其他非党员律师的政治觉悟，许多非党员律师还向党支部提交了入党申请，不断扩大党员律所在当地社会各界的正面影响。

本人担任省律协惩戒委委员的职务，将全省律师规范执业的先进经验和违纪违法的典型案例宣讲到所里的每位律师，经管委会会讨论通过并制定了《实习律师管理办法》《律师执业行为规范及处分》《引进律师的审核规则》《律师执业纪律培训考核办法》等制度，加强律师的执业纪律和职业道德的培训和教育，提高规范执业的知识和能力，有效降低执业违规的风险，守住红线和底线；对于故意或侥幸违纪违规行为决不姑息，严肃依规处理，从而提高盈科南京分所律师整体规范执业的水平。为此，盈科南京分所和本人也受到地方党委、政府、司法机关和律协的好评和表彰，多次被授予"优秀中国特色社会主义事业建设者""南京市文明单位""双招双引大使奖""建邺合伙人奖""法律服务产业园先进集体"等荣誉称号。

二、律师在业务上应具有一定的深度

1. 办理案件的深度

我执业 20 多年来，共办理民商、刑事、行政及非诉案件近 1800 起，为当事人挽回或减少经济损失 10 多亿元。在刑事方面，办理了诸多具有地区影响的疑难复杂案件，均取得较好的社会效果。其中曾为被告范某涉黑刑事犯罪做无罪辩护并被法院判决支持；为被告人魏某某贩卖毒品案所作犯罪未遂的辩护意见被某市中级人民法院判决采纳；为具有地区重大影响的被告人阮某涉嫌贪污犯罪案提出的从轻处罚辩护意见被法院判决采纳；为涉案人数众多、当地具有重大影响的团伙诈骗案首犯刘某某所作部分辩护意见被法院采纳，取得了良好的社会效果。在行政方面，曾代理原告帅某诉某区政府行政强拆违法，被某市中院判决支持，这也是该区政府第一次被司法裁判行政行为违法的案例；2020年成功代理了一起环境行政处罚案件，代理企业经过行政复议和行政诉讼，使某市生态环境局主动撤销了行政处罚决定书，该案例也入选南京市律师的环保典型案例。在民商事方面，成功代理某省食品药品监督管理局建设工程项目管理合同案，圆满解决了工程建设方与监理方的矛盾，使工程得以按期顺利进行，也为某省食品药品监督管理局挽回了巨额经济损失；代理被告江苏省某农场集团有限公司建设工程合同纠纷案，代理意见被某市中级人民法院判决完全采纳，为被告江苏某农场集团有限公司避免损失500余万元；在代理南京某汽车零部件有限公司的多起案件中，通过精心制定不同的诉讼方案，案件最终经法院一审和二审审理，代理意见被法院全部采纳，为南京某汽车零部件有限公司追回上千万元的货款。我还先后担任新加坡·南京生态科技岛管理委员会、南京市鼓楼区小市街道、南京医科大学、江苏建康职业学院（现为江苏卫生健康职业学院）、南京鼓楼公园管理处等几十家机关、高校等事业单位、国有企业的常年法律顾问，解决了顾问单位大量纷繁复杂的法律问题，为顾问单位的依法行政、合法合规经营提供了有力的法律保障，得到了顾问单位和当事人的广泛认可。

2. 学术理论研究的深度

我在办理具体案件的同时，还注重法律学术理论的学习和研究，先后撰写了由中国法制出版社出版发行的个人专著《物业纠纷案例答疑》及由法律出版社出版发行的合著《业主权利维护与保障》《辩策》等法律书籍。2014年10月被评为"二级律师"，同时还被南京理工大学聘为法律硕士校外导师，为法律硕士研究生教授合同法课程，将律师的司法实务和法学理论有机结合起来，赢得师生一致好评。目前对环保法领域进行进一步精深和细化研究，并担任南京市律协环资委的副主任、南京市生态环境法律顾问团成员，主动参与各类环保法的宣传、培训、服务活动；和南京大学、河海大学、生态环保厅、高院环资庭、律协等专家学者一起为"长江生态文明司法保护"的课题做法律服务产品的调研和论证。

3. 律师专业化的深度

我根据20余年的执业经历，以及目前律师从业人数的持续快速增长、司法机关专业化机构设置和培训更加系统化及当事人的要求越来越高的现状，深刻意识到律所、律师专业化的重要性，只有走专业化道路才能进一步衍生新的法律服务产品，才能进一步扩大法律服务市场，才能使执业律师的业务之路越走越宽，才能具有更为广阔的前景。因此，作为律所管委会主任，我积极促进、推动律所专业化建设，盈科南京分所目前设立专业化部门近20个，由律师个人根据自身兴趣和能力特长选择进入相应的专业化部门，各专业化部门对该专业领域内办理的案件进行总结分析，从而研发更多的具有创新性的，且能切实满足客户实际需求的法律服务产品，通过将法律产品直接向客户进行推广和宣传，从而增加案源，提高我们专业领域的市场占有率。同时经常有针对性地组织开展专业理论实践的学习培训，不断提高律师专业领域的法律知识，鼓励律师发表、出版专业领域的文章和图书，对律所案源、资源进行整合，尽量使专业部门来代理其专业领域的案件，努力提升律所及律师的专业化能力。

三、律师社会活动上应具有一定的广度

除了本职工作外，我还主动参与到各种社会活动中，经常组织律师到企业、社区、监狱进行法律咨询和宣讲，并与江宁监狱建立了长期合作关系。还为江苏电视台、江苏教育电视台、江苏人民广播电台、江苏法制报等新闻媒体的法制节目做案件点评特邀嘉宾和栏目的法律顾问。曾在河西·建邺法律服务产业园建设工作中，因表现优异，成绩突出，于 2019 年 12 月被南京市建邺区委、区政府评为"先进个人"。对于担任的江苏省国际商会法律工作委员会委员、民盟南京委法制工作委员会委员等社会职务，也积极参与相关社会任职活动，认真履行社会任职职责，通过参加有关项目和课题的调研和研讨，为党委、政府职能部门在立法、执法的制度设计、制定、修改和完善上提供专业法律建议和意见，在社会任职领域具有一定的社会影响力。

四、律师公益活动上应具有一定的温度

我积极参与各项公益活动，曾接受江苏省法律援助中心的指派，成功代理庄某某故意杀人罪上诉案、刘某故意杀人罪死刑复核案等法律援助案件。我还经常参与为弱势群体普法教育和提供义务法律咨询的活动，曾被盐城市爱心公益协会授予荣誉证书。平时也积极为灾区捐款捐物，奉献爱心，尽力承担社会责任。特别在此次新冠肺炎疫情期间表现尤为突出，疫情就是命令，防控就是责任。为践行法律人的职责使命和社会担当，充分发挥职业优势和专业技能，主动报名参加了南京市河西建邺法律产业园组建的由百名律师组成的法律服务团，通过线上和线下服务相结合，为政府、企业、社区居民和患病群众提供专项免费法律服务和咨询，为疫情防控提供坚实的法律保障。我还担任了所里的疫情专职督导员，并通过淮安中学校友会为抗击新冠肺炎疫情捐赠钱款及抗疫物资。

只有通过参与社会公益活动，才能将盈科人的正能量延伸到各方面、各阶层，才能使律师的法律服务有温度、有暖意，才能在社会上产生最广泛的影响力。我认为大律师不仅是名气大、收入高，还应该有担当，有情怀，还要有格局大、奉献大的大气。一个人大不是大，一个人富不是富，只有把团队、部门甚至一个律所都带起来，才是真正的强大！

最后，我也衷心期望，通过这次大律师的竞聘活动，能让盈科的同人百舸争流，奋楫者先；千帆竞发，勇进者胜！盈科人必将乘风破浪于更加光明的前程！